U0018701

郭豫斌◎主編

圖解世界史【近代卷】_下

民主與統一

————西元 1794 年 至 西元 1889 年的世界故事————

好讀出版

目　錄

如何閱讀本書　　　　　　　　6

導讀　　　　　　　　　　　8

法蘭西第一帝國

001.督政府的統治　　　20
熱月黨人／塔里安與「熱月聖母」／督政府與亂世佳人／亂世中的英雄

002.拿破崙的崛起　　　24
荒野雄獅拿破崙／土倫戰役露鋒芒

003.多情英雄遇美人　　　26
砲擊保王黨／神祕女人約瑟芬／從情人到結婚／義大利旋風

004.遠征埃及　　　30
金字塔下的輝煌／後院起火

005.霧月政變　　　32
新的神話／政變傳奇

006.拿破崙執政　　　34
第一執政／用人唯才

007.瑪倫哥會戰　　　36
大膽的策略／兵不厭詐／天降神兵／戰爭史上的奇蹟

008.從執政到皇帝　　　40
終身執政／教皇算什麼！

009.《拿破崙法典》　　　42
《民法典》的催生者／法制史上的里程碑

010.特拉法加海戰　　　44
拿破崙的夢想／納爾遜的策略／英軍的攻擊／法軍的慘敗

011.烏耳姆戰役　　　48
麥克上當／奧軍投降

012.決戰奧斯特里茲　　　50
俄軍的危機／莽夫的妙計／拿破崙「求和」／拿破崙的勝利

013.耶拿－奧爾斯塔特會戰　　　54
第四次反法同盟的形成／拿破崙出兵德意志／普魯士的潰敗／達烏勇冠三軍

014.瓦格拉姆戰役　　　58
拿破崙的失利／大戰的前奏／拿破崙的冒險／大戰瓦格拉姆

015.約瑟芬的悲劇　　　62
癡心愛人／「吉星」離開皇宮

016.兵敗俄羅斯　　　64
膨脹的野心／入侵俄國／莫斯科的大火／無奈的潰退

017.萊比錫會戰　　　68
拿破崙的困境／兵敗萊比錫／強弩之末／流放厄爾巴島

018.兵敗滑鐵盧　　　72
重振雄風／第七次反法同盟／決戰滑鐵盧／英雄末路

019.孤島上的雄獅　　　76
流放聖赫勒拿島／孤島雄魂

020.維也納會議　　　78
四強國明爭暗鬥／弱國也有外交

拉丁美洲的獨立戰爭

021.殖民統治下的拉丁美洲　　　80
被監護的拉丁美洲人民／貪婪的殖民者

022.火山口上的殖民者　　　82
殖民地的經濟發展／森嚴的種族階級

023.海地獨立之父　　　84
奴隸的雄心壯志／游擊戰爭的領導者／「黑色拿破崙」／海地的獨立

024.獨立先驅米蘭達　　　88
探尋獨立之路／為自由而犧牲

025.解放者波立華　　　90
波立華的誓言／委內瑞拉的獨立／大哥倫比亞共和國／不朽的英雄

026.三國國父聖馬丁 94
西班牙軍官/聖馬丁的遠見卓識/安地斯騎士/顧全大局的聖馬丁

027.一代名將蘇克雷 98
波立華的親密戰友/阿亞庫喬戰役/三十歲的總統

028.米格爾‧伊達爾哥 100
杜洛斯的呼聲/「美洲大元帥」

029.勇敢的莫雷洛斯 102
伊達爾哥事業的繼承者/墨西哥獨立戰爭的靈魂

030.巴西的獨立 104
把王冠戴在自己頭上/和平之路

變革中的歐洲

031.俄國「十二月黨人起義」 106
「俄國第一代革命者」/鮮血染紅涅瓦河/戴王冠的員警/學者的革命

032.西伯利亞聖女 110
伯爵夫人特魯別茲卡亞/瑪麗亞和穆拉維約娃

033.聖西門的幻想 112
法國大革命的產兒/不切實際的空想

034.追求和諧的傅立葉 114
大宅門的叛逆者/從富商到一貧如洗/一個蘋果的啟發/傅立葉的「法郎吉」

035.社會改革家歐文 118
轟動歐洲的慈善家/「新和諧」公社

036.法國「七月革命」 120
封建王朝的復辟/七月王朝的建立

037.里昂工人起義 122
不可調和的矛盾/毋寧戰鬥而死！

038.英國憲章運動 124
英國無產者的覺醒/憲章運動的興衰

039.文學巨匠巴爾扎克 126
暴發戶家中的叛逆者/坎坷的文學創作之路/《朱安黨人》的發表/《人間喜劇》

040.浪漫詩人拜倫 130
跛子拜倫/一夜成名/旅居異鄉/自由鬥士

041.文學巨匠歌德 134
早熟的才子/不朽的名聲

042.法國的驕傲雨果 136
浪漫主義文學家/法蘭西文學史上的豐碑

043.普希金 138
崇尚自由的詩人/沙皇的「仁慈」/俄國文學史上的豐碑/普希金之死

044.民主主義詩人海涅 142
傑出的猶太詩人/僑居巴黎

045.樂聖貝多芬 144
音樂神童/一家之長/沉浮維也納/最後的勝利

046.進化論的奠基人 148
生物學家的環球航行/轟動世界的《物種源始》

1848年歐洲革命

047.巴黎二月革命 150
錢袋子危機/「宴會運動」/巴黎的二月/臨時政府

048.法國六月起義 154
起義的導火線/功敗垂成

049.路易‧波拿巴政變 156
競選總統/漂泊異鄉的小拿破崙/美夢成真/從總統到皇帝

050.不屈的布朗基 160
布朗基首次入獄/推翻七月王朝/永不言敗的布朗基/巴黎公社名譽主席

051.德意志革命 164
柏林三月革命/法蘭克福國會

052.外交大師梅特涅 166
梅特涅的從政之路／年輕的首相／哈布斯堡王朝的維護者／最後時光

053.匈牙利英雄科蘇特 170
資產階級民主派領袖／匈牙利革命的領導者

義大利和德意志的統一

054.1848 年義大利革命 172
分裂的義大利／失敗的革命

055.義大利的統一 174
薩丁王國的重任／獨立運動興起

056.愛國者馬志尼 176
創立「青年義大利」／馬志尼的流亡生涯／馬志尼和1848 年革命／為獨立奮鬥終生

057.加里波底傳奇 180
少年宏志／為統一而戰／「紅衫軍」縱橫義大利／急流勇退

058.改革家加富爾 184
貴族出生的自由主義者／出任首相／加富爾的外交才華／義大利統一的元勛

059.「鐵血」宰相俾斯麥 188
放蕩不羈的博學家／從政之路／鐵血宰相的功績／俾斯麥的最後時光

060.軍人皇帝威廉一世 192
砲彈親王成國王／德意志帝國皇帝

061.普魯士戰神毛奇 194
軍事思想／豐功偉績

062.普丹戰爭 196
聯奧攻丹／普奧戰爭的隱患

063.普奧戰爭 198
普奧戰爭的爆發／三個戰場／毛奇將軍的戰略／薩多瓦決戰

064.普法戰爭 202
普法衝突／紅布挑逗法蘭西牛／色當會戰／普魯士入侵法國

美國內戰

065.內戰的導火線 206
不同的發展道路／南北差異／反抗奴隸制的鬥爭／林肯當選總統

066.戰前的準備 210
雙方力量對比／北方戰略思想的失誤

067.被動的北方軍 212
第一次決戰／「大蛇計畫」／半島戰役／激戰海上

068.戰爭的轉捩點 216
《解放宣言》的發表／葛底斯堡戰役／格蘭特的冒險／空前輝煌的大捷

069.維吉尼亞會戰 220
殘酷的塹壕戰／北方軍的勝利

070.林肯之死 222
晴天霹靂／伐木工人出身的偉人

071.北方雙雄 224
打仗有道的格蘭特／治國無方的總統／西點軍校的高材生／「戰爭就是地獄！」

072.聲名狼藉「三 K 黨」 228
南北戰爭的產物／殺戮黑人的屠夫

俄國 1861 年改革和巴黎公社

073.克里米亞戰爭 230
爭奪「聖地」／錫諾普海戰／盟軍參戰／慘敗的教訓

074.南丁格爾與「護士節」 234
神聖的選擇／戰場上的提燈女神

075.俄國 1861 年改革 236
痛定思痛／為改革獻身／唯物主義革命家／反對農奴制
的鬥士

076.列夫・托爾斯泰 240
源自生活的巨匠／同情民間疾苦／抨擊舊制度／偉大的
教育家

077.巴黎公社 244
國民自衛軍保衛巴黎／3 月 18 日起義／歷史上第一個
共產政權／「五月流血週」

078.瓦爾蘭與鮑狄埃 248
革命家瓦爾蘭／為巴黎公社獻身／革命詩人鮑狄埃／
《國際歌》千古傳頌

明治維新

079.槍砲下的覺醒 252
德川幕府統治下的日本／培里敲開日本國門／
「尊王攘夷」／倒幕派的活動

080.明治維新 256
討伐德川幕府／「戊辰戰爭」／太政官制／國富民強的
改革

081.西鄉隆盛 260
倒幕運動的領導人／功成名就後的反叛

082.伊藤博文 262
「開國進取」的先行者／維新富國／制定帝國憲法／狂
熱的擴張者

十九世紀中晚期的亞非諸國

083.日本占領朝鮮 266
日本入侵朝鮮／壬午兵變／甲申政變／甲午農民戰爭

084.蒂博尼哥羅起義 270
砲聲中的反抗／爪哇蘇丹

085.印度的新主人 272
歐洲列強爭印度／英國獨占印度

086.印度民族大起義 274
荷花與薄餅／德里保衛戰／詹西女王璣依／女神
之死

087.巴布教起義 278
救世主的代言人／「正義王國」的覆滅

088.瓜分非洲 280
歐洲列強眼中的肥肉／販賣黑奴／內陸探險／殖民化的
非洲大陸

089.阿里改革 284
埃及總督／改革與擴張

090.馬赫迪大起義 286
伊斯蘭世界的救世主／大敗殖民軍／戈登之死／蘇丹重
新淪為殖民地

091.英布戰爭 290
小石子引發的狂潮／英國人和布林人的矛盾／英國人的
勝利／給後世的啓示

人類進入電氣時代

092.劃時代的法拉第 294
自學成才的科學家／電磁感應定律的提出

093.照亮世界的愛迪生 296
少年愛迪生／門羅公園的魔術師／留聲機和白熾燈／科
學界的拿破崙

094.無線電之父馬可尼 300
少年天才／信號跨越大西洋

放眼全球歷史的浪漫人文之旅

如何閱讀本書

閱讀導言

歷史對於整個人類，就像記憶對於我們每個人一樣，它說明我們現在做的是什麼，為什麼我們這樣做，以及我們過去是怎樣做的。因此誰要想瞭解世界，就必須知道它的歷史。

《圖解世界史》是這樣的一本書，我們希望透過一些通俗的語言和故事體裁，對世界歷史做一個概述。它只講其中最重要的事件、人物和對關鍵階段的描述，選擇了一種最易認識整個世界面貌的簡明形式。一本生動的書，總能多吸引一位讀者，對文化傳承的意義更大。這本書可以作為歷史專著的補充讀物。你可以用非常休閒的方式去閱讀它，讀讀停停，我們相信在歷史人文的浪漫風景中，你不會感到乏味。

舒適的版面安排

現代人讀書，比起以往的讀者更能夠享受多樣的人性化空間，這是時代的進步，也是閱讀革命和讀圖時代給閱讀者的饋贈。充滿美學的版式設計，使閱讀者毫不疲倦地從每一單元中，輕鬆獲得豐富的資訊。

關於圖片

「讀圖」是我們這個時代的閱讀時尚，因而被冠以「讀圖時代」的雅名。其實這只是人類視覺元素的進化，文字是符號，圖片也是符號，兩者相得益彰。本書在詮釋圖片時，盡可能提供一種嶄新的角度，使其和故事呼應補充。細心的讀者也許會發現，其實在圖片中還隱藏了許多用文字無法表述清楚的故事，這就是圖片的神奇魅力。我們相信每位讀者都能讀出自己的故事。

提綱式的閱讀指南

我們在每一篇故事前特別安排了提要的文字，對於急切吸收內容的讀者，這足以讓他記住這個故事。在每篇故事下還設置了小標題，盡可能地幫助讀者理清楚內容的脈絡。

關於「人文歷史百科」

這是為故事的背景和關聯知識提供的一個櫥窗。透過「人文歷史百科」，你不會為自己對某些知識或枯燥的數字，存在模糊的印象而感到不安。「人文歷史百科」和每個主題故事巧妙地融合在一起，讓你感受到閱讀的精采。

對表格的利用

有些故事牽涉的項目十分複雜，我們盡可能採用表格的形式，使之一目了然。這些表格對知識的歸納和記憶，定能發揮相當作用。

011.烏耳姆戰役

奧地利是歷次反法聯盟的積極參與者，烏耳姆戰役中擊潰麥克率鎮的奧地利軍

↑拿破崙和他的將領們，路易士・歐斯內特作品
時歐洲各機械中年紀最輕的，如內伊、蘇爾
達武等，平均年齡才三十多歲。

麥克上當

第三次反法聯盟的出兵，使
不得不放棄進攻英國的計畫。
庫圖在夫率十萬俄軍、麥克率
奧軍，另外還有十萬俄瑞聯盟
英國艦隊一齊向法國撲來。

拿破崙通過分析，感到只有
個擊破的辦法才能擊敗聯軍，
與奧軍一但會合起來，那麼法
會岌岌可危。所以他首先收買
使其保持中立，然後與巴伐利
以減少對手，並且還可以從第
過，直取奧地利。接下來，他
德意志境內向奧地利出兵。

1805年8月26日，拿破崙
向東挺進，準備在俄軍趕來之
麥克的軍隊。當時，歐洲各國

48

○ 故事名稱。

○ 提綱式導讀：概括故事內容，提示故事精華。

○ 圖片：補充表現故事的形象，展現圖片中隱藏的故事。

↓烏耳姆戰役
陳插圖描繪了遭到法軍破擊的奧地利軍隊，突然的襲擊使他們驚慌失措，潰不成軍。

→麥克元帥肖像

...為成後，拿破崙採用各個擊破的方法，首先在

...軍時，都是以每分鐘七十步為標準，拿破崙卻要求士兵們的行軍速度達到每分鐘一百二十步。所以本應該四十天走完的路程，法軍在二天內便走完了，並且沒有一個人掉隊。當拿破崙的十七萬大軍渡過萊因河後，俄國的部隊尚在幾百公里外，並不知道法軍已渡過萊因河。就奧軍，也沒有想到法軍會如此神速。

原來，拿破崙為麻痺敵人，他經常巴黎出現，並且利用報紙散布他沒有自率軍遠征的消息。另外，他還把大軍集結在英吉利海峽沿岸，造成他想進攻英國的假像。所以，當法軍渡過萊因河，奧軍依然被蒙在鼓裡。此時，麥克部隊搶先占領黑林山的各個要道，並駐紮烏耳姆，準備迎擊法軍先頭部隊。

而拿破崙在渡萊因河之前，便通過偵探掌握麥克的軍事布局。他派這四個師的兵力，從烏耳姆北面向東挺進，然後再向北，再西行，從北、東、南三面將奧軍圍住。西邊則是法國的主力軍，正面向奧軍進攻。當奧軍的密探報告麥

年輕的拿破崙帝國元帥
拿破崙共授二十六位元帥。遠二十六位元帥授銜時的平均年齡為四十點五歲，其中最年輕的是達烏，僅三十四歲；最年長者是凱勒曼，六十九歲。此外，不足四十歲便授將元帥軍銜的，有拉納、蘇爾特、內伊、馬爾蒙、貝西埃爾、莫蒂埃、繆拉等。

克法軍出現在烏耳姆北面時，麥克根本不信，因為他怎麼也想不到法軍會這麼快就來到這裡。

奧軍投降

1805年10月13日，法軍已將奧軍團團圍住，可是麥克卻說：「這是不可能的，法軍至少還須二十天的路才能到達這裡！」這時，同行的斐迪南大公有些沉不住氣，他認為拿破崙用兵如神，不如退到安全的地方，以免被法軍吃掉。麥克卻不以為然，因為他認為，俄國的盟軍馬上就會來到，等法軍主力一到，正好合力將其殲滅。

正當俄軍接近萊因河的時候，拿破崙卻已經向奧軍發動進攻。他派大將繆拉率軍拿掉烏耳姆，可是這個繆拉有勇無謀，只會在女人面前獻殷勤，他勾引約瑟芬差點被拿破崙殺掉，多虧後來與拿破崙的妹妹結了婚，所以被任命為大

歷次反法聯盟的時間及國家		
名稱	時間	參加國家
第一次反法同盟	1792～1797年	奧地利、普魯士、英國、西班牙、皮德蒙特
第二次反法同盟	1798～1801年	俄國、英國、奧地利、土耳其、葡萄牙、那不勒斯、教皇國
第三次反法同盟	1805年	奧地利、英國、俄國、瑞典
第四次反法同盟	1806～1807年	普魯士、薩克森、俄國
第五次反法同盟	1809年	英國、奧地利
第六次反法同盟	1812～1814年	英國、俄國、普魯士、瑞典、奧地利、德意志各邦
第七次反法同盟	1815年	英國、俄國、普魯士、瑞典、奧地利、德意志各邦

將。他只願率軍從北面向南進軍，結...在防守上失誤，差點被奧軍從北方突圍出去。就在麥克考慮突圍還是決戰的時候，拿破崙買通的奸細舒爾曼斯來到麥克的營地。他見到麥克後首先自我介紹：「將軍，我叫蒙代爾，有個好消息要向你稟報。英軍已在布倫港登陸，正準備殺向巴黎。法國元老院正發動政變想推翻拿破崙呢！我想這個消息對您有用，因為此時正是進攻法國的大好時機。」舒爾曼斯裝作想要賞錢的樣子。

「來人，把這個奸細推出去斬了。」麥克勃然變色。

衛兵過來揪住舒爾曼斯往外走。這時，從正在掙扎的舒爾曼斯身上掉下來一樣東西。麥克要衛兵遞過一看，原來是法國報紙，並且上面確實寫著「蒙代爾」所說的內容。

麥克放了舒爾曼斯。其實他一直不相信拿破崙的主力軍在這裡，心想：「自己差一點被法國的小股部隊嚇跑，真是可笑。」可是，法軍的包圍圈慢慢在縮小，十七萬大軍兵臨城下，這時麥克才恍然大悟，但為時已晚。

10月16日，法軍開始總攻，法軍營地萬砲齊發，剎那間，烏耳姆籠罩在火海之中，最後奧軍陣營裡升起一面白旗，麥克投降。

法蘭西第一帝國 49

○ 人文歷史百科：為故事的背景和關聯知識提供的精彩櫥窗。

○ 故事小標題，提示故事內容。

○ 表格形式：幫助讀者對知識的歸納和記憶。

導 讀

西元 1794 年至西元 1889 年的世界故事
民主與統一

法蘭西第一帝國

>> 1795 年 11 月 2 日，法國由熱月黨人執政的督政府正式成立。熱月黨人包括平原派、丹頓派和埃貝爾派殘餘分子和政變後被召回的吉倫特派。由於督政府的腐朽與荒淫，百姓過著朝不保夕、忍飢挨餓的日子。

>> 1796 年 4 月，巴貝夫發表《平等派宣言》，提出「要求眞正的平等，否則寧可死亡」的口號，主張實現財產公有制，建立平等共和國。他計畫發動一次有一萬七千人參加的起義，推翻督政府，5 月 10 日因叛徒告密而被捕並處死。

>> 1795 年 10 月，保王黨人收買巴黎武裝警備司令，聚集三萬多的保王黨部隊發動政變，圍攻國民公會。拿破崙鎮壓這次叛亂，從此走上政治舞臺。 1796 年 2 月底，拿破崙被督政府任命為義大利方面軍總司令。 3 月 9 日他與影響自己一生的女人約瑟芬舉行婚禮。兩天後出征義大利。

>> 1796 年 4 月 28 日，拿破崙打敗薩丁王國，迫使其簽訂停戰協定後來，法軍圍攻北義的戰略要地曼圖亞，並且分兵占領義大利中部各地。 1797 年奧地利被迫同法國簽訂和約，把比利時割讓給法國，承認拿破崙在北義大利建立的傀儡政權——阿爾卑斯山南共和國和利古里亞共和國。

>> 1798 年 5 月 19 日，為切斷英國和印度的聯繫，拿破崙帶領大批學者出兵埃及。在埃及，拿破崙獲知國內動亂和約瑟芬不貞的消息，歷史為之改變。

>> 1799 年 11 月 9 日，拿破崙發動霧月政變，推翻督政府，成立臨時政府，自己成為第一執政。

>> 1799 年 12 月 15 日，拿破崙公布只有九十五條的新憲法，也稱共和八年憲法。這部憲法開創先例地寫上法國執政者的姓名：第一執政拿破崙，第二執政法學家康巴塞雷斯，第三執政經濟學家勒布倫。

>> 1800 年 5 月 6 日，拿破崙離開巴黎，到前線指揮第二次義大利戰役。 5 月 20 日率預備軍團越過阿爾卑斯山大聖伯納德山口。 6 月 14 日在瑪倫哥會戰中取勝，迫使奧國元帥梅拉斯簽下停戰協議，帶兵撤出義大利。 7 月 28 日法、奧兩國簽訂和平草約。

>> 1802 年 8 月 2 日，通過全民選舉，拿破崙被任命爲終身執政。1804 年 5 月，拿破崙宣布法蘭西共和國爲法蘭西第一帝國。12 月 2 日，拿破崙正式加冕爲法蘭西第一帝國的皇帝。

>> 1804 年 3 月 21 日，《法國民法典》正式公布執行。這部法典是近代最重要的民法起源，它使經濟與社會生活有法可依、有章可循。這部法典在 1807 年改稱《拿破崙法典》，其基本內容一直保留至今。

>> 1805 年，英、俄、奧等國組成第三次反法同盟。同年 10 月 22 日，英國海軍在特拉法加海戰中大獲全勝，使法國喪失了海上軍事力量。但拿破崙卻在陸地上徹底擊敗反法盟軍。

>> 1809 年 7 月的瓦格拉姆戰役中，拿破崙大敗奧軍。同年 10 月 14 日，奧國被迫與法國簽訂和約，成爲法國大陸封鎖的加盟國。

>> 1809 年 12 月 15 日，拿破崙迫使約瑟芬宣布正式放棄王后之位，從此，拿破崙的「吉星」離開杜伊勒利宮。1810 年 4 月，奧地利公主露易絲成爲法國皇后，她第二年便爲皇帝生下一個兒子——羅馬王。

>> 1812 年 6 月 24 日，拿破崙率六十萬大軍越過聶伯河，侵入俄國。結果在亞歷山大一世的堅壁清野戰術面前，遭到慘重失敗。他回到巴黎後，決定不再發動戰爭。

>> 1813 年 2 月至 3 月，俄、普、英、西、葡、瑞典等國先後結爲第六次反法同盟。盟軍在 10 月 17 日的萊比錫會戰中大破法軍。1814 年 4 月 6 日，拿破崙簽署退位詔書，5 月 3 日被流放到厄爾巴島。

>> 1814 年 10 月，所有反法聯盟國家參加維也納會議，在英、俄、普、奧、法五國密謀下開始爲期八個多月的「跳舞會議」。於 1815 年 6 月 9 日，各國代表簽署維也納會議的《最後總決議》。

>> 1815 年 2 月 26 日，拿破崙帶著一百名衛兵悄悄離開厄爾巴島，3 月 1 日在法國登陸，不費一顆子彈便推翻復辟王朝，於 3 月 20 日再次成爲法國皇帝。

>> 1815 年 6 月 18 日，拿破崙在滑鐵盧戰役中被反法聯軍擊敗，然後被流放聖赫勒拿島，直到去世。

拉丁美洲的獨立戰爭

>>繼北美獨立戰爭後，十八世紀末至十九世紀二十年代，在世界殖民地中又掀起一場大規模的革命風暴，這就是拉丁美洲獨立戰爭。

>>法國大革命後，海地黑人首先利用法國《人權宣言》爭取平等地位。1790年舉行起義，但沒有成功。

>>海地原名聖多明哥，曾是法國的殖民地，雅各賓黨執政時期，西班牙與英國入侵聖多明哥，法國雅各賓黨迫於形式於1794年2月通過廢除殖民地奴隸制度的法令，號召島上所有的黑人反對西、英侵略者。

>>海地獨立之父杜桑·盧維杜爾領導的義軍英勇作戰，趕走侵略者，並進而統一全島。1801年6月召開制憲會議，制定憲法，宣布廢除奴隸制，杜桑被選為終身總統。此時，聖多明哥已擁有自主權，只是名義上還從屬於法國。

>>1802年，拿破崙派勒克雷爾率軍征討聖多明哥。法軍在接連失利的情況下，佯裝談判，將杜桑扣押並解往法國。1803年杜桑死於獄中。

>>繼杜桑之後，克里斯托夫和薩德利納挺身而出，率軍繼續為捍衛自由而戰。1804年1月1日，聖多明哥宣布獨立，以印第安語原島名海地作為國名。

>>從1810年起，西屬各殖民地紛紛揭竿而起，成立臨時革命政權「洪達」。獨立運動很快形成三個中心地區，即：以委內瑞拉為中心的南美洲北部地方；以拉普拉他為中心的南美洲南部地區；以墨西哥為中心的北美和中美洲地區。

>>委內瑞拉是獨立運動開始得最早、衝突最激烈的一個地區。1810年4月，首府加拉加斯爆發起義，土生白人獨立派驅逐殖民統治者，建立革命政權。1811年召開國民大會，宣布建立共和國，組成以米蘭達為首的革命政府。翌年，遭到殖民統治者的鎮壓，米蘭達被俘。

>>1813年，波立華再次解放加拉斯加，第二次宣布建立共和國。第二年遭到鎮壓，波立華被迫流亡國外。

>>在拉普拉塔地區，阿根廷的布宜諾斯艾利斯1810年5月爆發起義，成立革命組織洪達。1811年巴拉圭發動起義，建立臨時政府。烏拉圭也接著爆發起義。1816年各省代表在圖庫曼集會，宣布成立拉普拉他聯合省，脫離西班牙而獨立。

＞＞在墨西哥地區，1810 年 9 月 16 日伊達爾哥領導杜洛斯大起義。他當時的演講被稱爲「杜洛斯的呼聲」，激勵人們拿起武器爲獨立而戰。

＞＞1816 年，波立華在海地的援助下建立一支革命隊伍，再次進軍委內瑞拉。1818 年宣布建立第三共和國。1819 年 12 月，由委內瑞拉、哥倫比亞和厄瓜多爾組成的大哥倫比亞共和國成立，波立華當選爲總統。

＞＞1817 年初，聖馬丁訓練的軍隊開始遠征秘魯的戰略行動。1818 年 2 月宣布智利獨立。1821 年宣布秘魯獨立。然後進軍上秘魯（即後來的玻利維亞）地區。就在聖馬丁要攻打上秘魯時，波立華也接近秘魯邊境。

＞＞1822 年 7 月，聖馬丁和波立華在瓜爾基亞（厄瓜多爾）舉行神祕的會晤後，聖馬丁交出一切職務，讓位於波立華。1825 年，上秘魯宣布獨立，取名玻利維亞。至 1826 年，西屬殖民地全部獲得解放。

＞＞拉丁美洲的葡屬殖民地是巴西。十八世紀末，牙醫蒂拉登特斯密謀起義，準備趕走葡萄牙統治者，但由於叛徒出賣，使組織在 1789 年 3 月 15 日遭到鎮壓。蒂拉登斯特也於 5 月 10 日被捕。

＞＞1822 年 9 月 7 日，葡萄牙王子、巴西攝政王佩德羅宣布脫離葡萄牙的統治，和平地解決了巴西獨立。

◉ 十九世紀前期的歐洲 ●●●●●●●●●●●●●●●●●●●●●●●●●●●

＞＞1825 年 12 月 14 日上午，「十二月黨人」在彼得堡舉行起義，要求成立君主立憲制國家。結果遭到鎮壓。這些人被列寧評爲「俄國第一代革命者」。

＞＞在十八世紀末至十九世紀初，歐洲出現三大理想社會主義思想家。他們分別是法國的聖西門、傅立葉和英國的歐文。他們的理論爲後來的馬克思主義奠定基礎。

＞＞1830 年 7 月 27 日巴黎人民發動起義，經過三天激戰趕走復辟王朝的查理十世，建立君主立憲制的七月王朝。路易・菲力浦被選爲新國王。

＞＞十九世紀三○年代到四○年代，工人運動在歐洲興起，發生三大著名的工人運動，即法國里昂絲織工人的兩次武裝起義、英國工人爭取普選權的憲章運動和德意志西里西亞的紡織工人起義。

>> 1848 年 2 月 22 日，巴黎人民發動推翻七月王朝的二月革命，經過三天激戰，國王與王室們紛紛逃往英國，建立以馬拉丁為首的共和國，史稱法蘭西第二共和國。

>> 1848 年 6 月 22 日，巴黎工人揭竿而起，準備推翻只代表工業資產者利益的第二共和國，經過五天巷戰，起義遭到鎮壓。這次運動表明無產階級與資產階級的決裂。

>> 1848 年 12 月 10 日，拿破崙的侄子路易・波拿巴被選為法國總統。為能夠成為法國皇帝，他在 1851 年 12 月 1 日夜裡，調集七萬軍隊強行解散立法議會，逮捕反對派議員，這就是歷史上有名的路易・波拿巴政變。翌年 12 月 2 日，小拿破崙正式宣布改為帝制，登上皇帝的寶座，成為拿破崙三世。法蘭西第二帝國便由此開始。

>> 1848 年 3 月 13 日，維也納在法國二月革命的影響下也發生革命運動。當時，維也納的學生、工人和市民舉行武裝起義，迫使首相梅特涅辭職並化裝逃亡，國王斐迪南宣布改組內閣，召開國民議會，制定憲法。

>> 就在維也納革命爆發的同一天，柏林也發生革命運動。接著幾乎所有的德意志邦國都組成自由派內閣。1848 年 5 月 18 日，全德國民議會在法蘭克福市正式開幕。即歷史上所稱的「法蘭克福國會」。不過由於革命者未抓住時機用武力徹底摧毀封建統治者，最後全部遭到鎮壓。

>> 匈牙利也在奧地利爆發三月革命後，以詩人裴多菲為首的十人小組在 3 月 15 日帶領示威群眾包圍市政廳，迫使市長接受《十二條》。在議會中，以科蘇特為首的資產階級民主派也與之呼應，他親率高級代表團去維也納談判，迫使奧皇同意成立匈牙利責任內閣。但隨著歐洲封建勢力的反撲，匈牙利革命也因遭到奧俄聯軍的鎮壓而失敗。

● 義大利和德意志的統一 ●●●●●●●●●●●●●●●●●●●●●●●●●●●●

>> 1848 年義大利爆發革命。1 月 13 日，西西里島首府巴勒摩發生大規模的革命運動，在廣大人民群眾的支援下，與一萬三千名政府軍巷戰兩周，終於趕走政府軍，並在西西里成立資產階級自由派的臨時政府。

>>從 1848 年 8 月至 1849 年 8 月,以馬志尼和加里波底為首的資產階級民主派繼續揭竿而起,但在奧、法、西聯軍的強大攻勢下,以失敗告終。

>>1859 年 4 月,法、薩兩國向奧地利宣戰。6 月 4 日,法、薩聯軍在馬進塔一役大破奧軍,6 月 22 日,把奧軍逐出倫巴底。

>>1860 年 3 月,在英國的支持下,義大利中部各邦舉行公民投票,正式合併於薩丁王國,使義大利終於實現局部統一。

>>1862 年 9 月 22 日,俾斯麥成為普魯士首相。他大力發展軍事力量,積極備戰,透過普丹戰爭、普奧戰爭和普法戰爭,最終實現德意志的統一。在 1871 年 1 月 18 日,德意志帝國正式宣告成立。

美國南北戰爭

>>美國獨立後,南方的奴隸制種植園經濟與北方的工業資本主義經濟的矛盾逐步激化。在 1860 年的大選中,共和黨的候選人林肯當選為總統,於是引發南方的武裝叛亂。

>>1861 年 2 月 4 日,南方有七個州的代表集會於蒙哥馬利,宣布成立「美利堅諸州聯盟」,並推選大衛斯為南方總統。

>>1861 年 1 月 9 日,一艘北方陸軍租賃的商船「西方之星號」試圖對薩姆特要塞進行補給和增援,但它遭到港口南部莫里斯島上的南軍新砲臺的砲擊——打響南北戰爭的第一槍。

>>1861 年 4 月 12 日凌晨,南軍開始對薩姆特要塞砲擊,但安德森只進行了象徵性的抵抗,便在第三天放棄了薩姆特要塞。於是,觸發了這場美國歷史上流血最多的內戰。

>>1861 年 7 月 21 日,林肯委任麥克道爾統帥三萬五千名北方聯軍進攻里奇蒙。北軍在華盛頓和里奇蒙之間的交通樞紐馬納薩斯與南軍遭遇,結果被打得大敗而歸。這是南北第一次決戰,從此,北方軍處於劣勢。

>>1863 年 1 月 1 日,林肯正式發表《解放宣言》,莊嚴宣告:南方諸州的奴隸「從現在起永遠獲得自由。」允許「條件合適的」黑人參加北方的軍隊。從此,北方軍軍威大振。

>>1863 年 7 月 1 日,李將軍率領的南軍與米德率領的北軍在葛底斯堡小鎮激

戰。7月3日，北軍大勝。從此，南軍失去戰場的主動權。

>> 1864年3月，林肯委任格蘭特為聯邦陸軍總司令。他上任後開始部署新的作戰計畫，對南軍進行窮追猛打，不讓敵軍有喘息機會。1865年4月9日，李將軍被迫投降。6月2日，歷時四年的美國內戰宣告結束。

>> 1865年3月4日，林肯再次正式當選總統。14日被演員布斯槍殺，第二天上午七時，林肯溘然長逝。

>> 南北戰爭結束後，一些仇視自由黑人的白人組成了祕密組織，從事暗殺黑人及其領袖的活動。1865年12月，前「南部同盟」的六名年輕的退伍軍人在田納西州的普拉斯基城成立三K黨。日後組織不斷擴大，製造無數慘案。

俄國1861年改革和巴黎公社 ●●●●●●●●●●●●●●●●●

>> 1853年至1856年，俄國與英、法、土、薩四國聯盟進行克里米亞戰爭，亦稱「東方戰爭」。在塞瓦斯托波爾戰役中俄軍遭到慘敗，被迫同四國聯盟簽訂《巴黎和約》。這場戰爭使俄國喪失自亞歷山大一世以來的所有戰爭成果。尼古拉一世也引咎服毒自殺。

>> 克里米亞戰爭中，英國戰地醫院出現一位名叫南丁格爾的護士，她從倫敦帶著三十八名婦女來到克里米亞前線，為挽救傷員的生命做出了巨大貢獻。由於她經常在夜裡提著油燈巡視傷病員的病房，所以她被稱為「提燈女神」。由於她後來創建第一所護士學校，所以她的生日被定為護士節。

>> 如果說克里米亞戰爭使英國出現更完善的軍人衛生機構，對於俄國來說，則是痛定思痛，促進俄國資本主義革命的發展。

>> 克里米亞戰爭後尼古拉一世的兒子亞歷山大二世繼承皇位。在1857年1月28日成立一個祕密委員會，專門調查農民問題，籌備改革方案。

>> 1861年2月19日，亞歷山大二世簽署《關於農民擺脫農奴制依附地位的總法令》，使俄國的農奴從此獲得人身自由。接著對國家機構、文化教育與軍事等方面進行改革，使俄國開始步入現代化。

>> 由於亞歷山大二世顧及地主貴族會動搖他的統治，所以他的改革並不徹底，離真正的憲政還很遙遠。所以，他本人成為激進組織民意黨暗殺的對象。1881年3月1日，亞歷山大二世被埋伏的刺客用炸彈炸死。

>> 普法戰爭中，拿破崙三世在色當會戰中投降被俘，從而結束法蘭西第二帝國。

>> 1870 年 9 月 4 日，巴黎爆發革命，成立國防政府。國防政府並不想抵禦普魯士的侵略，而是向普魯士求和。當普軍包圍巴黎時，巴黎人民拿起武器保衛祖國，組建國民自衛軍。但國防政府卻認為人民武裝是自己最大的威脅，想聯合普魯士對革命群眾進行鎮壓。

>> 1871 年 3 月 18 日，梯也爾政府派軍奪取國民自衛軍的大砲，憤怒的自衛軍舉行武裝起義，僅用一天便將梯也爾政府趕出巴黎，隔天成立人類歷史上第一個無產階級政權──巴黎公社。

>> 1871 年 5 月，梯也爾政府與德國簽訂喪權辱國的和約後，俾斯麥釋放了十萬名法國戰俘，並允許凡爾賽軍穿過德軍防線進攻巴黎。梯也爾的軍隊大舉進攻巴黎，製造血腥的「五月流血週」。5 月 28 日，巴黎公社宣告失敗。

明治維新

>> 1853 年 7 月 8 日，美國人培里率領的「黑船」敲開了日本的大門，日本也面臨著與同時代的中國相同的命運──成為西方國家的殖民地或半殖民地。

>> 為挽救民族危機，日本出現「尊王攘夷派」，他們想加強日本天皇的權力，建立憲政國家。其代表人物有緒方洪庵、佐久間象山、橋本左內和吉田松陰等人。他們積極主張學習西方的科學文化知識，改變日本的落後面貌。

>> 1858 年，德川幕府屈於壓力與西方國家訂立不平等條約後，「尊王攘夷派」開始感到只有推翻德川幕府的封建統治，才能挽救國家與民族的危機。於是由尊王攘夷運動，轉變為倒幕運動。10 月，倒幕派到京都與天皇密謀，結果遭到德川幕府的逮捕與殺戮。

>> 1867 年 12 月 9 日，倒幕派大久保利通等人發動政變，用天皇的名義發布「王政復古」詔書，宣布廢除幕府將軍制，將政權歸還給天皇，同時成立新的中央政府。

>> 1867 年，倒幕派與德川幕府等叛軍進行「戊辰戰爭」。1868 年 4 月，德川慶喜獻城投降。

>> 1869 年 10 月，日本天皇將帝國年號改為「明治」，並開始對國家進行全面改

革。他所實施的一系列改革措施，使日本走上資本主義道路，逐漸成爲資本主義強國。

十九世紀中晚期的亞非諸國

>> 明治維新使日本強盛起來，馬上走上對外擴張的道路。而中國的衰落給日本可乘之機，清朝的藩屬——朝鮮隨即被日本占領。

>> 1876年2月，日本海軍入侵朝鮮海域，登陸江華島，蠻橫無禮地強迫朝鮮政府簽訂不平等的《江華條約》。

>> 1882年至1892年，美、英、法、俄、德等國也隨之而來，強迫朝鮮簽訂類似的不平等條約。從此，朝鮮開始逐漸淪爲半殖民地半封建社會。

>> 1825年7月，荷蘭統治之下的「千島之國」印尼爆發了聲勢浩大的起義，這次起義的領導者就是蒂博尼哥羅——日惹的王子。

>> 1757年6月23日，英國與法國、孟加拉聯軍進行著名的普拉西大戰，英軍大勝。這一戰役，標誌著印度開始淪爲英國殖民地。經過一連串的戰爭，到1849年，英國完全侵占印度。

>> 就在普拉西大戰百年之後的1858年5月10日，印度米魯特第三騎兵連的「土兵」在市民和郊區武裝農民的配合下，發動起義。義軍很快占領德里，並建立自己的政府。然而在英軍的鎮壓下，1859年底起義失敗。不過印度各邦卻依然接連發生起義，使英國政府難於應對。

>> 十九世紀初，英、俄、法三個大國開始對伊朗輪番搶奪，使伊朗淪爲殖民之邦。1844年，賽義德‧阿里‧穆罕默德創立了巴布教，打開獨立之門，建立「正義王國」，但最終還是遭到鎮壓。

>> 十八世紀末期，歐洲列強開始對非洲內陸進行探險，想進一步將其變爲自己的殖民地。然而在1867年至1870年，卻在南非發現了比黃金還要值錢的鑽石。於是，英、法、德、意、西、葡等國都捲進瓜分非洲的戰爭中。使當時的非洲直到二十世紀初，只剩下衣索比亞和賴比瑞亞兩個獨立國家。

>> 穆罕默德‧阿里，一個來自巴爾幹半島上的阿爾巴尼亞人，鄂圖曼土耳其的軍官，後來在1805年成爲埃及的統治者，他所進行的一系列改革使埃及重新煥發生機。

＞＞ 1860 年代，自封爲伊斯蘭教中的救世主馬赫迪的穆罕默德‧艾哈邁德組建一支被稱爲「苦修僧」的軍隊，所向披靡，最終建立馬赫迪亞國。後來他的弟子阿卜杜拉征戰，最終統一蘇丹全境。

人類進入電氣時代 ●●●●●●●●●●●●●●●●●●●●●●●●●●●●●●

＞＞ 1831 年，法拉第發明第一臺發電機。這個發明再次引發了工業革命，把人類帶到了光明的電氣時代。

＞＞電燈的發明給人類帶來光明，留聲機竟然把聲音保存下來……這些都出自「發明大王」愛迪生之手。他使人類的生活發生翻天覆地的變化，因此被稱爲「打開電氣時代的領袖」。

＞＞ 1901 年 12 月 13 日的十二點三十分，馬可尼聽到三聲「滴答」的信號聲。隨著這三聲「滴答」聲，在以後的歲月裡，人類的通訊方式徹底改變，而馬可尼也因此被稱爲「無線電之父」。

法國巴黎凱旋門

近代世界

西元 1794 年　　西元 1889 年

法蘭西第一帝國／拉丁美洲的獨立戰爭／變革中的歐洲／1848 年歐洲革命／
義大利和德意志的統一／美國內戰／俄國 1861 年改革和巴黎公社／明治維新／
十九世紀中晚期的亞非諸國／人類進入電氣時代

愛迪生發明的留聲機內部

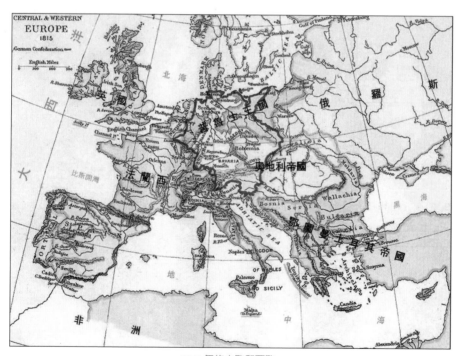

1815 年的中歐和西歐

001.督政府的統治

通過「熱月政變」上臺的熱月黨人內爭不斷，腐敗無能的統治激起人民的強烈不滿，反法聯盟的入侵更激化國內矛盾，法國急需強權統治。

熱月黨人

「熱月黨」其實並不是一個黨派的名稱，而是指「熱月政變」中的所有勝利者。他們之中有寬容派、埃貝爾派、山嶽派（也可以說是雅各賓派）、平原派等等。雅各賓派專政時，爲打倒羅伯斯比而聯合起來。當羅伯斯比及其心腹被剷除以後，這些人又回到各自的黨派中，互相爭執，甚至敵視。最終，在國民公會中形成兩大派別：即寬容派與激進派。

寬容派的代表人物有塔里安、弗雷隆、勒讓德爾、勒庫安特爾等。由於平原派中很多人也支持寬容派，使寬容派人多勢眾，成爲可以左右會場的中堅力量。

激進派指原屬山嶽派與埃貝爾派的人士，雖因參與「熱月政變」也成爲熱月黨人，但他們仍然懷念曾經的恐怖統治，主張用激進的方式治理國家，其代表人物爲巴雷爾、瓦迪埃等。因人數極少，所以在國民公會中無法掀起波瀾。

另外，國民公會中還有一些人屬於中間派，在兩派勢力之間搖擺不定。

熱月政變後，寬容派將在押的「嫌疑犯」釋放，繼而追究「恐怖主義者」，最後將罪責引向雅各賓俱樂部，在 1794 年 11 月 12 日下令將其關閉。長相俊美的弗雷隆是打擊雅各賓派的先鋒，他率領一夥號稱「金色青年」的執褲子弟，大肆捕殺雅各賓派人士，其目的卻是想得到對方的財物，或者消滅政敵。12 月 24 日，寬容派又廢除限價法令，恢復經濟自由。還允許逃亡國外的吉倫特派分

↑共和國，格羅作品
1894 年，法國畫家格羅將督政府時期的共和國戰士描繪爲自由女神的形象。女神一手緊握倒轉過來的矛頭，上有紅色軟帽，以示和平；一手扶著橄欖枝纏繞的束棒，寓意深刻。

→弗雷隆肖像

子回國，並歸還他們的財產。此外，並決定恢復天主教在法國的地位。

塔里安與「熱月聖母」

塔里安是熱月政變後法國政壇上的頭號風雲人物，但少有治世的才能。他出身於僕人之家，其父原是侯爵的管家。革命爆發後，塔里安心下暗喜，但沒有投入革命運動中。到1792年眼見王權式微，才投身革命，並在8月10日逮捕國王中大顯身手，從而成為巴黎市府的祕書。

後來，塔里安又入選國民公會，成為羅伯斯比的擁護者。吉倫特派倒臺後，他成為恐怖統治最為得力的幹將之一。他奉命到波多爾平滅叛亂時，不但收受賄賂，廣斂錢財，並且風流放蕩，很快與狐媚妖淫、俏麗多姿的卡芭露絲成為一對情人。

卡芭露絲原系西班牙一銀行家之女。其父欲攀高枝，將未滿十六歲的她嫁給年事已高的法國貴

↑塔里安夫人，約瑟夫作品
卡芭露絲後來成為塔里安的妻子，紅極一時，被稱為「熱月聖母」，其實是對督政府腐敗統治的絕妙諷刺。

族豐特內侯爵。革命暴發後，豐特內侯爵隻身逃亡，卡芭露絲便成為逃亡者的家屬。為自保性命與家財，她不得不曲意承歡於塔里安。

紅色恐怖中，卡芭露絲被列為「嫌疑犯」關入監獄，塔里安也受到羅伯斯比的大聲訓斥。為救出自己的情人和保住自己性命，塔里安便成為熱月黨的急先鋒。熱月政變成功後，他將卡芭露絲釋放，並於12月當眾宣布與她結為夫婦。卡芭露絲天生尤物，舉手投足間充滿媚態，令人神魂顛倒。由於她不甘寂寞，既喜賣弄風騷，又喜干預政事，愛出風頭，勾引得那些政界要人如同中了魔法一般，於是她便得了個「熱月聖母」的稱號，成為社交界的頭面人物，紅極一時，使全國婦女爭相效仿「聖母」的衣著、髮式，甚至是一笑一顰。塔里安做事也常常聽命於「聖母」。

當國民公會中的熱月黨人正圍著「聖母」爭風吃醋時，卻暴發接連不斷的起義與叛亂。1795年10月，保王黨在巴黎掀起數萬人的大暴動，如果不是拿

法蘭西第一帝國

21

破崙用大砲進行巷戰，熱月黨的統治很可能就此結束。

督政府與亂世佳人

面對民眾起義、王黨復辟，熱月黨人不得不創建新的國家體制，以穩定大局。於是，他們與吉倫特派聯合起來，於1795年8月制定出一部新憲法，稱作「共和三年憲法」。

憲法一改紅色恐怖時代的集權制，而是建立一套立法、司法、行政三權分立的體制。立法權歸立法院執掌，效法英、美兩國，將立法院分為上下兩院，上院稱「元老院」，下院稱為「五百人院」。司法權由司法院執掌，不受其他議院的控制。行政權則歸於由五名督政官構成的「督政府」。首先被選為督政官的五人是巴拉斯、來波克斯、魯貝爾、勒圖爾納與卡諾。他們都是弒君者，其中有四人屬於雅各賓黨人，不過他們現在都以熱月黨的身分執政。同年10月，國民公會宣布解散，11月2日新的督政府宣告成立。

大革命使貴族走上斷頭臺，而貴族遺孀中卻不乏招人迷戀、令人銷魂的尤物。這些沉魚落雁之貌的夫人，便成為新權貴者們最昂貴的玩物。「熱月聖母」卡芭露絲、未來的皇后約瑟芬、雷卡米埃夫人、阿姆蘭夫人等，平時珠環翠繞、美食佳餚享樂慣了，使她們既耐不住清貧，也守不住寂寞。只要是財大權重者，便人盡可夫。

此時塔里安只是下院的一個代表，卡芭露絲做不成「熱月聖母」，便開始委身於督政官巴拉斯。為得到更多的財物，她後來又上巨富烏弗拉爾的床，為

其侍枕席。而此時約瑟芬雖然已經三十一歲，但還是因豔麗絕俗而被好色的巴拉斯占有。後來他有了新歡，又把她送給拿破崙。

當時，商界巨擘及各大公司，都透過這些「尤物」賄賂權貴。於是，在權貴、將軍與富商、巨賈之間，便由這些尤物穿針引線，織成了一幅腐朽淫邪的圖畫。而百姓們卻缺吃少穿，無法度日。

亂世中的英雄

督政府執政期間，權貴們日日歌舞昇平，過著腐朽而淫亂的生活；百姓則朝不保夕，過著忍飢挨餓的日子。

當時，巴黎紙幣貶值，形同廢紙，食物也開始按人分配。於是，有個名喚格拉古·巴貝夫的人，開始聯絡眾人，準備推翻這個腐朽的政府。他是一位原始共產主義者，主張人人平等，痛恨只保護富人的熱月黨。他在1795年底創建先賢祠俱樂部，反對督政府。1796年2月俱樂部被封後轉入地下，稱為「平等

派密謀團」，並擬定5月11日起義。遺憾的是，因有奸細混入組織，起義功虧一簣。

十幾年的黨派之爭，人們已經看穿這場鬧劇，只求能有個強勢之人及可信賴的政府出現。保王黨勢力暗暗收買人心，竟然在1797年仲春的立法院改選中，獲得了眾多的選票。督政府為維護自己的統治，只得讓正遠征義大利的拿破崙調回軍隊，包圍立法院，發動政變，將保王黨分子逮捕，這便是「果月政變」。第二年的選舉，又使雅各賓派殘餘勢力得到眾多的選票，督政府不得不在1798年5月11日再次發動軍事政變，這便是「花月政變」。

接著，英國又拉攏俄國、奧地利、義大利南部的那不勒斯和土耳其等國，結成第二次反法同盟向法國攻來。法國國內人心惶惶，國會兩院憂國之士無不惱怒督政府的無能，於是在改選中選定革命元老西哀耶斯為督政官。

這個西哀耶斯胸有城府，內藏玄機。他在三級會議中便已是名人，可他自從入選國民公會後，竟一直保持沉默，從不介入派系之爭。督政府建立時，他本當選為督政官，卻辭而不就。此次出山，實際上已心懷妙計，要重新制定憲法，做這亂世的英雄。而命運卻沒有選擇他，而是把亂世英雄的桂冠賜給了拿破崙。

↑果月政變，十九世紀版畫
該圖描繪拿破崙所率領的政府軍粉碎保王黨叛亂的情景。
保王黨分子正在密謀，面對突如其來的軍隊驚慌失措。

荒野雄獅拿破崙

拿破崙五短身材，灰色的眼睛，容貌勉強算是英俊，如果頭髮再長一些，你會認爲他是一個女孩兒。他平時顯得有些稚嫩，然而在戰場上，卻是一頭勇猛的雄獅——使整個歐洲爲之顫慄的雄獅。

拿破崙‧波拿巴本應屬於義大利人。1769 年 8 月 15 日降生於科西嘉島阿雅克修城的一個貴族之家。然而，在他降生的前兩個月，這塊領土已併入法國的版圖。這對拿破崙來說也許是一種預兆——彷彿註定他將來要成爲法國的皇帝。

山勢起伏、略顯荒涼的科西嘉島鑄就拿破崙桀驁不馴，甚至有些野蠻的性格。他小時候的理想便是想成爲一名士兵，儘管矮小瘦弱的身材似乎難以成就這個願望。其父夏爾‧波拿巴曾爲科西嘉的自由而戰，而當法國終於用武力占領了科西嘉後，他便順應時勢地成爲法國政府的官員，並被科西嘉貴族選爲「國會議員」，使他的幾個兒子可以進入法國軍校學習。這個家族的高貴血統得到法國政府承認，而大革命使這個家族開始沒落，甚至過著提心吊膽的日子。

←夏爾‧波拿巴，瑪麗‧莉苔希亞作品
拿破崙父親夏爾‧波拿巴原是義大利貴族，後成為法國政府的一名官員，貴族身分也得到了法國承認。

拿破崙十歲時進入法國布倫納的一所軍事學校學習。五年後，拿破崙因爲成績優異被保送到巴黎軍校進行深造。此時，拿破崙已不再是同學們嘲笑的對象，同學們甚至開始崇拜他的才能。在巴黎深造一年後，十六歲的拿破崙便被任命爲瓦朗斯的拉費爾砲兵團少尉，此時他的年薪是一千一百二十法郎。這一年他的父親去世了，而他的哥哥約瑟夫又非常窮

↑萊蒂齊亞雕像，1804 年，安東尼奧作品
萊蒂齊亞是拿破崙的母親。該雕像用大理石雕成，高 145 公分，安置在拿破崙的故鄉阿雅克修城。

困，因此他不得不成爲這個家庭的臨時家長，承擔起扶養母親與兄弟姐妹的義務。所以當其他軍官以賭博和尋找漂亮女人爲消遣時，拿破崙的嗜好只能是讀書。他利用這段時間自修文學與歷史，並且研讀啓蒙思想家的著作。

拿破崙有作筆記的習慣，在今天的法國博物館還保存著他年輕時所寫的讀書筆記。爲了實現他的政治抱負，他有時也會出席一些交際場所，但他的引人注目則是來自於一身極不入時的破舊軍裝——雖然作風勇敢而無畏，但無法掩飾其窮困潦倒與不得志。這大概就是所謂的「英雄自古多磨難」吧。

土倫戰役露鋒芒

1793 年，二十四歲的拿破崙還只是個砲兵上尉，他的頂頭上司便是巴拉斯。此時正是雅各賓黨恐怖統治時期，法國軍隊正爲收復失地與反法聯盟進行

激戰。而爲奪回被英軍戰領的土倫港，前方需要一名砲兵軍官，拿破崙便成爲最合適的人選，被派到土倫戰役的前線。

在土倫戰役爆發之前的軍事會議上，本來已策劃出詳盡的作戰方案，但年輕的拿破崙卻把它推翻。他認爲，這一戰役應該首先攻占港灣西岸的小直布羅陀，奪取克爾海角，然後集中大量火砲，猛烈轟擊停泊在港內的英國艦隊，迫使英艦撤出港口。這樣，土倫守敵則在一無退路、二無援兵、三無火力支援的情況下，必然不攻自破。他的方案受到國民公會特派員的支持，並得到巴黎方面的批准。

結果，這一戰役取得輝煌的勝利。在戰鬥中，拿破崙雖然兩處受傷，卻仍然身先士卒，奮勇殺敵。他的行爲受到最高指揮官的高度讚揚，羅伯斯比在最高指揮官的建議下，將他破格提拔爲陸軍準將。然而，熱月政變後拿破崙因受到牽連，又開始過上潦倒的生活。

↑ 拿破崙青銅雕像
該雕像矗立在科西嘉島拿破崙的故鄉阿雅克修城，爲頭戴王冠的戎裝像，底座四角護衛著其手下的四個重要將領。

砲擊保王黨

熱月政變後，拿破崙被視為雅各賓黨人，於 1794 年 8 月 6 日被捕入獄，等待他的將是斷頭臺。也許這是上天對他開的一個玩笑，兩週後他便被釋放了。但此時他已不再擁有軍權，再度陷入窮困與潦倒之中。他每日徘徊在塞納河邊，如果不是一個朋友借給他三萬法郎，他甚至準備投河自殺。

1795 年 10 月，保王黨人收買巴黎武裝警備司令，聚集三萬多人的保王黨部隊發動政變，圍攻國民公會。此時議員們個個驚慌失措，六神無主。一向掌握實力的寬容派也沒了主張，不得不把圍剿叛亂者的責任推給激進派的巴拉斯。而巴拉斯原來正是拿破崙的頂頭上司，土倫戰役給巴拉斯留下深刻印象，於是首先想到拿破崙。

作為一名軍事奇才，拿破崙早就把巴黎的形勢看清了，自然極其清楚該如何對付這些保王黨部隊。受到巴拉斯召見後，拿破崙只帶領六千名士兵前去鎮壓這三萬叛軍。他明白，這一戰正是施展抱負、展現才能的機會，如果自己是三萬兵力，而敵人只有六千，那麼打勝了也不夠光彩。

↑巴拉斯肖像畫
保羅·巴拉斯，出身於法國南部的一個貴族家庭，為人幹練卻寡廉鮮恥，後來對拿破崙的生涯產生了有力的影響。1896 年任巴黎警備司令。

拿破崙先命令一名騎兵營長急速調運大砲，然後擺放在有利的位置上。接著便集中火力，砲轟敵軍。這確實是保王黨人沒有料想到的，因為當時還沒有用大砲進行巷戰的先例。這些保王黨人儘管手中握著滑膛槍，卻沒有用武之地，更何況有些人手裡拿著的還是長矛與寶劍！叛軍立刻如鳥獸般四處逃散，跑得慢的全部屍骨無存。拿破崙趁勢帶領士兵掩殺過去，只用了一個多小時，三萬多叛軍煙消雲散。

拿破崙因鎮壓叛亂有功，被國民公會晉升為中將，並授予「葡月將軍」的美名。年方二十六歲的他，春風得意。在各種交際場所，他成為權貴、富商及漂亮女人所簇擁的革命英雄，並且因此結識了那位影響他一生的女人——約瑟芬。

神祕女人約瑟芬

約瑟芬是神祕的，這不單是由於她有著傳奇的經歷，更主要的是來自於她的魅力。一個兩次分娩、年過三十的女人，卻仍然被眾多權貴所追求。

約瑟芬的出身不是很顯赫，父親曾是路易十六母親家中的侍從。她原名伊薇特，讀書之後叫羅絲，「約瑟芬」是拿破崙為她起的名字。她從小受到的教育包括寫作、圖畫、歷史、刺繡、舞蹈、音樂及宗教等方面的內容，自幼崇拜的人便是蓬巴杜夫人，她也想成為國王的寵物。

約瑟芬十六歲時嫁給了比她大三歲的博阿爾內子爵，並為子爵生下一子一女。子爵是個處處留情的男人，一個美麗的妻子不會使他得到滿足。於是約瑟芬經常獨守空幃，只能把全部的愛奉獻

↑ 約瑟芬，1769 年
約瑟芬成名很早，拿破崙認識她時已是巴黎著名的女人，巴拉斯的情人。

給兩個孩子。結婚六年後夫妻反目，約瑟芬離開紅塵，去做修女。後來耐不住寂寞，再度還俗，與子爵重歸於好，在恐怖統治時期雙雙被捕。不幸的子爵在熱月政變前三天被處死，而約瑟芬因自己的美貌保住性命。當她被塔里安釋放出來後，她丈夫的財產已全部被沒收，一無所有的她為撫養兩個孩子，便利用自己深藍色的大眼睛與略帶憂鬱的美麗結交塔里安，並成為日漸高升的巴拉斯的情人。於是她得到自己原來的財產，並且得到了一輛雅緻的馬車與幾匹黑馬，其地位僅次於「熱月聖母」，成為執政團社交界的領導人物。法國最富有的商人烏弗拉爾就是藉機向約瑟芬行賄，從而得到供應全國海軍食物的特權，牟得了一筆暴利。當好色的巴拉斯另有新歡，約瑟芬便只得另尋靠山。此時，正好「葡月將軍」拿破崙出現了。

拿破崙參加過幾次約瑟芬舉辦的宴會，他迷戀她成熟的嫵媚、從容自如的舉止以及溫柔和合的性格。可是約瑟芬卻沒有看上這個面黃肌瘦的中將，儘管他此時身穿嶄新的將軍服。

↑ 美麗島，油畫，熱拉爾作品
該畫面描繪巴黎一個露天沙龍的情景，左下角的椅子上的拿破崙一身戎裝，而身邊的約瑟芬卻和女性友人在交談。

從情人到結婚

如果不是一位占卜師的預言，拿破崙可能一生不會擁有約瑟芬，甚至不會擁有輝煌的人生。

約瑟芬有一個朋友會占卜，她預言約瑟芬是個「天命之人」，不久將遇到全心愛她的人，這個男人會讓她戴上王冠。約瑟芬感到這個男人就是追求自己的拿破崙。於是，她開始巧妙地安排與他單獨會面的機會。

她讓十四歲的兒子求見拿破崙，請求他幫助收回其前夫被沒收的寶劍。拿破崙辦成這件事後，約瑟芬便拜訪他以示謝意，並邀請他 10 月 29 日共進晚餐。拿破崙應約而來……從此以後，他們開始頻繁見面，一個月後開始共度愛河。約瑟芬仍然與其他情人保持親密的關係。而拿破崙卻不介意這些，他對約瑟芬說：「你的一切我都喜歡，甚至你的過錯我都視為美德。」

↑ 年輕時的約瑟芬，油畫

此時，拿破崙與巴拉斯已成為好朋友，他幾乎每天都要去看巴拉斯。巴拉斯則大方地開始為拿破崙做媒。他對拿破崙說：約瑟芬適應能力強，並且有巴黎最好的房產，還可以使拿破崙成為真正的法國人。

拿破崙明白這椿婚姻的價值，便開始向約瑟芬求婚。可約瑟芬卻沒有答應他。原來，她想讓巴拉斯送上一份豐厚的嫁妝——提高拿破崙的職位。第二年的二月底，這份嫁妝終於到手——拿破崙被任命為義大利區軍總司令，他的義大利作戰計畫也得到批准。

1796 年 3 月 9 日，他們舉行平民化的結婚儀式。女方證人是塔里安、「熱月聖母」及巴拉斯；男方證人是拿破崙手下一名十八歲的上校。「結婚證書」上，約瑟芬年齡為二十九歲，少寫了四歲；拿破崙為二十八歲，多寫了一歲，並將出生地寫成巴黎。當時，約瑟芬的項鍊上，正刻著「服從天命」四個字。

新婚之夜是甜蜜的，可是一生註定馳騁疆場的拿破崙，兩天後便跨上戰馬前往尼斯，踏上進軍義大利的征途。

義大利旋風

當時，第一次反法聯盟戰爭雖已接近尾聲。但奧地利表示，只要法國固守

↑ 求婚，1796 年，油畫
該畫面中的約瑟芬端坐在中間，身邊為她的一雙兒女，拿破崙在面前向其求婚。約瑟芬身後為證婚人。

所占領的荷蘭與萊因河畔的領土，就不接受和平。並與薩丁國王與皮埃蒙特國王聯合起來，希望收復 1792 年被法國占領的薩伏伊與尼斯。

五人執政團中的卡諾，計畫兵分三路向奧地利進攻。一支軍隊由儒貝爾當統率，沿著桑布林河與梅爾塞河攻擊奧地利西北防線；另一支則由莫羅率領，沿著摩爾塞河與萊因河襲擊奧地利人；第三支，便是拿破崙統率的軍隊，試圖將奧地利人與薩丁人逐出義大利。

前兩支軍隊在經過幾次勝利後，最終敗北。五人執政團的期望，只有寄託於拿破崙。然而當拿破崙於 1796 年 3 月 27 日到達尼斯後，卻發現這支軍隊沒有任何戰鬥力。雖然人數有四萬三千，但是有三萬人不能參加殘酷的戰役。因為服裝粗劣，皮鞋破爛，很多軍人甚至沒有步槍和刺刀，火砲又很少，而且破爛不堪。馬匹也由於飼料不足，更為嚴重的

【人文歷史百科】

拿破崙征戰義大利

1796 年 4 月 28 日，拿破崙打敗薩丁王國，迫使它簽訂停戰協定，拱手讓出科尼、切瓦和托爾托納（或亞歷山德里亞）三大要塞，法軍有權在皮埃蒙特境內自由通行並有權在瓦倫察渡過波河。薩丁國王被迫退出聯軍，其正規軍改編成警備隊。5 月 15 日法軍進入米蘭，掠獲了大批財物。後來，法軍圍攻北意的戰略要地曼圖亞，並且分兵占領義大利中部各地。1797 年奧地利被迫同法國簽訂和約，把比利時割給法國，承認拿破崙在北義大利建立的傀儡政權——阿爾卑斯山南共和國和利古里亞共和國。

是，軍官們士氣低落，並且知道拿破崙是靠女人升的官，全然不把他放在眼裡。

經過一次軍官會議後，大部分軍官都開始佩服拿破崙的軍事才能，並願意聽從他的指揮。對於不服從的軍官，拿破崙則非常大度地讓他們帶著部隊離開。他在會議上還下達一條嚴格的命令：當自己的命令下達時，將士們必須雷厲風行地執行，不得有絲毫拖延！

接下來，拿破崙便對這支軍隊進行嚴格的訓練。4 月 2 日，他帶兵開始向皮埃蒙特平原挺進。速戰速決一向是拿破崙的作戰風格。在義大利境內，他的軍隊神出鬼沒，所向披靡，勢如破竹，被稱作「義大利的旋風」。只用八個月的時間，便完全占領北義大利。在富庶的義大利，拿破崙的軍隊得到最精良的裝備，不再是缺衣少穿的一幫烏合之眾了。拿破崙在米蘭還請來朝思暮想的妻子約瑟芬，一同分享勝利的快樂。

↑拿破崙在阿爾柯橋上，格羅作品
該畫作於 1796 年，是格羅的成名作，畫上描繪法國軍隊到達阿爾柯時，拿破崙把勝利的旗幟插在橋頭的情景。此畫成為表彰拿破崙戰績的重要歷史名作。

金字塔下的輝煌

拿破崙在義大利取得輝煌的勝利。可是當他於 1797 年 12 月 5 日回到巴黎後,並沒有表現出高傲的樣子。而是以謹慎與謙虛的姿態出現,盡量以不同的方式取悅各個階層的人。

12 月 10 日,督政府以官方的形式在盧森堡宮設宴向拿破崙表示致敬,主辦者便是當時的外交部長塔列朗。這是一場極其隆重的盛宴,但拿破崙卻穿著極其樸素的軍服參加。宴會後,他便回到自己的家園與約瑟芬及她的孩子一起享受悠閒的日子。他還經常訪問一些名人,數學家、天文學家、哲學家及文學家等都是拜訪的對象。因為他正在計畫出兵埃及,並且將計畫書呈交督政府。

進攻埃及可以切斷英國在印度的殖民利益。不過,督政府會採納拿破崙的計畫,更主要是由於對他的猜忌與恐

↑金字塔戰役,格羅作品
拿破崙率領少數的法軍打敗數量眾多的埃及馬木魯克軍隊。金字塔戰役是最為關鍵的戰役,意氣風發的拿破崙在格羅筆下栩栩如生。

懼,認為他離法國越遠政府就越安全。現在巴拉斯、塔里安等人,早已不敢勾引約瑟芬。

1798 年 5 月 19 日,拿破崙率領一支擁有四百艘艦隻的艦隊從土倫港出發,與往日征戰不同的是,這次有很多科學家、文學家與藝術家都參與這次計畫。

這支神祕的艦隊行駛在海面上,大部分人不知道將要去哪裡,它甚至甩開了英國艦隊的監視。6 月 9 日,法軍接近馬爾他,只損失三人便輕易占領了這座難攻的堡壘。7 月 1 日,法軍輕鬆攻克亞歷山卓港,登陸埃及。三個星期後,法軍在金字塔戰役中大獲全勝,占領開羅,接著又占領上下埃及。這一切,就如同一個戰爭的神話。當然,這主要是由於法軍在埃及最衰微時統治了它。

↑拿破崙占領埃及,路易士・吉洛德作品
1798 年夏季,法國遠征軍在拿破崙的率領下占領埃及。此圖畫上顯示的是法軍進攻埃及亞歷山卓時,對埃及馬木魯克軍隊血腥屠殺的場面。

拿破崙遠征埃及的原因

為了切斷英國在印度的殖民利益，法國準備進攻埃及。這個計畫，無論督政府或拿破崙都以為是適宜的。因為從拿破崙在義大利之戰的所作所為中，督政府看到他的野心，把一個有野心的將軍置於旁邊是有危險的。在拿破崙心裡，他認為長期無所表現會損害他已經獲得的聲望，而進行一次新的出征正可發揮自己的軍事才能，取得新的聲譽。1798年5月，開始遠征埃及的軍事行動。

拿破崙麾下上尉在距亞歷山卓港二十三英里的城鎮羅塞塔（Rosetta，今日稱為 el-Rashid）上，發現著名的羅塞達石板，碑銘由古埃及象形文字、簡化的象形文字及希臘文字刻成，這可以說是拿破崙遠征最有意義的成果。

後院起火

拿破崙正在埃及享受著勝利的榮耀與施政的樂趣，卻突然遭受到一個致命的打擊。拿破崙的副官朱諾遞給總司令一份與軍事無關的情報：約瑟芬在巴黎有新的情人。

軍官們對約瑟芬有情人的事早有耳聞，因為這件事發生在占領米蘭的時候。當時，拿破崙要求約瑟芬到米蘭相聚，結果由於她正與比自己小九歲的軍官夏爾共度良宵，所以遲遲不肯動身。這位夏爾長得極其英俊，以至於當時的很多貴族夫人都為他而失去理智。約瑟芬因為眷戀夏爾，竟然以謊稱自己有懷孕跡象而拖延時間。在拿破崙的一再強求下，約瑟芬才戀戀不捨地隨著拿破崙

的副官繆拉前去米蘭。可是水性楊花的她卻又讓繆拉拜倒在自己的石榴裙下。拿破崙遠征埃及時，繆拉便留下來，繼續與約瑟芬放縱淫亂。此時拿破崙聽到這一消息，怎麼能不怒火中燒？！

接著，拿破崙便受到更加致命的打擊：英國海軍上將納爾遜指揮的艦隊，在尼羅河口的艾布基爾灣殲滅法國艦隊，切斷埃及法軍的援軍和補給。

接下來，埃及人民開始紛紛起來反抗侵略者，使拿破崙不得不採取強硬的武力鎮壓。由於埃及是鄂圖曼帝國的附屬國，鄂圖曼便於1799年派兵敘利亞，準備拯救淪陷的埃及。拿破崙為先發制人，便親自率一萬三千士兵進入敘利亞與土耳其人交戰。雖然打贏兩場小勝仗，卻最終在阿卡鎮受到巨大損失，最終不得不退回埃及。當他們步行二十六天回到開羅時，為鼓舞士氣，便以凱旋的姿態行進在街上，並展示十七面敵軍軍旗及十六名被俘的土耳其軍官。

此時，拿破崙得到一條消息，知道英國已組成第二次反法聯盟，並且奪去他在義大利的全部戰果。他對督政府的軟弱無能極其氣憤，決定立即回國，取消這個無能的政府。

↑拿破崙原諒開羅，皮埃爾・基漢作品

拿破崙殘酷鎮壓埃及馬木魯克軍隊的反抗以後，接受其首領的懇求，成為埃及的「保護者」。

新的神話

拿破崙正準備偷偷回國，正好接到督政府要他回國的命令，這正好可以名正言順地回巴黎實施自己的計畫。他將軍權交給梅努將軍，然後帶著自己的衛隊離開埃及。

此時法國國內，西哀耶斯已經成為督政官。他決意要重新修改憲法，成為一名亂世英雄。為了能夠改革成功，他一直在物色一位可靠的將軍。這用西哀耶斯的話來說便是：「我需要一把劍。」他本來看中儒貝爾將軍，可是這位將軍不幸戰死沙場。西哀耶斯正準備物色新的人選，卻沒料想遠征埃及的拿破崙突然回到巴黎。

拿破崙一踏上法國的土地，便立刻受到當地居民的熱烈歡迎。10 月 13

日，當巴黎正在開會的議員們知道拿破崙已回國，並且即日將抵達巴黎的消息，更是一個個萬分驚喜。議員們全體起立，整個會場爆發出經久不息、暴風雨般的掌聲。會議中斷了，代表們跑上街頭，奔相走告。繁華的巴黎興奮得像發了狂似的，在劇院、沙龍、中央大街上，到處都在傳頌著拿破崙的名字。首都的衛戍部隊奏著軍樂，走遍整個巴黎。人們都盼望著這位百戰百勝的大英雄收復失地，趕走反法聯盟，給法國帶來和平。

拿破崙回到巴黎後，決意要與不忠的約瑟芬一刀兩斷。可是約瑟芬長跪不起，聲淚俱下，一連三天下來，拿破崙忍心不下，打開房門，向她張開雙臂。本已絕望的約瑟芬萬分感激，撲向他的懷中……從這一天起，她才真正愛上他。

拿破崙在巴黎從不暴露自己的打算，但卻暗暗籠絡人心。約瑟芬此時更是與丈夫抱成一團，巧妙地為拿破崙拉攏關係。而一些老奸巨猾的官員則早已有如意算盤，如外交部長塔列朗，員警總監富歇，及一些權貴與富商都來投靠他、支持他、資助他，他背後的還有從前他指揮過的軍隊。面對這種形勢，西哀耶斯也是萬般無奈，別無選擇。

←西哀耶斯像，雅克・路易士作品
西哀耶斯是神職人員，督政府後期取代勒貝爾出任執政官，外表總是一幅愁眉苦臉的樣子，實他老奸巨滑，一直在物色聽話的將領，以鞏固自己的政治實力。

政變傳奇

西哀耶斯與拿破崙都想推翻舊的督政府，所以兩人暫時結成聯盟，於 11 月 6 日聚集眾人商定好政變計畫。此時，拿破崙有塔列朗、富歇、西哀耶斯等重要人物的支持，並且五百人院主席又是拿破崙的弟弟呂西安，可以說這場政變應當是十拿九穩。

1799 年 11 月 9 日開始按計劃施行政變。先是由參與謀劃的勒布倫等人到元老院作恐嚇演說，謊稱雅各賓派正在巴黎聚集，預謀用武力發動政變；應急之策便是讓拿破崙執掌巴黎的兵權，並將立法議會移到聖克盧小鎮以避風險。由於元老院中很多人就是政變的參與者，所以這兩項提議很快便通過。接著拿破崙來到議會大廳，受命宣誓就職。不一會兒，西哀耶斯與富歇也來到，宣布辭去督政官的職務。這樣督政府只剩下三名督政官。好色而狡猾的巴拉斯明白大勢已去，便做了個順水人情，也宣布辭職。他平日裡積蓄不少錢財，這回歸隱林下，正好可以縱情於燈紅酒綠之中。此時，督政府已形同虛設，元老院

↑ 霧月政變，博希特・弗朗格斯畫
該畫面顯示的是拿破崙發動「霧月政變」時，來到五百人院後遭到議員們的圍攻，後帶兵驅散了議員們，獲得成功。

已全部臣服，只剩下五百人院了。

第二天，立法兩院已搬到聖克盧開會。拿破崙躊躇滿志地來到五百人院，結果卻遭到眾議員的排斥。原來，眾議員知道昨天的事情後，都非常氣憤，明白拿破崙是想發動政變奪權，所以大家進行效忠憲法的宣誓，準備同拿破崙對抗。他們圍住剛剛進入會場的拿破崙，呼喊著「打倒暴君」的口號，有人揪住拿破崙的衣領，喊著「不受法律保護的野人」將他推出會場。拿破崙的弟弟呂西安見眾議員反抗，便將身上議院主席的標誌摘掉，離開會場。

此時，拿破崙衣著不整，極其沮喪。經驗老道的西哀耶斯急忙勸他莫失良機，趕快發動兵變。於是，拿破崙振作起來，與弟弟呂西安一起帶兵闖入會場，驅散開會的議員，使政變最終獲得成功。

法國共和曆

【人文歷史百科】

法國大革命制定共和曆。新紀元自 1792 年 9 月 22 日，一年十二個月，每月各三十天。依次為：葡月、霧月、霜月、雪月、雨月、風月、芽月、花月、牧月、獲月、熱月、果月。1799 年 11 月 9 日即共和八年霧月 18 日。

法蘭西第一帝國

33

第一執政

霧月政變成功後，法國便建立一個臨時政府。拿破崙任第一臨時執政，西哀耶斯與羅歇·迪科任第二、第三執政。這個政府之所以被稱作「臨時」，是因為等新憲法制定出來後，這個政府便將被根據憲法選舉出來的新政府所取代。

拿破崙不屬於任何黨派，戰功卓著，威名遠揚，因此他成為第一臨時執政，法國各界無不彈冠相慶，拍手稱快。當然，倒臺的督政府一派還是難免心中有些怨恨，不過大勢已去，也無可奈何。此時唯一能夠削弱拿破崙權力的，只有西哀耶斯。因為拿破崙命西哀耶斯草擬一部新憲法，以明示新政權的方針政策。

這部憲法，西哀耶斯早已成竹在胸，他只要把曾經設想的儒貝爾將軍改換成拿破崙便行了。這部憲法共設立四個「院」：代表政府的參議院、代表民意的保民院、制定法律的立法院和護衛憲法的元老院。行政權歸屬於最高執政官和兩名執政大臣，而內政與外交大權歸兩位執政大臣掌管。這樣，最高執政官便成為位高而無權的「虛君」。

這個憲法自然不會得到拿破崙的認可，因為他想一人執政，大權獨攬。於是他把西哀耶斯訓斥一頓，告訴他自己需要的憲法是「簡短而不明白」，並且親自參與制憲。經過十一個夜晚，在拿破崙的口授下，將西哀耶斯的草案修改得面目全非，直氣得年老的西哀耶斯渾身顫抖。這樣，於1799年12月15日公布這個只有九十五條的新憲法，也稱共和八年憲法。這部憲法與眾不同的是，上面竟開創先例地寫上法國執政者的姓名：第一執政拿破崙，第二執政法學家康巴塞雷斯，第三執政經濟學家勒布倫。後兩位執政實際上只是拿破崙順從的助手，一個從立法上幫助他，一個從財政上幫助他。

西哀耶斯設想的「四院」儘管保留下來，但卻形同虛設，因為一切權力都集中在第一執政手裡。為酬答西哀耶斯和羅歇·迪科在政變中的合作，拿破崙安排他們在元老院擔任終身元老，並把克龍莊園獎給西哀耶斯。

↑ 第一執政拿破崙，格羅作品

拿破崙當上發動「霧月政變」奪取法國政權，此時年僅三十歲，果敢堅毅的性格在畫家筆下充分顯露出來。

拿破崙辦事歷來是雷厲風行。當各區選舉代表還沒有結果時，他便正式成立了執政府，與兩位執政大臣一起就職，並且急不可待地任命元老院與各部部長。

現在法國人民已經厭倦各個黨派之爭的革命運動，迫切需要和平穩定，所以拿破崙的專斷，並沒有引起人民的反感。其快刀斬亂麻的作風，反而受到更多人的敬佩。

用人唯才

拿破崙不但是軍事奇才，治國也有獨到之處。

他首先加強中央集權，於1800年2月下達一項命令，取消地方自治權，郡縣及市鎮的官員由執政府任命。任用官員唯才是舉，不問出身與經歷，打破派別之爭。在他任命的官員中，從君主立憲派到熱月黨，各派人物俱全，甚至還有一些舊貴族出身的人。官員的身分有銀行家、企業家、商賈、科學家、文學

→富歇肖像，克勞德·杜伯夫作品
約瑟夫·富歇，法國歷史上最殘酷成性而又多才多藝的政治演員、投機取巧者，在大革命時期、拿破崙帝國及波旁王朝復辟時期均擔任要職，被稱為三朝元老。

家、律師等，一應俱全，各得其所。其中，外交部長塔列朗革命前是奧頓主教，革命後宣誓忠於憲政，督政府時又任外交部長，是一個朝秦暮楚之人，但胸有機謀，智慧過人，所以仍被任命為外交部長；警務部長富歇則屬於山嶽派，他心狠手辣，行事歹毒，擅弄權術，但天賦極高，機智超群，明察秋毫，非常人能比，所以被任命為警務部長。西哀耶斯認為此二人有豺狼之性，難以駕馭，所以勸拿破崙另立他人。可是拿破崙不以為然，他知人善任，恩威並施，使這兩個人克職盡責，並無二心。

然後，他便開始剷除反對勢力。他先對雅各賓黨進行大舉搜捕。然後對保王黨分子採取恩威並施的政策。明示這些人只要擁護新政府，便會得到政府的優待；如果與新政府為敵，則嚴懲不貸。這個手段確實很有奇效，僅三個月便平息國內叛亂，投誠的叛軍不計其數。

↑忠誠的誓言，奧古斯特作品
畫面上顯示的是法軍將領向三執政官宣誓的場面。臺子上中間的為拿破崙，兩側分別為康巴塞雷斯和勒布倫。

瑪倫哥會戰是戰爭史上的一個奇蹟，拿破崙以少勝多，維護了法蘭西共和國的尊嚴。

大膽的策略

　　拿破崙雖然一生嗜武，且極擅用兵，但他深知此時國庫空虛，最緊要的是發展國民經濟。可是，第二次反法聯盟依然猖獗，在和談無望的情況下，他不得不用戰爭來得到和平。

　　1800 年，義大利正在奧地利占領之下，萊因河左岸也由敵軍控制。這兩方面對法國構成很大威脅，於是拿破崙命莫羅將軍統率萊因軍團，自己則帶兵再征義大利。

　　然而，這卻是一場艱苦的戰役。因為當時拿破崙手中只有四萬人馬，而奧地利的梅拉斯元帥卻擁兵十三萬。這場戰役該怎樣打才能取勝呢？拿破崙對著一張地圖全神貫注地思考著。其實，全法國人都不相信能打贏這場戰爭，不過他們相信拿破崙總能製造奇蹟。

　　終於，他的臉上露出了一絲笑容：「布林里埃納，你看看這裡。」布林里埃納是拿破崙小時候的同學，當時只有他不排斥這個法國籍的義大利人。拿破崙執政後，他便一直做他的祕書。他走過去一看，卻仍然不解：「阿爾卑斯山大聖伯納德山口，這兒怎麼了？」

　　拿破崙笑道：「那你再看這裡。」

↑拿破崙翻越阿爾卑斯山，雅克‧路易士‧大衛
畫家是拿破崙時期法國著名畫家，大革命時期加入雅各賓派，「霧月政變」時曾一度被捕入獄，後服務於拿破崙，作有《拿破崙加冕》等作品。

　　「亞歷山卓？這是奧軍統帥梅拉斯的大本營。」布林里埃納仍是一頭霧水。

　　「對！這裡是梅拉斯的老窩，他的軍火庫、醫院、砲兵、後備部隊都在這裡，他會一直待在這裡的。」「我明白，可是我們怎麼過去呢？我們兵力不足，還要長途行軍，怎麼能打敗以逸待勞的奧軍？」布林里埃納分析說。

　　拿破崙哈哈大笑：「我們從大聖伯納德山口越過阿爾卑斯山，突襲梅拉斯，截斷他與奧地利的交通線，阻斷援軍，然後在這裡——聖吉里亞諾，在斯

克里維亞河流過的平原上和他會戰，打他個出其不意，出奇制勝。」

「大人，極其危險的大聖伯納德山口、充滿死亡的阿爾卑斯山脈、人煙稀少的羊腸小徑等等，我們如何通過？」

「您說得非常好！但是，我們會創造出一個奇蹟！」拿破崙自信地說。

↑拉納元帥肖像，油畫
拉納元帥是拿破崙手下最傑出的將領之一，翻越大聖伯納德山口時率領華亭師為前鋒。

兵不厭詐

拿破崙的計畫雖然不錯，但如果讓奧軍識破，那麼可就太危險了。因為敵軍一旦在阿爾卑斯山附近設下埋伏，那麼法軍便有全軍覆沒的危險。由於當時英國和奧地利的間諜幾乎遍及法國各個角落，所以拿破崙對這次軍事行動不但要嚴格保密，還要給這些間諜們布一個迷魂陣。

首先，拿破崙把參謀部和新兵團召集到第戎城，給人造成從這裡進攻義大利的假像。並把真正的大部隊從各地悄悄調往日內瓦，那裡更接近阿爾卑斯山的大聖伯納德山口。然後，他

↑梅拉斯元帥肖像，油畫
梅拉斯時任奧地利軍隊統帥，以善於用兵而著稱。然而瑪倫哥戰役前，他永遠沒有想到拿破崙從大聖伯納德山口進入義大利。

便開始大造輿論，宣布要到第戎城檢閱他的預備兵團。這個預備兵團，其實全是不堪一擊的新兵，根本沒有任何戰鬥力，可是外界並不知道這個情況。檢閱的這一天，很多間諜都雲集到第戎城，令他們吃驚的是，這支預備兵團竟全是老弱殘兵和新兵娃娃，一個個衣帽不整、裝備簡陋！反法聯盟的各個首腦從間諜那裡瞭解這一情況後，異常高興，認為拿破崙吹噓的預備兵團肯定會連吃敗仗！他們沒想到的是，這正是拿破崙所設的圈套！

為進一步麻痺敵人，拿破崙還利用輿論對自己進行反面宣傳。他讓法國情報部門專門印發一些小冊子，上面寫著有關拿破崙的不光彩的事情和諷刺挖苦，甚至否認預備兵團存在的內容。把拿破崙描述成一個初攬大權、好大喜功、得意忘形的人。

這些情報，使反法聯盟對拿破崙充

【人文歷史百科】

拿破崙戰爭性質的改變

拿破崙統治初期發動的戰爭是正義的，目的是為保衛法國革命的勝利果實。但戰爭的勝利使拿破崙沾沾自喜，自命不凡。於是便開始對外大肆侵略，使戰爭演變為「帝國主義戰爭」。1806 年，拿破崙驅逐義大利南部的那不勒斯國王，把他哥哥約瑟夫扶植上去；讓他的弟弟路易為荷蘭的國王；把德意志南部和西部的十多個邦國結成萊因同盟，自稱是它的保護人；同時迫使德意志帝國撤銷「神聖羅馬帝國」稱號；又把一些侵占的土地作為法蘭西第一帝國的公爵封地。

法蘭西第一帝國

37

滿嘲笑與蔑視，他們相信拿破崙本人也會因這支不堪一擊的軍隊而喪命。梅拉斯元帥甚至喜形於色地對部下說：「拿破崙不過在虛張聲勢，想藉預備兵團把我們嚇走，他的想法有些太幼稚了！」

天降神兵

正當反法盟軍嘲笑拿破崙的自命不凡、好大喜功的時候，拿破崙卻帶著四萬人馬開始翻越阿爾卑斯山。阿爾卑斯山是法國與義大利的界山。它山高萬仞，路經崎嶇，山頂終年積雪。當年迦太基名將漢尼拔曾率軍翻越此山，傳為千古佳話。而步他後塵者，至此只有拿破崙一人。

這次戰爭，法國各界都認為凶多吉少，第一執政肯定會命喪黃泉。當拿破崙一離開巴黎，一幫政客便開始謀劃誰來接替拿破崙的位子。有人認為應該請出革命元老拉法葉，有人認為奧爾良公爵較為合適，也有的認為應該是由拿破崙的兄弟約瑟夫或呂西安繼承這個位子。可是他們沒有料到的是，拿破崙此時正在創造軍事奇蹟──率軍翻越阿爾卑斯山。

當拿破崙率軍接近大聖伯納德山口

↑拿破崙翻越大聖伯納德山口，保羅‧德拉羅什畫
大聖伯納德山口是阿爾卑斯山最著名、最險要的關隘之一，漢尼拔曾創造過奇蹟，拿破崙的壯舉更是後無來者。

時，由於道路崎嶇狹窄，車輛和笨重的火砲無法向前移動。他便命令將士們把車輛與大砲全部拆散，靠肩扛手拉，強行踏過天險。為不使砲管受損，他們將其放入挖空的松樹幹中，在砲尾環系上繩索，由士兵們拉著前進。就這樣，四萬精兵懷著摘星填海的決心，終於翻過阿爾卑斯天險，開始向義大利皮埃蒙特平原邁進。

此時，奧國元帥梅拉斯已率軍開進尼斯，想要攻打法國絮歇將軍統率的軍團，只留下三萬人馬由副帥奧特統領，駐守熱那亞。他哪裡會想到，拿破崙竟然涉險翻過阿爾卑斯山，突然出現在他的背後，將其戰線切斷。他見法軍神兵突現，驟不及防，急忙下令後撤至亞歷山卓，安營紮寨，布置防線。可是在1800年6月9日，奧軍的先鋒首次進攻，便被拿破崙手下的拉納將軍打得丟盔棄甲，大敗而歸，傷亡一萬餘人，而法軍只傷亡幾百人。梅拉斯元帥才明白遇到勁敵。他於是親自率軍上陣，準備與法軍一決雌雄。

戰爭史上的奇蹟

拿破崙見拉納將軍取得勝利，便抓

住戰機，迅速調整兵力，將二萬七千主力軍集中在托爾納北面的沃蓋附近，因為他認為兩軍主力將會在那裡進行大決戰。同時，他又命令自己最得力的大將德賽率軍前往托爾托納以南，在那裡堵截撤退的奧軍。可是，這個計畫卻差一點使法軍全軍覆沒。因為兩軍主力決戰的地點，竟然是在亞歷山卓東南的瑪倫哥！

6月14日，在地域不大的瑪倫哥平原上，兩軍展開了一場血戰。但由於奧軍人多勢眾，法軍連連敗退，戰略要地瑪倫哥、卡斯特爾切利奧洛失守，法軍完全處於被動之中。而此時，拿破崙卻正在沃蓋等候著敵軍的主力。當他得知瑪倫哥傳來的消息，不禁倒吸了一口涼氣，急忙趕往前線，指揮作戰。但由於主力軍沒有趕來，法軍仍是處境危險。

奧軍元帥梅拉斯認為勝局已定，不由得大喜過望。他想：「人們都說拿破崙用兵如神，那只是由於沒有遇到過我的緣故。如今，這位第一執政是沒法活著回巴黎了。」他於是騎馬回到亞歷山

↑德賽將軍肖像，安德里亞・阿比亞尼畫
德賽將軍是拿破崙的至交，法軍最傑出的將領，遠征埃及顯出了傑出的軍事才能，瑪倫哥戰役中更是起了關鍵作用。

卓歇息，在司令部坐等全殲法軍的喜訊，並且派人回維也納向皇帝報捷。

雖然法軍情形岌岌可危，但拿破崙卻鎮定自若，談笑風生，揮灑自如，就好似閒庭信步。他繼續鼓舞士氣，並指責士兵不該丟掉陣地：「你們玷污法國兵團，你們不配稱為法蘭西共和國的軍隊！」暗中卻調遣主力軍與德賽的砲兵即刻趕至瑪倫哥。

奧軍見法軍已成囊中之物，便鬆懈下來。而法軍的主力軍與砲兵卻已來到戰場。拿破崙命大砲密集排好，猛轟敵軍營地。奧軍被炸得人仰馬翻，全軍亂作一團。這一仗，法軍反敗為勝，以少勝多，梅拉斯仰天長歎，只得於6月15日簽下停戰協議，帶兵撤出義大利。

當拿破崙凱旋回到巴黎，全城歡騰，將其視為戰無不勝的戰神。

↑瑪倫哥會戰，拉熱爾畫
在拉熱爾筆下，瑪倫哥會戰空前激烈，到處倒是潰散的奧地利軍隊，拿破崙率領下的法軍悠然自得地進行追擊。

終身執政

拿破崙在一個月內便收復義大利，並且神奇地打贏這場戰役。拿破崙出征時，整個巴黎人心惶惶，股票急劇下跌。當他凱旋歸來，人人臉上掛著喜悅的淚花，股票漲價，銀行存款增多，農民幹活都更有力氣，犯罪率也明顯降低。這麼一位戰神，法國人民自然希望他永遠做自己的第一執政，資產階級更是離不開這麼一位第一執政。所以，1801年5月4日，法國議會通過將他的執政期延長十年的決議。然而，這卻不是拿破崙想要的，他的目標是要成為終身執政，並且是世襲制。

拿破崙向元老院提出這一要求，可是卻遭到元老院的否決。他沒有因此對元老院施以暴力，而是提出了一個巧妙的辦法——讓全國人民決定這件事。他說：「如果全國人民希望我只執政十年，我將會服從這一決定。」

於是，在1802年5月10日，法國元老院同意拿

↑終身執政，格羅作品
拿破崙當上終身執政後意氣風發，向皇帝的位置邁出重要的一步，自此法國完全被踏在他的腳下。

破崙的這一願望，決定進行全國投票表決。兩天後，全國性的投票活動開始。當時在警察局祕書處、各市政廳、法院書記室，都擺上兩個登記簿——贊成拿破崙為終身執政的在一個簿上簽名，反對的則在另一個簿上簽名。富歇此時當然要為拿破崙出把力，他讓員警穿上便衣，混雜在選民當中，精心地搜集著選民的反應。可是，警探所聽到的每一句話都是：讚揚執政官，同意他永遠執政。

選舉結果不言而喻，但巴黎市民還是懷著激動的心情等待公布結果。兩個月後，統計結果是：三百五十幾萬人贊成拿破崙終身執政。人們歡呼著，沉浸在無比興奮中，似乎法蘭西會因此而永恆。

1802年8月2日，拿破崙終於被任命為終身執政。兩天後，參議院以一項簡單法令授權他可以用遺囑證書的方式指定自己職位的繼承人。這樣，拿破崙除了差一頂皇冠，與帝王已經沒有區別。

→拿破崙的加冕，大衛作品
畫面的背景是巴黎聖母院，跪
在地上的是皇后約瑟芬，而坐
在拿破崙後方的是教皇庇護七
世。畫的左上方有光線投射到
拿破崙的位置，以示拿破崙的
王位是上天賦予的，而教皇那
副無奈的表情非常生動……。

教皇算什麼！

也許拿破崙真的想給自己加一頂皇冠，也許他真的認為信仰對社會安定有重要作用。總之，他恢復法國的宗教信仰。拿破崙曾說：「窮人與富人差別懸殊，只有『上帝的旨意』才能緩和這一矛盾。」

羅馬教皇對法國革命充滿仇恨，因為這些革命者取消宗教信仰，並且沒收了教會財產。他對拿破崙的誠意也表示懷疑，因為拿破崙在埃及時曾宣誓信仰伊斯蘭教。所以說，拿破崙要想在法國恢復天主教信仰不是件容易的事情。更何況，法國軍政兩界，大多數人認為恢復天主教便是恢復舊制度。

不過，拿破崙是奇蹟的創造者，在他的字典裡沒有「不可能」。他任命修道院長貝尼埃代表法國與羅馬教皇進行談判，有時也直接參與談判。拿破崙故布疑陣，恩威並施，最後終於在 1801 年 7

月 15 日簽訂《教務協議》。此協議不但使羅馬教皇沒有得到任何利益，而且還使法國境內的高級僧侶須由第一執政任命。

拿破崙隨著威望的與日俱增，其野心也越來越大。他想把法蘭西改為帝國，想讓法蘭西變成古羅馬帝國。 1804年 5 月，拿破崙宣布法蘭西共和國為法蘭西第一帝國。同時他決定，在半年之後，舉行登基儀式。 12 月 2 日，拿破崙正式加冕為法蘭西第一帝國的皇帝。

【人文歷史百科】

拿破崙一世的加冕

1804 年 12 月 2 日，拿破崙加冕典禮在法國最大的教堂巴黎聖母院隆重舉行。一大早，帝國的大臣、歐洲各國的記者以及巴黎平民百姓都聚集在巴黎聖母院內外，等候重大儀式的開始。可是到中午，拿破崙與約瑟芬才來到這裡。加冕儀式繁複而冗長，竟用近六個小時。當羅馬教皇捧起皇冠，走近拿破崙要為他加冕時，拿破崙用雙手搶過皇冠，給自己戴在頭上，隨即又給約瑟芬戴上一頂王冠。然後他大聲宣布：「從今以後，教皇必須對我宣誓，必須效忠於我！」

法蘭西第一帝國

「我真正的光榮並非打四十次勝仗，滑鐵盧之戰抹去了關於這一切的記憶，但是有一樣東西是不會被人忘記的，它將永垂不朽——那就是我的《民法典》。」
——拿破崙

《民法典》的催生者

拿破崙是一個非常懂得治理國家的人，他明白單靠一些法令和幾場勝仗，並不能長久地將國家治理好。若要長治久安，必須有詳盡的法律，凡事有法可依，才可以使國家安穩。所以，他想給全法國人民制定一部大法——《法國民法典》。

在波旁王朝時，法國的法律和慣例主要來源於古羅馬法和法蘭克王國的法典。可是，由於封建慣例、各省特權、教會權利以及國王敕令與之糾纏在一起，使法律條文錯綜複雜，甚至互相矛盾，就像一團亂麻。大革命以後，法國雖然計畫要制定出統一的民法，但是由於派別之爭接連不斷，思想得不到統一，使這部民法始終沒有制定出來。於是，歷史把這個任務交給拿破崙。

1800 年 8 月 12 日，遠征義大利的拿破崙回到巴黎後，便開始宣布成立民法草案起草委員會。他任命四名著名的法學家為這個委員會的成員。草案擬定出

↑ 拿破崙起草《民法典》，約翰·吉恩作品
畫面上的神態自然，目光堅毅。背後的聖人一手持橄欖枝王冠，坐在象徵暴力的鐮刀上，寓意深刻。

來以後，拿破崙將其送到參政院，由議員們進行討論，逐項採納被認可的條款，並對其他條款進行修改。

為完善這部法典，共開八十七次會議，其中有三十七次是拿破崙親自主持的。他謙虛地參加討論並提出自己的想法，而大家卻被他的精明與睿智所折服。議員們也被他的熱情與決心所鼓舞，欣然接受他的要求：將開會時間從上午九點改為下午五點。這樣，拿破崙就可以抽出時間來參加會議，但時間一長，人們難免會失去熱心。一次，有幾個議員竟然睏倦欲睡，拿破崙便友善地對他們說：「諸位先生，別這樣，我們得對得起自己的薪水。」後來議員們回憶說：如果拿破崙不在場，這個法典有可能永遠也制定不出來。因為我們每天工作十至二十個小時，每次吃飯的時間只有十五分鐘。

↑《拿破崙法典》，十九世紀印本
《拿破崙法典》隨著拿破崙征服戰爭在歐洲大部分地區頒行，對封建制度的瓦解起推動作用。

經過拿破崙的取捨，最後二千二百八十一條法律條文凝成一個簡直是無懈可擊的整體。而拿破崙本人，也被稱爲法典的「催生者」。

法制史上的里程碑

↑《拿破崙法典》的頒布，德貝特作品
《拿破崙法典》觸動了封建貴族的利益，但受到了工人、農民、商人和資本家的歡迎。畫面上充分顯示出法典頒布時不同人的不同反應。

1804 年 3 月 21 日，《法國民法典》正式公布執行。這部法典是近代最早的一部系統的成文民法，它以私有制代替了封建的階級制度，使資本主義經濟與社會生活有法可依、有章可循。

這部法典語言簡潔，邏輯嚴密。它既符合法理，又便於操作。非常符合法國國情，對法國的發展起到促進作用。法典首先承認全體公民民事權利平等。法典規定：年滿二十歲的「所有法國人都享有民事權利」，人人在民法上都是自由平等的。這項原則消除階級差別，廢除舊法律對人民的各種政治歧視、人身束縛與苛捐雜稅。

按照《人權宣言》「財產是不可侵犯的神聖權利」的精神，民法典對私有財產問題作詳細而具體的規定，肯定資本家獲取利潤的合法性，爲商業的經營、開礦、開工廠，創造有利條件。法典還規定契約自由並受法律保護，使人們在經營中有法可依，保障經濟自由的正常運轉。

不過，這部法典也有其時代的局限性。比如在調解勞動糾紛時只聽老闆的證詞，在家庭關係中強調妻子必須服從丈夫，父親有權阻止二十六歲以下的兒子或二十一歲以下的女兒結婚等等，但這些並不能否定它的進步意義。

這部法典在 1807 年改稱《拿破崙法典》，其基本內容一直保留至今。由於它是系統、完整、規範的成文法典，所以當時及後世的眾多國家都將其作爲範本，來制定本國的民法。在今天的世界上，有不少地區仍受拿破崙法典的影響。所以說，它是世界法制史上的一個里程碑。

完整的《法國民法典》
《法國民法典》除總則一章外，正文共有三編三十五章二千二百八十一條，每一條都被公認為明白通順、條理清晰，而且各條之間互相補充，形成一個完整的體系。其內容包含財產權、繼承權、經營權、契約法，以及婚姻、家庭、夫妻、父母與子女等方方面面，極為詳盡。

【人文歷史百科】

法蘭西第一帝國

拿破崙的夢想

儘管英法之間為了和平，於 1802 年 3 月簽訂《亞眠和約》，但雙方都沒有誠意遵守。英國言和不過是緩兵之策，拿破崙言和卻是想瓦解第二次反法同盟，然後逐一擊破。所以和約簽訂之後，拿破崙相繼占領厄爾巴島、薩丁王國及附近的小邦國，又將荷蘭、瑞士置於控制之下，同時向德意志進行侵略。英國則拒不從馬爾他島撤軍，並攔截沒收法國商船上的貨物。拿破崙更是變本加厲，不但進軍非洲，而且派軍事代表團去印度。英國不再沉默，於 1803 年 5 月 18 日對法宣戰。

英法這兩個經濟最發達的國家爭奪霸權的衝突是不可調和的。而決心要征服歐洲的拿破崙，更是不能容忍英國的存在。他在與英國隔海相望的布倫港及附近建起了「布倫大營」，計畫渡海直搗英國本土。為了滿足拿破崙的欲望，全歐洲的船廠都在為拿破崙夜以繼日地趕造戰艦。1805 年 1

↑拿破崙一世，安格爾畫
當上皇帝的拿破崙雄心勃勃，而英國向來是反法同盟的組織者，自然成為拿破崙征服的對象。

月，「布倫大營」已有步兵十六萬，海軍一萬六千人，戰列艦一百零三艘、巡洋艦五十五艘，大砲不計其數。在直布羅陀海峽還建起法國、西班牙聯合艦隊。

新加冕的皇帝拿破崙揚言：「只要下三天大霧，我就可以成為倫敦、英國議會和英格蘭銀行的主人。」這並非大話，因為法國海軍雖然比不上英國，但是拿破崙的陸軍卻是戰無不勝的。

英國為阻止拿破崙這一行動，急忙派驍勇善戰的海軍上將納爾遜統率的海軍與科林伍德的海軍聯合起來，將法西聯合艦隊擋在卡的斯港內。另一方面，積極擴充軍隊，增加戰艦。當時英國有五十九萬人應徵入伍，擁有戰列艦二百四十艘，巡洋艦三百一十七艘，其他戰船六七百艘。但英國還是不敢掉以輕心，趕忙聯合其他國家參戰。

1805 年，英、俄、奧等國組成第三次反法同盟。此時納爾遜正準備率領英國海軍殲滅卡的斯港的法西聯合艦隊。

↑ 英國皇家海軍艦隊
英國皇家海軍是當時世界上最強大的海軍，不僅裝備優良，還有納爾遜這樣最優秀的將領。最前面的為納爾遜的旗艦「勝利號」。

納爾遜的策略

在西班牙卡的斯港統率法西聯合艦隊的是法國海軍中將維爾納夫，他已接到拿破崙的命令，要統率艦隊回師地中海，可是卻被納爾遜的艦隊擋住去路。

原來，英海軍將領科林伍德統率著艦隊，一直密切監視著法西聯合艦隊的行蹤。為加強對卡的斯港的封鎖，海軍部派遣納爾遜親率四艘軍艦與科林伍德會合。1805 年 9 月 28 日，兩支分艦隊會合，組成擁有三十三艘戰艦的英國艦隊，納爾遜擔任總指揮。

這一天，正好是納爾遜四十七歲生日。他雖然是一位獨臂獨眼的殘疾人，但卻在英國海軍中有著極高的威望。所以各艦長紛紛來到他的「勝利號」戰艦，為他舉辦生日宴會。而納爾遜上將則藉機向大家闡述自己的作戰方案。

在豐盛的宴會上，他對大家說：

「為徹底摧毀法西聯合艦隊，我想出一個雙管齊下的作戰計畫。」大家安靜下來，準備聆聽這位海上英雄的絕妙策略。原來，納爾遜有一個大膽的想法，他一改皇家海軍《戰鬥條令》中規定的一路縱線式戰術，而是將艦隊分成兩列，讓兩列艦隊分別以垂直角度突入敵縱隊，切斷敵艦隊的前衛、中軍與後衛的聯繫，然後集中火力消滅敵人的中軍與後衛，前衛自然會望風而逃。並且，為迅速割裂敵艦隊形，兩個分隊的前鋒分別由一百門砲的「王權號」和一百零四門砲的「勝利號」擔任。因為它們都是三層甲板、百門砲的戰列艦，威力要比只裝有七十四門砲的敵艦大得多。

納爾遜講完，全場響起經久不息的掌聲，大家心悅誠服地說：「好，真是太妙了！」

而事實上，這並非是多麼絕妙的計策，主要是因為英國海軍擁有威力強大巨型短砲，它能在近距離內給敵人造成致命打擊。此外，英艦還

↑ 納爾遜肖像，英國海軍博物館藏

↑特拉法加海戰，尼古拉斯‧波考克作品
　該畫面描繪的是特拉法加海戰開始時的情景，英國海軍主
　動發起進攻。

有訓練有素的砲手和新式的砲彈點火裝
置，能保證砲手在航行中隨時進行射
擊。

英軍的攻擊

　　在拿破崙的一再命令下，維爾納夫
於 1805 年 10 月 19 日不得不離開卡的斯
港，率領三十三艘戰列艦進入大西洋。
納爾遜並沒有馬上進攻，而是遠遠地監
視著對方，不讓它逃出自己的視野。

　　法西聯合艦隊在海上安全航行了三
天，仍然沒有遇到英國海軍的攻擊。此
時正是黎明時分，艦隊正行駛在西班牙
特拉法加角以西的海面上，它們的前面
是位於東南方的直布羅陀海峽。維爾納
夫心情仍然很緊張，不住向遠處眺望
著。突然，他發現一支艦隊正向這裡疾
速駛來——這正是納爾遜的英國艦隊。

　　凌晨六點，納爾遜向艦隊發出了信
號：「分兩支艦隊前進。」於是，科林
伍德率領著十五艘軍艦脫離了本方艦

隊，與原艦隊形成了兩個縱隊向法軍艦
隊駛來。這兩支艦隊平行向前運動，之
間的距離越來越大，就像兩把鋼刀，要
把「一字長蛇」的法西聯合艦隊等分為
三份。

　　納爾遜是一位使法國海軍顫慄的風
雲人物，他曾多次將法國的海軍摧毀。
所以維爾納夫見到納爾遜唯一的反應便
是——撤退。維爾納夫命令全艦隊大轉
彎，掉頭北駛，返回卡的斯港。但是，
這正是納爾遜所預料的結果。

　　由於法軍縱隊很長，所以用兩個多
小時才轉向北方前進，但是秩序卻完全
混亂。而納爾遜所統率的海軍艦隊則有
條不紊地按原計劃採取進攻。十一時十
分，法國海軍一百一十門砲的戰艦「弗
高克斯號」發現英艦「王權號」駛近，
急忙下令開砲射擊。「王權」只用十分
鐘就插進了法國軍艦「弗高克斯號」和
西班牙軍艦「聖安娜號」之間，緊接
著，它後面的十四艘英艦相繼趕到，與
十六艘敵艦在近距離內展開激烈的砲
戰。

↑特拉法加海戰，威廉‧特納畫
　特拉法加海戰是裝備實心砲彈的木質帆船之間最大的一次
　海戰，其場景的激烈成為許多畫家的繪畫題材。

法軍的慘敗

當法西聯合艦隊的後衛與中軍被截斷後，納爾遜所率領的十一艘軍艦也接近敵軍中軍。十一時五十分，納爾遜在旗艦「勝利號」上向所有艦隊發出著名的信號：「英國希望每個水兵恪盡職守！」這個信號宣告決戰即將開始。

「勝利號」乘風破浪，衝向敵軍。為了節約彈藥，它一砲不發，儘管它的主帆上被打穿了許多大洞，主桅杆也被砲彈擊中。納爾遜的想法是只要開火，便要將敵艦摧毀。正在這時，納爾遜發現敵旗艦「布欣陶列號」。聰明的納爾遜並沒有直接向敵旗艦進攻，而是佯攻它的前衛，並將艦隊改為與敵縱隊平行的航向行駛，使維爾納夫以為納爾遜還是在採用老式線式戰術。當艦隊接近火砲射擊範圍之後，納爾遜卻突然命令「勝利號」調轉方向，直逼敵縱隊的中軍，同時向艦隊下達「近距離擊敵」的命令，

特拉法加海戰的意義

特拉法加海戰是裝備實心砲彈的木質帆船之間最大的一次海戰。特拉法加海戰的勝利，不僅解脫拿破崙入侵英國的威脅，而且確立英國的百年海上霸主地位。正因如此，英國人把納爾遜視為偉大的民族英雄，他的旗艦「勝利號」也被當作重要的歷史文物而保存至今。

這便是後人稱道的「納爾遜祕訣」。

接著，「勝利號」率先插到「布欣陶列號」和「敬畏號」之間，把敵軍的前衛與中軍截斷。這時，納爾遜才下令開火。只見「勝利號」的巨型短砲和雙彈丸砲同時射出無數火光，使該艦完全失去戰鬥力。不出納爾遜所料，被截開的十艘前衛戰艦無心戀戰，向卡的斯港逃去；中軍的七艘戰艦則與納爾遜的艦隊纏在一起，形成近距離混戰的局面。

下午一時十五分，「勝利號」的桅杆被擊倒，但卻鉤住敵軍的「敬畏號」，納爾遜想通過接舷戰來俘獲敵艦，他在後甲板上指揮作戰，因軍服暴露自己的身分，被「敬畏號」上一名狙擊手射中。半小時後，科林伍德下令結束戰鬥。納爾遜在彌留之際獲悉英國艦隊取勝的消息。

這次海戰，法西聯合艦隊損失慘重，有十八艘艦船被擊沉或俘獲，七千人遭俘虜，死傷二千六百人。

法蘭西第一帝國

↑ 納爾遜之死
在納爾遜的指揮下，特拉法加海戰以英國海軍的勝利而結束，但納爾遜卻因傷重而死。畫面上顯示的就是納爾遜去世時的情景。

011.烏耳姆戰役

奧地利是歷次反法聯盟的積極參與者。第三次反法聯盟結成後，拿破崙採用各個擊破的方法，首先在烏耳姆戰役中擊潰麥克率領的奧地利軍隊，改變戰局。

↑ 拿破崙和他的將領們，路易士·歐斯內特作品
拿破崙善於發現和使用人才，手下的元帥們平均年齡是當時歐洲各國將領中年紀最輕的，如內伊、蘇爾特、繆拉、達武等，平均年齡才三十多歲。

麥克上當

第三次反法聯盟的出兵，使拿破崙不得不放棄進攻英國的計畫。因為當時庫圖佐夫率十萬俄軍、麥克率二十五萬奧軍，另外還有十萬俄瑞盟軍及強大的英國艦隊一齊向法國撲來。

拿破崙通過分析，感到只能採用各個擊破的辦法才能擊敗聯軍，如果俄軍與奧軍一但會合起來，那麼法國局勢便會岌岌可危。所以他首先收買普魯士，使其保持中立，然後與巴伐利亞結盟，以減少對手，並且還可以從其境內通過，直取奧地利。接下來，他便可以從德意志境內向奧地利出兵。

1805 年 8 月 26 日，拿破崙下令部隊向東挺進，準備在俄軍趕來之前消滅掉麥克的軍隊。當時，歐洲各國訓練士兵行軍時，都是以每分鐘七十步為標準，拿破崙卻要求士兵們的行軍速度達到每分鐘一百二十步。所以本應該四十天走完的路程，法軍在二十天內便走完了，並且沒有一個人掉隊。當拿破崙的十七萬大軍渡過萊因河後，俄國的部隊尚在幾百公里之外，並不知道法軍已渡過萊因河。就是奧軍，也沒有想到法軍會如此神速。

原來，拿破崙為麻痺敵人，他經常在巴黎出現，並且利用報紙散布他沒有親自率軍遠征的消息。另外，他還把大軍集結在英吉利海峽沿岸，造成他想進攻英國的假像。所以，當法軍渡過萊因河時，奧軍依然被蒙在鼓裡。此時，麥克讓部隊搶先占領黑林山的各個要道，並進駐烏耳姆，準備迎擊法軍先頭部隊。

而拿破崙在渡萊因河之前，便通過密探掌握麥克的軍事布局。他派遣四個軍的兵力，從烏耳姆北面向東挺進，然後再向北，再西行，從北、東、南三面將奧軍圍住。西邊則是法國的主力軍，直面向奧軍進攻。當奧軍的密探報告麥

克法軍出現在烏耳姆北面時，麥克根本不信，因為他怎麼也想不到法軍會這麼快就來到這裡。

奧軍投降

　　1805 年 10 月 13 日，法軍已將奧軍團團圍住，可是麥克卻說：「這是不可能的，法軍至少還須二十天的路才能到達這裡！」這時，同行的斐迪南大公有些沉不住氣，他認為拿破崙用兵如神，不如退到安全的地方，以免被法軍吃掉。麥克卻不以為然，因為他認為，俄國的盟軍馬上就會來到，等法軍主力一到，正好合力將其殲滅。

　　正當俄軍接近萊因河的時候，拿破崙卻已經向奧軍發動進攻。他派大將繆拉率軍拿掉烏耳姆，可是這個繆拉有勇無謀，只會在女人面前獻殷勤，他勾引約瑟芬差點被拿破崙殺掉，多虧後來與拿破崙的妹妹結了婚，所以被任命為大

將。他只顧率軍從北面向南進軍，結果在防守上失誤，差點被奧軍從北方突圍出去。就在麥克考慮突圍還是決戰的時候，拿破崙買通的奸細舒爾曼斯來到麥克的營地。他見到麥克後首先自我介紹：「將軍，我叫蒙代爾，有個好消息要向你稟報。英軍已在布倫港登陸，正準備殺向巴黎。法國元老院正發動政變想推翻拿破崙呢！我想這個消息對您有用，因為此時正是進攻法國的大好時機。」舒爾曼斯裝作想要賞錢的樣子。

　　「來人，把這個奸細推出去斬了。」麥克勃然變色。

　　衛兵過來揪住舒爾曼斯往外走。這時，從正在掙扎的舒爾曼斯身上掉下來一樣東西。麥克讓衛兵遞過一看，原來是法國報紙，並且上面確實寫著「蒙代爾」所說的內容。

　　麥克放了舒爾曼斯。其實他一直不相信拿破崙的主力軍在這裡，心想：「自己差一點被法國的小股部隊嚇跑，真是可笑。」可是，法軍的包圍圈慢慢在縮小，十七萬大軍兵臨城下，這時麥克才恍然大悟，但為時已晚。

　　10 月 16 日，法軍開始總攻，法軍營地萬砲齊發，剎那間，烏耳姆籠罩在火海之中，最後奧軍陣營裡升起一面白旗，麥克投降。

歷次反法聯盟的時間及國家		
名稱	時間	參加國家
第一次反法同盟	1792~1797 年	奧地利、普魯士、英國、西班牙、皮德蒙特
第二次反法同盟	1798~1801 年	俄國、英國、奧地利、土耳其、葡萄牙、那不勒斯、教皇國
第三次反法同盟	1805 年	奧地利、英國、俄國、瑞典
第四次反法同盟	1806~1807 年	普魯士、薩克森、俄國
第五次反法同盟	1809 年	英國、奧地利
第六次反法同盟	1812~1814 年	英國、俄國、普魯士、瑞典、奧地利、德意志各國
第七次反法同盟	1815 年	英國、俄國、普魯士、瑞典、奧地利、德意志各國

法蘭西第一帝國

49

俄軍的危機

烏耳姆戰役之後，一些潰敗的奧軍與庫圖佐夫率領的俄軍會合，使俄軍的力量增強。俄國沙皇亞歷山大一世請求普魯士加入反法聯盟，普魯士國王威廉三世背棄曾經對法國的承諾，於 1805 年 11 月 14 日向拿破崙發出最後通牒，聲言如果法軍在 12 月 15 日前不撤出奧地利，便要對法宣戰。

拿破崙明白，如果普魯士與俄國聯合起來，自己就會腹背受敵，最終喪身於異國。不過拿破崙感到普魯士給自己的時間還是有富裕的，因為他根本不用一個月就會擊敗俄軍。於是他略作思忖，便定下新的作戰方案。他命令繆拉率騎兵軍突破敵軍防線，隨即搶占維也納並切斷俄軍退路。另派三個軍緊隨騎兵軍之後，作為主力軍與庫圖佐夫決戰。留下一個軍擔任後方警戒，另兩個軍從兩翼包抄俄軍，形成三面環攻之

↑戰場上的繆拉，油畫
繆拉雖然勇猛，但缺乏計謀，且愛好虛名，多次因不聽命令而打亂拿破崙的部署。

勢。

庫圖佐夫也是極善用兵之人，自然看出拿破崙的用意。他明白這一戰難以取勝，當機立斷，急忙下令撤退。拿破崙一見庫圖佐夫撤退，命令繆拉急速出擊，不讓對方逃脫。由於庫圖佐夫能夠及早撤退，所以他沒有被繆拉追住。而繆拉追趕至維也納近郊，卻想趁機到奧國京城掠奪一番，於是一舉攻下維也納，得到很多糧草彈藥，但卻讓庫圖佐夫逃脫。庫圖佐夫率軍渡過多瑙河，在阿羅木次安營紮寨，決備迎擊追來的法軍。

繆拉的行為讓拿破崙火冒三丈，如果不是怕自己的妹妹守寡，他真想立刻殺掉他。他大罵繆拉是個瘋子，為個人虛榮而影響國家大事。不過繆拉奪得的糧草與彈藥不少，暫時不必從法國本土運送軍需。

莽夫的妙計

11 月 21 日，奧皇法蘭茲二世與沙皇亞歷山大一世在維也納北面的奧斯特里茲會合，兩國軍隊合在一處，使法軍的力量處於弱勢。拿破崙明白，要想打贏

↑庫圖佐夫元帥，十九世紀
庫圖佐夫是俄羅斯公爵，拿破崙時期反法聯盟中的重要將領，以善於用兵而著稱。

↑法軍通過維也納大橋，路易士‧萊喬尼畫
繆拉和蘇爾特蒙蔽住守橋的奧厄斯伯公爵，緊跟在後面的法軍士兵蜂擁而上，隱蔽在對岸的法軍大砲也開始轟鳴，奧軍四下逃散，法軍順利通過。

高聲喊道：「法奧已經停戰了，正準備簽訂停戰協定，你們還炸橋幹什麼？」奧軍士兵不知真假，但見他們只有三個人，又聽說他們是來談判的，便把他們帶到橋頭軍營裡。

守橋部隊司令奧厄斯伯公爵見到他們三個人非常吃驚。繆拉卻微笑著與他握手，並熱情洋溢地說：「您是奧軍傑出的軍事指揮家。剛才我們還互相仇視，現在我們可以手拉手歡呼歌唱了。」奧厄斯伯公爵看到繆拉等人與守橋士兵非常輕鬆地閒聊，也沒有懷疑這個騙局。正當繆拉與公爵談興正濃時，埋伏在橋邊灌木叢中的法軍士兵迅速衝上橋頭，把奧軍準備炸橋的炸藥拋入河中。接著法軍以迅雷不及掩耳之勢占領大橋。繆拉笑著對公爵說：「公爵，我覺得我們沒必要再談下去了，要不然，我們的將士們會埋怨我的。您看，他們來了！」說完，指了指似乎是從天而降的法軍士兵。

這樣，法軍只用幾分鐘的時間，便輕易占領大橋。

這場戰役，只能趁兩軍立足未穩之際，搶先進行決戰。於是下令強渡多瑙河。

可是，多瑙河上的橋樑都被庫圖佐夫撤退後炸毀，只留下一座維也納大橋由奧軍把守，因為此橋極其宏偉壯麗，所以奧軍捨不得炸掉。不過也放好了炸藥，一旦守不住大橋時，便將橋炸掉。為讓繆拉彌補過失，拿破崙給他下達死命令：必須占領維也納大橋！繆拉只得硬著頭皮接受任務，不過他確實下定決心要將功補過。

經過周密地調查，繆拉終於有主意。他命烏迪諾帶一個營，預先埋伏在大橋南側的灌木叢中，自己則與拉納、蘇爾特兩位元帥大搖大擺地走上橋頭。當他看到守橋奧軍急欲點火炸橋時，便

拿破崙「求和」

維也納大橋落入法軍之手，大出庫圖佐夫的預料。面對衝殺過來的法軍，庫圖佐夫一邊帶兵奮力抵抗，一邊向後撤退。他明白此時法軍正當「一鼓作氣」之際，自然銳不可擋。如果再拖延數日，就會「再而衰，三而竭」。尤其是等到12月15日普魯士參戰後，法軍定會全軍覆滅。可是沙皇與奧國皇帝都主張與法軍決一死戰，一些其他將領也是對庫圖佐夫大為不滿，認為他膽小怯陣。

拿破崙正急於決戰，他明白這個庫圖佐夫最終會把他拖垮。為達到決戰的目的，拿破崙想出一條妙計。他下令法軍大舉後撤，讓敵軍感覺他要帶兵回國一般。然後派侍從武官去見沙皇，「懇求」談判講和。

拿破崙的這一行為，引起反法聯軍一片歡呼，他們以為法軍已無力再戰。亞歷山大一世心想：這個拿破崙向來狂放不羈，傲氣十足，如今主動求和，肯

沙皇亞歷山大一世，油畫
亞歷山大一世年輕氣盛，是拿破崙的主要對手，但在奧斯特里茲戰役中遭到失敗。

定是已處於困境。於是他為表示對這個「科西嘉小子」的蔑視，只派一個軍官到法軍營中談判，並要求將義大利及各處占領地區全部退還。

在與這位軍官談判前，拿破崙做了「精心」的打扮。他將頭髮弄得又髒又亂，換上一身破舊的軍服，腳穿一雙露著腳趾的破軍靴。談判時，拿破崙顯得疲憊不堪，無精打采，神情沮喪，面帶絕望，顯得左右為難。這位軍官一看這陣勢，便聲色俱厲，盛氣凌人。等這位軍官走後，拿破崙大笑道：「乳臭未乾的黃毛小子，用不了多久你就知道我的厲害了。」那位軍官回到俄軍營地，把所見所聞如實向亞歷山大一世作了彙報。亞歷山大一世聽後果然中計，決定出兵與法軍決戰。

而拿破崙早已為決戰做好準備。

拿破崙的勝利

距維也納一百二十公里處的奧斯特里茲村西面，有一個理想的戰場，這裡中間是普拉岑高地，南面是一片沼澤，只有一條山路通向外邊，如果占領高地，就可以控制周圍大片地區。拿破崙決定，在這裡與聯軍進行大決戰！

1805年12月2日早晨七時，著名的戰役奧斯特里茲大戰開打。聯軍首先發

↑ **拿破崙在奧斯特里茲，熱拉爾作品**
該畫面描繪的是奧斯特里茲大戰爆發前，拿破崙在戰場上向元帥們下達命令時的情景。

巴黎凱旋門

奧斯特里茲之戰，使法國得到莫大的好處，也大大鼓舞法國人民，拿破崙的威名又一次受到至高無上的崇敬。戰後，拿破崙下令在巴黎星形廣場修建一座凱旋門。只因極度宏偉，工程太過浩大，到竣工之時，拿破崙已經去世二十五年。這便是至今享譽全球的巴黎凱旋門，只是星形廣場已改名為戴高樂廣場。

射密集的砲火，拿破崙則以一個軍的兵力將敵軍主力引至普拉岑高地南面的沼澤地，其餘大軍則消滅正面的少量敵軍。庫圖佐夫明白普拉岑高地的重要性，所以留下一個軍駐守。可是亞歷山大見正面的軍隊被法軍打得潰不成軍，便把駐守高地的一個軍調下來。拿破崙一看心中大喜，急命法軍搶占高地。當法軍控制高地後，俄皇才明白自己調兵失策，急忙將所有的兵力調集過來，想要奪回高地。

於是，雙方展開空前的激戰。拿破崙率軍將高地北面的敵軍全部消滅後，便指揮法軍將高地南面的聯軍全面包圍，然後在高地上砲轟敵軍。聯軍立刻潰不成軍，紛紛突圍逃跑。此時，湖面上已經結冰，聯軍如蜂擁蝶湧一般從冰面向對岸逃命。拿破崙命令砲兵轟擊湖面，頃刻之間冰層斷裂，幾千名聯軍血肉橫飛，沉溺湖底，徹底失去作戰能力。接著，拿破崙果斷下令：總攻開始！

面對來勢凶猛的法軍，聯軍紛紛丟下兵器舉手投降。這便是彪炳史冊的奧斯特里茲戰役。這一天正好是拿破崙加冕一周年，上帝似乎有意要在這天送給他一份厚禮——聯軍共死傷一萬五千餘人，被俘二萬餘人。第二天，奧地利戰敗求和，割讓了占全國人口總數六分之一的國土和每年四千萬法郎的戰爭賠款。

第三次反法同盟瓦解後，法國領土更加廣闊，已不愧稱之為「拿破崙大帝國」。第二年，奧皇法蘭茲二世被迫取消「神聖羅馬帝國皇帝」的稱號。

↑普雷斯堡條約，安德里亞‧阿比亞尼畫
　1805年12月26日，奧地利被迫同拿破崙在普雷斯堡簽訂和約。畫家把奧地利使者主動求和的事件描繪成女神向拿破崙報喜的場面，含義深刻。

從戰略和戰術兩方面看，很少有哪個勝利所具有的決定性能夠與這個耶拿——奧爾斯塔特雙重會戰相比擬的。

——富勒

第四次反法同盟的形成

奧斯特里茲戰役，拿破崙大敗俄奧聯軍，迫使普魯士放棄向法國宣戰，並與之簽訂普法攻守同盟協議。拿破崙還強迫靠近法國的德意志十四個邦國組成「萊因同盟」，由自己任「保護人」。並規定同盟國有義務在發生戰爭時為拿破崙提供六萬三千員士兵。

萊因同盟使普魯士受到威脅，如芒刺在背。普魯士國王威廉三世本想加入第三次反法聯盟對法宣戰，但是由於俄奧聯軍潰敗得太快，使他不得不偃旗息鼓。如今見拿破崙的勢力已深入到德意志心臟，直接威脅著普魯士的領土完整，使他下定決心要同拿破崙一決雌雄。

威廉三世明白，拿破崙之所以現在氣焰囂張，主要是由於自己沒有及早加入第三次反法聯盟。否則，拿破崙現在有可能早就投靠上帝的十字軍去了。素

↑威廉三世肖像
威廉三世是普魯士腓特烈大帝的兒子，在位時夢想恢復乃父的雄風，可惜生不逢時。

有「歐洲美女」之稱的王后路易莎，也認為丈夫所言極是：「咱們國家的士兵是世界最勇猛的士兵，只要向法國一宣戰，拿破崙肯定俯首稱臣。不是拿破崙真有多麼神奇，而是俄奧聯軍太不堪一擊了。」

普魯士於是積極備戰，將士們一個個摩拳擦掌，鬥志昂揚，決意要為祖國遭受的凌辱、欺騙討個公道。為更有把握地一舉殲滅法軍，威廉三世還致函亞歷山大一世，邀請俄國一同參戰。1806年7月24日，普、俄兩國達成祕密協定，同意共同向法國出兵。此時，英國人也不甘寂寞，並保證提供大量英鎊作為援助。這樣，第四次反法聯盟正式形成。

8月25日，普魯士召開軍事會議，決定成立兩個軍團，分別由布倫瑞克公爵和霍亨洛埃親王指揮。另建立一支獨立軍，由布呂歇爾將軍指揮。總司令由七十一歲的布倫瑞克擔任。次月，普軍

↑威廉三世和亞歷山大一世的會面
第四次反法同盟的主要國家是普魯士和俄國，該畫面描繪的是普魯士國王和俄羅斯沙皇見面時的情景。

及其盟國薩克森軍開始向南挺進，並向法國送去宣戰戰書。

拿破崙出兵德意志

1806年10月7日，拿破崙收到普魯士的戰書。他早就想懲治普魯士，以洩去年受威脅時憋下的一口惡氣。此時見普魯士前來叫陣，不由得怒火中燒。他第二天便率軍出征，當天便來到普法邊境。從這一天開始，拿破崙的六個軍像壓路機一樣滾滾向前，普魯士軍隊如同螳臂擋車，紛紛潰退。

10月9日，繆拉的前衛隊在霍夫遇上陶恩齊恩的薩克森師。法國騎兵如旋風一般向敵人卷去，薩克森士兵望風而逃。剛退到希萊茲，又碰上貝爾納多特的前衛隊。薩克森師腹背受敵，損失慘重，法軍首戰告捷。

↑斐迪南親王肖像
斐迪南親王為腓特烈大帝的兒子，以英勇善戰而著稱，戰死於耶拿戰役。

10月10日，拉納元帥逼近薩爾弗德城，遇到斐迪南親王率領的普軍，只幾個回合將其殺敗，親王本人也當場斃命。普軍敗兵連夜奔逃，投到了霍亨洛埃公爵所率的主力軍中。霍亨洛埃軍則將兵力集中在耶拿以西的高原上。

10月11日，法軍截獲一些敵方文件。從檔案分析，拿破崙估計普軍主力在愛爾富特和威瑪之間。於是，拿破崙決定分派貝爾納多特軍和達烏軍取道薩勒河左岸，迂迴普軍左翼；以蘇爾特、奧熱羅、內伊、拉納四軍從卡拉與耶拿之間，強渡薩勒河，向威瑪－愛爾富特線前進，攻擊普軍主力。

10月13日，一路取勝的法軍占領耶拿城，並將一萬二千敵軍趕向威瑪。另外，法軍還發現有三千個敵軍駐在耶拿以西三英里的威瑪大道上。拿破崙興奮不已，他斷言大決戰馬上就要開始了。他徒步登上耶拿城西北一點五英哩的蘭德拉芬高地，仔細觀察敵軍前哨所扼守的陣地。然後命拉納守住這塊高地，以掩護耶拿附近薩勒河上的渡口。天黑以後，一場大霧突然出現，籠罩著薩勒河谷及其四周的高地。法軍借助著濃霧，神不知鬼不覺地向威瑪、耶拿一帶調動兵力。

↑耶拿戰場上的拿破崙，伊納畫
該幅畫描繪的是拿破崙在戰場上運籌帷幄，指揮若定。

普魯士的潰敗

　　不出拿破崙所料，普軍在威瑪、耶拿一帶集結兵力達十八萬人。此時普軍若能積極迎戰，說不定可以反敗爲勝。然而，大決戰即將來臨，普軍卻對決戰還是退守久議不決，軍官們各持己見，爭執不下，喪失了寶貴的戰機和時間。而法軍卻利用這些時間進行更多地集兵，形成對敵軍的包圍之勢。此時，普軍得知瑙姆堡要地被達烏率軍占領，極其震驚。布倫瑞克不再堅持與法軍決戰，同意主力軍轉進北方。

　　10月14日拂曉，在濃霧的掩護下，拉納率領法國士兵迎著寒風悄悄摸向敵人營地。但他們面對的卻是擔任後衛的霍亨洛埃軍團，普軍主力早已悄悄向北退去。不過正因爲這樣，法軍很快就占上風，霍亨洛埃的幾個師被打得落花流水。拉納率軍繼續追擊敵人，而此時擔任掩護任務的霍亨洛埃突然停止撤退，命二萬人排成密集的橫隊，向拉納軍團發起猛烈的還擊。拉納命令軍隊後退到房屋和果園內，利用掩護物向普軍射擊。於是，軍事史上最出奇最不幸的情形出現了：一個極爲壯觀的步兵陣線，在整整兩個鐘頭內，站立在開闊地帶上，一任法軍排槍的掃射，卻無任何還手之力，普軍就像被槍決的死刑犯一樣，被動地站在那裡被一排排射死，因爲他們根本找不到還擊的目標。霍亨洛埃見勢不妙，急忙派人向在威瑪的布呂歇爾軍求援，可援軍卻遲遲未到。十時左右，濃霧漸漸散去，和煦的陽光照在這片土地上，只見普軍屍橫遍野，法國部隊卻有增無減，個個精神抖擻，士氣高昂，爲了大決戰的勝利，法軍在不斷向這裡增兵。

　　到中午，拿破崙開始發動總攻。於是，預備隊、近衛軍、騎兵軍一齊向敵軍猛撲過去。普軍抵擋不住，沿著山坡四處潰逃。而布呂歇爾的援軍剛剛趕到，還沒有列開隊形，便被法軍消滅了一半。倖存的散兵紛紛逃到威瑪。

達烏勇冠三軍

　　大獲全勝的拿破崙回到耶拿城，正爲自己消滅普軍主力自鳴得意的時候，

↑達烏元帥，大衛作品
達烏元帥是拿破崙手下著名的將領，在奧爾斯塔特戰役中大敗普魯士軍隊，震動歐洲。

卻接到了第三軍送來的報告：第三軍在奧爾斯塔特擊敗由布倫瑞克指揮的普軍主力五萬人，普魯士國王和他的大本營也包括在內。拿破崙無法相信這個消息是真實的，便大聲對送報告的人說：「你們的元帥是把一個人當成兩個人了吧！」可事實上，拿破崙剛才消滅的確實不是普軍主力。

原來，普王和布倫瑞克率領的主力軍，在13日夜裡便悄悄向北撤退了。他們途經耶拿西北二十多公里的奧爾斯塔特時，普王決定在此地宿營。這時，已占領了瑙姆堡的達烏元帥接到拿破崙的命令，叫他選擇最短路線，盡快趕到耶拿會師。結果14日早晨，達烏的第三軍在進軍途中正好在奧爾斯塔特附近遇到普軍主力。

達烏先頭部隊立即構成方陣，集中火力射擊，打退普軍騎兵的四次衝擊。十點左右，達烏率領二萬軍隊與五萬多普軍主力開始決戰。由於普軍拘泥於橫隊密集型的「線式戰術」，呆板的方陣很

快就受到法軍靈活機動的火力殺傷，普軍總司令布倫瑞克也被彈丸擊中雙眼，造成致命重傷。普軍失去主帥，很快就被打敗，普王只得帶著殘兵逃到威瑪。

可見在10月14日這一天，法軍取得兩大戰役的勝利：一個是拿破崙指揮的耶拿戰役，另一個是達烏指揮的奧爾斯塔特戰役。這兩大戰役，使普軍幾乎全軍覆沒。而達烏以少勝多，更是深得拿破崙讚賞。

10月15日，法軍兵分三路，開始戰史上著名的大追擊。普軍指揮官美倫多夫、霍亨洛埃先後投降，拿破崙於27日以勝利者的姿態進入柏林。

11月8日，最後一支普軍投降。至此，拿破崙出征僅僅一個月，便讓威廉三世引以自豪的普魯士大軍煙消雲散。而它的盟友俄國，卻還沒有來得及出兵。

【人文歷史百科】

耶拿－奧爾斯塔特會戰的意義

英國軍事理論家富勒在《西洋世界軍事史》中評價到：「從戰略和戰術兩方面看，很少有哪個勝利所具有的決定性，能夠與這個耶拿－奧爾斯塔特雙重會戰相比擬的。不過在政治方面，拿破崙卻並未能達到他的目的。普魯士的失敗並不曾使英國退出戰爭，而也正是因為這點，才使這兩個會戰在歷史上具有廣泛的影響。在此之後，歐洲還是連連苦戰，終至於民窮財盡。結果，在拿破崙被推翻時，英國的世界霸權也以此奠定基礎。從此，英國變成全世界的工廠和銀行，這也正是拿破崙所想竭力阻止其發生的事。」

↑潰敗的普魯士軍隊

法蘭西第一帝國

拿破崙的失利

特拉法加海戰後,拿破崙深知無法從海上打敗英國,便從陸地上對英國進行經濟封鎖,但葡萄牙卻暗中與英國進行貿易,成為英貨進入大陸的中轉站。一怒之下,拿破崙帶兵占領了葡萄牙,並順勢攻下了西班牙。不甘屈服的西班牙人民紛紛揭竿而起,採用游擊戰術與法軍展開戰鬥,使拿破崙的大軍失去用武之地,損失慘重。英國見拿破崙陷入困境,便於1809年1月與奧地利結盟,組成了第五次反法同盟。

拿破崙見手下敗將奧地利又來叫陣,大動肝火,急不可耐地要教訓教訓奧地利。

反法同盟結成後,拿破崙急忙離開西班牙,回到巴黎進行徵兵。為了擴充兵力,提前徵召了許多1810年才適齡的新兵,又從各附屬國徵兵十萬,連同駐守德意志的各路人馬,匆忙組建「萊因軍團」。拿破崙認定奧軍仍如從前一樣行動遲緩,最快也要在4月15日才能出動。沒想到奧軍在4月9日便不宣而戰,開上了戰場,兵力遠遠超過法軍。雖然此時拿破崙的「萊因軍團」還沒有組建完善,但他也不得不在4月13日離開巴黎,率軍前往兩國邊境。

由於奧軍仍然對拿破崙有三分懼怕,所以拿破崙的大軍屢次告捷,連連取勝。而奧軍雖然敗退,卻不曾潰散,隊形始終保持齊整。奧軍主力退至多瑙河左岸,並毀掉所有橋樑(維也納大橋這次也被炸掉),憑河據守。

拿破崙於5月13日占領維也納,然後率軍準備強行渡河,一舉消滅對岸的奧軍。可是他沒想到,奧軍正是準備在對岸與法軍進行大決戰。

↑ **阿斯珀恩－埃斯靈戰役,彼得‧克拉夫特畫**
1809年5月,拿破崙率領的法軍與查理大公率領的奧地利軍隊在多瑙河左岸阿斯珀恩－埃斯靈地區進行會戰,最後法軍失敗,拉納元帥戰死,拿破崙退守洛包島。

←查理大公肖像，溫特賀爾特作品
查理大公是奧地利傑出的軍事統帥，經過對軍隊的改革，奧地利軍隊的實力得到極大加強，在阿斯珀恩—埃斯靈戰役中大敗拿破崙。

多瑙河中有許多小島，其中洛包島面積最大，拿破崙便在 5 月 17 日以舟架橋，率軍登上了洛包島，準備從那裡再登陸對岸。當法軍的先頭部隊於 21 日渡過多瑙河後，立刻遭到奧軍的猛烈進攻。拿破崙率軍來到對岸時，已無法挽回敗局。拉納元帥陣亡，法軍死傷三萬多人，拿破崙為了不使全軍覆滅，不得不退回到洛包島。

大戰的前奏

拿破崙親征從來沒打過敗仗，所以這次失利頓時轟動整個歐洲。羅馬教皇趁機宣告將拿破崙逐出基督教，普魯士則中止戰爭賠款。德意志各邦國紛紛爭取獨立，法國的忠誠付庸薩克森國王被逐出國境。英國也組成遠征軍，準備在荷蘭登陸，支持大陸上反抗拿破崙的戰爭。法國國內也怨聲四起，責怪拿破崙窮兵黷武。

這些並沒有使拿破崙悲觀，首先下令各地的法軍大力鎮壓民眾起義。按著，頒布所謂的「維也納法令」，廢除並逮捕羅馬教皇，宣布羅馬城和教皇的一切領地完全併入法蘭西帝國的版圖，從而剝奪一千五百年來教皇控制的所有領地和一切特權。同時，密令自己的代理人加強對所有附庸國的控制。但是，拿破崙明白，只有徹底征服奧地利，才能穩住整個歐洲大陸的局勢。

拿破崙將一道旨意發向法國及各領地，不久，便從各處陸續趕來了援軍。到 6 月底，軍隊人數已接近十九萬，大砲五百五十門。此時，奧地利的查理大公也在排兵布陣。他將部隊撤至瓦格拉姆村，並在該村兩側布成弧形陣地。這樣，等法軍渡河之後，便可將其圍在弧形地帶，然後聚殲。瓦格拉姆村是個弧形高地，使奧軍處於有利的地形。可是奧軍的布局，卻早已被拿破崙打探得一清二楚。他於是將計就計——明修棧道，暗渡陳倉。

拿破崙用小股兵力從正面砲轟對岸，做出攻擊的假象。而大軍主力卻來到洛包島的南岸，在距原渡口下游四公里處渡河。這樣，法軍主力軍正好在敵軍的包圍圈之外。7 月 4 日晚，烏雲翻滾，電閃雷鳴，狂風暴雨鋪天蓋地而

來。拿破崙站在雨中驚喜地說：「真是天助我也。」急忙命令法軍架舟渡河。天還沒亮，法軍已來到對岸。查理大公見狀驚得目瞪口呆，他做夢也想不到法軍在一夜之間便將十萬大軍渡過河岸，更想不到竟然還不在自己的包圍圈內。

↑拿破崙視察敵情，賀瑞斯‧韋恩特作品
阿斯珀恩－埃斯靈戰役的失利使拿破崙行事更加謹慎。圖為拿破崙在瓦格拉姆戰役前視察敵情。

拿破崙的冒險

當法軍全部渡過萊因河後，便組成扇形戰鬥隊形，向奧軍左翼進攻。查理大公急忙將自己右翼的部隊調回，與左翼部隊一起抵抗法軍的進攻。此時，雙方力量勢均力敵，但奧軍已有很大改觀，不但行動迅捷，作戰靈活，而且陣容齊整，作戰驍勇。法軍由於大部分是新兵與雇傭兵，所以漸漸處於劣勢。

達烏軍、烏迪諾軍和貝爾納多特軍

都遭到很大的損失。最後，貝爾納多特軍中的薩克森師因堅持不住，開始向後潰散。貝爾納多特軍位於三個軍的中央，他們一撤退，達烏軍和烏迪諾軍也跟著敗退下來，又由於天色已黑，拿破崙只得下令收兵。

查理大公看到法軍紛紛潰敗，心中大喜，以為這次決戰一定會將法軍全部消滅。於是，他興致勃勃地開始研究新的作戰計畫。他發現法軍把主要兵力都集中到奧軍的左翼方面，這就使得自己的左翼非常空虛。查理大公發現這一弱點，決心加以利用。

7月6日拂曉，查理大公下達向法軍左翼反擊的命令，法軍左翼被奧軍打得潰不成軍。拿破崙發現奧軍從左翼反擊，不禁大吃一驚。他明白當前的形勢嚴峻，如果稍有不慎，便會全軍覆滅。可是，目前只有兩種解決辦法：一種是抽出預備隊和法軍右翼的部分兵力，增援法軍左翼；另一種是，利用奧軍集中兵力於右翼實施反擊，而趁奧軍左翼防線暴露及中央瓦格拉姆地段兵力薄弱之機，大膽他從中路向瓦格拉姆進攻，擒

↑瓦格拉姆戰役，茱麗葉斯畫
該畫面展現了法、奧兩軍交戰的激烈場面。

停止後退，用強勁的火力開始反攻，使奧軍右翼再也無法前進一步。

經過多次激戰，法軍形成優勢，而奧軍開始全線向後撤退。查理大公看到法軍的攻擊異常猛烈，明白已經無法挽回敗局。這種情況，再戰鬥下去毫無意義，並且會招致全軍慘敗。於是他下令全軍撤退。

傍晚，奧軍急速向後退去，由於軍風嚴整，大部分軍隊撤退中保持著原來的隊形。留給法軍的戰利品也只不過是九門火砲和一面軍旗，甚至沒有一個人被俘。瓦格拉姆一戰，法軍雖然勝利了，但卻付出了極高的代價，以至於使拿破崙沒有能力去追趕撤退的奧軍。這一仗，奧軍死亡三萬二千人，法軍死亡二萬七千人。

瓦格拉姆一戰，徹底摧毀查理大公想戰勝拿破崙的信心。他銳氣盡失，無心再戰，最終在 10 月 14 日與法國簽訂和約。和約使奧地利被迫割讓出大片領土，並因此失去人口三百五十萬。還向法國交付八千五百萬法郎，被迫同意抵制英國商品的大陸封鎖政策。

住查理大公，結束這場戰爭。前一種方案費時費力，而且成功的把握不大；第二種方案雖然可以反敗為勝，但有完全被敵軍包圍的危險，並且會損失掉法軍左翼的部隊。

最後拿破崙孤注一擲，毅然採取了第二套方案。他命令馬塞納軍不惜一切代價保持法軍左翼的穩定；達烏軍繼續進攻奧軍左翼，如有進展，則配合主力向瓦格拉姆進攻；自己親率主力軍從中路攻打瓦格拉姆。

大戰瓦格拉姆

拿破崙親率大軍直取瓦格拉姆，將士們精神抖擻，鬥志昂揚，把敵人打得節節敗退。此時，法軍右翼的達烏軍也已渡過魯斯巴赫河，突入敵人陣地，並開始向瓦格拉姆發動進攻，由於奧軍右翼的部隊正面擺得過寬，以致兵力分散，攻擊不能集中。而法軍的馬塞納軍則退到阿斯佩恩和埃斯靈地區以後，便

【人文歷史百科】

瓦格拉姆戰役後的法國
拿破崙將得到的土地留一部分歸法國，其餘分給華沙大公國和俄國。此時，法國領土已是原來的四倍，人口超過了七千五百萬，可以說是盛極一時。如果拿破崙就此停止戰爭，安心治理國家，他的帝國有可能存在得更長久些。但他卻一心想成為歐洲的霸主，自然要與英國作殊死搏鬥，並且也不會放過俄羅斯這頭北極熊。

015.約瑟芬的悲劇

約瑟芬皇后雖然是個不貞的女人，但拿破崙曾對其愛到極點，事業也隨著對約瑟芬的愛達到頂峰。因無嗣而與約瑟芬離婚後，其事業也日漸衰落。

癡心愛人

1800 年到 1809 年，拿破崙大軍馳騁歐洲大陸，所向披靡，攻無不克，戰無不勝。拿破崙本人的名聲威振歐洲，聞名遐邇。而法國領土也像拿破崙的野心一樣不斷變大。拿破崙的感觸是：「只要力道強勁，便可主宰世界。」可是他再強勁，卻無法主宰一件事——讓約瑟芬生出太子。

為此，拿破崙開始物色一個令自己滿意的女人，以便取代約瑟芬的位置。他此時似乎忘記了曾經對她的海誓山盟與纏綿悱惻。

拿破崙曾經對約瑟芬一見鍾情，一如他對她的情感與日俱增，他的人生也開始步步走向輝煌。他婚後第三天便回到軍隊中，但他始終對她牽腸掛肚，朝思暮想。他曾在前線給她寫信：「你給我帶來幸福，也給我帶來不幸；你是我的希望，也是我的生命！」

當約瑟芬到義大利看他時，他心中除她，其他全都不復存在。曾幾時，有多少姿色出眾的年輕姑娘向他示愛，都被他粗暴地回絕。他那時心裡只有約瑟芬：「她的面龐是那樣柔媚，那樣蕩人心魄，已深深印在我的心中，誰也無法同她媲美。」

每當離開她時，他都痛苦不已。可每次離別之後，戰場上就會有輝煌的勝利。瑪倫哥、烏耳姆和奧斯特里茲的大捷傳遍整個歐洲，但這位勝利者唯一的想法便是回到他的妻子身邊。

可如今，他卻硬下心腸要將曾經最迷戀的皇后廢掉，而娶一個奧地利公主為妻。

「吉星」離開皇宮

約瑟芬曾將自己全部的社交技巧用來為雄心勃勃的丈夫效勞，她與丈夫同樣受到人民的擁護，巴黎市民稱她為「拿破崙潔白無瑕的天使」。可是拿破崙

↑約瑟芬皇后在叢中，普魯東作品
「霧月政變」後，約瑟芬開始對拿破崙忠心耿耿。拿破崙加冕時，親手為約瑟芬戴上皇后冠。但因不能為拿破崙生育「龍子」，其結局可想而知。

拿破崙對約瑟芬的寬容

他甚至容忍她有情人：「高貴的女士，你一天到晚幹些什麼呢？……你那位新情人，究竟是個什麼樣的人物，竟能占去你的每一分鐘，霸占你每天的光陰，不讓你稍稍關心一下你的丈夫呢？約瑟芬，留神點，說不定哪個美麗的夜晚，我會破門而入……得不到你的訊息，確實使我坐立不安。立即給我寫上四頁來信，四頁充滿甜蜜話語的信，我將感到無限欣慰。」

的每次凱旋歸來，都使她更加憂鬱，因為她明白他肯定會休妻再娶。

1809年12月15日，這可怕的一天終於到來。她接到旨意，皇帝命令她在這天向宮廷上下宣布，自己要放棄皇后之位。她淚流滿面，泣不成聲地說：「經聖明的陛下同意，我在此宣布，鑑於我已失去生育能力，不能使陛下的事業後繼有人，國祚安泰，我情願表示我對陛下亙古未見的熱愛和忠誠……。」

第二天，她必須在午後二點離開杜伊勒利宮，從此再也不能回來。幾輛馬車停在花形樓梯的下面，僕役們正在搬運箱籠、家具……約瑟芬在臥室內踱來踱去，眼含淚花。皇帝來了，她嗚咽著撲到他的懷裡昏厥過去……等她蘇醒，皇帝已不知去向，身邊只剩皇帝的祕書。她於是向祕書反覆叮嚀，叫他提醒皇上這個，不要忘記告訴皇上那個……總之，她想方設法拖延時間，那怕是多待一分鐘，甚至是一秒鐘……。

拿破崙極為大方地為約瑟芬作盡善

盡美的安排。他將愛麗舍宮及馬爾梅松城堡賜給她，還將她前夫的納瓦爾城堡及附近的土地也賜給她，並且為她還清天文數字的債務，還為她定下年金二百萬法郎。宮中她所用的服飾器具、珠寶珍玩，也全部讓她帶走，還賜給她二百多個僕人。也許心情不好的女人都愛花錢，也許他過慣花錢如流水的生活，總之她很快就把手中大把大把的鈔票變成了大把大把的帳單。

約瑟芬雖然沒有給拿破崙生一個孩子，卻給他帶來一系列輝煌的勝利，並因此被稱為「拿破崙的吉星」。1810年4月，奧地利公主露易絲被迎娶進法國皇宮。她第二年便為皇帝生一個兒子，但她還給他帶來的，是兩次流放和徹底的失敗。

法蘭西第一帝國

63

↑羅馬王的出生，路易士‧都西斯作品
拿破崙將約瑟芬皇后趕出宮以後，娶奧地利公主瑪麗‧露易絲為妻。第二年，露易絲生下羅馬王──未來的拿破崙二世。

016.兵敗俄羅斯

莫斯科的嚴寒和大火，最終打敗了拿破崙。莫斯科戰役的失敗，標誌著不可一世的拿破崙逐漸走向衰落。

膨脹的野心

百戰百勝、用兵如神的拿破崙被人們稱為「戰神」，而他自己似乎也為自己輝煌的勝利而陶醉，以至於認為強權便是主宰世界的訣竅，想用武力征服一切，做整個歐洲的主宰。可是他卻無法讓英國臣服自己，拿破崙一怒之下，便對英國進行大陸封鎖，攔截英國貨船，禁止大陸國家進口英國的貨物。

可是，這樣做不單使英國的經濟受損，也使所有大陸國家的經濟受到影響。以至於一些大陸國家雖然懼怕拿破崙的大軍，但為了本國的經濟，也不得不偷偷與英國進行商貿往來。尤其是沙俄這頭北極熊，更是根本不聽從拿破崙的安排。雖然，兩國在 1807 年訂立了

↑《提爾西特和約》
1807 年 6 月 25 日，俄皇亞歷山大一世和法皇拿破崙一世在提爾西特附近涅曼河的一隻船上會晤。7 月 7 日，雙方代表簽訂《法俄和約》，即《提爾西特和約》。

《提爾西特和約》，成為盟國，但那只是權宜之計，因為當時俄國剛剛被拿破崙戰敗。

俄國雖然是東歐舉足輕重的大國，可是它經濟落後，一向要出口農作物，進口工業品。所以亞歷山大一世雖然口頭上答應加入大陸封鎖，但卻不得不偷偷將港口對英國開放。後來，拿破崙入侵西班牙，囚禁羅馬教皇，又戰敗奧地利，使沙皇亞歷山大一世越發感到拿破崙的野心沒有止境。於是，同樣懷有稱霸野心的沙皇便無法與拿破崙繼續友好下去了。當拿破崙提出要娶亞歷山大的妹妹為妻時，俄皇則以年齡小作為藉口拒絕，給拿破崙先吃了一個軟釘子。1810 年底，又對法國貨物提高關稅，給拿破崙又吃了一顆硬釘子。

曾多次揚言要讓「巴黎成為世界首都」的拿破崙怎能咽下這口惡氣，他下定決心要滅掉這個不服管教的北極熊。當然，如果征服俄羅斯，那麼英國的末日也就不遠，拿破崙便可以實現他的夢想──做全歐洲的主宰。

1812 年二三月間，拿破崙先後與普

↑ 拿破崙和勞里斯頓，油畫
沙皇亞歷山大一世對法國貨物增加關稅的做法使拿破崙大為惱火，將駐俄大使勞里斯頓進行訓斥。

【人文歷史百科】

《提爾西特和約》

1807 年 7 月 7 日，法國在同第四次反法同盟的戰爭中先後擊敗普魯士和俄國後所簽訂的和約。規定：原屬普魯士的易北河以西大部分地區被劃入新成立的威斯特伐利亞王國的版圖，由拿破崙一世的弟弟熱羅姆‧波拿巴任國王；在普魯士第二次、第三次瓜分波蘭時所攫得的地區成立華沙公國，由薩克森國王兼任君主；格但斯克成為自由市；比亞韋斯托克地區劃歸俄國。

提爾西特和約標誌著第四次反法同盟的失敗，但未能緩和法俄之間的矛盾，終於導致 1812 年的戰爭。

魯士、奧地利簽訂條約，要它們出兵援助。5 月 9 日，他離開巴黎，率軍親征俄羅斯。

入侵俄國

拿破崙這次率軍六十餘萬人，包括四十個步兵師和二十五個騎兵師，其中一半不是法國軍隊，但大多數外籍軍隊都配有一個法國師作為骨幹。拿破崙巧妙地利用了華沙大公國這一便於入侵俄國的基地，於 1812 年 6 月 24 日越過聶伯河，進入俄國境內，對俄國不宣而戰。

拿破崙的戰略計畫是：經一兩次大決戰殲滅俄軍，在短期占領莫斯科，迫使俄國投降。可是法軍進入俄國境內後，只受到俄軍小股部隊的幾次阻擊，一直沒有遇到主力部隊。接下來，便是一路暢通，似乎法軍來這裡的目的便是漫無目的地急速行軍。由於法軍征戰歷

來是速戰速決，不帶太多的糧草，可俄國又太貧困了，一路上打劫不到多少財物與糧食，所以他們這一路上吃盡了苦頭。可是越往東去，後方供應越是跟不上去，特別是糧草和彈藥。由於燕麥不足，只好給馬匹餵黑麥，馬匹不能適應，一批批地倒下去，拿破崙不得不放棄一百多門大砲和五百多輛彈藥車。

9 月 7 日，法軍來到莫斯科近郊的鮑羅金諾村。俄軍統帥庫圖佐夫在此布下了堅固的陣地，以逸待勞，計畫將法軍一舉殲滅。原來，俄軍最初不與法軍交戰，是要避其鋒芒，挫其銳氣。當法軍一路勞頓到了莫斯科，俄軍不得不為保衛首都而戰了。拿破崙總算遇到了敵軍主力，便不顧將士疲勞，迅速出擊。而俄軍為了保住俄羅斯，也是拼命抵抗。這一場硬仗打下來，俄國傷亡五萬人馬，法國也傷亡三萬人馬。庫圖佐夫見無法守住莫斯科，帶著將士向後迅速撤去。

拿破崙在 9 月 14 日帶兵進入了莫斯科城。令他難以相信的是，此時莫斯科

↑ 鮑羅金諾會戰，德薩亞諾作品
鮑羅金諾會戰是拿破崙遠征俄羅斯時兩國主力間進行的唯一的大規模會戰。畫面中的中心人物為俄軍騎兵統帥。

法蘭西第一帝國

竟然是一座空城。城內大部分居民已經撤離，既無財物，也無糧草。入住克里姆林宮的拿破崙不禁智窮力竭，一籌莫展。

莫斯科的大火

拿破崙雖然占領莫斯科，但沙皇卻沒有派使者前來求和。拿破崙日夜思量，百思不得其解：「這個亞歷山大不戰不和，究竟是什麼意思？」拿破崙大軍現在只剩下三分之二的人馬，由於忍飢挨餓，受冷受凍，每天都有士兵逃跑或因病死去。

這天晚上，莫斯科城郊突然失火。法軍以為是部隊點燃籌火不慎而引起的，並未引重視。接著，離克里姆林宮最遠的一個街區也燃起了大火，而且還抓住幾名縱火的軍人和市郊農民。這回法軍才明白：有人要火燒莫斯科城，將法軍置於火海之中。可是，在強勁的北風吹動下，熊熊的大火不斷向市中心蔓延，並且火勢越來越猛，救火已經來不及了。當烈焰從一個街區擴散至另一個街區，法軍卻毫無辦法，因為俄軍在撤退前把滅火器材都帶走了。

後來，大火燒進了克里姆林宮，拿破崙只好下令把統帥部遷到城外的彼德羅夫宮。但當他和隨從離開克里姆林宮時，宮殿外側的門已燒掉一半，火舌不斷地竄向他們，窒息的濃煙使他們喘不過氣來，甚至拿破崙的頭髮也被燒焦了。危急中，他急匆匆踏著灰燼廢墟，穿過烈火濃煙，逃向彼德羅夫宮。

如果不是9月18日下了一場大雨，那麼整個莫斯科便會成為一片廢墟。大火過後，衣著單薄的法軍到處尋找著物，他們衝進未被大火燒掉的商店、地窖、民宅，大肆搶劫，各種暴行不斷發生。面對飢腸轆轆的士兵，拿破崙雖然多次嚴明軍紀，卻沒有絲毫效果。此時的拿破崙進退維谷，難以抉擇。他本想等俄皇前來求和，然後再體面地撤軍，可亞歷山大卻似乎從俄羅斯消失了一般，始終不露面。拿破崙於是幾經周折

↑ 莫斯科大火
該幅畫生動地刻畫了拿破崙在莫斯科的困境。

地不斷向俄皇致函，要求對方前來進行和談，可是亞歷山大一世卻不理不睬。

最後，拿破崙感到：如果再顧及顏面，就只有被困死在俄羅斯。於是他不得不準備撤軍。

無奈的潰退

莫斯科的冬天就要來臨了，天氣一天比一天寒冷，此時法軍的處境更加艱難，面對俄國民眾的武裝鬥爭和堅壁清野，遠離本土的法軍陷入糧荒中。1812年10月13日，莫斯科下了第一場雪，氣溫驟然下降。粉妝玉砌的北國風光儘管極其美麗，但是在寒風中瑟瑟發抖的法軍士兵卻無心欣賞雪景，對他們來說，這就是「白色恐怖」，是使他們失去生命的強大殺手。這場雪使拿破崙清醒地認識到，如果在莫斯科過冬，那麼全部人馬都會被凍死。於是，他不得不在10月16日下達撤軍的命令。

拿破崙在莫斯科僅住了一個月，可是卻使他徹底放棄了征服俄羅斯的決心。這片荒涼的土地使他不戰而敗，內心充滿了恐懼。在這裡，法軍找不到乾草和燕麥，大批戰馬倒下，許多大砲因無馬馱運不得不放棄。在鄉下徵收糧草的法國士兵也不斷遭到當地民眾的激烈抵抗，一無所獲。在飢餓威脅下，法國軍隊士氣低落地離開莫斯科，朝著本國的方向撤退。

撤退途中，一路遭受俄國軍民無數次的襲擊，凍餓疲病交錯而來，使法軍人數越來越少。而且在法軍架舟為橋強渡別列津納河時，又遭受到俄軍的三面追擊，並且從東岸制高點架起大砲向橋上猛轟，使法軍損失了約二萬五千人。

當拿破崙率軍歷盡千難萬險退出俄國邊境時，原來的六十萬大軍竟然只剩下了五萬餘人，喪失了所有騎兵和幾乎全部砲兵。這就像一個神話──拿破崙大軍只在俄國土地上「旅行」了一遭，出來後這支帝國大軍竟然冰消瓦解了。

12月18日，拿破崙回到巴黎，隨即到元老院演說，他將遠征的失利歸罪於俄國冬天的過早來臨。並一再聲明，從今往後，他將為法國謀求「永久的和平」，不再發動戰爭。他似乎厭倦戰爭，不再有稱霸歐洲的野心了。

↑法軍泅涉別列津納河，1812年
1812年冬，法軍自莫斯科撤退時泅涉別列津納河的情景。數萬人擠滿河岸，在俄軍密集槍砲中，四萬名法軍渡過了別列津納河，卻有二萬五千人在渡河時死去。

拿破崙的困境

　　遠征俄羅斯，使拿破崙不可戰勝的神話被粉碎，拿破崙帝國也因此元氣大傷。他想放棄戰爭，但是多年來備受欺凌的歐洲各國卻不肯放過他。1813年2月28日，俄普兩國率先結盟。這兩國君主各有打算，沙皇希望把「華沙大公國」合併於俄國，普王則希冀吞併德意志其他小邦的領土。

　　3月，英、西、葡、瑞典等國紛紛加入，組成了聲勢浩大的第六次反法同盟。聯軍眾將士個個摩拳擦掌，鬥志昂揚，決心要一舉奪回失去的土地，討回自己的尊嚴。

　　多虧拿破崙早有先見之明，在1月便強迫元老院作出徵兵三十萬的決議，所以在反法同盟形成時，他手中已有十多萬新兵。他面對反法聯軍毫無懼色，於4月15日率兵開赴前線。

　　拿破崙的十萬新兵雖然還不曾訓練，但卻打了幾個漂亮的勝仗。在4月下旬至5月初，一舉將俄普聯軍打得大敗而逃。可是拿破崙這次卻優柔寡斷起來，他沒有乘勝追擊，怕重蹈遠征莫斯科的覆轍，誤入敵人圈套，竟與敵人簽訂停戰協議。此時，英國趁機將二百萬英鎊援助俄國與普魯士，使兩國兵力迅速增多一倍。8月，英國竟將尚在觀望的奧地利拉進同盟。這樣，拿破崙便有些孤掌難鳴，不過他想盡辦法，卻也湊齊了四十萬大軍。

　　拿破崙不愧是威震歐洲的風雲人物，他親自率領的軍旅，如同虎入羊群一般，把聯軍打得節節敗退。無奈的是，其餘各路人馬卻常遭敗績。拿破崙發現聯軍中只有布呂歇爾所率領的普軍最為強勁，明白若將其翦除，法軍便可控制戰局，於是率軍直取普軍。可是布呂歇爾卻左躲右閃，從不與拿破崙決戰。

　　拿破崙費盡心機，往來周旋，卻始

→貝爾納多特肖像，瑞典皇家技術學院藏
貝爾納多特原來是拿破崙手下的元帥，後成為瑞典王儲，對拿破崙的用兵方法極為熟悉。1803年率領瑞典軍隊參加第六次反法聯盟。

終無法與布呂歇爾決戰，反倒累得法軍疲憊不堪。到了10月，法軍僅傷病之兵便有九萬多人，臨陣脫逃者更是不計其數，所剩只有十六萬人馬。

兵敗萊比錫

1813年10月17日，疲憊不堪的拿破崙決定讓步，建議進行和談，可是盟國卻未作答覆。這天夜裡，拿破崙收攏全部人馬，部署在萊比錫周圍，準備與聯軍做最後的決戰。

第二天凌晨，拿破崙在距萊比錫大約四公里處，聚集大約十五萬人馬和六百三十門火砲，布成長達十六公里的陣地，每公里平均有九千餘人和三十九門火砲。此時聯軍共三十二萬人馬，分別從東西南北分六路合圍萊比錫。這場被稱為「民族之戰」的萊比錫戰役，直殺得天昏地暗，驚天動地，雙方各自傷亡六萬餘人。這時，在拿破崙麾下效命的薩克森師竟在陣前倒戈，法軍頓時陣腳大亂，敗退下來。拿破崙急忙跨上戰馬，前去增援敗退的部隊。可是卻因寡不敵眾，最終退至萊比錫城內及近郊。

傍晚時分，拿破崙正坐在郊外的營帳中向將士們口述著作戰命令，兩名砲兵指揮官卻報告了一條更不幸的消息：砲彈快打完了。當拿破崙下達完命令

↑布呂歇爾肖像
布呂歇爾是萊比錫會戰時的普魯士軍隊統帥，他避開拿破崙、專攻法軍元帥的策略，使拿破崙疲於奔命。

後，他臉色蒼白，躺在板凳上睡著了。一刻鐘後，他醒過來，立刻趕往萊比錫城內。19日，法軍從各個方向撤下來，都匯合到萊比錫城內，向西面唯一的出口林德大橋退去。拿破崙夾在人群中過了橋以後，便到附近的一個磨房裡平靜地入睡了。他要等法軍全部過河，然後再繼續隨軍西撤。

一聲巨大的爆炸聲把拿破崙驚醒，他看到了最痛心的一幕：唯一的石橋被炸毀了，兩萬多名沒有過河的法軍，大部分逃入水中葬身魚腹，其餘的被聯軍俘虜。拿破崙大聲吼道：「這也算是執行我的命令？」因為他原來的命令是等法軍全部過河後再炸掉石橋。這時他的妹夫繆拉走過來，提出要回到那不勒斯。拿破崙接受他的辭行，但他沒有想到的是，他這個妹夫，他所封的那不勒斯國王，為了保住王位，竟然早已背叛他而投靠聯軍。

兵敗萊比錫，使拿破崙陷入四面楚歌的孤立之中。

強弩之末

1814年元旦，法國又回到1793年時的情景，面對著聯盟軍隊攻打國門的危險。那時，拿破崙還是一個砲兵少尉。法國瓦解了五次反法聯盟的進攻，

↓萊比錫會戰，油畫
該畫面形象地再現萊比錫會戰時的激烈場面，雙方傷亡慘重，這場號稱「民族會戰」的戰役以拿破崙的失敗而告終。

而這第六次，卻讓敵人攻進了法國境內。

拿破崙氣急敗壞地回到巴黎，他需要士兵，他需要武器。然而，法國各界都已厭煩戰爭，並且國帑全無，武器庫盡空。但不肯認輸的拿破崙下令徵收民間兵器、馬匹與糧食充作軍用，還將國稅提高，用作軍費。可是他卻沒有想到，外交大臣塔列朗早已拉攏好一幫政客，開始謀劃另立政府。

1月25日，拿破崙又該披掛上陣。臨行前他命皇妃露易絲攝政，由兄長約瑟夫輔政。並且特意託付兄長要照看好皇妃與皇子，似乎他將要一去不復返。不過，他確實從此再也無緣見到皇妃與

出生後便被封為「羅馬王」的兒子。

拿破崙率軍出師後初戰告捷，接著屢戰屢勝，但卻無法扭轉戰局。因為聯軍人數眾多，儘管拿破崙勇猛如同雄獅，而聯軍卻似鋪天蓋地的狼群。最終拿破崙顧此失彼，疲憊不堪，而聯軍卻乘機攻入巴黎。露易絲攜子離京，約瑟夫不知去向。那些想要推翻拿破崙的政客開門投降，並與沙皇密議廢除皇帝的陰謀。塔列朗最終達到目的，在沙皇的支援下，他組成臨時政府，宣告以憲法治國，並於4月2日宣布廢黜拿破崙的帝位。

而拿破崙聞知巴黎失守，急忙率軍挽救。但當他來到京畿，卻得知聯軍兩天前便已占領巴黎。拿破崙只得帶兵來到楓丹白露，準備奪回巴黎。但擁有幾萬人馬的馬爾蒙元帥卻忽然投靠聯軍，而其他元帥也無意再戰，反而勸拿破崙自行退位。

拿破崙見眾人背棄自己，知道大勢已去，只得於4月6日簽署退位詔書。

流放厄爾巴島

拿破崙簽署的退位詔書，也稱《楓丹白露條約》。條約規定：拿破崙皇帝及其家族放棄對法蘭西帝國、義大利王國和其他國家的一切主權與統治權；拿破崙終身保留皇帝的稱號，其家族成員保

→拿破崙退位，弗朗哥斯畫

畫面中拿破崙坐在椅子上以命令式的方式將簽好的退位詔書交給戰勝國的君主們，而這些站著君主反而更像失敗者。

留親王稱號；拿破崙皇帝擁有厄爾巴島的完全主權和所有權，並付給二百萬法郎的年金。此外，露易絲母子得到了義大利境內的帕爾馬公國為領地，前皇后約瑟芬也有一百萬法郎的年金。

4月20日，拿破崙揮淚告別他的近衛軍，於5月3日到達厄爾巴島。厄爾巴島位於科西嘉東面五十公里的海上，緊鄰義大利半島。該島面積不過二百二十平方公里，只有三個小城和幾千名居民。在這裡，拿破崙可以保留四百人的武裝士兵。此外，約有七百名老近衛軍自願到該島保衛拿破崙。

島上的居民懷著崇敬的心情歡迎著這位新統治者。拿破崙也沒有心灰意冷，自暴自棄，而是懷著極大的熱情來治理這個微型國家。只用了幾個月的時間，這座小島便煥然一新，吸引了大批參觀的遊人。

恬靜舒適的生活，使他想起約瑟芬，但是前來看望

他的母親與妹妹卻告訴他約瑟芬已經去世。拿破崙聽後一連幾天默默無語，悶悶不樂。也許他現在才明白，自己永遠不應當捨棄的女人便是她。

後來，拿破崙又想起露易絲與羅馬王。他於是給她們寫信，希望露易絲能帶著孩子來看他。可是每封信都石沉大海，因為此時的露易絲已經有新的情人，他們正在義大利的帕爾馬公國享受著浪漫的柔情蜜意。

表面上看，拿破崙全神貫注地治理著這個微型國家，似乎已十分安心於島上的生活。他自己也對別人說：「現在除了這個小島，什麼東西都不會使我感興趣。」而事實上，他卻始終關注著法國及歐洲的形勢。他不但從遊客那裡獲取情報，還暗地與法國官員來往，悄悄謀劃著一件使歐洲震驚的大事。

↑拿破崙的囑託，路易士·都西斯作品

該畫面描繪的是拿破崙在萊比錫失敗後回到巴黎，將妻子露易絲和兒子羅馬王拜託給兄長約瑟夫的情景。畫家把拿破崙對兒子依依不捨的眼神刻畫得入木三分，英雄竟然真到了末路。

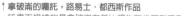

重振雄風

拿破崙在厄爾巴島密切關注著法國的形勢。1815年初，拿破崙發現法國當前的形勢對自己很有利。

原來，在拿破崙抵達厄爾巴島的同一天，被大革命推翻的波旁貴族便返回巴黎，實現復辟。復辟王朝的國王，便是路易十六的弟弟普羅旺斯伯爵，此時他被稱為路易十八。他取消一切革命成果，極力恢復舊制度與舊秩序，引起人們極大不滿。

拿破崙瞭解到這些情況後，便於1815年2月26日帶著一百名衛兵悄悄離開厄爾巴島，3月1日在法國登陸。在法國的土地上，他振臂一呼，立刻萬眾歸心。他帶著不斷擴大的隊伍沿著阿爾卑斯山腳向北挺進，沿途的民眾像見到

→法國内伊元帥，格羅作品
内伊元帥原是拿破崙手下的將領，波旁王朝復辟時投降。拿破崙從厄爾巴島回來後，重新投靠拿破崙。

救世主一樣含著眼淚迎接他。

拿破崙重新崛起，歐洲的封建王室彷彿見到魔鬼一樣恐懼。3月7日，法國波旁王朝的軍隊在格勒諾布爾附近排成戰鬥行列，準備消滅拿破崙和他的軍隊。拿破崙吩咐自己的士兵左手持槍，槍口朝下，跟著他前進。當雙方越來越近時，拿破崙用手勢讓自己的士兵停下來，然後一個人繼續朝前走。波旁王朝軍隊的士兵們端著槍，看著這個邁著堅定步子朝他們走來的穿著灰上衣、戴著三角帽的人，呆住了。「第五團的士兵，你們不認識我嗎？誰想打死自己的皇帝，那就開槍吧！」拿破崙一邊說著，一邊解開上衣露出胸脯。「是皇帝，是皇帝！」王室軍隊頓時亂掉

↑拿破崙重返歐洲，當時漫畫
畫面上剛登上歐洲大陸的拿破崙孤身一人，而聯軍們驚慌失措，如臨大敵，更突出「科西嘉怪物」給歐洲封建君主們帶來的恐慌。

隊形，士兵們一邊高呼「皇帝萬歲」，一邊把拿破崙團團圍住，吻他的手，吻他的膝，有的甚至像孩子一樣哭起來。

拿破崙就這樣一路向巴黎挺進，很多軍官甚至不等拿破崙到來，便把自己的隊伍集合起來，一路高呼著「皇帝萬歲」，前去迎接拿破崙。在里昂，路易十八的兄弟阿圖瓦伯

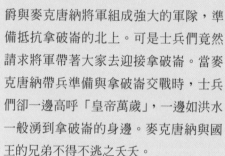

↑威靈頓公爵，喬治·海伊特作品
威靈頓曾多次和拿破崙在西班牙交鋒，但大多失敗。滑鐵盧一戰，威靈頓名垂千古。

爵與麥克唐納將軍組成強大的軍隊，準備抵抗拿破崙的北上。可是士兵們竟然請求將軍帶著大家去迎接拿破崙。當麥克唐納帶兵準備與拿破崙交戰時，士兵們卻一邊高呼「皇帝萬歲」，一邊如洪水一般湧到拿破崙的身邊。麥克唐納與國王的兄弟不得不逃之夭夭。

曾經背叛拿破崙的內伊元帥向路易十八誇下海口：「我要把他關在鐵籠裡給您帶回來。」可當他對士兵們作慷慨激昂的動員時，得到的卻是一片沉默和白眼。這時，內伊元帥接到拿破崙的親筆便條：「內伊，我將像在莫斯科近郊之戰後的第二天那樣接見你。」內伊不再堅持了，他立即集合部隊，去迎接拿破崙。

1815年3月20日晚上九點，拿破崙在隨從人員和騎兵的前呼後擁下進入巴黎。此時，路易十八與貴族們早已逃到英國。當拿破崙的車隊接近皇宮廣場時，人群像發瘋一樣衝向拿破崙，他們哭泣著，喊叫著，高呼著「皇帝萬歲」，衝開皇帝的衛隊，把拿破崙抬進皇宮。

第七次反法同盟

拿破崙重新成為法國的皇帝的消息立即傳遍歐洲。正在維也納商討瓜分勝利成果的各盟國首腦聽說後，如同晴天霹靂，驚愕得目瞪口呆。當他們從震驚中恢復過來後，便迅速結成第七次反法同盟。於是，反法聯盟七十萬大軍兵分五路，雲卷霧湧般撲向法國邊境。

面對來勢凶猛的盟軍，拿破崙迅速徵兵七十萬，無奈的是沒有足夠的槍支，能夠上陣的士兵只有十餘萬人。1815年6月12日，拿破崙帶兵出征，兩天後進入比利時境內。

由於拿破崙出征前故布疑陣，在巴黎挖壕設防，造成不主動進攻的假象，所以當他率軍來到比利時，英軍統帥威靈頓還在沉溺於酒色之中。而七十二歲的普魯士老元帥布呂歇爾卻及早得到情報，於是普法兩軍展開一場惡戰。如果按拿破崙的計畫，便會將普軍一舉消

法蘭西第一帝國

73

滅，可是由於內伊元帥動作遲緩，將時機延誤了一夜，使拿破崙的計畫沒能實現。雖然普軍大敗而退，布呂歇爾也險些落馬被擒，但卻沒有達到殲滅普軍的目的，使戰局對法軍不利。

決戰滑鐵盧

1815年6月18日，法軍與英荷聯軍在滑鐵盧進行決戰。由於夜裡下了大雨，使法軍無法按時投入戰鬥。為使泥濘的地面稍微乾燥些，以有利於騎兵的進攻，不得不將向英軍開戰的時間推遲三個小時。可是這三個小時使敵人的增援部隊獲得了足夠的時間。

上午十一點半，隨著三聲砲響，滑鐵盧決戰打響。當時英荷聯軍有二十二萬人，拿破崙只有十二萬人。雖然是以寡敵眾，但依然殺成平手。不過由於一些將領沒有完全按照拿破崙的命令行事，使這場戰役打得相當艱苦，險象環

生。到黃昏之際，法軍終於處於優勢，英荷聯軍開始有些招架不住。雖然成功在望，但拿破崙依然心事重重，因為被擊潰的普軍至今不知去向，雖然拿破崙已派出一支人馬追擊普軍，但是結果如何，無法預料。如果經驗老到的布呂歇爾前來增援英荷聯軍，那麼法軍肯定會凶多吉少。

此時，拿破崙已將全部兵力集中於敵方陣地，準備盡快殲滅英荷聯軍。可是不幸的事情還是發生了——布呂歇爾率領的普魯士軍隊殲滅追擊的法軍，突然出現在滑鐵盧戰場。而此時，拿破崙還不知道普魯士軍已殲滅追擊的法軍。當法軍腹背受敵、紛紛潰敗時，拿破崙卻依然堅守在陣地上，等候著援軍的到來。但直到最後，苦苦等待的拿破崙也沒有等到自己的援軍。面對威靈頓發起的全線反擊，法軍招架不住，紛紛敗退。

↑滑鐵盧戰役　威廉作品
該畫面中心人物是聯軍統帥威靈頓公爵，選擇的時間是戰爭勝利之時，威靈頓周圍的人群都在歡呼。左下方躺在擔架上的是荷蘭國王威廉二世，其左肩受傷，由此可見當時戰鬥的激烈。

拿破崙立即把潰散中的老近衛軍組成三個方陣，以便穩住陣腳，組織再戰。但終因寡不敵眾，不得不且戰且退，護衛著拿破崙撤離戰場。其他陣地的法軍也在聯軍的凶猛進攻下，四散逃命。

↑拿破崙一世，油畫
該畫面描繪的是拿破崙失敗歸來時的情景，衣衫不整，臉色陰沉，但堅毅的目光揭示出不甘心失敗的心理。

據統計，在滑鐵盧決戰中，威靈頓軍團死傷一萬五千人，布呂歇爾軍團死傷七千人，而法軍死傷二萬五千人，被俘八千人，並損失幾乎全部的砲兵。這一戰使拿破崙永久地退出歷史舞臺。

英雄末路

1815 年 6 月 21 日，拿破崙收拾殘兵回到巴黎，他此時不想再徵兵反抗。因為滑鐵盧一戰徹底使拿破崙失去信心。此時，他有可能認為厄爾巴島很適合自己。當然，還有一個原因是，飽經戰事的法國此時已無力再戰。

拿破崙一人坐在皇帝的寶座上不禁思緒萬千，曾經的輝煌一幕幕浮現腦海。他從自己的童年一直想到萊比錫會戰及給他致命打擊的滑鐵盧之戰。他甚至想到自己最愛的女人約瑟芬已香消玉殞，想到水性楊花的露易絲現在已成為別人的情婦，還想到自己剛成為義大利方面軍總司令時，讓大家雷厲風行地執行自己的命令，他所率領的軍隊被稱為「義大利的旋風」。如今他身為皇帝，卻在滑鐵盧決戰中無法讓將領們聽從自己。想到這些，他確實是不想再做皇帝。

而此時的議會兩院，也背叛拿破崙。他們宣布拿破崙必須退位才能保證國家的安全與和平。對此，巴黎人民大聲疾呼：「堅決反對皇帝退位，堅決保衛巴黎。」當時街上到處是遊行的隊伍，他們抗議兩院的決定，誓死支持拿破崙皇帝。憤怒的人群在街上把一些衣著華麗的、被他們懷疑是貴族的人打得半死，因為他們拒絕與群眾一起喊「反對皇帝退位！」

這時，拿破崙的弟弟呂西安建議他像霧月政變那樣解散兩院，重新徵兵，準備再戰。共和派卡諾也支持拿破崙發動人民戰爭來應付眼前的危機。可是拿破崙似乎是累了，他於 6 月 22 日再次簽署退位詔書。在詔書中他要求自己的兒子繼承王位，但沒有得到答覆。

拿破崙計畫退位後到美國此餘生，但因英國海軍將水路封鎖，使這一意願無法實現。法國「美杜莎號」軍艦的全體官兵願意拼死效命，衝開英軍封鎖，隨拿破崙同赴美國。但他不想讓部下為自己冒險，而是把自己交給英國，任由其處置。

019.孤島上的雄獅

滑鐵盧一役的失敗，使拿破崙永遠退出歷史舞臺。茫茫南大西洋上的聖赫勒拿島，成為一代英雄的最後歸宿。

流放聖赫勒拿島

1815 年 7 月 15 日，拿破崙身穿他始終喜愛的近衛軍輕騎兵制服，頭戴三角帽，在水手們一片「皇帝萬歲」的高呼中，登上英艦「別列洛風號」。「別列洛風號」立即離開法國的海域，向英國的方向駛去。

7 月 31 日，拿破崙在船上接到英國政府的通知：他不能在英國登陸，要立即轉往聖赫勒拿島，除將軍的身分之外，不承認他有其他的稱號。雖然拿破崙對這一決定表示抗議，拒絕被當作俘虜送往聖赫勒拿島，並堅持自己是一位君主。可是這位末路英雄的抗議沒有起到任何效果。最後，他只有默默接受英國人的安排。他被獲准任選四名軍官與十二名僕人一同前往聖赫勒拿島，他挑選貝特朗、蒙托隆、拉斯加斯三位伯爵以及古爾戈將軍隨行。8 月 7 日，拿破崙從「別列洛風號」轉移到英國巡洋艦「諾森伯倫號」上，開始流放旅程。

8 月 8 日的黎明，英吉利海峽上刮起強勁的海風，「諾森伯倫號」揚起風帆，破浪前進。被囚於船上的拿破崙清醒地認識到：自己從今天起，不會再有任何作為。可是這種飽食終日、無所事事的日子卻讓他難以忍受，他不時抱怨著：「我生來就是為工作的，無所事事是對我最殘酷的刑罰。」

經過六十七天的海上航行，英艦終於接近聖赫勒拿島。島上的堡壘險峻陡峭，巍峨高聳，瞭望塔和城牆插向大海。拿破崙用望遠鏡觀察著這個令人生畏的海島，後悔地說：「這真是個鬼地方。我要是一直留在埃及，現在應該是整個東方的皇帝了。」

聖赫勒拿島是一座十分荒涼的孤島，它的四周是無邊無際的大西洋，離它最近的非洲海岸大約有兩千公里，島上到處是懸崖峭壁和火山岩，就像一座天然監牢。將拿破崙囚禁於這裡，歐洲列強再也不用擔心了。

↑拿破崙在「別列洛風號」軍艦上，洛克‧伊斯特萊克作
拿破崙登上「別列洛風號」軍艦駛向英國，標誌著一個時代的結束。畫家筆下的拿破崙仍目光堅毅，充滿自信，但是否還能回到他熱愛的法國？

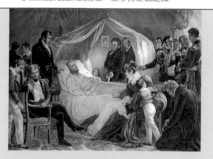

孤島雄魂

為使拿破崙永遠無法逃離聖赫勒拿島，英國人對該島實行了極其森嚴的警戒。他們在拿破崙住所的四周劃出一塊周長約十二英里的地方，作為拿破崙的自由活動區。在此界外，則布置了一連串的哨兵。除非有一名英國軍官陪同，否則，拿破崙不得離開自由活動區。晚上九點以後，拿破崙不得擅離房屋。島上到處設有哨兵，附近的海域有兩艘英國戰艦不斷巡遊。島上的漁船都被編上號碼，每晚在英國海軍的監視下停泊。外國船隻一律不准靠岸，即使是發生海難。值日軍官必須在二十四小時內兩次查明拿破崙的實際所在……。

失去自由的拿破崙在這座島嶼上，不得不忍受著極其痛苦的精神折磨。他不甘心順從英國人強加給他的種種限制，更不願忍受孤獨寂寞、無所事事的囚徒生活，他經常歇斯底里地大叫：「海島陰森恐怖，令人毛骨悚然，我像被關在監獄裡，我要控訴。」他多次向英國政府提出抗議，但英國內閣佯作不知，不予答覆。這位已經習慣於指揮千軍萬馬馳騁疆場的皇帝身陷囹圄，毫無作為，只有在這被人遺忘的海島上默默等死。

為了打發孤寂無聊的時光，他經常和小女孩一起做遊戲，和園丁們一起修剪花木。他大量地讀書並口述自己的傳記。然而，他的才智在衰退，意志在消沉，精神受到壓抑。1820 年末，他的病情加劇，精神越來越差，胃部經常劇烈疼痛。他試圖用體操恢復體力，但沒有效果。

1821 年 5 月 5 日，拿破崙離開了人世。有的傳記上說他彌留之際還想著戰場上的衝鋒，有的說他死前說的最後三個字是「約瑟芬」。關於拿破崙的死亡，歷來眾說紛紜，有人說是死於胃癌，也有人說是由於慢性砒霜中毒。

十九年後，法國七月王朝的路易‧菲力普派軍艦接回拿破崙的遺骨。1840 年 12 月 15 日，拿破崙的靈柩被安放在塞納河畔的榮軍院。

拿破崙的遺囑

【人文歷史百科】

1821 年 4 月，拿破崙開始口述他的遺囑。儘管病痛在不斷地折磨著他，他還是對遺囑字斟句酌，反覆推敲。他在遺囑中寫道：「五十多年前，我生於羅馬教會的懷抱，死也屬於這個教會。我希望將我的遺體安葬在塞納河畔，在我如此熱愛的法蘭西人民中間安息……。」拿破崙在遺囑中還將他的二億法郎財產分成兩半，一半留給從 1792 年到 1815 年間在他旗幟下戰鬥過的軍官，另一半則捐給 1814 年和 1815 年遭受入侵的法國各省市。

020.維也納會議

拿破崙被囚禁在聖赫勒拿島，歐洲的封建君主們真正放心。維也納會議上，群魔亂舞，出演了一幕幕分贓的醜劇。

四強國明爭暗鬥

第六次反法聯盟打敗法國後，根據《巴黎和約》的規定，十多年來所有參加反法聯盟的戰勝國與戰敗國均應到維也納參加國際會議，共同商討戰後事宜。被邀請的代表共計二百一十六人，此外還有一些非正式的代表。不過代表雖多，決策者卻只有英、俄、普、奧四個強國。

按規定，各國代表應當於 1814 年 10 月 1 日到維也納開會。可是英、俄、普、奧四國代表卻早早抵達倫敦，準備將一切在幕後先商定下來，再到維也納會議上強加給各國。可是這四個國家對戰後分贓貪求過高，結果互相爭得面紅耳赤，劍拔弩張。俄國將六十萬大軍陳兵邊界，恃強逞暴，欲占有全部波蘭；普魯士則要出兵強占薩克森；奧地利則

【人文歷史百科】

《最後總決議》

《最後總決議》的主要內容是：一、恢復歐洲許多國家的封建王朝統治。連羅馬教皇也恢復「自己的統治」。二、波蘭被俄、普、奧第四次瓜分，俄國得到其中的大部分。英國則控制通往東方的戰略要地，確立了它的世界殖民地霸權地位。三、建立德意志邦聯，由奧地利主持邦聯會議。四、把法國限定在 1790 年的疆界內。為防止法國再起，在其周圍重新組建了一些新國家。同時確定瑞士為永久中立國，作為法、奧、德、意諸國的緩衝地帶。五、維持義大利的分裂局面，並把它的大部分土地置於奧地利的主宰之下。

不想讓俄、普兩國過於強大，並一心想重新成為「神聖羅馬帝國」的主宰；英國則想均衡俄、普、奧三國勢力，防止哪一家太過強盛，足以與英國抗衡。結果四國代表在倫敦不歡而散。

到了維也納，四國代表仍然是明爭暗鬥，互不相讓。奧地利的代表梅特涅為了重新成為「神聖羅馬帝國」的主宰，他利用會議主席的身分穿梭於各大國代表之間，力圖造成對奧地利的有利局面。他連續舉行豪華的舞會、宴會、招待會和慶祝會，讓那些王公貴族們觥籌交錯、酒酣耳熱之際達成一致。

弱國也有外交

作為戰敗國的法國，在這次會議中則處於任人宰割的地位。不過外交大臣

↑ 拿破崙翻越大聖維也納舞會，油畫

1814 年維也納會議的本質是戰勝國重新整頓歐洲秩序，但威靈頓等各股代表們花天酒地，更多的因素是慶祝勝利。

塔列朗卻用睿智老辣的外交手段，扭轉這種局面。這位塔列朗曾經效忠於舊王朝，大革命後，他始終活躍於政界，其所作的效忠宣誓便有十三次，被稱為「連親爹也能出賣的人」，可是他的格言卻是「王朝流逝，法蘭西永存」。

1814年9月23日，塔列朗來到維也納。他那美豔動人的侄媳多蘿泰便是法國使團的女主人，其目的便是要從事「夫人外交」。當然，稱作「美人外交」也許更合適。另外，還有一名手藝高超的廚師。塔列朗拄著拐杖在維也納四處走訪，日日宴請賓客。法國的美酒與佳餚令各國代表大飽口福，大快朵頤；雍容華貴、儀態萬方的多蘿泰在席間施展動人的魅力，更使一些代表對法國的敵意冰消瓦解。塔列朗於是提出自己的觀點：此次會議的目的應當是恢復法國的波旁王朝統治，而不是同盟國瓜分戰敗的法國。

塔列朗用美酒、美味、美色與滿口的「神聖」、「正統主義」與國際「公法」，使自己成為這次會議的核心人物。由於塔列朗的「攪局」，原來的「四國密謀」變成了「五國密謀」。由於塔列朗已躋身於決策者之中，便不再提議召開國際會議了。其他幾十個小國代表整日無所事事，只得在無休無止的宴會、舞會及觀看演出等活動中尋歡作樂，消磨時光。一時，地位顯赫者笑擁情婦，地位低微者在風月場中尋花問柳。民間紛紛譏諷說：「維也納會議在跳舞。」

由於英、法、俄、普、奧五國代表爾虞我詐，出而反爾，不信不義，使維也納會議成為歷史上時間最長的國際會議——歷時八個多月，並且從來沒開過一次全體大會，甚至連開幕式與閉幕式也沒有，因而被稱為「老太婆會議」。只是由於拿破崙這時重返法國建立「百日王朝」，與會者才匆忙於1815年6月9日簽署了維也納會議的《最後總決議》。

維也納會議之後，為確保封建秩序的穩定，1815年9月，俄、奧、普三國又在巴黎成立「神聖同盟」。不久，英、奧、普、俄又成立「四國同盟」。後來，歐洲幾乎所有的君主國都相繼加入。不過，僅幾個大國是無法阻礙歷史洪流的，產業革命的興起使資本主義最終將封建秩序衝擊得煙消雲散。

法蘭西第一帝國

79

↑維也納會議，版畫
維也納會議的代表為重新瓜分歐洲，每天唇槍舌劍，爭論不休。

021.殖民統治下的拉丁美洲

十八世紀的西班牙和葡萄牙都是歐洲的封建專制國家，它們對拉丁美洲實行了極端殘酷、落後的封建主義統治。

被監護的拉丁美洲人民

印第安人本來是美洲的主人，他們在那裡創造燦爛輝煌的馬雅文化、阿茲特克文化和印加文化。可是當西班牙人與葡萄牙人發現這塊大陸後，這些殖民者用長矛、火槍與十字架對這裡進行血腥的征服，使印第安人失去主人的地位，淪為會說話的生產工具。三百年的殖民統治，使這裡被印上一個血淚斑斑的名字——拉丁美洲。

人們一般將美國以南的美洲地區稱為拉丁美洲，因為這裡以西班牙語和葡萄牙語為官方語言，而這兩種語言又都是從拉丁語演變而來的。但事實上，這裡的母語卻是四、五萬年前即已存在的印第安語。

「新大陸」的發現，使拉丁美洲絕大部分地區都相繼淪為西班牙和葡萄牙的

【人文歷史百科】

西班牙和葡萄牙在拉丁美洲的殖民地

西班牙、葡萄牙在殖民地設立龐大的殖民統治機構。西班牙設立四個總督區：新西班牙區：包括今墨西哥、中美洲和西印度群島；秘魯區：包括今秘魯和智利；新格拉納達區：包括今哥倫比亞、巴拿馬、委內瑞拉和厄瓜多爾；拉普拉塔區：包括今阿根廷、玻利維亞、巴拉圭和烏拉圭。葡萄牙最初在它的殖民地巴西設立十三個都督府，後來又把它們合併成一個總督區。總督和督軍由宗主國政府直接任命，殖民地的法令由他們負責制定。

殖民地。在整個中南美洲，除葡萄牙侵占巴西外，其餘的幾乎全被西班牙所占。英國人、法國人和荷蘭人也接踵而至，占領圭亞那、伯利茲和加勒比海的一些島嶼。

殖民者侵入拉丁美洲以後，便以「監護人」的身分自居，並以此名義霸占大片印第安人的土地，建立享有各種特權的大莊園。大莊園主在所謂「保護」印第安人的幌子下，對印第安人進行殘酷的剝削和奴役。被「保護」的印第安人為使用小塊份地，被迫在大地主的莊園上從事勞役和負擔沉重的地租，他們實際上就是農奴。在十七世紀末「監護制」廢除後，許多印第安人又陷入「勞力償債制」的泥沼。莊園主對待這些雇農特別苛刻，他們往往利用預付工資或強迫他們在其商店賒購物品的辦法，使

↑ 西班牙殖民者對墨西哥的掠奪，十六世紀，安克萊克作
西班牙殖民者科爾特斯征服阿茲特克人後，教士、流浪漢接踵而至，對墨西哥進行了瘋狂的掠奪。遠處的勞動者是一些黑奴。

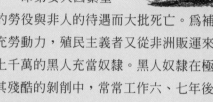

這些印第安人永遠無法清償債款，世世代代成為他們的債務奴隸。

印第安人因繁重的勞役與非人的待遇而大批死亡。為補充勞動力，殖民主義者又從非洲販運來上千萬的黑人充當奴隸。黑人奴隸在極其殘酷的剝削中，常常工作六、七年後就被折磨而死。

貪婪的殖民者

早期登上美洲大陸的航海者帶回一個神話故事：那裡遍地是金銀與寶石。於是大批後繼者為成為這個神話的主人公來到了這片土地，然而他們卻沒有見到傳說中的景致。對金錢的強烈貪欲，使他們用強迫與壓榨的方式從這裡得到自己的所需。

西班牙人與葡萄牙人在這裡建起了以大莊園經濟為主的種植園。種植園主要種植甘蔗、棉花、煙草、可可等出口經濟作物。種植園主不僅占有大片土地，而且占有土地上的全部勞動者。印第安人與販運過來的黑人，在這裡用短暫的生命為莊園主換來大量的財富。

殖民者在這裡還大肆掠奪貴重金屬。他們到處尋找金銀產地，每發現一處金銀礦藏便立即宣布為王室的私產並租給私人礦商開採。開發礦藏的勞動力主要是印第安人和黑人奴隸。這種採礦勞動異常艱辛，被征者很少生返，所以每當被征派的人離開自己的村莊時，親人都悲哀地預先為他們舉行葬禮。

宗主國還採取各種措施阻撓殖民地經濟的發展。農業方面，西班牙不准美洲殖民地種植葡萄、橄欖、亞麻等，以便保證宗主國的葡萄酒、橄欖油、亞麻布能在殖民地高價出售。工業方面，禁止殖民地開採和加工鐵礦石，禁止生產宗主國能夠輸出的產品。他們用賤價收購殖民地的原料，同時又強迫殖民地人民從宗主國商人手中購買價格昂貴的歐洲商品。

天主教會是殖民者控制、奴役印第安人的精神武器。教堂遍布各地，各個教派的傳教士強迫印第安人改信天主教，麻痺他們的鬥爭意志。教會設立宗教裁判所，鎮壓異端。教會還是殖民地最大的封建剝削者，它擁有殖民地全部土地的三分之一，並徵收什一稅。

↑巴西奴隸的命運，十九世紀
巴西是葡萄牙在拉丁美洲的殖民地，大批的印第安人和黑人在殖民者的種植園裡勞動，生命沒有保障。畫面中顯示的是奴隸主鞭打被捆綁的黑人的情景。

拉丁美洲的獨立戰爭

81

殖民地的經濟發展

十八世紀末十九世紀初，拉丁美洲的經濟有一定的發展。一些大城市出現了許多手工作坊，生產著各式各樣的鐵器、紡織品、家具、皮革、火藥和玻璃等等。殖民地生產的染料、蔗糖、棉花、獸皮和煙草開始在歐洲各地暢銷。巴拿馬和布宜諾斯艾利斯等地的造船業也發展起來。就連經濟發展比較緩慢的巴西，也建立紡織、造船等一系列的手工工廠。

隨著經濟的發展，人們要求擺脫宗主國經濟掠奪的願望越來越強烈。殖民地人民提出自由貿易的口號，強烈要求在經濟上徹底擺脫宗主國的束縛。在一些資產階級的帶動下，人民的呼聲越來越高，使宗主國被迫放寬一些貿易上的限制，實行某些改革，如西班牙在1774年下令准許各殖民地相互貿易，1778年又允許殖民地與宗主國間自由貿易等

【人文歷史百科】

歐洲資產階級革命對拉丁美洲人民的影響

十八世紀下半期，殖民地出現一批革命的知識分子，他們大都在法國或歐洲其他國家受過教育，熟悉啓蒙思想家的學說和著作，熟悉美國獨立和法國革命的歷史。隨著啓蒙思想的傳播，殖民地人民的民主意識日益增長。法國大革命爆發後，西班牙、葡萄牙不斷衰落，為拉丁美洲的獨立運動提供有利條件，美國獨立更是極大地鼓舞拉丁美洲人民。在這種形勢下，拉丁美洲的獨立運動可以說是一觸即發。

等。為使殖民地經濟生活進一步活躍起來，各地出現新的經濟中心，如布宜諾斯艾利斯、加拉加斯等。商人人數激增，布宜諾斯艾利斯從1738年的七十五人增至1778年的六百三十五人，許多商人的資本在二三十年內增加了十倍乃至五十倍。商業資本的發展對殖民地封建經濟起到瓦解的作用。

同時，農產品出口的增加，刺激大陸沿海地區和加勒比海地區種植園經濟的發展。十八世紀末出現「可可熱」，僅委內瑞拉的加拉加斯省就有一千四百四十四個可可種植園，每年出口可可八百零七萬公斤。

廉價的勞動力與豐富的資源，使資產階級迅速興起。而資本家們則迫切需要保護資產階級利益的政策。

↑巴西甘蔗種植園
葡萄牙殖民者在巴西建立了許多大種植園，每個種植園裡都有成百上千個奴隸為他們工作。

這樣，使仍然處於封建專制的拉丁美洲必然會出現新的政治運動。而擺脫宗主國、實現經濟自由的呼聲，不過是推動殖民地人民走上獨立運動的序曲。

森嚴的種族階級

在西屬殖民地中，人口總共有一千六百萬。其中大部分是屬於最下階層的印第安人與黑人。社會底層的人們窮困潦倒，備受壓迫，生不如死；社會上層則高高在上，作威作福，殘暴專橫。這些，使社會階級矛盾激化，增強平民的反抗意識。

西屬殖民地的社會最上層約有三十萬人，他們是來自西班牙的大官吏、高級僧侶、大商人和大地主等。由於西班牙位於歐洲西南部的庇里牛斯半島上，所以他們也稱為「半島人」。「半島人」霸占著殖民地的行政、軍隊、法庭和教會的高級職位，他們是殖民地的統治者、壓迫者。

其次是約三百萬土生白人，這些人是早期西班牙移民的後裔，掌握著殖民地大部分土地。然而，他們卻沒有政治地位，被排除於行政機構、軍隊和教會的高級職務之外。

占殖民地人口半數的印第安人和黑人是殖民地社會的最低層。印第安人絕大多數為佃農和債奴，黑人一般是種植園的奴隸。他們遭受民族壓迫、階級壓迫和種族壓迫最重、最深。這些人由於不堪忍受殘暴的殖民統治，不斷掀起激烈的反抗鬥爭。

葡屬殖民地巴西的社會結構與西屬殖民地相似，不同的是巴西三百萬人口中黑人奴隸要占一半，是反對殖民統治的主要力量。

印第安人、黑人、混血種人雖和土生白人之間由於政治、經濟地位不同，存在著階級的、種族的矛盾，但他們又都在不同程度上共同遭受民族壓迫，有著迅速擺脫殖民統治、爭取民族獨立的共同願望，正是在這個基礎上殖民地人民能夠聯合起來，把矛頭指向主要的敵人，即西班牙、葡萄牙殖民統治者，掀起爭取民族解放的獨立戰爭。

↑對黑人奴隸的懲罰
黑人奴隸是殖民地所有種族中地位最低下的。畫面中為奴隸主服務的黑人正鞭笞他的同胞，還有兩個也將要被懲罰，圍觀的是不同身分的人們。

奴隸的雄心壯志

他本是黑人貴族子弟，但由於家父被當作黑奴販運至拉丁美洲，使他出生時已無法抹掉黑奴的身分。黝黑的肌膚使他成為社會的最下層，高高的額頭下蘊藏著無窮智慧，使他從奴隸到將軍，最終成為海地的第一任總統。他驍勇善戰，用兵如神，百戰百勝，以至與他交戰的法國拉奧將軍也稱其為「隨處可打開局面的人」，於是「打開」一詞便成了他的姓氏——盧維杜爾。不負眾望的他果然在拉丁美洲「打開」新局面——建立拉丁美洲第一個獨立國家——海地。

杜桑・盧維杜爾原名弗朗索瓦・多明尼克，這位民族英雄於 1743 年 5 月 20 日誕生在海地布雷達一個黑人奴隸家庭。父親原是阿拉達一位首領，從非洲來到布雷達後，由於懂得一些醫術，不久便博得奴隸主管家的信任。這使杜桑的家庭地位要優越於一般奴隸家庭，使小杜桑從小有條件接受教育。他還從父親那裡學到用草藥治病的學問，使他在黑奴中間享有很高的威望。長大後，他被奴隸主提拔為田間奴隸羨慕的馬車夫和牲畜總管理人。

杜桑雖然是一名黑奴，但是他自幼勤奮好學，心中懷有遠大的理想。他以頑強的毅力，將法語學得精熟，又進而學習拉丁語，隨後便如飢似渴地詳讀法國啟蒙大師伏爾泰、狄德羅等人的著作。他還學習古代軍事家的戰略戰術，使他成為一個具有民主思想和軍事知識的奴隸。

一次，杜桑與好朋友比阿蘇去海地角，在那裡目睹一個奴隸被處以火刑的慘景，這使他認識到，所有的黑人奴隸都是受苦人，都是兄弟。應該廢除吃人的奴隸制度，解放所有的黑人奴隸。當時杜桑只有十五歲，但是他已立下要拯救黑人於水深火熱的決心。

游擊戰爭的領導者

1791 年 8 月 22 日，海地角北部的諾埃種植園爆發黑人奴隸起義。眾多黑人在布克曼的領導下，手持砍刀、斧頭，高喊著：「要自由！」「寧死不做奴隸！」

↑ 奴隸的反抗，版畫

該畫面顯示的是 1804 年，發生在海地聖多明哥的奴隸反抗事件。白人奴隸主的殘酷壓迫，自然激起黑人奴隸的反抗。

到處捕殺奴隸主，燒毀種植園，向海地角進軍。法國侵略軍殘酷地鎮壓起義者，殺害布克曼。弗朗索瓦和比阿蘇繼任為起義軍的領導人，領導人民繼續戰鬥。

比阿蘇勸杜桑聯絡眾人起義，加入義軍。杜桑也早有此意，於是他在布雷達種植園及附近各地聯絡眾人，於10月間一把火燒掉布雷達種植園，帶領一千名奴隸投奔義軍。初時他投入弗朗索瓦部，只被委為軍醫，大志難展，便又轉投到比阿蘇帳前。此時，杜桑年已四十八歲。他既有學識，又通筆墨，文武兼修，在黑人奴隸中是不可多得的人才。比阿蘇慧眼識人，命他做身邊祕書，參與義軍的重大決策。

杜桑精通戰術，認為裝備較差的起義軍不應同武裝精良的敵人進行陣地戰，只能採用游擊戰術。並且認為毀壞莊稼和燒毀種植園，破壞起義軍的糧食供應，對起義軍非常不利。比阿蘇後來命杜桑率領六百義軍單獨與敵交戰。他如魚得水，將這支人馬調教得智勇兼備、戰無不勝。他的人馬日漸增多，經過一年的游擊戰，竟將海地北部之領土光復許多，令法軍驚駭

↑戰場上的杜桑‧盧維杜爾
杜桑‧盧維杜爾是一個博學的黑人，也是最先覺醒的黑人。他英勇善戰，首先在拉丁美洲點燃了獨立之火。

不已，就連法軍統帥拉奧將軍也不禁讚歎：「杜桑這人，就好似隨處俱可將局面打開。」這句話傳出去，使義軍之中也無人不曉。那「打開」一詞，依法語念作「盧維杜爾」。義軍兵士便據此將杜桑稱為「杜桑‧盧維杜爾」。

1793年，法國路易十六被革命者送上斷頭臺，西班牙波旁王朝藉故參加第一次反法聯盟。由於法屬的海地殖民地原屬於西班牙，所以在這次戰爭中西班牙便想要收復失地。西班牙以「恢復黑人的自由」為誘餌拉攏杜桑加入反法聯盟，杜桑為民族的利益應約參加反法戰爭。

「黑色拿破崙」

杜桑是位有才能的軍事領袖，他指揮有方，攻克許多被法國殖民者占領的城鎮。但西班牙人卻沒有解放那裡的奴隸，英國人也在占領的城鎮中又恢復奴隸制度。這使杜桑清楚地看到與西班牙人站在一起不會實現解放奴隸的目的。

1794年5月，法國雅各賓派政府批准解放海地所有黑人奴隸的法令。

↑黑人雕像
該雕像位於海地首都聖多明哥，刻畫的是一個追求自由的黑奴形象，記載了海地獨立的光榮歷史。

杜桑寫信給他的宿敵法國拉奧將軍，表示他願與法國人站在一起。拉奧對他表示歡迎，並授予他為中將。於是拉奧與杜桑一起將西班牙及英軍趕出海地。法國為表彰兩位的功績，將拉奧任命為海地總督，杜桑為副總督。

熱月政變後，杜桑巧妙地將拉奧選為法國五百院的代表。第二年，又斥責特派員委託納克署理經濟事體不善，命他返回法國。自此，軍政大權便完全掌握在杜桑手中。

霧月政變後，法國第一執政拿破崙派遣埃杜維爾將軍去海地遏制杜桑，並想方設法用高官厚祿誘騙杜桑到法國去，以使海地義軍群龍無首。杜桑看穿

↑杜桑‧盧維杜爾，吉恩‧皮埃爾作品
當時的海地是法國的殖民地，身穿法國軍服的杜桑‧盧維杜爾被稱為「黑色拿破崙」。

法國的計謀，拒絕埃杜維爾的請求。

此時，英西聯軍已全部被趕出海地，法國也無法干預海地的內政，實際上海地已經實現獨立。而杜桑雖然沒有正式上任，實際上已是民眾公認的國家元首。一些海地的土生白人與混血人見一個黑人執掌國家大權，心中很不服氣。於是，在 1799 年謀反作亂。杜桑率黑人義軍起兵征剿，到 1801 年，徹底平定叛亂，消除內患。此時全島實現統一，海地宣告獨立。同年 7 月 7 日，議會通過憲法，宣布解放全部黑人奴隸，選舉杜桑為終身總統。

杜桑雖然年近半百，但仍然過著普通士兵的艱苦生活，與士兵同吃、同住、同戰鬥，杜桑參加過二百多次戰鬥，負傷二十多次。他深受士兵們的愛戴和尊敬，士兵們不僅把他當作自己的統帥，還把他當作患難與共的朋友。因此，他被後人稱作「黑色拿破崙」。

【人文歷史百科】

拉丁美洲的黑人

西班牙殖民者為補充勞動力，又從非洲輸入黑人供他們驅使。三百多年間，被販運來的黑人奴隸，最低限度也有一千萬人。黑人作為奴隸，到處遭到殘酷的剝削和虐待，如在基多，規定黑人奴隸第一次逃跑時抽打一百鞭，第二次逃跑時切斷右腳的兩個腳趾，第三次逃跑時則處死刑。

↑杜桑‧盧維杜爾宣布海地獨立，油畫
在杜桑‧盧維杜爾領導下，海地是拉丁美洲第一個獨立的國家。

海地的獨立

　　拿破崙絕不會容忍海地脫離法國而獨立。1801年末到1802年初，拿破崙派他的妹夫黎克勒將軍率領五十四艘戰艦、近三萬人的龐大遠征軍，橫渡大西洋去海地鎮壓革命。

　　杜桑早已預料到拿破崙會干預海地的獨立。他動員人民積極行動，為保衛海地的獨立而戰鬥：「朋友們！……整個法國都開到我們島上進行報復，要使我們重新淪為奴隸。……讓我們用行動證明，我們是應該得到自由的。」

　　杜桑面對強大的法國軍隊，採用堅壁清野與游擊戰術。他們給敵人留下一片沒有糧食、沒有房屋、無法駐防的廢墟，然後再出其不意、攻其不備地與法軍作戰。結果使法軍如同被蚊子困擾的獅子一樣，只能被動地挨打。僅第一個月法軍就損失五千人，另有八千名傷員和黃熱病患者住進醫院裡。

　　黎克勒已無力用武力征服海地，便採取「談判」的陰謀。他派一名將軍假意邀請杜桑談判「和平條件」。杜桑失去已往的警惕性，1802年6月7日，只在他的養子普拉西德和一位戰地副官陪同下來到談判地點，結果被法國軍隊逮捕。1802年6月15日，杜桑被押上「英雄號」送往法國，監禁在靠近瑞士汝拉省的一所監獄裡。年屆花甲的杜桑經七次嚴刑審問之後，便於1803年4月6日慘死在牢獄中。

　　杜桑遭擒兩個月後，混血人首領佩迪翁率先在海地起義。已就任義軍總司令的德薩林，亦率部與法軍展開血戰。杜桑被捕前便已降順法軍的義軍將領克里斯托夫，此時也再舉義旗。11月2日，黎克勒因身染黃熱病身亡，使軍心益發慌亂。拿破崙被迫放棄海地殖民地。1803年10月，八千名法國殘兵敗將撤離海地。

　　1803年11月，海地通過《獨立宣言》。1804年1月1日，海地正式宣告獨立。

海地的《獨立宣言》

【人文歷史百科】

拿破崙無法再控制海地，他只能徒然地大罵：「該死的糖！該死的咖啡！該死的殖民地！」1803年11月，德薩林在所簽署的《獨立宣言》寫道：「海地宣告獨立了！我們已恢復原有之尊嚴，護衛我們的權利。我們發誓，永不將這權利委棄於任何強國！」1804年9月，德薩林又改制稱帝，自封為加克奎斯一世。

海地是拉丁美洲第一個獨立的國家，它拉開整個拉丁美洲獨立運動的序幕，具有深遠的意義。

拉丁美洲的獨立戰爭

024.獨立先驅米蘭達

為了贏得獨立，出生於委內瑞拉的法蘭西斯科‧德‧米蘭達遊遍歐洲，並參加法國大革命。其傳奇的一生，世代在拉丁美洲人民之間傳頌。

探尋獨立之路

西屬拉丁美洲的獨立戰爭爆發後，很快就形成三個中心地區，即：以委內瑞拉為中心的南美洲北部地方；以拉普拉他為中心的南美洲南部地區；以墨西哥為中心的北美洲和中美洲地區。這三個地區的傑出領袖分別為米蘭達與波立華、聖馬丁、伊達爾哥。其中，米蘭達被稱為拉丁美洲獨立運動的「先驅者」，因為他打響了南美大陸獨立運動的第一槍。

1750年3月28日，法蘭西斯科‧德‧米蘭達出生在加拉加斯一個土生白人富商家庭。他幼年受到良好的教育，十四歲便來到加拉加斯大學就學，二十一歲離開家鄉，到西班牙的首都馬德里獲得了貴族封號，並且用重金買到上尉軍銜，年僅二十二歲便成為西班牙王家

←米蘭達雕像
米蘭達作為獨立的先驅，深受拉丁美洲人民的愛戴。該雕像位於委內瑞拉首都加拉加斯城內。

軍隊的軍官。1780年，隨西班牙軍隊開赴古巴哈瓦那港，去支援美國的獨立戰爭。由於米蘭達精通英語，被任命為古巴總督的副官。在美國佛羅里達州彭薩科拉和英屬巴哈馬群島的戰役中，米蘭達表現出色，初露鋒芒。然而他並沒有因此而步步高升，1783年他因遭受誣陷被迫逃亡美國。

在美國，米蘭達開始閱讀法國啟蒙思想家的各種著作。而美國獨立戰爭的勝利與法國大革命的成功，更是使米蘭達萌發出爭取拉丁美洲獨立的思想。他在美國訪問華盛頓等革命領袖和政治活動家，尋求拉丁美洲獨立事業的支持者。1784年，他來到歐洲，用四年時間考察英、法、俄等國家。1790年，米蘭達向英國首相威廉‧庇特求助，希望英國能夠幫助他完成拉丁美洲獨立的大業，可是沒有得到援助。他於是又到法

法國大革命的功臣

米蘭達來到法國時，法國正與第一次反法同盟開戰，由於當時法國正需要有作戰經驗的指揮官，米蘭達的朋友把他推薦給法國政府。米蘭達提出的條件是要求法國支持拉丁美洲的解放鬥爭。法國政府表示贊同，米蘭達於是參加法國革命軍，擔任北方軍一個師的指揮官。在總指揮杜穆里埃統率下，米蘭達領導的軍隊打贏許多勝仗。至今，米蘭達的名字依然刻在巴黎凱旋門上。

國求援，並因此參加法國革命軍，成爲抗擊第一次反法聯盟的一名指揮官。

從 1799 年至 1805 年，住在倫敦的米蘭達與拉丁美洲的革命者建立起廣泛、密切的聯繫，他們稱譽米蘭達是西屬美洲自由的啓蒙者和捍衛者，南美各省和城市的全權代表。

爲自由而犧牲

1806 年 2 月，在美國的幫助下，米蘭達率領兩百名志願兵攜帶武器和彈藥，乘「里安德號」戰船自紐約向委內瑞拉進發。可是由於駐守委內瑞拉的西班牙軍隊早有防範，米蘭達這一次登陸失敗。不久，他又組織了第二次進攻，結果初戰告捷，並一度占領了科羅。可是，最終還是被西班牙軍隊鎮壓，他也不得不逃往倫敦。

雖然米蘭達這兩次軍事行動以失敗告終，但卻打響拉丁美洲獨立運動的槍聲。翌年，正在歐洲留學的波立華回到委內瑞拉，領導愛國組織「愛國社」，積極籌畫祖國的獨立運動。1808 年，拿破崙侵犯西班牙，宗主國的動盪更是推進委內瑞拉的革命運動。1810 年 4 月 19 日，委內瑞拉的愛國者在加拉加斯發動起義，推翻西班牙總督的統治，建立最高執政委員會。米蘭達在倫敦聽到這一消息，非常激動。10 月，他起草一份西班牙美洲政府規劃草案送給加拉加斯市政會，建議在拉丁美洲組建聯邦政府。接著，與最高執政委員會不和的波立華以「愛國社」的名義到英國尋求援助，正好與米蘭達相遇，兩人一見如故，相見恨晚。於是在 12 月，兩位獨立運動領導人一起返回祖國，在愛國志士中極受崇敬。

1811 年 3 月召開委內瑞拉國民議會，但卻並未與西班牙切斷臣屬關係。7 月 5 日，波立華率眾包圍議會，逼令代表們投票「贊成」獨立，成爲西屬殖民地第一個宣布獨立的國家，史稱委內瑞拉第一共和國。

可是，土生白人在獲得領導權後，便矜持驕傲起來，從而失去民心。而且政府內部也是各懷私利，分歧較多。1812 年，西班牙殖民者趁加拉加斯發生大地震之季攻占該城，委內瑞拉第一共和國被絞殺。米蘭達被俘，1816 年 7 月 14 日犧牲於西班牙拉卡拉卡監獄。從 1813 年起，繼續領導獨立運動的是波立華。

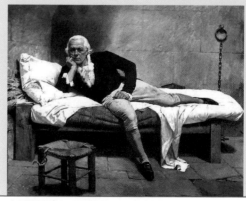

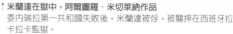

↑米蘭達在獄中，阿爾圖羅‧米切萊納作品
委內瑞拉第一共和國失敗後，米蘭達被俘，被關押在西班牙拉卡拉卡監獄。

波立華的誓言

委內瑞拉第一共和國滅亡後，波立華挺身而出，肩負起領導委內瑞拉和南美革命的重任。十幾年間，他身騎駿馬、手持利劍，帶領愛國軍與西班牙殖民軍進行千百次浴血戰鬥，在民族解放運動史上寫下光輝的篇章。

波立華出生於 1783 年 7 月 24 日，風景秀麗、景色迷人的委內瑞拉是他的祖國，委內瑞拉的首都加拉加斯便是生他養他的故鄉。其父母是土生白人，在加拉加斯擁有大片的種植園，富甲一方。波立華雖然三歲喪父，九歲喪母，但因家財甚豐，所以從小受到良好教

育。他的外祖父與舅舅作爲他的監護人，很早便給波立華請家庭教師。家庭教師名叫西蒙・羅德里格斯，是一位剛從歐洲學習歸國的年輕人，他向波立華灌輸許多法國啓蒙大師的思想。

十六歲時，波立華至西班牙留學。他的貴族親戚常帶他進王宮赴宴、跳舞，由此結識了王子費爾南多。波立華並不以躋身王宮爲榮。一次，他與王子踢球時，不愼將王子的王冠碰落，王子氣憤地讓他賠罪。而他卻昂首挺胸，伸出拳頭說：「如果我哪天不高興，非得讓你嚐嚐鐵拳的滋味。」說罷揚長而去。

波立華十九歲時，在馬德里巧遇一同鄉貴族女孩，情竇初開的他很快與之結爲伉儷，並一同返回故里。哪知他那嬌小嫵媚的妻子竟染上黃熱病，於次年故去。悲痛欲絕的他立誓從此終生不娶，並開始遊歷歐洲之行。

1804 年 12 月，波立華在法國有幸目睹拿破崙的加冕典禮，從而萌發對榮譽的渴望。第二年，他在義大利遇到自己的老師羅德里格斯，他的老師勸他擔負起拉丁美洲獨立的重擔，波立華毅然接受請求。於是在羅馬近郊的薩克羅山上，波立華許下砸碎殖民枷鎖的錚錚誓言：「我以人格和生命宣誓，在沒有解

↑波立華肖像，委內瑞拉油畫
波立華解放了委內瑞拉、厄瓜多爾、玻利維亞、秘魯等國，因此被稱為「南美的解放者」。

放拉丁美洲之前，我的手將不倦地打擊敵人，我的心將不會安寧。」

委內瑞拉的獨立

1807年，波立華回到故里後，積極參加加拉加斯各種集會和社交活動，並聯絡同道，聚於家中密謀，眾人常戲稱波立華宅邸便是委內瑞拉人的「國會」。一次，在總督府舉行的晚宴上，波立華激動地站起來祝酒：「為南美洲的獨立乾杯！」人們都驚呆了。殖民當局考慮到他是名門富家子弟，所以只是把他「流放」到郊區他的別墅裡。

1810年，加拉加斯民眾起事，建起執政委員會。只因其中多有守舊之人，腐敗無能，波立華等便以自己的「愛國社」與之抗爭。1811年，他與米蘭達聯合起來，宣告委內瑞拉的獨立。

1812年委內瑞拉第一共和國夭折

↑ 西班牙國王費爾南多七世，哥雅作品
1808年，拿破崙囚禁西班牙國王卡洛斯四世及其子費爾南多七世。1814年拿破崙失敗後，費爾南多七世繼承王位，出兵鎮壓拉丁美洲獨立運動。

後，波立華僥倖逃到新格拉納達（今哥倫比亞）。他很快在那裡組織一支愛國軍，解放哥倫比亞大部分地區。接著，他率軍回到委內瑞拉，所到之處勢如破竹。1813年8月7日，波立華進入加拉加斯，恢復委內瑞拉共和國（即第二共和國）。共和國任命他為最高軍事統帥，並授予他「解放者」的稱號。

然而，拿破崙的失敗使波旁王朝開始復辟，西班牙國王費爾南多七世於1814年7月率軍進入加拉加斯，第二共和國被扼殺。1815年春，流亡牙買加的波立華因操勞過度已早生白髮，但他仍然沒有放棄自己的理想。5月，他發表著名的《牙買加來信》，號召拉丁美洲人民團結一致，共同與西班牙殖民者作鬥爭。

1816年，海地官府贈他七條戰船及可供五千人使用的槍械。波立華率領兩百五十人在加拉加斯附近登陸，兵敗收場。

1817年元旦，波立華率領遠征軍又回到委內瑞拉。他總結前次教訓，不再攻打沿海城市和加拉加斯，而是避開西

↑ 亞卡戰役，油畫，委內瑞拉國家博物館藏
1819年8月7日，波立華率軍在博亞卡打敗西班牙殖民軍。圖中描繪的是殖民軍首領向波立華下跪乞降。

班牙侵略軍的主力，先占領村莊。於是，波立華很快占領安哥斯圖拉，於1818年10月建立委內瑞拉（第三）共和國，他本人被當選爲共和國總統。

大哥倫比亞共和國

波立華雖然第三次恢復委內瑞拉共和國，並成爲總統，但這並沒有實現他的理想。他的理想是：要將整個南美（西屬）從殖民統治下解救出來。於是經過休整之後，1819年5月，他率領兩千多人向新格林伍德進軍。

這次遠征是艱苦卓絕的，波立華率軍跋涉了數千公里，並在隆冬時節開始翻越安地斯山。飢餓和疲勞，天寒地凍與山勢險峻，使部隊大量減員。有些士兵只習慣於在平原上縱橫馳騁，在這空氣稀薄的崇山峻嶺中，不少人因眩暈而墜入萬丈深淵。在那條只能容納一個人通過的羊腸小徑上，壯士們的鮮血染紅了征途。翻過安地斯山後，他們進入了哥倫比亞。

8月7日，博亞卡的激戰使西班牙

人潰不成軍，主力部隊全被殲滅。8月10日波哥大被解放。1819年12月17日，波立華解散委內瑞拉共和國議會，成立委內瑞拉、新格拉納達、厄瓜多爾聯合的大哥倫比亞共和國，波立華被選爲總統，基本上實現《牙買加的來信》中的計畫。

由於此時還有很多地方沒有解放，所以波立華繼續率軍打擊西班牙殖民軍。可喜的是，1820年初西班牙國內掀起革命運動，使波旁王朝無力應付拉丁美洲的獨立運動。波立華便派人從美國購回大批槍支彈藥，增強革命軍的戰鬥力。1821年6月，他率六千餘人與敵軍主力決戰於卡拉博博，不到一小時便大獲全勝，西班牙殖民軍死傷三千五百人後大敗而去。月底，重又奪得加拉加斯，委內瑞拉全境解放。1822年5月，波立華手下大將蘇克雷，帶兵攻克厄瓜多爾首府基多。大哥倫比亞共和國國土至此全部光復。

此時，聖馬丁爲解放上秘魯及其它地區，與波立華進行會晤。會晤後，聖

↑ 卡拉博博戰役
委內瑞拉國會大廈天頂畫1821年6月的卡拉博博，波立華徹底打敗殖民軍，解放了委內瑞拉全國。

↓波立華之死，油畫
該畫面描繪的是波立華去世時的情景。教士在祈禱，其手
下表情不一，穆然肅立，氣氛沉重。

→波立華雕像

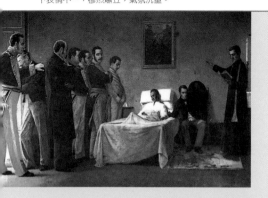

馬丁放棄自己的權力悄然退去。波立華則率軍轉戰秘魯。1825年5月16日，上秘魯宣布獨立，並將國名改爲玻利維亞。

不朽的英雄

將西班牙人全部趕出拉丁美洲後，波立華開始在大哥倫比亞共和國國會中逐漸失去威信。因爲各地區都要組織自己的政府，建立獨立國家，不願繼續受波立華制定的憲法約束。新格拉納達對委內瑞拉不信任，委內瑞拉則以退出聯盟相威脅。秘魯發生政變，侵犯厄瓜多爾的領土，並企圖把玻利維亞重新置於秘魯統治之下。玻利維亞發生叛亂，蘇克雷不得不隱退，回到哥倫比亞。

波立華想依靠在戰爭中建立起來的威望，繼續維持大哥倫比亞共和國的版圖完整。但是後來，哥倫比亞人不再希望他繼續擔任總統職務，委內瑞拉人也同意他回故鄉加拉加斯養老。這樣，在1830年，他不得不辭去總統職務，來到北部卡塔赫納港，準備流亡國外。可是，由於波立華的病情加重，已無法實現出國的願望。1830年12月17日，在聖馬爾塔郊區一位朋友的別墅裡，波立華離開了人世，遺體安葬在聖馬爾塔教堂公墓，享年四十七歲。

波立華逝世前，大哥倫比亞共和國便已分裂爲委內瑞拉、哥倫比亞、厄瓜多爾三個獨立國家。雖然波立華設計的聯盟大國已不復存在，但他設計的獨立是永存的。波立華的偉大之處在於，他不僅將爭取委內瑞拉獨立作爲他的追求目標，而將拉丁美洲視爲一個整體，並爲爭取全美洲的獨立付出畢生的精力。在拉丁美洲獨立戰爭的十六年裡，波立華的足跡遍布南美六個國家，親自領導和參加了四百七十二次戰鬥，經受多次嚴重挫折和失敗，最終在其他獨立戰爭領導人配合和拉丁美洲人民的支持下，把西班牙殖民者趕出美洲。

隨著時間的推移，人們似乎又逐漸想起他的豐功偉績。1842年，委內瑞拉派出一艘艦艇，在許多國家艦艇護航下，把波立華的遺骸迎回他的故鄉加拉加斯，重新舉行隆重的葬禮，以紀念英雄的不朽業績。

【人文歷史百科】

波立華的遺言

波立華是南美洲的解放者，委內瑞拉的民族英雄。他的遺言是：「我最後的祝願是為祖國祝福。假如我的逝世有助於結束分裂和鞏固聯盟，我將安然地進入墳墓。」「我不要別的榮譽，只希望哥倫比亞鞏固。」

拉丁美洲的獨立戰爭

西班牙軍官

　　如果你去過布宜諾斯艾利斯，你肯定會迷戀那些充滿歐洲風情的典雅華美的建築，你肯定要來到著名的五月廣場去看一看玫瑰宮，當然更不會忘記去廣場旁邊的大教堂裡看一眼已經躺在那裡一百三十多年的聖馬丁。因為他不單是拉丁美洲獨立運動的傑出領袖，更是顧全大局、不屑於爭權奪利的典範。

　　1778 年 2 月 25 日，何塞·德·聖馬丁誕生在阿根廷烏拉圭河畔的亞佩尤村。他的父親是一名西班牙軍官，在烏拉圭河裡的一些商船是他的私人財產，所以有的書上說他是一位船主。聖馬丁

八歲時，父親被調回西班牙，於是使他有機會進入馬德里貴族軍校學習。他十二歲參軍，從步兵、騎兵到軍官，二十二年一直始終沒有脫去過西班牙軍服。

　　年青時的聖馬丁博覽群書，盧梭的《社會契約論》、伏爾泰、孟德斯鳩、狄德羅、霍爾馬赫等啟蒙思想家的著作對他的影響很大。1808 年以後，他在西班牙抗擊拿破崙戰爭中屢建功勳，被晉升為少校。在隨軍隊駐紮加第斯時，他加入了當地的祕密革命組織「勞塔羅社」，誓為美洲的獨立解放而戰。

　　1810 年 5 月 25 日，拉普拉塔總督區首府布宜諾斯艾利斯人民起義，推翻西班牙殖民政權，成立洪達（即執政委員會），史稱「五月革命」。聖馬丁聞知此事後，非常興奮，便於 1811 年離開西班牙軍，前往布宜諾斯艾利斯。

　　1812 年 3 月，來到布宜諾斯艾利斯的聖馬丁受到阿根廷政府的接待，並指令他籌建、訓練一支騎兵團。聖馬丁立即行動，招募兵丁，挑選軍官，組編隊伍，加緊訓練。

聖馬丁的遠見卓識

　　聖馬丁在訓練騎兵團期間，發現新政府內部的官員各懷私欲，腐敗無能，

↑阿根廷首都布宜諾賽勒斯市內的聖馬丁雕像

缺乏組織性與紀律性，沒有明確的政治目標與統一的軍事計畫。於是他利用自己參加的祕密組織「勞塔羅社」，準備對新政府進行改組。

↑貝爾格拉諾肖像，油畫
貝爾格拉諾是南美洲拉普拉塔地區獨立戰爭領導人之一，積極投入五月革命。1812年任北方軍司令，後因軍事上失利，將指揮權轉交聖馬丁。

聖馬丁不斷將優秀將領、傑出黨派領袖及社會知名人士拉入「勞塔羅社」，經過短短幾個月，「勞塔羅社」的影響已遍及全國。在1812年10月7日，聖馬丁遵照「勞塔羅社」的決定，率領騎兵與其他幾支革命軍會合，包圍執政委員會，迫使違背人民意願的執政委員辭職，組成第二屆三人執政委員會。新的三人執政府於1813年1月31日召開制憲會議，宣布廢除奴隸買賣，解放奴隸，使民心大振。接著，執政府派貝爾格拉諾率北方軍攻打上秘魯，以完成獨立大業。可是北方軍在上秘魯連連敗北，潰不成軍，退至土庫曼城。於是，阿根廷政府爲挽回敗局，便讓聖馬丁接替貝爾格拉諾的職務。1813年底，聖馬丁來到土庫曼城，接任北方軍總司令。他在整頓、訓練軍隊的同時，認眞總結北方軍的失敗教訓，最後終於設想出解放南美洲的整套戰略方案。

他明白秘魯總督區是西班牙在美洲殖民地的中樞，若要解放南美，必須首先攻克它。但是如果從上秘魯（即後來的玻利維亞）進軍秘魯，由於一路上都有敵方重兵把守，取勝的把握不大。所以他的計策是採用聲東擊西的戰術，派游擊隊佯攻上秘魯，自己率軍翻過安地斯山去解放智利，然後從智利沿海乘船攻打秘魯，最後再攻克上秘魯。

爲了使自己的計畫得以實現，他對外嚴格保密，只以身體有病爲藉口辭去北方軍司令的職務，並請求擔任庫約省的省長。1814年8月，聖馬丁如願以償地來到庫約上任。原來，庫約與智利只有安地斯山相隔。於是，聖馬丁立即開始籌備自己的遠征計畫。

↑任北方軍司令時的聖馬丁，油畫，阿根廷國家博物館藏

安地斯騎士

正所謂好事多磨，由於拿破崙一世在歐洲戰敗，費爾南多七世回西班牙復位。他向拉丁美洲增派大批軍隊，使墨西哥、中美洲、委內瑞拉、新格拉納達（今哥倫比亞）、厄瓜多爾和智利的獨立運動相繼受挫，只有阿根廷仍在愛國力量控制之下。

為鼓舞士氣，阿根廷政府於1816年3月24日在土庫曼召開國民議會。代表們在1816年7月9日一致通過決議，正式宣布阿根廷獨立。由於這次會議是聖馬丁促成的，所以他被後人稱為「阿根廷的國父」。會議任命胡安·馬丁·普埃雷東為最高執政者。他非常贊同聖馬丁的遠征計畫，將聖馬丁組織起來的軍隊命名為「安地斯山軍」，任命聖馬丁為總司令。

聖馬丁一切準備就緒後，便於1817年1月中旬率軍開始攀越安地斯山。安地斯山海拔一萬二千英呎，是南美第一

↑查卡布科戰役，油畫
聖馬丁率領的軍隊1817年2月12日在查卡布科山上打敗了西班牙殖民軍，打開了通往聖地牙哥的道路。

大山，山上終年積雪，鳥道羊腸，怪石橫生。愛國軍的這一行動，被稱為「軍事史上最驚險和光輝的長征之一」。

「安地斯山軍」只有五千五百人，但個個都是訓練有素、能征慣戰的勇士，並且裝備齊全，武器先進。他們與風雪嚴寒搏鬥半個月後，好似神兵天降一般出現在智利境內，並迅速向智利北、中、南三路攻去。因兵敗投奔聖馬丁的智利愛國軍司令奧希金斯，此次也率軍隨同翻過此山，與聖馬丁並行，直奔首府聖地牙哥殺去。

殖民總督馬科·德爾·龐特急忙糾集一千五百人迎戰聖馬丁。2月12日，兩軍相遇，鏖戰數小時，西班牙軍隊全線崩潰，龐特被擒。聖馬丁和奧希金斯於14日進入聖地牙哥，受到首府人民熱烈歡迎。人們推舉奧希金斯為智利最高執政官，智利正式宣告獨立。

聖馬丁則在智利海邊籌建海軍，準備實施下一步計畫——進攻秘魯。

顧全大局的聖馬丁

經過兩年時間，聖馬丁終於組建了一支四千五百人的陸軍和一支擁有二十三艘戰船及運輸船的艦隊。1820年8月20日，遠征軍棄岸登舟，揚帆北上。

↑聖馬丁翻越安地斯山，路易士·馬魯斯作品
聖馬丁率軍翻越安地斯山脈，是世界軍事史上的一大奇蹟，他也因此被稱為「安地斯騎士」。

↓波立華和聖馬丁的會面，油畫
波立華和聖馬丁會面後，兩人在密室裡談了很長時間，內容不得而知。出來後，聖馬丁宣布將指揮權交給波立華，自己隱退。

→奧希金斯

9 月 8 日，遠征軍在利馬以南二百六十公里處登陸。聖馬丁命令用戰船將秘魯各港口封鎖，然後站在岸上對將士們說：「記住，你們不是來進行征服的，是來解放人民的。秘魯人是我們的兄弟。擁抱他們吧！」說完便率領陸軍向前挺進。他沒有直接攻打首府利馬，而是對利馬圍而不攻，同時派遣小分隊深入村落與山區，與當地游擊隊配合，牽制、分散敵人兵力，切斷外省與首府的聯繫。坐困愁城、一籌莫展的西班牙軍不得不在翌年 7 月 6 日，在秘魯總督的率領下撤出了首府，逃往山區。

1821 年 7 月 12 日聖馬丁進入利馬。聖馬丁隨即召開「賢達會議」。會議選舉聖馬丁為新國家元首，冠之以「護國主」稱號。聖馬丁再三推辭不過，最後同意執政至秘魯全境解放。

聖馬丁的理想是實現君主立憲制，他想像華盛頓一樣在天下太平後歸隱林下。可是眾多的革命領袖卻不支持他的觀點，所以他的觀點越明朗化，他也就越孤立。

為盡快實現秘魯全境解放，聖馬丁決定與波立華合作。1822 年 7 月 25 日，兩位南美的「南北鉅子」在瓜亞基爾會晤。由於沒有第三者在場，所以會談內容成為千古之謎。會談後，聖馬丁神情嚴肅，不辭而別。在秘魯辭去所有職務，當晚乘船離開，取道智利返回阿根廷。不久前往歐洲，寄居法國。波立華則掌握秘魯的大權，並很快實現全境的解放。關於瓜亞基爾會談，理解為「一山不容二虎」應當不會有太多偏差。而顧全大局、避免自相殘殺的聖馬丁，則更是顯得偉大。

1850 年 8 月 17 日，聖馬丁在法國病逝。二十八年後，阿根廷政府將他的遺骨遷回，安放在布宜諾斯艾利斯大教堂。

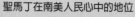

聖馬丁在南美人民心中的地位

【人文歷史百科】

聖馬丁不但被尊為「三國」的國父，還與波立華一起合稱為南美洲解放者，一年一度的南美足球最高賽事「解放者杯」即是以此命名。而阿根廷人更是對他推崇備至。以聖馬丁命名的廣場街道遍布全國，首都大教堂是聖馬丁遺骨安放地，聖馬丁當年草創的第一支騎兵團，建制保留至今，他們的軍裝樣式，仍是當初聖馬丁親自設計的樣式。

↑瓜亞基爾的波立華和聖馬丁會面紀念碑

拉丁美洲的獨立戰爭

027.一代名將蘇克雷

厄瓜多爾以「蘇克雷」作為貨幣單位；玻利維亞的首都叫「蘇克雷城」；委內瑞拉有「蘇克雷州」。要想明白這是怎麼回事，你就得瞭解蘇克雷這個人。

波立華的親密戰友

蘇克雷的全名有些長——安東尼奧·何塞·德·蘇克雷。他是波立華手下的大將，也是玻利維亞共和國第一任總統。死前是大哥倫比亞共和國國會主席，一直是波立華忠誠的擁護者。

↑蘇克雷畫像，油畫
蘇克雷是波立華的親密戰友和得力助手，拉丁美洲獨立戰爭時期傑出的將領，曾擔任秘魯首任總統。

1795 年 2 月 3 日，蘇克雷出生於委內瑞拉東部庫馬納城的土生白人家庭。雖然生活較為富裕，卻受到西班牙人的歧視。在加拉加斯讀書時更受到革命思想薰陶，決心把為非作歹的西班牙人趕出美洲。

蘇克雷十五歲便參加革命，成為一名小游擊隊員。1811 年委內瑞拉第一共和國成立後，他在米蘭達的軍隊擔任少尉軍官，並在瓜伊考斯和拉瓜伊拉戰役中，留名史冊。米蘭達被殺害後，蘇克雷流亡到特立尼達島組成游擊隊，繼續為拉丁美洲的獨立奮鬥。

當波立華領導的第二共和國成立時，蘇克雷已經成為小有名氣的指揮官。第二共和失敗後，蘇克雷翻過安地斯山到新格拉納達，繼續反抗殖民統治。他曾乘船遇險，在大海中飄浮了一天一夜。他也曾像波立華一樣來到海地尋求幫助，組織流亡在外的革命者。

1816 年，蘇克雷返回委內瑞拉，在馬里尼奧將軍的部隊裡擔任指揮官。由於屢獲戰功，兩年後，二十三歲的他被提拔為將軍。蘇克雷的才能終於被波立華發現，很快把他轉到自己統帥的軍隊中，成為波立華最得力的助手、最親密的戰友。

阿亞庫喬戰役

1820 年蘇克雷被任命為解放厄瓜多爾地區的總指揮。他從海上登陸，奪取瓜亞基爾，然後從南方向盤踞在基多的西班牙軍進攻。兩年後，皮欽查一役擊潰西班牙的主力，攻下首府基多。不久，波立華來到基多城，人們激情地贈給波立華一把象徵權力的寶劍，而波立華卻立即把劍轉贈給蘇克雷，並說：「這把劍理所當然地屬於皮欽查戰役的勝利者蘇克雷將軍。」厄瓜多爾政府後來便以「蘇克雷」作為本國的貨幣單位。

不久，波立華掌握秘魯的政權，於是他開始率軍解放上秘魯。1824 年胡寧戰役中，波立華將西班牙殖民者的精銳部隊打得潰不成軍，殘存部分逃往秘魯

→玻利維亞貨幣上的蘇克雷像

山區的庫斯科。波立華前去利馬建立愛國者政權，便把殲滅敵軍的任務交給蘇克雷，並任命他為總司令。此時，秘魯總督拉塞爾納率領的殖民軍主力集結在秘魯中南部高原山區，準備同愛國聯軍作最後的決戰。

12月9日，蘇克雷將軍統率愛國聯軍六千多人，在高原區的阿亞庫喬山地與西班牙主力軍展開激烈的決戰。不到兩小時，蘇克雷以少勝多，將敵軍徹底擊潰。西班牙軍死傷一千多人，有四名元帥、十名將軍、二百多名軍官和數千名士兵被俘。秘魯總督拉塞爾納也被俘，並簽字投降，承認秘魯獨立。

阿亞庫喬戰役是拉丁美洲獨立的最後一次決定性戰役。正如蘇克雷在寫給波立華的信中所說：「這次戰役結束，秘魯的獨立和美洲的和平已在這個戰場上簽字，而且這次簽字是一勞永逸的。」

三十歲的總統

阿亞庫喬戰役是決定南美洲獨立的關鍵，蘇克雷因此被授予「阿亞庫喬大元帥」的稱號。當時，正在患病的波立華聽到這個振奮人心的消息時，高興得一躍而起，穿著斗篷翩翩起舞。

此後，蘇克雷繼續揮師北上，於1825年2月解放上秘魯全部地區，進入拉巴斯城，從而結束西班牙殖民者在南美三百多年的統治。

同年，蘇克雷在上秘魯的丘基薩卡召開國民代表大會，宣布上秘魯為獨立國家。為紀念波立華的貢獻，這個新國家被命名為波立華共和國，不久改為玻利維亞共和國。代表大會宣布波立華為國父。1826年，國會選舉僅三十歲的蘇克雷為第一任總統，並將首都丘基薩卡改名為蘇克雷城。這座「白色之城」，1991年聯合國教科文組織將其作為文化遺產列入《世界遺產名錄》。

蘇克雷成為總統後，廢除對印第安人的人頭稅和其他苛捐雜稅，建立中央和地方的體制，進行人口普查，制定國家經濟文化發展計畫，設立科學、藝術學院，改革教育等等。可是，他的治國之策還沒有出現成效，一場政變迫使他離開總統位置。執政不到兩年的他不得不離開以自己名字命名的首都，離開這個記載著他的榮耀的國家。

1827年初，秘魯執政者拉馬爾煽起一個反對波立華和哥倫比亞人的民族主義運動，並派軍隊赴玻利維亞，對蘇克雷進行威脅。1828年8月，蘇克雷被迫辭去總統職務，離開玻利維亞。

蘇克雷之死

【人文歷史百科】

蘇克雷在政治上堅決擁護波立華，是一個堅定的共和主義者。1830年1月，蘇克雷被選為厄瓜多爾的代表參加大哥倫比亞國會，並被選為國會主席，雖然竭力維護新國家的統一，卻也無法挽回分裂的命運。1830年初，他受波立華委派前往委內瑞拉，企圖說服帕埃斯放棄分裂主張，沒有取得預期效果。不久，蘇克雷又前往基多去解決厄瓜多爾的地方分裂問題。不幸的是，在6月4日，當他騎馬走到拉溫達時，遭到政敵們的暗殺，年僅三十五歲。

拉丁美洲的獨立戰爭

99

028.米格爾・伊達爾哥

1810 年 9 月 16 日，杜洛斯教堂的陣陣鐘聲，宣告墨西哥獨立戰爭的開始。而這場戰爭的掀起者，竟是一個天主教神父。

杜洛斯的呼聲

1810 年 9 月 16 日清晨，杜洛斯鎮教堂傳來陣陣鐘聲。附近的教民聞聲趕來，只見一位年近花甲的白人神父慷慨陳詞：「我的孩子們，你們想做自由的人麼？三百年前，那萬惡的西班牙人從我們祖先那裡將土地奪去，你們可願再奪回來？」話音未落，眾人便炸雷般地吶喊道：「打倒壞官府！」「滅掉卡丘平！」

這就是墨西哥歷史上有名的「杜洛斯呼聲」。「卡丘平」即是皮靴上插著馬刺的人，是印第安人對西班牙人的蔑稱。而這位神父，便是「墨西哥獨立之父」——米格爾・伊達爾哥。

伊達爾哥 1753 年 5 月 8 日出生於圖爾衛奧河畔的聖・迭戈・柯拉萊霍莊園。他從小受到良好的教育，長大後在聖・尼古拉斯神學院學習文學，於 1770 年獲得文學碩士學位，後又研讀神學，1773 年獲得神學碩士學位。畢業後，留校任教員、教授，後來榮升院長。

伊達爾哥學貫古今，知識淵博，懂拉丁文、法文、西班牙文和兩種印第安土語。任院長期間，他制定一個自由教學計畫，因耗資過大，使學校負債累

一伊達爾哥神父，油畫
伊達爾哥是墨西哥獨立運動的先驅，學識淵博，愛好民主，在杜洛斯敲響墨西哥獨立運動的警鐘。

累，1791 年被迫辭去院長職務。1793 年伊達爾哥去聖・費利佩做教區神父，冒著被開除教籍的危險，經常在家裡舉行舞會和集會，積極傳播法國啟蒙思想，譴責君主制，主張共和制。

1803 年伊達爾哥的哥哥去世。他到杜洛斯教區接替他哥哥的職務，做教區神父。杜洛斯是一個農業區，也是印第安人聚居的地方。伊達爾哥雖是土生白人，但卻將印第安人視為一家人。他將學自書上的蠶桑、絲織、釀酒、制陶、養蜂、制革等等技藝傳授給印第安人，深得民眾擁戴。

1810 年，伊達爾哥加入準備推翻西班牙統治的祕密團體，並決定 10 月 1 日

舉行武裝起義。由於起義的消息被叛徒洩露，伊達爾哥便當機立斷，決定在9月16日這天提前發動起義。

「美洲大元帥」

「杜洛斯呼聲」喚醒民眾對西班牙人的反抗情緒，眾多印第安男人手持棍棒、砍刀、斧頭等，聚集在伊達爾哥身邊。他們個個義憤填膺，決心要討回失去的土地，雪洗三百年的恥辱。

伊達爾哥率領眾人逮捕西班牙人與收稅者，打開監獄，釋放被囚禁的八十名犯人。然後，民眾揮舞著砍刀、斧頭，一路高呼著「絞死這些西班牙強盜！」「獨立萬歲！美洲萬歲！」跟隨著伊達爾哥向聖‧米格爾進軍。在聖‧米格爾，伊達爾哥同阿連德指揮的軍隊會合，經過數次激戰，占領墨西哥中部的一些城市，乘勝向墨西哥城進軍。此時，不斷有廣大民眾從四面八方趕來參加起義隊伍，使義軍總數達八萬餘人。

在起義軍的一次軍官會議上，伊達爾哥被選為「美洲大元帥」。10月30日，義軍兵臨墨西哥城。伊達爾哥率軍在城郊的拉斯克魯斯山大戰敵軍，使潰敗的敵軍逃回墨西哥城內。此時伊達爾哥卻沒有率軍一鼓作氣攻下墨西哥城。因為他認為，義軍武器落後，如果強攻城池，必然死傷太多。就是攻下，也難以守住。可是他卻因此傷義軍的銳氣，竟有眾多將士紛紛離去。

伊達爾哥並不灰心，率領少數人馬繼續抗戰。他以美洲大元帥的名義頒布法令，將土地全部歸還印第安人耕種，又下令解放全部奴隸及禁止向混血種人徵收賦稅，也不准向印第安人徵收附加稅。人心所向，伊達爾哥不但屢戰屢勝，人馬也很快便增至七萬餘人。

1811年1月在瓜達哈拉哈，伊達爾哥率領七萬人馬與西軍決戰。因起義軍的彈藥庫被敵人的砲彈打中，致使戰鬥失敗。起義軍向北轉移的途中，因叛徒出賣而陷入敵人埋伏，伊達爾哥、阿連德等諸多首領不幸被俘。1811年7月31日，伊達爾哥在刑場英勇就義。

拉丁美洲的獨立戰爭

101

↑伊達爾哥被捕

1811年，伊達爾哥在與西班牙殖民軍決戰中失敗，轉移途中因叛徒出賣而被捕。該畫面展示了伊達爾哥被捕時的情景。

伊達爾哥事業的繼承者

伊達爾哥雖然壯志未酬身先死，但卻點燃墨西哥革命的燎原之火。他的學生和戰友莫雷洛斯繼承他的遺志，繼續為墨西哥獨立而戰鬥。

1765年9月30日，莫雷洛斯出生在墨西哥中南部的巴厘阿多利德城一個木匠家庭。自幼家境貧寒，當過馬車夫，二十五歲時得以有機會進入伊達爾哥任教的聖尼古拉斯神學院讀書，1795年獲學士學位，後來成為一個小教區的神父。當他在1810年得知伊達爾哥起義的消息後，立即前來投奔義軍。10月20日，他見到了伊達爾哥。兩個人在一起進行了長談，伊達爾哥於是對他委以重任——命他在南方組織一支新的起義隊伍，解放阿卡普爾科等南方地區，領導南方的獨立運動。聆聽過老師的教誨後，莫雷洛斯便帶著重大使命前往南方。

莫雷洛斯才智過人，胸藏機杼，來到南方後果然完成伊達爾哥交給的任務——只用幾個月便建立一支近三千人的起義軍。他為人機警，只在山野叢林之中以游擊戰與敵周旋。不久，他的隊伍便越來越壯大，並且眾將士驍勇善戰，裝備精良。到1811年底，除卻首府墨西哥城及數座大城市之外，餘下地盤幾乎全被義軍占領，並建立地方政權。

1812年2月，西班牙官府調兵攻打莫雷洛斯駐守的誇烏特拉城。西軍火砲連轟，不斷衝鋒，智竭力疲，卻仍然無法攻破城池。於是西軍不得不採用圍城之策，將該城圍得水洩不通。面對敵人的封鎖，莫雷洛斯命令軍民節約糧食，甚至連粒米滴水都要計量而用。這樣，使孤軍困守達七十二天之久。及至存糧告罄、粒米皆無，莫雷洛斯才決定棄城突圍。由於他聲東擊西，巧作安排，使飢渴疲弱的隊伍突圍成功，保存了戰鬥力。

當時，正準備攻打俄國的拿破崙聞知此事，也不禁感慨萬千：「我要是有五個莫雷洛斯，就可以征服全世界！」

墨西哥獨立戰爭的靈魂

誇烏特拉戰役後，莫雷洛斯起義軍很快便重新發展壯大。自1812年8月起，義

↑莫雷洛斯肖像，油畫
莫雷洛斯是伊達爾哥的學生，也是伊達爾哥獨立運動的繼承人，具有卓越的軍事指揮才能。

軍有猶如猛虎下山一般，將西軍殺得抱頭鼠竄。不到一年，便又將南方大部分土地奪回手中。

11 月 26 日，起義軍占領瓦哈卡城。莫雷洛斯在此首次主持地方長官的民主選舉工作，建立兵工廠和鑄幣廠，解決起義軍的武器裝備和經費問題。他還出版《南美郵報》，作爲獨立運動的喉舌，傳播革命思想。1813 年 9 月，義軍占領阿卡普爾科，使南方解放區連成一體。莫雷洛斯覺得時機成熟，便決定召開「美洲最高民族代表大會」。莫雷洛斯起草綱領性檔《民族意識》，被選舉爲起義軍最高統帥和獨立政府首腦。在莫雷洛斯敦促下，議會在 1813 年 11 月 6 日正式通過《墨西哥獨立宣言》，宣告墨西哥獨立。

宣告獨立以後，莫雷洛斯便計畫將革命推向北方。不料 12 月底義軍攻打一座城池時，西軍自後包抄而至，致令義軍腹背受敵，慘遭敗績。儘管這場戰役莫雷洛斯因患重病沒有親自參戰，但由於一些對他不滿的人藉機責難，使莫雷洛斯被迫辭去最高行政長官職位，只留得軍權。

隨著拿破崙的倒臺，西班牙國王費爾南多七世重新回到馬德里，恢復封建專治統治。他解散國會，並派遣大批軍隊到美洲鎮壓革命運動。1814 年 10 月 22 日，議會頒布墨西哥第一部憲法——《墨西哥美洲自由制憲法令》。這使西班牙殖民者極其恐慌，加緊對議會代表的追殲。

1815 年 9 月底，革命政府決定遷往北方，由莫雷洛斯負責保衛。不料途中走漏風聲，於 11 月 5 日陷入敵人埋伏。莫雷洛斯讓其他人先走，自己率領五十名衛隊留下掩護，結果莫雷洛斯因力竭被俘。他被送往墨西哥宗教裁判所，受盡苦刑後被悄悄殺害。

↑莫雷洛斯反抗西班牙統治者，十九世紀墨西哥

【人文歷史百科】

莫雷洛斯的《民族意識》

莫雷洛斯在《民族意識》中宣布「美洲是自由、獨立的，她不隸屬於西班牙和其他任何民族、政府或王朝」，要求西班牙人離開墨西哥領土。關於獨立後的墨西哥國體，莫雷洛斯提出人民主權、三權（立法、司法、行政）分立的主張。在内政方面，莫雷洛斯反對封建剝削壓迫，要求社會平等。他宣布廢除奴隸制，主張取消階級差別，在法律面前人人平等，限制貧富懸殊，改善群衆生活，反對苛捐雜稅。在外交方面，他主張和平外交，尊重民族主權。

030.巴西的獨立

和拉丁美洲其他國家充滿硝煙的獨立戰爭相比，巴西的獨立似乎「文雅」許多，是由逃往至這裡的葡萄牙王子來完成的。

把王冠戴在自己頭上

在巴西電影《獨立與死亡》中，有這樣一個鏡頭——即將返回葡萄牙的若奧六世，鄭重囑咐兒子：如果巴西非獨立不可，就把王冠戴在自己頭上。葡萄牙王若奧六世怎麼會在巴西呢？這不得不從巴西的歷史說起。

1500 年，葡萄牙航海家佩德羅・卡布拉爾發現這裡。由於人們在這裡發現了一種可以提煉名貴染料的紅木，於是便將這裡稱為「巴西」。葡萄牙語的「巴西」便是紅木的意思，從此這片將近半個南美的廣闊土地便成為葡萄牙的殖民地。而這裡土生土長的印第安人及販運過來的黑奴，則陷入殘酷的剝削與壓迫的泥潭。

十八世紀末，巴西也掀起爭取自由的獨立運動。當時在巴西的米納斯有一位牙醫，成立了一個祕密組織，準備趕走境內的葡萄牙人。1789 年 3 月 15 日，由於叛徒出賣，組織遂遭破壞，蒂拉登斯特也於 5 月 10 日被捕，並於 1792 年 4 月 21 日慘遭殺害，身體被剝為九

↑ 被解體的蒂拉登特斯，彼得・阿米尼克作品
蒂拉登特斯揭開巴西獨立的序幕，但他本人被葡萄牙殖民當局殺害，身體被剝為九段，慘不忍睹。

段。可是，蒂拉登特斯揭開巴西獨立運動的序幕，從此，巴西人民起義此起彼伏，接連不斷。

1807 年底，拿破崙率軍攻打葡萄牙。為了避免淪為階下囚，葡攝政王若奧親王率領王室遷往巴西。在英國軍艦的護航下，葡王室、大貴族、官吏等千餘人連同全部國庫財產轉移到里約熱內盧。從此，葡萄牙帝國的中心從葡萄牙轉移到巴西。

王室遷到巴西後，迫於巴西人民的強烈呼聲，若奧親王被迫推行一系列的改良措施，如辦報，建圖書館等，加速經濟文化的發展。1816 年瑪麗亞女王去世，若奧即位，即《獨立與死亡》中的若奧六世。1812 年，葡萄牙國內爆發資產階級革命，新成立的議會要求王室回遷里斯本，而此時的巴西獨立運動也接連不斷。

面對殖民地和宗主國都可能喪失的危險，若奧被迫遷回葡萄牙，他留下長子佩德羅作攝政王，並告訴他如果形勢極度惡化，就由他自己來宣布獨立，以防止王權旁落。

→佩德羅一世肖像，克魯斯作品
佩德羅一世原為葡萄牙王子，後來順應民意，成為巴西帝國的第一位皇帝，擺脫葡萄牙的殖民統治。

和平之路

若奧六世回到葡萄牙後，里斯本議會拒絕承認巴西的獨立，並要求巴西攝政王佩德羅返回葡萄牙。

巴西的政局立刻因此而急劇緊張起來。巴西攝政王佩德羅對於是去是留，舉棋不定。他不想放棄自己在巴西的權力，可是又懼怕葡萄牙派兵圍剿。而巴西人民為使巴西不再成為葡萄牙的殖民地，堅決要求攝政王留下來，做這裡真正的國王，實現巴西的獨立。1822年1月9日，成千上萬的巴西人民湧向巴西王宮廣場，要求攝政王留在巴西。當時佩德羅激動萬分，當眾宣布：「為了人民的利益，民族的團結，

我留下！」這就是巴西歷史上有名的「我留日」。七天以後，巴西組織一個新的半獨立的君主立憲制政府。2月17日，佩德羅命令在巴西的所有葡軍撤回葡萄牙。

葡萄牙議會知道這一消息後，決定派兵去撲滅獨立的火焰。消息傳到里約熱內盧時，佩德羅正旅行到聖保羅附近的伊皮蘭加，於是他的妻子、奧地利公主利奧波爾金娜主持會議，決定保衛巴西。聞訊後的佩德羅果斷地抽出寶劍，從制服上摘下葡萄牙徽章，並大聲宣告：「葡萄牙議會想把巴西置於被奴役的地位，我們必須宣布獨立。不獨立，毋寧死！」這就是巴西歷史著名的「伊皮蘭加呼聲」，此日成為巴西的獨立日。

1822年2月1日，在里約熱內盧舉行的加冕儀式上，佩德羅做巴西的皇帝，即佩德羅一世。綠、金黃和藍三色旗取代葡萄牙國旗。到1825年，葡萄牙無奈之下只好承認巴西的獨立。

↑伊皮蘭加呼聲，西蒙·法蘭德作品
「伊皮蘭加呼聲」標誌著巴西宣布獨立，畫面中手揮長劍的佩德羅一世成為巴西人民心中的英雄。

拉丁美洲的獨立戰爭

105

031.俄國「十二月黨人起義」

被列寧稱為「俄國第一代革命者」的「十二月黨人」,他們為追求自由,獻出自己寶貴的生命。

「俄國第一代革命者」

1825 年 12 月 14 日上午,彼得堡市中心的元老院廣場,三千多名俄國陸海軍官兵全副武裝,荷槍實彈,在彼得一世的銅像旁布成戰鬥方陣,將槍口直接指向正在準備登基爲皇帝的尼古拉一世。「拒絕宣誓!」「要求憲法!」「要求民主!」此起彼伏的口號使這個冰天雪地的世界洋溢著沸騰的熱忱。

由於這件事發生在 12 月,所以這些革命者被稱爲「十二月黨人」。他們被列寧高度評價爲「俄國第一代革命者」。其實,你不妨認爲這是拿破崙的靈魂在起作用,因爲的確與這位已去世四年的英雄有關。

拿破崙從來沒有徹底征服俄羅斯這頭北極熊,亞歷山大一世反而把拿破崙趕下了皇帝的寶座。野史記載,他甚至還短時間占有拿破崙最喜歡的女人約瑟芬。可是,法國的文明卻征服亞歷山大的六十萬將士。當這支勝利之師凱旋而歸的時候,部隊帶回的卻是法國大革命的火種。

↑穆拉維約夫,油畫
穆拉維約夫原是沙皇近衛軍軍官,參加過 1812 年打敗拿破崙的戰爭。後創辦「北方協會」,親筆起草具有革命和進步意義的《俄羅斯國家憲法》,明確主張廢除農奴制。

軍官與士兵們,親眼看到法國的繁華與文明,於是對窮困的祖國,對落後的農奴制越發不滿,一些人甚至萌發「改造祖國」的願望。他們先於 1816 年成立俄國史上第一個革命團體「救國協會」,兩年後改組爲「幸福協會」。1821 年「幸福協會」因政見不和解散,同年成立以青年軍官彼斯捷爾爲首的「南方協會」,贊成共和制度。與此同時,又成立以青年軍官穆拉維約夫爲首的「北方協會」,贊成君主立憲制。1822 年,南北協會第一次建立聯繫,他們達成的共識是:消滅和廢除腐朽的農奴制度與沙皇統治。第二年春,經過彼斯捷爾在彼得堡與雷列耶夫商討,雙方就聯合行動達成協定,發動各自控制的軍隊進行武裝起義,任何一方開始行動,另一方應立即給予支持。

鮮血染紅涅瓦河

1825 年 11 月 19 日,沙皇亞歷山大一世神祕地去世。這位「北方的斯芬克

↓尼古拉一世屠殺十二月黨人
十二月黨人發動起義以後，尼古拉一世進行了血腥鎮壓。畫面上描繪的是尼古拉一世屠殺十二月黨人的情景。

→尼古拉一世時的金杯

斯」一生中留下了無數個未解之謎，甚至他的死也成為一椿懸案。因為在他死後十年，有一位雍容華貴的老人因說不清自己的身分而被流放西伯利亞，可是他卻能說出亞歷山大經歷的所有事情，並且和他長得一模一樣。

也許亞歷山大真的像中國清朝的順治一樣，看破紅塵；也許他被法國的文明所征服，所以早些「駕崩」，好讓十二月黨人提早革命。不過他死的太突然，

↑亞歷山大一世
沙皇亞歷山大一世是俄國歷史上最著名的皇帝之一，曾率領俄軍打敗拿破崙。其結局和中國的順治皇帝一樣充滿謎團。

甚至使十二月黨人還沒做好準備，而軍民卻已經準備向本應繼承皇位的康斯坦丁宣誓。由於亞歷山大沒有後嗣，所以按規定他的二弟康斯坦丁應當繼承皇位。也許康斯坦丁想再給十二月黨人一次機會，不過史書上說他因為愛上一位波蘭小姐而放棄王位，總之他把王位讓給三弟尼古拉。這彷彿命定要讓第一代革命者成為「十二月黨人」，可是不幸的是，尼古拉卻不想做開明君主，並且極其憎恨共和制度與君主立憲制。

當宮廷指定12月14日向尼古拉一世「再宣誓」時，十二月黨人按計劃開始武裝起義。不過應當叫「兵諫」更為合適些，因為三千名官兵只是列開陣式，喊著口號，並沒有衝進冬宮逮捕尼古拉。可是尼古拉卻派出軍隊，對兵諫者進行殘酷的鎮壓。於是在元老院廣場發生激烈的血戰。

由於擔任起義統帥的特魯別茨科依不在現場，這就為尼古拉創造有利的條件。他調集了九千名步兵和三千名騎兵，使用霰彈向起義部隊進攻。起義者退到冰凍的涅瓦河上，冰面被砲彈炸裂，使很多人落水而亡。元老院廣場上彈痕累累，血跡斑斑，屍橫遍地。「北方協會」的「兵諫」很快被鎮壓下去。而「南方協會」的首領彼斯特爾突遭逮捕，在穆拉維約夫等人的領導下匆忙起義，但也很快被鎮壓下去了。

變革中的歐洲

戴王冠的員警

在殘酷鎮壓了十二月黨人起義後，尼古拉一世踩著革命者的鮮血登上沙皇的寶座。他親自審訊被逮捕的十二月黨人，對革命運動進行徹底絞殺。1825 年 7 月 12 日，彼斯捷爾等五位革命領導人被處以絞刑，一百多人遭到流放。穆拉維約夫雖被判處死刑，但經多方營救改判爲二十年流放，押往西伯利亞服苦役。

尼古拉一世爲了鞏固自己的權力，撕去一切君主都試圖穿戴的僞善外衣，斷然實行公開的暴政。他發誓說：「只要我一息尚存，革命就不會在俄國發生。」爲了防止十二月黨人捲土重來，他加強員警職能，設立憲兵團和內廷第三廳，專門負責懲辦「國事犯」，監視分

↑尼古拉一世　多姆尼特斯作品
沙皇尼古拉一世極端仇視革命，在國內不僅鎮壓十二月黨人的起義，還撲滅 1848 年的匈牙利等國革命，成為「歐洲憲兵」。

裂分子和外國人，放逐嫌疑犯，搜集祕密情報等。因此他本人被稱爲「戴王冠的員警」。

尼古拉一世「不需要博學之士，而需要忠臣」，並且「給自由言論加上鐵的口罩」。他讓教育部門制定「東正教、專制制度和民族性」三位一體的教育方針。在大學裡，禁止講授哲學、自然法學和政治經濟學，並在教材中宣揚農奴制俄國的輝煌燦爛，進行自欺欺人的愚民教育。別爾林斯基、赫爾岑、恰達耶夫等進步的思想家和文學家，都因發表反對專制統治的作品而受到迫害。謳歌自由的偉大詩人普希金被沙皇政府設計致死，詩人萊蒙托夫因痛斥殺害普希金而被流放到高加索。

尼古拉一世在政治上和經濟上鞏固貴族地位，確立貴族禁地制，並規定禁地只能由長子繼承，並且不得分割和出賣。爲削弱資產階級的政治地位，他規定這些人永遠不能獲得貴族頭銜，最高只能成爲世襲的「榮譽公民」。

這位「戴著王冠的員警」還想成爲國際刑警，把保護歐洲封建專制和解決東方問題作爲俄國對外政策的兩個主要目標，並極其野蠻地鎮壓波蘭民族起義和匈牙利革命。

←彼斯捷爾肖像
青年軍官彼斯捷爾是「南方協會」的領導人。1825 年 12 月 24 日，十二月黨人在彼得堡舉行的武裝起義被鎮壓下去，彼斯捷爾等五名主要領導人被處死。

學者的革命

十二月黨人大多數參加過反對拿破崙的戰爭，他們不僅出身名門貴族，而且大多是才華橫溢的詩人、作家。如被處以絞刑的十二月黨人領袖雷列耶夫便是創作了《公民》、《致寵臣》等詩作的傑出詩人。因涉案被捕、被流放者中，就有格里鮑耶陀夫、馬爾林斯基、奧陀耶夫斯基等，都是當時俄羅斯一流的詩人、作家。

十二月黨人的文學團體有「俄羅斯文學愛好者同人會」和「綠燈社」。主要刊物有雷列耶夫和馬爾林斯基主編的《北極星》和丘赫爾別凱和弗・奧陀耶夫斯基主編的《謨涅摩辛涅》，他們團結當時優秀作家，包括普希金和格里鮑耶陀夫等，共同宣揚進步思想。

十二月黨人的文學重視作品的政治內容，歌頌當代或歷史上的英雄人物及其功勳，把鬥爭的鋒芒直接指向沙皇專制制度和農奴制。他們提倡創作民族文學，反對崇拜國外與單純模仿英國與德國詩人，在語言上要求淺顯易懂。

十二月黨人的文學成就主要在詩歌方面。著名詩人有很多，最優秀的是雷列耶夫。奧陀耶夫斯基流放西伯利亞後開始寫詩，列寧曾用他的名句「星星之火將燃成熊熊烈焰」作為《火星報》刊

←別林斯基，油畫
別林斯基是俄國傑出的文學批評家、哲學家、政論家，俄國現實主義美學和文藝批評的奠基人。

頭題詞。萊蒙托夫十分推崇他，寫有《紀念奧陀耶夫斯基》一詩表示悼念。

在小說方面，其代表作家有馬爾林斯基、格林卡和柯爾尼洛維奇等。在戲劇方面，十二月黨人也有一定成就。丘赫爾別凱寫有《阿爾吉維揚涅》、《伊若爾斯基》、《普羅科菲・利亞普諾夫》三部劇本，譴責暴政，諷刺迷信外國，表揚愛國英雄。卡捷寧的悲劇《安德羅瑪克》曾受到普希金的好評。

十二月黨人的文學在俄羅斯文學史上占有重要的地位。它為俄國文學向現實主義發展開闢道路。

↓工作中的格林卡，列賓作品
格林卡不僅是傑出的小說家，也是俄羅斯民族樂派的創始人，他將俄羅斯音樂引向世界，並為俄羅斯近代音樂的發展開闢廣闊的道路。

變革中的歐洲

伯爵夫人特魯別茲卡亞

有一種女人是如此高貴，如此眩目。她讓你仰視之下，雙目灼痛，淚流滿面。她就是十二月黨人的女人們。

十二月黨人的妻子大多是出身名門的貴族小姐，她們不僅姿容姣好，而且都受過良好的教育。尼古拉一世想要貴婦們與「罪犯丈夫」斷絕關係，急忙修正了不予批准離婚的法律，只要哪一位貴婦提出離婚，法院立即給予批准。他還下令：願意跟隨丈夫流放西伯利亞的妻子不得攜帶子女，不得再返回家鄉城市，並取消貴族特權。

但她們卻毅然放棄舒適安逸的都市生活，向歡樂富貴告別，向年幼的孩子與年老的雙親告別，跟隨「國事犯」的丈夫踏上了一條不歸路。在西伯利亞冰天雪地的茫茫荒原，她們成就了最偉大的愛情。

第一個前往西伯利亞的婦女是伯爵夫人葉卡傑琳娜・特魯別茲卡亞。她的

↑特魯別茲卡亞
特魯別茲卡亞的父親是俄羅斯名將沃爾康斯基伯爵，雖出身名門望族，但在丈夫的影響下，她對上流社會的腐敗生活早已感到厭惡。

丈夫特魯別茨科依上校是革命部隊的總指揮。在丈夫被放逐的次日，她不顧父母親友的一再勸阻，從彼得堡啟程直奔西伯利亞。當她冒著風雪嚴寒、歷經兩個月的艱苦旅程，途經伊爾庫茨克時，沙皇下令阻止她這「可怕的行動」，讓她「迷途知返」。

當地省長奉命來勸導她，說彼得堡有「舞會、燈光輝煌的宮廷、自由和尊敬」，而前面卻「只有監獄、凌辱、永無止境的壓迫和貧困」，特魯別茲卡亞卻不為所動。於是省長又嘲諷她是丈夫的犧牲品和「可憐的奴隸」，特魯別茲卡亞卻堅定地說：「對劊子手的蔑視，對正義的理解，會成為我們的可靠支柱。」最後，省長拿出了最後一招，讓她在一份文件上簽字，承認甘願放棄一切貴族特權和財產繼承權。令省長感到吃驚的是，這位外表嬌柔的少婦，竟毫不猶豫地在文件上簽名。

特魯別茲卡亞歷經千辛萬苦，終於第一個來到西伯利亞的聶爾琴斯克礦坑

與丈夫相會。更可貴的是，她爲後來的
婦女們開拓光榮的道路。

瑪麗亞和穆拉維約娃

　　北國一個冰天雪地的冬日，在西伯
利亞茫茫荒原，一位十二月黨人仰天長
視，悲愴無語。前來送行的妻
子，長跪在他腳下，俯身親吻
著那寒光森森的鐐銬……。
這幅讓人盪氣迴腸的油畫中
的女主人公，便是第二個來
到西伯利亞的瑪麗亞·沃爾康
斯卡亞，是俄國名將拉耶夫斯基
的女兒，在起義前夕，嫁給「南方協
會」領導人之一沃爾康斯基將軍。丈夫
被流放西伯利亞時，瑪麗亞年方二十，
剛生下一男孩，卻毅然赴西伯利亞與丈
夫爲伴。此舉驚動整個俄羅斯上流社會
和文化界。當她途經莫斯科時，人們爲
她舉行盛大宴會，隆重送行。這其中也
包括她的愛慕者——普希金。瑪麗亞見
到衣衫襤褸的丈夫後，激動地跪在地上

親吻他腳踝上的鐐銬，以表達對蒙受屈
辱的愛國者的深深敬意。瑪麗亞給地獄
般的礦坑帶來歡愉和樂趣。她爲囚犯們
洗衣、做飯、裁衣服，還幫助難友們逃
離流放地，雖然他們當中有的又被追
回，卻沒有一人肯供出瑪麗亞的名字，
因爲他們都從內心感激這位和善可
親的「神的天使」。二十年後，
當她終於從流放地回到家鄉
時，寫下回憶錄《祖母的箚記》
一書。

←尼古拉一世肖像，俄
　國宮廷畫家畫

　　第三個到西伯利亞與丈夫相會的是
穆拉維約娃。她的丈夫是「北方協會」
的領袖穆拉維約夫。她整整鬥爭一個
月，才得到流放許可。她告別父母弟
兄，忍痛丟下三個年幼的孩子，來到了
西伯利亞的赤塔監獄。會見時，丈夫發
現妻子依然巧施粉黛，衣飾華貴，美麗
嬌豔，不禁淚如泉湧地說：「你還是回
莫斯科吧，我不想讓你一同忍受飢寒之
苦。」而她卻堅定地說：「爲了愛情，
我要永遠跟隨你。」不幸的是，這位被
人們稱爲「西伯利亞聖女」和「愛神」
的婦女，二十八歲就離開人世。

　　尼古拉共批准十四位女人流放西伯
利亞，她們在那裡譜寫最動人的樂章，
至今仍令人無限懷念。

→瑪麗亞和他的孩子，油畫
瑪麗亞·沃爾康斯卡亞是俄國名將拉耶夫
斯基伯爵的女兒，丈夫流放時剛生下孩
子，但依然奔赴西伯利亞。

變革中的歐洲

法國大革命的產兒

聖西門1760年出生在法國巴黎一個封建貴族家庭，承襲伯爵爵位。他早年曾以此為榮，經常自豪地對別人說：「我是查理大帝的後裔。」

他幼年的家庭教師也不是等閒之輩——法國著名科學家、啟蒙思想家、百科全書派的達蘭貝爾。因此，聖西門從小便受到啟蒙思想的影響。聖西門自幼勤奮而自信，他每天早上起床時，都要僕人對他說：「偉大的伯爵，您要完成您偉大的使命，開始新的一天了。」

十九歲時，聖西門作為一名少尉奔赴北美，援助美國獨立戰爭。他受美國《獨立宣言》的影響，開始推崇民主思想。1789年法國大革命爆發時，許多貴族紛紛逃往國外，而聖西門此時卻急忙從國外返回巴黎。他不再以「查理大帝的後裔」自居，而是加入革命的洪流，發表演說，擁護革命，並主動放棄伯爵爵位，成為一名法國公民，還與農民一起參加勞動。

↑聖西門伯爵，油畫
聖西門出身於豪門望族，本身為伯爵，但他對封建專制和資產階級的本質有清晰的認識。

「包諾姆，請這樣摘花。」熱心的農民經常會對摘棉花的聖西門這樣說。「包諾姆」是聖西門參加革命後的新名字，即「老百姓」的意思。因此恩格斯說：聖西門是「法國大革命的產兒」，不過應該說他是一個投機者。因為他在革命中利用國家財產進行投機，從中謀利，賺過不少錢。隨著雅各賓專政對投機商的打擊，聖西門的家產被沒收，他本人也被投進監獄。正是因為這樣，使他對革命的態度轉為消極，以至後來發展到對暴力革命採取否定和敵視的態度。

1800年，斯塔爾夫人出版《論文學與社會制度》一書，聖西門看後興奮不已，他感到遇到紅顏知己，立刻從巴黎跑到她在日內瓦湖畔的住處，向她求婚。他說：「夫人，正像我是世界上最偉大的男人，你也是最偉大的女人。並且毫無疑問，我們的孩子將會更加偉大。」他所說的這句話成為後人的笑料，這椿婚事也沒有下文。因為這位法國女作家是百萬富翁、瑞士銀行家、原法國財政部長內克

【人文歷史百科】

聖西門的天才論

聖西門認為，社會歷史的發展過程不是偶然事件的聯結，而是與整個宇宙發展過程一樣按規律進行的，是一個連續的、上升的、進步的發展過程。他認為，封建制度崩潰後，由資本主義取而代之；而資本主義也終將走向衰亡，另一個更高級、更完善的社會制度，即所謂「實業制度」必然要出現。然而，在聖西門思想中，人民群眾並不是歷史的創造者，而「只有依靠有天才的人，才能在社會關係方面得到改造」。

爾的千金，雖然一年前與丈夫離婚，但她婚後的情人都是塔列朗、阿爾博內等名流。她的沙龍客人曾經是拉斐德、孔多塞、塔列朗、布里索等政界要人，連羅蘭夫人都吃她的醋，而此時她正暗戀著從來沒青睞過她的拿破崙，怎麼會認為聖西門是「最偉大的男人」呢？

不知是否與求婚未遂有關，總之聖西門開始發表作品。1802年發表第一篇著作《一個日內瓦居民給當代人的信》，接著是《人類科學概論》、《論歐洲社會、《論實業制度》、《實業家問答》、《新基督教》。這些著作成為一個系統的思想體系，便是後來人們所說的「理想社會主義」。

不切實際的理想

聖西門是思想史上一位有趣的人物，儘管他實際上並不瞭解科學，但他卻雄辯科學的重要意義。他甚至渴望一種由科學家當牧師的科學宗教，並且夢想物理學家就像是教皇那樣的人。

他還本著科學的態度，勾畫出一個理想國。那是一個絕對平等的社會，不承認任何特權，人們按照最有利於生產的方式組織起來，一切人都要從事勞動。國家實行議會制，由發明院、審查院和執行院組成的議會都由有能力的專家、學者負責。歐洲各國要在議會制基礎上，建立歐洲總議會，總部設在日內瓦。在實業制度下，人人要勞動，人人有勞動權，沒有失業者，實行「按能力計報酬，按工效定能力」的原則。這些設想雖有不切實際之處，卻包含對未來社會的重要猜測，成為後來科學社會主義的一個重要思想泉源。

聖西門曾一度把實現自己理想的希望寄託於拿破崙，可是滑鐵盧戰役後，他的希望徹底破滅。一直到1825年5月去世，他的觀點始終不被人接受。

↑斯塔爾夫人，拉布魯作品
斯塔爾夫人出生豪門，法國女作家，熱衷於社會活動，還有能說會道的口才，聖西門曾對她非常癡迷，不過也是空想。

富商出身的傅立葉反而揭露資本家剝削工人階級的奧祕,被恩格斯贊道:「傅立葉不僅是批評家,而且是自古以來最偉大的諷刺家之一。」

大宅門的叛逆者

三大理想家中,有兩位是法國人。一位是上面已經說過的聖西門,另一位則是比聖西門小十二歲的傅立葉。

1772 年 4 月 7 日,沙爾‧傅立葉出生在法國東部貝占桑的一個呢絨富商家庭。他父親文化不高,卻很善於理財。母親也是一位富商的後代。小傅立葉是一個十分誠實、富有同情心的孩子。他六歲時,一天跟著別人到父親的呢絨商店裡去玩。當他看到一個店員正在矇騙顧客,便跑過去戳穿騙局,沒讓顧客上當。老傅立葉知道這件事後,把小傅立葉痛打一頓,好讓他懂得什麼才是經商。

↑傅立葉的構想,漫畫
傅立葉的主題思想為「法郎吉」,由諸多的單位構成一個和諧的整體。

中學時,傅立葉是一名興趣廣泛、品學兼優的學生。他對幾何、物理和地理很有興趣,詩歌和繪畫學得也不錯,他還學會好幾種樂器,並且會作曲。在他的房間裡,總是擺著許多鮮花,這是他終生不變的習慣。然而,令人難以置信的是,他的理想竟然是想成為一名軍人。傅立葉中學畢業後,便想進入軍事工程學校學習,準備將來做個軍事工程師。可是他的父母卻一直想讓他成為一名傑出的商人。雖然傅立葉九歲時父親便去世,但狡猾的老傅立葉卻用一份遺囑依然約束著小傅立葉的人生選擇。他給家人留下兩萬法郎的遺產,並規定:兒子應得五分之二,三個女兒各得五分之一。但兒子必須年滿二十歲並從事商業時才能獲得這份遺產,如不經商便只能到三十歲後才能獲得。

因此,在母親的命令下,十八歲的傅立葉不得不到里昂的一位富商那裡做徒工,學習經商知識。以後又輾轉到巴黎、魯昂、馬賽、波爾多從事商業活動。他還先後到過英國、德國、荷蘭和奧屬尼德蘭,這為他提供觀察各種社會現象的好機會。

↑沙爾‧傅立葉,版畫
傅立葉出身於富商家庭,對商人和資本家剝削的祕密從小就有很深的認識,為揭露資本主義的黑暗奠定基礎。

從富商到一貧如洗

傅立葉二十歲時回到家鄉，終於接管他應得的那份遺產，開始獨立經商。此時，他似乎對商業發生興趣。他從馬塞購進大批貨物運往里昂，也想大發一筆。

可是他的運氣實在不太好，這時的法國正是吉倫特派倒臺的時候。雅各賓派正在到處搜捕吉倫特派代表，吉倫特派則到處進行演講，甚至煽動暴亂。工商業發達的里昂，則正是吉倫特派暴亂的中心，他們在那裡篡奪市領導權。傅立葉的全部庫存貨物，也被吉倫特政權強行徵用，他本人也被拉進吉倫特派組建的軍隊中，在戰鬥中險些喪命。

雅各賓黨人的軍隊攻克里昂後，傅立葉因支持叛軍的罪名而被逮捕。他的住宅一天曾多次被搜索，家中財物被洗劫一空。後來，傅立葉設法逃出里昂，回到家鄉。但因證件有問題，他在家鄉又遭逮捕，蹲進監獄，幸虧得到他表兄的營救，才被釋放。領教雅各賓派專政之後，傅立葉產生仇視暴力革命的思想。

1794年，根據當時的兵役法，傅立葉參軍入伍，被編入輕騎兵團。但此時他對軍隊生活已經沒有好感，兩年後便退伍離開部隊。但由於他此時沒有資本，只能靠打工維持生活，他先後做過

會計員、出納員、推銷員、發行員和經紀人。此時，一貧如洗的傅立葉開始對社會有更深刻的理解與認識。於是他開始構想一個理想中的和諧社會。

傅立葉所構想的社會，並非是胡思亂想，而是包含著許多文化內涵。他為使自己擁有更多的知識，一直利用業餘時間進行自學。哲學、經濟學、政治學、歷史學、倫理學、教育學、文學和自然科學都是他研讀的範圍，他還經常作社會調查研究，實際觀察資本主義制度的各種罪惡，從而最終樹立起一套理想社會主義體系。

一個蘋果的啓發

傅立葉說，他的學說是在1798至1802年間形成的，並且同牛頓一樣，都是因為受到一個蘋果的啓發。不同的是，牛頓受啓發後，研究出自然界的運動規律；傅立葉受啓發後，研究出社會的運動規律。

一次，傅立葉在巴黎的一家飯店吃飯。飯後，他買了一個蘋果，一付賬才發現竟花去十四個蘇（當時法國貨幣單

↑傅立葉門徒建立的「法郎吉」大廈，拍攝於1890年

位）。傅立葉大吃一驚——因為在外省，這個價錢可以買到一百多個同樣質量的蘋果。這裡面有什麼奧妙呢？

也許現在很多人都能明白是怎麼回事，但傅立葉卻研究了四、五年才找到答案，不過他的答案卻很深刻：蘋果的不同價格，說明社會存在著種種罪惡，都是資本主義制度造成的。他說，這個制度是「巧妙地掠奪窮人和使富人發財的組織」，富人是「坐在黃金上的階級」，他們掠奪窮人的財物使自己暴富。

傅立葉還列舉資本主義商業的三十六宗罪惡，其中有囤積居奇、投機倒把、買空賣空、哄抬物價、重利盤剝、摻假摻雜、製造饑荒、危害健康、偷運走私、販賣黑奴等等。當時，法國有八百萬窮人沒有麵包吃，卻有許多糧食被銷毀。二千五百萬人喝不上葡萄酒，卻有大量葡萄酒被倒進臭水溝。傅立葉給富商打工時，老闆便曾命令過他監督工人們將二百萬公斤大米扔到海裡。

於是，傅立葉開始拿起他那幽默辛辣的筆，抨擊資本主義制度。他諷刺說：在這個醜惡的社會裡，醫生盼著病人越多越好；建築師願意每天都來場火災，恨不得大火燒掉整條街，甚至是半

【人文歷史百科】

傅立葉學派的誕生

1829年，傅立葉出版《新的工業世界和社會事業》一書，這是他主要的代表作。在這部著作中，他全面地、系統地闡述自己的思想。從此，開始形成傅立葉學派。1832年6月，傅立葉出版《法倫斯泰爾》雜誌，並在他的信徒繆隆和薇古爾的資助下，在傅立葉的家鄉辦起第一個小規模的「法郎吉」。到1833年，已經發展到二百個積極擁護者。1836年，又出版《法郎吉》雜誌，這兩種雜誌對宣傳傅立葉主義起重要作用。

個城；玻璃商渴望下場冰雹，把城裡所有人家的玻璃窗砸個粉碎；律師則希望人們天天打官司……。人們把自己的幸福建築在別人的痛苦之上，這就是資本主義的實質！資本主義的法律，也不過是將偷一顆大白菜的窮人送上絞架，而讓盜竊國家鉅款的富商逍遙法外。

從1803年至1807年，傅立葉撰寫大量手稿，但國內的書商卻對他的作品不感興趣。1808年，他匿名發表重要理論著作《關於四種運動和普遍命運的理論》，他向國內外市場發書，積極推廣他與牛頓相媲美的新「發現」，結果讀者寥寥無幾，上層社會懷疑這本書是「大腦病患者的產物」。

不過，傅立葉那充滿睿智、嬉笑怒罵、妙趣橫生的文筆，後來受到恩格斯

→ 傅立葉設想的法郎吉
和諧社會是由許多「法郎吉」組成，每個「法郎吉」擁有一座大廈，大廈的主樓中有食堂、交易所、教堂、電報局、圖書館和冬季花園等。

的賞識，他說：「傅立葉不僅是批評家，而且是自古以來最偉大的諷刺家之一。」

傅立葉的「法郎吉」

傅立葉這位大理想家，畢竟也得面對現實的穿衣吃飯問題，所以他不得不用大部分時間來給別人打工。不過到1811年，他就可以把全部精力用在「理想」上了。因為這一年他母親去世，而她的遺囑卻是要求三個女兒每年付給傅立葉的九百法郎。

傅立葉構想的和諧社會是由許多「法郎吉」組成。法郎吉在希臘語中是「步兵隊伍」的意思，傅立葉想讓他構想的社會各組織像部隊一樣齊整。每個「法郎吉」有一千九百人，分成果園隊、種菜隊、木工隊、紡織隊等許多生產隊。每個「法郎吉」擁有一座大廈，大廈的主樓中有食堂、交易所、教堂、電報局、圖書館和冬季花園等。大廈裡的房間有大有小，設備有高級的，也有普

↑「和諧社會」漫畫，十九世紀末繪
該漫畫對傅立葉構想的「和諧社會」進行了絕妙的諷刺，把傅立葉描繪成妄想把世界玩弄於股掌之間的人。

通的，食品有山珍海味，也有粗茶淡飯。每個人可以按自己的收入多少，租用不同的住房，選吃不同的飯菜。

1832年，傅立葉的門徒真的建起一個「法郎吉」，不過規模較小，只有一百五十人參加，在傅立葉的領導下，這個「法郎吉」僅存活一年。

他還登過一條廣告，說明自己每天中午在家等待支持「法郎吉」的富人捐款。據說他每天不管多忙，總要在中午趕回家，整整齊齊穿上藍色的大禮服，圍上一條白色的圍巾，在家裡耐心等候。但直到1837年10月10日他逝世的那一天，也沒有等到一個前來捐款的富翁。

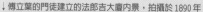
↓傅立葉的門徒建立的法郎吉大廈內景，拍攝於1890年

變革中的歐洲

117

歐洲著名的慈善家、「新和諧」公社的創立者、為廢除私有制奮鬥終身的理想社會主義者——歐文，因其認識的局限，所作的一切努力都以失敗而告終。

轟動歐洲的慈善家

三大理想家之一的歐文與前兩位的區別是：他是一位英國人，他的理想主義是建立在工業革命基礎上的，並且他本身也是一位實幹家——歐文按照自己理論，建立一個既增加工廠業主的財富，又增加工人收入的工廠。

歐文比傅立葉年長一歲，出身窮苦，父親是一個手藝人，小歐文十歲時便開始在倫敦自謀生路。他先當學徒，後到一家服裝店當店員。十九歲時，他自己辦起一個工廠，不過規模很小，只有 3 名工人。可是在歐文的管理下，效益可觀，一年就賺進三百英鎊。很快，歐文的管理才能被一些資本家看中，一家擁有五百人的紡紗廠老闆請他去當經理。歐文一去，便按照自己的理論進行試驗。沒過多久，產品質量提高，利潤上升。從此，歐文成英國資本家眼中的人才。

↑ 新拉納克全景圖，十九世紀末繪
歐文在拉納克的改革取得了巨大的成功，所採用的方式有共產主義思想的雛形。

1800 年，二十九歲的歐文到英國拉納克擔任一家大紗廠的經理，管理兩千五百名工人。歐文在這裡按照自己的理論進行大規模試驗。這裡的工人原來每天要工作十三～十四個小時，工資卻少得可憐，還經常受到監工的鞭打。歐文則把工人的勞動時間縮短為十個半小時，並且提高工資、增加福利待遇。他為工人修建新的住宅，設立公共廚房、食堂和平價商店，又成立工人互助積金會、保險和醫院等部門，並將原來的鞭打改為說服教育。歐文還為工人的孩子著想，辦起托兒所、幼稚園和學校。

歐文的這些改革，花費不少錢，但由於工人們的勞動積極性大大提高，使總產值也向上翻升，新拉納克變成「模範移民區」。在那裡，員警和法官們無事可做——工人們遵紀守法，文明禮貌。

於是，各國的達官貴人、王公大

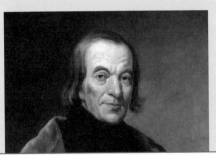

↑ 社會改革家歐文，約翰·克蘭斯作品
歐文自學成才，1800 年 1 月擔任拉納克紗廠經理，推行改革計畫，一度獲得很大成功。1824 年去美國試辦共產主義新村「新和諧」村，結果失敗。

臣、大小資產者和慈善家，紛紛到新拉納克參觀、訪問，都想知道歐文獲得優厚利潤的祕密。歐文成歐洲最有名望的「慈善家」。

「新和諧」公社

「新拉納克」的改革雖然轟動歐洲，但歐文卻不認為這是一項成功的實驗。因為他發現工人們雖然提高了薪水與待遇，但他們的地位並沒有改變，仍然是工廠業主管理下的奴隸。

歐文終於認識到，這一切都是由可惡的私有製造成的。歐文雖然懂得資本主義剝削的祕密，但他不想利用這個祕密發財致富，他想建立一個沒有剝削的國度。這樣，歐文便由一名資本家變成理想社會主義者。

當歐文把自己的這一理論公布於眾時，卻受到權貴們的排斥。當他還是一個「慈善家」時，王公貴族都願意聽他講話，可是當他提出理想社會主義的理論後，資產階級、反動僧侶和政府官員

【人文歷史百科】
歐文的哲學著作
歐文的代表作有：《新社會觀》、《論工業制度的影響》、《致工業和勞動貧民救濟協會委員會報告書》、《致拉納克郡報告》和《新道德世界書》等。歐文在這些著作中，系統闡述自己的社會思想體系和改造社會的詳細計畫。他的關於消滅工農差別、城鄉差別、腦力勞動和體力勞動差別的思想，平等勞動的義務和平等取得產品的權利的思想，以及教育和生產勞動相結合的思想，至今仍然閃耀著真理的光芒。

便開始討厭他，甚至開始攻擊和迫害他，封鎖他的言論。但歐文沒有動搖自己的信念，在繼續著書立說的同時，開始大膽的實踐。

1824年，歐文漂洋過海來到美國，在印第安那州買下三萬英畝的土地和一些房屋，建立一個名叫「新和諧」的公社。在這裡實行財產公有制，沒有階級，沒有壓迫，人們各盡所能，按需分配。既可以從事工業勞動，還可以做科學研究。這裡還設立較為完善的教育機構，全面培養人才。

歐文幻想藉由這個實驗，先成立一個模範公社，然後把他理想的公有制社會傳遍全球，造福全人類。可惜的是，這個「新和諧」公社慘澹經營四年之後，遭到徹底的失敗。最後歐文只得用低價變賣土地、房屋，結果損失四萬英鎊，使歐文幾乎失去全部財產。

↑ 現在的新拉納克
新拉納克位於蘇格蘭，至今仍保存完好，已被列為世界文化遺產。

前門趕走虎，後門引來狼。巴黎人民在「七月革命」中推翻波旁王朝的統治，政權卻落到代表大資產階級利益的「七月王朝」手中。

封建王朝的復辟

拿破崙倒臺後，波旁王朝又恢復統治。1814年，流亡歐洲的路易十八在反法聯軍的護送下返回法國，登上國王的寶座。可是他已經不再是封建王朝的君王，而是「君主立憲制」政體下一位徒有虛名的國王。

路易十八很聰明，明白要完全恢復舊制度是不切實際的。所以他在1814年頒布的憲法裡，一方面說明「法國的權力掌握於國王」，另一方面又不得不把立法權授予由貴族院和眾議院組成的議會。面對當時形勢，復辟王朝不得不接受大革命所帶來的變化，包括宗教寬容、法律面前人人平等的原則以及《拿破崙法典》等等。更重要的是，在革命時期和拿破崙時期所實行的關於所有制性質和財產分配方面的變革，復辟王朝也不得不全盤接受。那些已經轉到資產階級和農民手中的地產，仍歸新主人所有。

儘管法國的經濟仍然在沿著資本主義的道路發展，但是擁有統治權的貴族和教士卻在逐漸恢復著封建制度，他們的理想是回到1789年以前的法國。但路易十八明白這不是短時間內可以做成的事情，所以他除了將十萬名有政治危險的官員革除和在1822年鎮壓燒炭黨的起義外，便沒有再做什麼大事。

1824年，路易十八去世，他的弟弟阿圖瓦伯爵繼承王位，稱查理十世，此時他已經是六十七歲的老頭了。查理十世一上臺，立即著手全面恢復波旁王朝舊日權威的種種倒行逆施。查理十世極端憎恨君主立憲制，他說：「寧可去做樵夫，也決不做英國國王那樣的虛君！」

查理十世公然任命天主教教士管理國家教育。他又下令撥付十億法郎以補償歸國的亡命貴族在革命時期被沒收的土地。他還任命頑固派中的頑固派波林雅克爲首相，推行反動政策。

↑路易十八的復辟，吉恩·路易士作品
該畫面描繪的是路易十八在俄國、英國、普魯士等國君主的扶助下復辟時的場面：路易十八端坐在王宮陽臺上，法軍將領向他宣誓效忠。身後是反法聯盟的封建君主和將領。

七月王朝的建立

　　十億法郎的補償金，使國債利息從5％降到3％，這樣直接觸動資產階級的利益，於是資產階級得出結論：查理十世不僅無用，反而有害。

　　為推翻復辟的波旁王朝，處於祕密狀態的燒炭黨和共和派團體都活躍起來。1830年，資產階級自由派在議會選舉中大獲全勝。查理十世不想成為虛君，決心實施鐵腕統治，他頒布《七月敕令》，宣布解散新選舉的眾議院，重新選舉；減少議員人數，重定選舉資格，以限制和取消工商業企業主的選舉權；對報刊實行檢查制度，取消出版自由。

　　查理十世的《七月敕令》正好成為資產階級起義的藉口，他們煽動學生、工人與農民對波旁王朝的憎恨，最終爆發七月革命。7月26日，成千上萬的群眾走上街頭，高呼：「打倒波旁王朝！」「自由萬歲！」

↑《自由引導人民》，德拉克洛瓦作品

反映七月革命的《自由引導人民》是德拉克洛瓦最具有浪漫主義色彩的作品，以奔放的熱情歌頌了工人、小資產階級和知識分子參加的革命運動，高舉三色旗的象徵自由女神形象突出地體現了浪漫主義特徵。

【人文歷史百科】

「燒炭黨」

1821年法國出現一個祕密團體——燒炭黨。它企圖用軍事密謀的方法推翻波旁王朝。這一團體的主要成員為退伍軍官、律師、大學生、商業從業員及自由主義工業家。拉法葉將軍是其中著名的活動家之一。燒炭黨在各地的軍隊及軍官中展開活動，並且準備在1822年元旦以伯爾福城為中心發動革命。但密謀為警方偵悉，多人遭到逮捕，因而革命被扼殺在搖籃中。但這個組織卻沒有被消滅掉，七月王朝的建立，也有他們的一份功勞。

　　查理十世頑固到底，派軍隊與員警鎮壓遊行隊伍。27日夜，忍無可忍的巴黎人民發動武裝起義。起義者築起街壘，與軍隊對抗。28日，起義者在巴黎築起上千個街壘，與國王的軍隊展開激戰。戰鬥中，軍隊紛紛倒戈，投向起義人民的陣營。起義人民控制巴黎的大部分城區。7月29日，守衛旺多姆廣場的軍隊集體倒向人民一方，查理十世逃亡巴黎城外。目睹這一歷史性場面的塔列朗說：「十二時五分，波旁王朝的統治結束。」這便是法國歷史上的「光榮三日」。「光榮三日」使一度禁止的《馬賽曲》復活。

　　8月7日，眾議院召路易‧菲力浦即位，建立君主立憲制的七月王朝。而這位菲力浦，便是法國革命中的激進派領袖奧爾良公爵，他是無褲黨的支持者，所以被稱為「平民皇帝」。而實際上，他只保護資產階級的利益，所以稱其為「錢袋子國王」更為適合。

變革中的歐洲

121

037.里昂工人起義

哪裡有壓迫，哪裡就有反抗。里昂紡織工人起義，代表著工人階級作為獨立的政治力量登上政治舞臺。

不可調和的矛盾

七月王朝只代表大資產階級的利益，所以工人階級的生活陷入更加悲慘的境地。當更多的理想社會主義者為理想奔走呼籲時，法國里昂的紡織工人已經率先採取實際的鬥爭。

里昂是法國工商業極其發達的一座城市。從十六世紀起，它出產的絲綢暢銷全歐洲，因此有「絲綢之城」的美譽。里昂城市中心一片繁華景象，街道整潔，店鋪林立，穿戴講究的紳士與貴婦們款款而行。可是在工業區卻是另一番情景。這裡街道狹窄而髒亂，低矮破舊的作坊裡是面色蒼白、骨瘦如柴的紡織工人，其中有許多是營養不良的童工。他們一天工作十五到十六個小時，一天的收入只能買一磅麵包。居住的房子破舊不堪，難避風雨。有的工人甚至沒有住處，只能露宿街頭，或者睡在機器下面。

工人們被迫無奈，終於開始反抗。

1831 年 10 月，工人代表提出工資標準草案，與資本家進行談判。當天，六千名紡織工人放下手中的工作，來到市政廳門前示威，聲援工人代表，然後高唱著《馬賽曲》來到會議廳外。資本家們慌作一團，不敢再堅持自己的主張，經過一番較為「忍讓」的討價還價，在這天深夜，終於同意工人代表們的要求——通過「工資標準協議」。工人們終於得到自己應得的權利，。這一夜，整個里昂的工人區沸騰了，人們都沉浸在歡天喜地的氣氛中。

可是，資本家卻不是真的想給工人們提高工資，這只不過是他們的緩兵之計。他們派人向內閣總理告狀，反對工資標準協議。政府立即根據製造商的要求否決這項協議，還準備用武力鎮壓工人。當時駐守里昂的將軍羅蓋不屑地

↑里昂的絲綢工人，油畫
該畫面描繪的是絲綢工人向資本家繳納產品時的情景：蠻橫的資本家目光苛刻，態度蠻橫；可憐的工人臉上充滿了無奈與悲哀。

說：「如果工人敢於造反，那我就叫他們肚皮開花。」資本家們有軍隊的支持，便無所顧忌起來，立刻背信棄義地撕毀協議，不給工人提高一分錢的工資。

毋寧戰鬥而死！

工人們滿懷希望地等了三個星期，但是工資卻還是老樣子，被欺騙的工人發怒了。1831年11月21日清晨，一支兩千人組成的遊行隊伍從工人區出發，開赴里昂市中心。

此時，工人區通向里昂的城門已有重兵把守。工人們沒有被嚇倒，他們憤怒地喊著：「放我們過去！」而守城的軍官卻粗暴地訓斥著：「全給我回去，不然只有死路一條。」這時一位年輕工人一邊高喊著：「兄弟們，咱們衝過去！」一邊向前猛衝。軍隊開槍了，這位年輕工人倒在血泊中。工人們憤怒了，一齊呼喊著向前衝，用木棍、腰刀、石頭與拳頭同敵人搏鬥。接著，他們在城門外築起街壘，用奪來的武器向敵人射擊。

槍聲傳到了工人區，這裡的工人們立即湧向軍械鋪，用裡面的槍支、彈藥和刀劍武裝起來，一齊向政府軍發動猛攻，終於破門而入，衝進城裡。

↑野蠻的屠殺，油畫
畫面描繪的是對里昂起義工人鎮壓時的情景。中心人物是一個負傷的起義工人，街壘前布滿屍體，政府軍不斷開來。

工人們用石頭、燈柱、貨車、木板和桌櫃築起了一處處街壘。缺少子彈，便把機器上的鉛質零件拆下，熔製成小塊頂替。婦女們做飯，護理傷員。兒童們送子彈，送食物，甚至有的直接拿起槍。工人們越戰越勇，從四面八方向市政廳推進。

第二天早晨，曾經誇下海口的羅蓋開始焦躁不安地盤算著脫身之計。他心驚膽戰地挨到深夜，急忙帶領著殘兵逃出城外。23日清晨，起義隊伍占領整個里昂城。

由於工人們只是想獲得自己的權利，並不想推翻政府，所以他們仍然聽從省長與官吏們的命令，甚至邀請警察局長也參加他們的辯論會。而政府官員們卻在國王的支持下調來大批軍隊。12月1日，六萬名政府軍包圍里昂城。經過三天激戰，革命隊伍遭到血腥鎮壓。1834年，里昂工人再次起義，再度失敗。然而，這次起義卻宣告無產階級開始登上政治舞臺。

變革中的歐洲

123

↑古老的里昂市政廳
古老的里昂市政廳是一座羅馬式建築，里昂紡織工人起義就是以這裡為中心爆發。

038.英國憲章運動

從 1839 年開始，一場為爭取普選權為核心的運動席捲英倫三島，被列寧稱為「世界上第一次廣泛的、真正群眾性的、政治性的無產階級革命運動」

英國無產者的覺醒

英國十八世紀六〇年代開始出現工業革命，「羊吃人」的圈地運動打破中世紀寧靜的田園生活。一直到十九世紀初，龐大的廠房、高效率的大機器生產給資產階級帶來巨額財富。可是帶給下層階級的，卻是極其低下的工資，每天十六到十八小時的工作時間。工人們居住破爛骯髒的屋子裡，傷寒、瘧疾與肺病時刻威脅著生命。

一位政府巡視員這樣描寫拉斯哥城的工人區，「每間小屋裡擠住著十五到二十名工人，他們的被子是一束半腐爛的麥秸混著破布條，「房屋骯髒、潮濕、破陋到馬都不能拴在裡面。」

工人們迫切要求改變自己的悲慘處境，在受到資產階級的欺騙以及對工人罷工和工會運動的鎮壓後，工人們覺

↑洛維特肖像，油畫
洛維特是木匠出身，組織成立了「倫敦工人協會」，負責起草包括六點要求的請願書，即《人民憲章》。

醒，不再以資產階級作為自己的代言人。

1836 年 6 月，一批富裕的工匠在木匠洛維特的領導下，組織了「倫敦工人協會」。該協會於 1837 年 2 月 28 日在海濱的皇冠和鐵錨酒家開會，提出了一個包括六點要求的請願書，核心內容是工人可以得到普選權，參與政治。

一年後，這六條要求以《人民憲章》的名義公布於眾，很多地方的工人召開大會表示對憲章的支持。此後，爭取實現憲章內容的鬥爭就稱為「憲章運動」。

1839 年 2 月 4 日，第一屆憲章派代表大會在倫敦召開。到 5 月，在國民請願書上簽名者已達二十萬人。6 月 14 日，重達五十公斤的請願書被放在一個用彩旗裝飾起來的長擔架上抬進議會。但議會在討論請願書時，以二百三十五票對四十六票將之否決。消息傳出，各地工人紛紛舉行示威遊行，結果卻遭到政府軍警的鎮壓，許多憲章派領導人也被逮捕。在這個沉重的打擊下，代表大會只好在 9 月 12 日宣布解散。

可是群眾並沒有停止鬥爭，而是轉入地下活動，並且積極準備武裝起義。

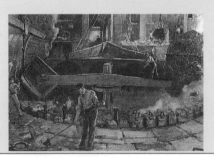
↑英國煉鐵工人，貝瑟摩作品
工業革命的完成，英國實現大機器化生產，也導致了大批工人的失業。有工作的工人勞動時間長，而報酬很低。

憲章運動的興衰

1839年11月3日夜間，武裝起來的近萬名礦工，在約翰·佛洛斯特的率領下冒著傾盆大雨，準備去營救關押在新港的文森特等憲章派領導人。由於遭到埋伏，經過二十分鐘的激戰，起義失敗。包括佛洛斯特在內有一百二十人被捕，憲章運動暫時進入低潮。

1841年由於經濟危機和農業歉收引起的饑荒，再次引起憲章運動熱潮。8月30日，原憲章派領導人之一的歐康諾出獄後，積極領導第二次請願運動。隔年，「憲章派協會」會員總數已達五萬人。這次請願除原先六條外，還陳述勞動人民的苦難：統治者窮奢極欲，被統治者受苦挨餓。維多利亞女皇每天的收入是一百六十四鎊十七先令六十便士，她的丈夫艾爾伯特親王的日收入是一百零四鎊二十先令，而千百萬工人每天每人的收入只有兩三個便士。譴責政府的員警統治與暴政，支持愛爾蘭人民爭取獨立的鬥爭。

這次高潮的特點是清一色的工人運動，在請願書上簽名的達三百三十萬人。由於請願書有六英哩之長，必須切去一段之後，才能送進議會大廳，所以送到議會的只是檔的一部分。議會以四十九票贊成二百八十七票反對被否決，引起了工人激烈的抗議，形成了8月罷工浪潮。最後，罷工遭到鎮壓，一千五百名憲章運動領導人和活動分子被投入監獄。憲章運動又陷入沉寂之中。

1847年的週期性經濟危機與1848年法國二月革命的爆發，成憲章運動第三次高漲的推動力。1848年4月10日，憲章派代表們將重達六百四十四英磅重的請願書送往下院。在下院議會上，憲章派代表與國會議員進行激烈的辯論，最終還是否決請願書。憲章運動自此進入低潮。

憲章運動雖然失敗，但卻具有重要的歷史意義。列寧稱它為「世界上第一次廣泛的、真正群眾性的、政治性的無產階級革命運動。」

【人文歷史百科】

《人民憲章》

1837年2月28日「倫敦工人協會」召開會議提出的六點要求是：要求年滿二十一歲，精神健全的男子，都有選舉權；要求無記名投票；議會議員不應有財產資格的限制；議員應支付薪金；平均分配選舉區；議會每年改選一次。1837年5月和6月間，「倫敦工人協會」的領導人和議會中的一些激進的議員在一起開會，大家同意根據六點要求起草一個檔，由洛維特負責執筆，這就是《人民憲章》，這次運動的名稱也由此而來。

變革中的歐洲

125

暴發戶家中的叛逆者

巴爾扎克的祖上一直是窮人，不過1799年5月20日他在法國杜爾城出生時，已經可以算作是富家小少爺了。因為，他的父親在拿破崙戰爭中發了財，成了有錢的官吏與金融實業家，後娶了巴黎一位呢絨商的女兒為妻。

老巴爾扎克為了兒子以後更有出息，把七歲的兒送進了管理嚴格的歐瑞多教會學校讀書。然而巴爾扎克卻不是讓父母省心的孩子，除課外書外，他對各種課程毫無興趣。為此他經常受到訓斥、打罵，甚至監禁。對他來說，這裡無異於一座監獄。

1814年，巴爾扎克隨同全家人遷居巴黎，他進入黎畢德拉先生辦的寄宿學校。在這裡，他的拉丁文竟然考倒數第三名。以至於他的母親懷疑他是個廢物。但他仍然完成學業，更確切地說應該是他父親的錢支持他拿到中學畢業證。

1816年巴爾扎克進入法學院讀大學。這是他父母幫他選擇的學校，因為他們希望兒子將來能成為一名有地位的律師。父母曾先後安排他在一位訴訟代理人和一位公證人的事務所見習。可是巴爾扎克對律師行業卻不感興趣，他的理想是要當文學家——儘管他一直在這方面沒有什麼突出的才能。

1819年春，大學剛畢業的巴爾扎克在律師事務所「造反」，他把那些案卷拋在桌子上摔門而出，回到家裡鄭重宣布：「決不去做律師，而要去當文學家。」一直懷疑兒子智力低下的雙親聽到這個決定無異於五雷轟頂。經過激烈的爭論，父母決定給巴爾扎克兩年的試驗期。在這期間，每月付給他一百二十法郎的生活費，期滿後，如未獲得成功，就得乖乖地回到律師事務所的凳子上去，否則就取消他的生活費。

坎坷的文學創作之路

1819年秋天，巴爾扎克搬進父母為他租賃的工作室。這個工作室冬冷夏熱，卻飽含著父母對兒子的一片關懷——他們想，當兒子在這裡凍得發抖、餓得肚子咕咕直叫的時候，就會回心轉意去當律師。

← 巴爾扎克肖像，油畫
巴爾扎克是享譽世界的偉大作家，也是一位多產的作家，但一生貧困潦倒，不修邊幅。該肖像衣著整齊，較為少見。

不過巴爾扎克卻在這個又髒又破的工作室裡開始雄心勃勃的創作。他決定選取歷史題材，寫一部悲劇，取名《克倫威爾》。他不分晝夜地創作著。經過幾個月奮戰，終於完稿。他興致勃勃地跑回家裡，對家裡人和幾位朋友朗讀他的劇本。他滔滔不絕地一連念了三、四個小時，可是聽眾席上卻傳來鼾聲。一位法蘭西學院的院士看過劇本後表示：「這位作者隨便幹什麼都行，只要不搞文學。」

巴爾扎克並不灰心，繼續以極大的熱情投入於文學創作。可是，眼看兩年試驗期便要到，他再堅持便會失去經濟來源。為此，從1821年開始，他以各種筆名為書商撰寫流行小說。不過這些小說寫得很糟糕，以至於巴爾扎克成名後始終不肯承認這是他的作品。

兩年試驗期滿後，巴爾扎克生活上開始陷入貧困。以至於他每天的飲食只有數量不多的水與麵包。不過他有一個享受豐富美味的絕招：每當就餐，便在桌子上畫上一隻只盤子，上面寫上「香腸」「火腿」「乳酪」「牛排」等字樣，然後在想像的歡樂中狼吞虎嚥。更令人不可思議的是，在這樣窘困的日子裡，他竟然花七百法郎買了一根鑲著瑪瑙石的粗大手杖，並在手杖上刻了一行字：我將粉碎一切障礙。其實，這根手杖他沒花一分錢，只是寫了一張欠條。

雖然巴爾扎克的決心可嘉，但是接二連三的退稿使他甚至無法得到少量的麵包。在這種情況下，他也只得放棄文學，另謀生路。

《朱安黨人》的發表

1825春，巴爾扎克開始棄文經商。不過他不是從事小商小販的小買賣，而是去做一名出版商──他準備出版莫里哀、拉·方登兩位法國古典作家的作品。

他依靠朋友與合夥人的幫助，集聚必須的資金，準備盡快地付印這兩部書稿，但狡猾的批發商見他沒有經驗，便

巴爾扎克雕像，羅丹作。該青銅雕像是羅丹最重要的雕塑作品，歷時六年完成，把巴爾扎克刻畫成一個在靈感的召喚下，深夜裹著睡袍沉浸在強烈的創作激情中的形象。

變革中的歐洲

127

將帶污點的劣質紙張賣給他。書稿在排印時又用非常小的字體，結果印出來的書，連視力最好的人看了也感到疲憊。最終這些書被擱在印字館裡，一年只賣出二十本。這一年巴爾扎克負債一萬五千法郎。

巴爾扎克接著又當一家印刷廠的老闆。他想自己寫書，自己編書，自己印刷，自己出版，但是又失敗。到 1828 年，他已欠債九萬法郎。大量的欠款壓得他透不過氣來：警察局下通緝令，要拘禁他；債權人半夜敲門討債，使他沒有片刻安寧。在這種情況下，他只好隱姓埋名，躲進母親為他租賃的那間小屋，反鎖上門，繼續從事文學創作。

一切挫折都在他的筆下轉化為成功的創作素材，並且巴爾扎克從來沒有放棄過對文學的探索，在 1829 年終於寫出了一部像樣的作品——《朱安黨人》。這部長篇小說出版時，上面第一次署了真名：巴爾扎克。雖然這部小說並沒有在法國社會上引起巨大反響，卻為巴爾扎克在文學界贏得一個穩固的地位，它標

↑《朱安黨人》劇照，巴黎歌劇院上演
巴爾扎克的許多小說被改編為話劇、歌劇等，此為歌劇《朱安黨人》劇照。

誌著巴爾扎克現實主義創作道路的開始。

這部小說反映法國 1795～1799 年間的歷史，描寫的是共和黨人與保王黨之間的鬥爭。為寫好這部小說，巴爾扎克用幾個月的時間，閱讀大量的資料，包括地圖和當時雙方軍隊的活動情況。他以現實主義的目光，洞察這場戰爭的本質，歌頌共和國軍隊的普通戰士。

從此，巴爾扎克的文學創作開始進入創作的高峰期。

【人文歷史百科】

《歐也妮·葛朗臺》

在巴爾扎克的〈人間喜劇〉中優秀的作品很多，最著名的作品是〈歐也妮·葛朗臺〉〈高老頭〉〈夏培上校〉〈幻滅〉〈貝姨〉〈邦斯舅舅〉等。巴爾扎克的〈歐也妮·葛朗臺〉是〈人間喜劇〉中的重要的長篇之一。在這部作品裡，塑造凶狠殘忍、貪婪吝嗇的資產者葛朗臺的形象，揭露資本主義社會人與人之間的金錢關係。作者自稱這部書是他「最出色的書稿之一」。

↑ 巴爾扎克故居
巴爾扎克故居現在已被開闢為巴爾扎克紀念館，吸引眾多崇拜者來此瞻仰。

《人間喜劇》

從 1830 年開始，巴爾扎克以目不暇給的速度接連發表小說，部部引人矚目。及至 1833 年《歐也妮‧葛朗臺》問世，他已成爲享譽歐洲的著名作家。

1834 年，他決定將自己的所有作品系列化。起初，他將這個龐大的作品框架命名爲《社會研究》，後因受但丁《神曲》的影響改爲《人間喜劇》，下設「風俗研究」、「哲理研究」和「分析研究」三個部分。巴爾扎克想把人世間的一切紛爭角逐、悲歡離合喻爲人生大舞臺上的一個個場景，一幕幕悲喜劇。

巴爾扎克原計劃寫一百三十七部作品，後來只完成九十六部。這部包羅萬

↑ 法文版《歐也妮‧葛朗臺》封面

象的巨著可以說是法國社會、特別是巴黎「上流社會」的現實主義歷史，它既是封建社會的沒落衰亡史，又是資產階級的罪惡發家史。

巴爾扎克想成爲「文學上的拿破崙」，他特意在書房裡擺設拿破崙的塑像，還寫了一句話：「我要用筆完成他用劍所未能完成的事業。」他經常每天晚上八點鐘上床，半夜十二點起床，披上聖多明哥式的僧袍，點起四支蠟燭，一口氣工作十六個小時。爲了保持精力，他每天飲用大量的咖啡。他對校樣總是改了又改，有時是大段大段地重寫。《老處女》這部小說從手稿到出版，他改了九次。

巴爾扎克如此勤奮地寫作，主要是因爲錢袋空空。到逝世前，他已欠下了二十一萬法郎的債務，所以他只能寫作寫作再寫作。早在 1842 年，他患上心臟病，但仍然夜以繼日地工作。1850 年 8 月，他的心臟病再度發作，奪去他的生命。

巴爾扎克生前沒有獲得任何官方的榮譽，死後則與托爾斯泰齊名，並稱爲現實主義文學劃時代的大師。

↓ 創作中的巴爾扎克，漫畫
巴爾扎克用犀利的筆勾勒出當時法國社會中形形色色的醜惡現象。漫畫中的他是用放大鏡來觀察釘在恥辱柱上的高老頭、葛朗臺之流的嘴臉，生動形象。

拜倫性格怪癖，筆下的拜倫式英雄以及他本人的傳奇般的個性對一代又一代的人產生了巨大的影響。

跛子拜倫

拜倫的一生可以說是毀譽參半。他的榮譽來自於他那些富有浪漫情懷的長詩和他為自由而戰的動人事蹟；對他的詆毀，則來自於他生活的放蕩與嚴重的亂倫。

喬治·戈登·拜倫出生於一個名聲有些問題的貴族家庭，於 1788 年 1 月 22 日降生在英國的倫敦。由於他出生時右腳畸形，母親便讓女僕用繃帶綁住他的雙腳，希望用這種辦法治好他的殘疾，疼得小拜倫整天大聲啼哭，鄰居們都說這是「老天報應」。

↑瘋子傑克，油畫
拜倫的父親約翰·傑克·拜倫曾供職於英國海軍，瀟灑俊美，一表人才，但心靈醜陋，性格粗暴，行為不端，被稱為「瘋子傑克」。

他的父親傑克曾供職於英國海軍，一生放蕩粗野，喜新厭舊，人送外號「瘋子傑克」。傑克將妻子的財產揮霍一空後，為避債逃到法國，並於 1791 年客死它鄉，此時拜倫才三歲。拜倫的母親曾是一位很有錢的蘇格蘭人，她很自負，有些神經質，於是拜倫從小就成為心態不平的母親的施暴對象。

拜倫不但繼承了母親衝動、乖戾與狂暴，還繼承父系祖先的半瘋家族病。

因而，衝動、狂暴與感傷、抑鬱在拜倫身上形成奇異的混合，鑄成一種獨特的「拜倫式的性格」。

拜倫十歲時，他的叔祖去世。拜倫繼承爵位，並繼承稱為「紐斯臺德寺院」的大宅邸和已經抵押出去的或已趨於衰敗的產業。

拜倫對自己的殘疾很敏感，所以一生最怕聽到「跛」字。上學後，他常常自慚形穢，很少與周圍的同學一起玩。有一次，一名叫印司的學生強迫他用一隻腳套著一隻籃子，一瘸一拐地繞操場走一周，還讓他學貓叫狗叫。拜倫受到欺負後，暗暗發誓：「一定要以牙還牙，討回公道。」他開始艱苦地鍛鍊身體，練習拳擊。終於有一天，在操場上把身體健壯的印司打倒。

拜倫不怯懦、不服輸，同情弱小，反抗暴虐，漸漸的在師生之間獲得好評。他一生都堅持這樣的原則。

一夜成名

1805 年拜倫進入英國劍橋大學學習文學與歷史，他在那裡住著價錢很貴的

←青年拜倫
青年拜倫以英俊而著名，再加上貴族血統，是當時社交場合的名人。

嘛。

宿舍，僕人好幾個，並且還飼一頭熊。放蕩的他經常光顧當地的妓院，偶爾從倫敦尋找更優質的服務，同時也從事射擊、賭博、飲酒、打獵、游泳等各種活動。

在普通人看來，拜倫是個惹事生非的學生，破壞紀律，愛搞惡作劇，忽視指定的功課，但卻廣泛閱讀歐洲和英國的文學、哲學和歷史著作。總之，年輕時代的他可以用「生活放蕩，債臺高築」八個字來形容。他在大學讀書時，還出版第一本詩集《閒散的時光》。結果這本詩集卻受到湖畔詩派的詩人們的非難，使拜倫的自尊心大受傷害。於是在1809年，大學剛畢業的他出版《英格蘭詩人和蘇格蘭評論家》的諷刺詩作為回答，辛辣嘲諷當時已成名的湖畔詩派的代表人物華茲華斯的作品是寫著「最乏味的思想」，使用著「不是單純的、卻是稚氣的語言」，抨擊這個詩派脫離當時社會的重大問題，而把人們引向封建社會的過去，批評他們的詩作是神祕主義的夢

1809年3月，拜倫作為世襲貴族進入貴族院，但卻受到歧視。於是拜倫帶著一種憤懣的心情離開祖國，先後遊歷葡萄牙、西班牙、馬爾他、阿爾巴尼亞、希臘、土耳其等地。在旅途中，他著手創作長詩《恰爾德·哈樂德》，回國後完成第一、二章。1812年2月20日《恰爾德·哈樂德》第一、二章出版，全城為之轟動，不到三天第一版全部賣完。拜倫說：「我一覺醒來，發現我已成為名人了。」

此時，拜倫已長成一個非常漂亮的青年，住在紐斯臺德寺院，不斷進入倫敦社交界，在上議院發表演講。愛情對拜倫來說俯拾皆是，從而成為一個風流倜儻的大名人。

在這以後的四年期間，拜倫寫了一系列浪漫詩篇，其中最好的有《海盜》和《阿比多斯的新娘》。據說，《海盜》一天就銷售了一萬四千冊。

變革中的歐洲

131

旅居異鄉

拜倫對女性總是容易動感情，而且他漂亮的外表彌補跛足的缺陷，使他對很多婦女具有吸引力。當拜倫成名後，婦女們更是願意委身於他，所以風流成性的拜倫可謂出盡風頭。他和無數的情人繾綣，甚至與自己的同父異母姐姐也產生深深的戀情，並且還與自己的私人醫生有斷袖之癖。這正如拜倫詩中所說：「且來享受醇酒婦人，盡情歡笑；明天再喝蘇打水，聽人講道。」

也許是陰錯陽差，情人眾多的拜倫竟然莫名其妙地愛上冷漠的、嚴肅的、有理智的安娜·米爾班克，並且很快與她結婚。而她除有很多錢外，對於他根本不合適。結果婚後不到一年，她便離開他。不過她離去的理由是很充足的，因為女人們雖然喜歡拜倫那些「不檢點的詩篇」，但卻沒人能夠接受他的「公然放蕩行為」，更何況他還與自己的同父異母姐姐奧古斯塔生下一個女孩，並且又有不潔的性習慣與暴虐傾向。當這些醜聞被公示於眾，整個社會開始對他採取敵視態度，許多添油加醋的誹謗和誣衊，甚至超過了以往對他的吹捧。

↑穿阿爾巴尼亞服裝的拜倫，菲力浦·湯瑪斯畫
1811年，二十三歲的拜倫憑著對自由的信仰和青春的激情，追隨阿爾巴尼亞軍隊橫穿歐洲大陸，為希臘的獨立和自由而戰。

在與妻子分手的第三個月，拜倫按照拿破崙御用馬車的款式定制一輛馬車，於1816年4月離開英國，開始歐洲之旅，從此終生未歸。拜倫對於拿破崙有特殊好感，儘管他的詩也揭露拿破崙的殘暴，但他的室內卻擺著他的雕像，並為他辯護：「他的性格與事業無法不令人傾倒。」

拜倫憑弔滑鐵盧戰場後，沿萊因河上溯抵達瑞士，在日內瓦附近結識「同是天涯淪落人」的雪萊，並和這個傑出的英國詩人結成生死之交。滑鐵盧戰場又激起其創作靈感，並於當年發表《恰爾德·哈羅爾德遊記》第三章。

值得一提的是，拜倫與雪萊的相識還促成第一部吸血鬼文學作品的誕生。

1816年的夏天，拜倫和雪萊、雪萊的情婦瑪麗·雪萊及她的妹妹克萊兒，拜倫的私人醫生兼曖昧的伴侶——約翰·波里杜利，五人在瑞士別墅中被驟風暴雨驚擾了一夜。第二天大家決定，以此夜的經歷為題材各自寫出一篇作品。其中，約翰·波里杜利的《吸血鬼》中嗜血貴族盧希梵爵士就是詩人拜倫的魔鬼化身。

拜倫在歐洲文學史上的地位

「如果可能，我將教導石頭飛起來打擊世上的暴君。」這是拜倫的著名詩句，也是他一生奮鬥的宗旨。他用自己傑出的詩作和青春的生命，投入到爭取民主自由和民族解放的鬥爭。這是他的主要方面，是奠定他在歐洲文學史上的崇高地位的基礎。但是，在他的身上也難免帶有他所出身的貴族階級的局限性，仍然充滿了矛盾。

自由鬥士

1816 年 10 月拜倫從瑞士來到義大利，一直到 1823 年始終客居於美麗的水上城市威尼斯，這是詩人畢生最輝煌的一段時期。他在這裡馴養了一群珍奇動物，也留下了不少風流韻事。

在這裡，拜倫還和義大利的愛國婦女特雷沙・古巴・格維奇奧里結爲夫婦。經她介紹，他參加反對奧地利奴役的祕密組織燒炭黨。他草擬傳單、宣言，在金錢和物資上幫助這個組織，甚至冒生命危險，把自己的住宅變成了起義者的軍火庫。

這期間，他又接著創作《恰爾德・哈樂德》第四章，並用了近八年的時間完成這部優秀的長詩。1821 年他創作優秀歷史劇《馬利諾・法列洛》，同年又創作哲理劇《該隱》，表達反抗教會專制的思想，向基督教提出大膽的挑戰。1822

年，西班牙爆發民族大起義。爲此拜倫創作諷刺長詩《青銅世紀》，加以揭露和反擊。1823 年拜倫開始創作長篇詩體小說《唐璜》。這篇光輝的、刻薄的，但很鬆散的諷刺敘事詩是以一種通俗的口語體寫的，雖然沒有寫完，但卻使他無愧於偉大詩人的稱號。

義大利燒炭黨的起義因脫離廣大人民群眾而失敗。可是，爭取民族獨立的起義烈火又在希臘燃起。1823 年夏天，詩人放下正在寫著的《唐・璜》，搭乘自己出資裝備的戰艦「赫庫利斯號」來到希臘，參加這裡的解放運動。但是第二年，詩人忙於戰備工作，不幸遇雨受寒，一病不起，4 月 9 日逝世，年僅三十六歲。他的死使希臘人民深感悲痛，全國致哀二十一天，並把他逝世那天定爲國哀日。

↓拜倫之死，約瑟夫・鄧尼斯畫作
拜倫爲希臘的民族解放而死，受到希臘人民的深切愛戴。畫面中的拜倫平靜地躺著，頭戴象徵和平的橄欖枝冠，一身希臘服飾，周圍的環境也是希臘風格。

041.文學巨匠歌德

歌德有時非常偉大，有時非常渺小。有時是叛逆的、愛嘲笑的、鄙視世界的天才。有時是謹小慎微、事事知足、胸襟狹隘的庸人。

早熟的才子

歌德是非常複雜的一個人，他時而偉大，時而渺小；有時是叛逆、愛嘲笑的、鄙視世界的天才；有時是謹小慎微、事事知足、胸襟狹隘的庸人。歌德一生戀愛無數次，見諸文字、鄭重其事的就有八次，七十四歲還給十九歲的小姐寫含情脈脈的情詩，並想娶她為妻。他全身心地生活在一個紛繁擾攘的世俗世界裡，然而他卻提出：「讓靈魂站在高處。」

1749 年 8 月 28 日，歌德出生於萊因河畔的法蘭克福市。祖父原是個裁縫，後來經商致富。父親是一個富裕的市民，取得法學博士學位，學識淵博，曾做皇家顧問，是市裡的參議員。母親是法蘭克福市長的女兒，她在十七歲時嫁給已經三十八歲的老歌德。因為家境富裕，歌德受到很好的教育，很早就學習多種語言，包括拉丁文、法文、希伯來文、義大利文和英文。歌德聰明早慧，八歲那年過新年時，他獻給外祖父母一首詩，十一歲時，還根據神話編寫了一個劇本。

【人文歷史百科】

《浮士德》

歌德的《浮士德》是其一生豐富思想的總結與藝術探索的結晶。當歌德於 1831 年最終完成此書時，他曾在日記中寫道：「主要的事業已經完成，我以後的生命我可以當做是純粹的賜予了。我是否做什麼或將做什麼現在已經完全無所謂了。」《浮士德》塑造了一個不斷探索人生真諦、不斷進取的形象。主人翁浮士德年屆百歲、雙目失明時，仍然認為，人生應當「每天每日去開拓生活和自由，然後才能作自由和生活的享受」，體現中產階級上升時期追求真理、自強不息的精神，也是德意志民族優秀傳統的反映。

歌德在十四歲時，就過早地開始了初戀，他的鄰居有個叫格蘭脫欣的姑娘，他們經常一起玩，漸漸地，歌德對她產生了好感。有一天，他假造了一份格蘭脫欣寫給他的情書，並拿去找格蘭脫欣，要求她在這份情書上簽名。好心的格蘭脫欣以為歌德在開玩笑，就順手簽上了自己的芳名，但多情的歌德卻信以為真，他高興地跳了起來，竟要和格蘭脫欣擁抱、接吻。然而，愛情是不能靠開玩笑成功的。不久，格蘭脫欣就正式申明：她是以大姐姐的身分與歌德相處的，他們之間，只有姐弟之愛，絕無婚配之意。就這樣，歌德的初戀告吹，他傷心掉淚，夜不能眠。

↑ 歌德肖像，版畫
歌德是德國傑出的詩人、自然科學家、文藝理論家和政治家，是威瑪古典主義的最著名的代表，也是世界文學領域出類拔萃的光輝人物。

1765年，十六歲的歌德到萊比錫大學學習法律。在這裡，他過的是一種「花花公子」式生活。第二年他愛上安內特小姐，並因此寫出詩集《安內特》和喜劇《戀愛者的脾氣》。

不朽的名聲

1770年春天，歌德改去斯特拉斯堡繼續學習法律。在這裡，他結識赫爾德。在文學史上，他們二人的結識被視為「狂飆突進」開始的標誌。再加上和一個牧師的女兒布里翁的愛情，歌德寫出他最早聞名的抒情詩，這一系列詩歌頗有民間情調，比如《野玫瑰》、《五月歌》等，這些詩歌被當時和後世的許多音樂家譜成歌曲，廣為傳唱，歌德也由此成德國現代抒情詩歌的奠基人。

1772年，歌德來到韋茨拉爾的帝國最高法院實習。在這裡，二十三歲的歌德在一次舞會中認識一名叫夏綠蒂的少女，一見鍾情。夏綠蒂是歌德的朋友凱士特南的未婚妻，時年十五歲，而凱士特南卻三十一歲。歌德對夏綠蒂十分傾倒，便不顧一切地向她表白愛情。這使夏綠蒂驚惶失措，她把歌德的表白告訴未婚夫，凱士特南對此表現得較為大度。歌德知道這個情況後，感到十分震驚，為自己，也為夏綠蒂，他立即逃回法蘭克福，斬斷了這不合適的情絲。幾個月以後，他的另一個朋友葉爾查林，因為愛上別人的妻子，受不了社會輿論的指責自殺了。歌德知道這件事後，感觸很深，他閉門謝客，足不出戶地寫一個月，完成了《少年維特的煩惱》一書。此書一問世，馬上風靡德國，又很快被翻譯成十幾種語言。年僅二十四歲的歌德一舉成為歐洲最享盛譽的作家之一。千千萬萬青年人不僅讀這部書，還紛紛模仿主人公的穿著與風度——長靴、青色燕尾服、黃色背心，甚至學習維特舉槍自殺。

當然，歌德最重要的著作是他花五十八年時間才完成的詩劇《浮士德》。它是堪與荷馬的史詩、莎士比亞的戲劇媲美的偉大詩篇。

歌德還發現人的顎間骨，並且他提出生物進化學說比達爾文早了近百年。他八十一歲時，仍在學習阿拉伯語，一直到1832年3月22日去世，他似乎從沒停止過學習與創作。

↑歌德在羅馬平原，蒂施拜因作
1786年，歌德來到義大利，探討研究古羅馬藝術。其好友蒂施拜因為他畫了這幅畫，畫面中的綠人歌德深深陶醉在古羅馬建築和雕刻藝術中。

變革中的歐洲

135

浪漫主義文學家

1830 年 2 月 25 日晚，巴黎法蘭西人劇院門前一片騷亂，許多人爬上屋頂，把垃圾箱裡的垃圾拼命往下扔，他們要阻止即將上演的浪漫劇《歐那尼》：「這部戲糟透了，它徹底糟蹋古典藝術！我們反對演出！」而另一群人則大聲抗議：「這戲好極了，它極具想像力與創造力，我們歡迎演出！」這其中便有被打破頭的巴爾扎克。

是誰的劇本引起了這麼大的風波呢？原來，他就是法國最傑出的浪漫主義作家雨果。

雨果的父親是一名將軍，英勇善戰，追隨不可一世的拿破崙征戰南北。母親是商人的女兒，在靜謐的農莊長大，是王室的忠實擁護者。在愛情高於信仰的日子裡，像所有的年輕人一樣，他們不顧一切地結合了。1802 年 2 月 26 日，他們擁有第三個愛情的結晶——維克多·雨果在法國東部的貝藏松省降生了。

小雨果跟隨父親的軍旅到過義大利和西班牙，見過不少世面。但長期的軍旅生涯，很難培育出持久的愛情，更何況是雙方一直持有相反的信仰。當信仰隔離了相愛的人，小雨果的父母分道揚鑣。尚年幼的雨果無法選擇何去何從，命運則讓他選擇母親。酷愛讀書的母親似乎對小雨果有一定的薰陶，使雨果早早地在文學上顯露出極高的天賦。他十五歲首次應徵法蘭西學院「讀書樂」詩題即獲得了很高的評價。在他十七歲時，以《凡爾登的童貞女》和《亨利四世銅像的光復》一舉摘得都魯斯美文學院的兩項大獎，被當時著名的作家夏多布里昂稱讚爲「卓絕的神童」。二十歲時因發表詩集《頌歌與雜詩》，國王路易十八賜給他年金。

同巴爾扎克相比，雨果命運的確優越許多。

1827 年，雨果發表劇本《克倫威爾》及其序言。劇本雖未能演出，但那篇序言卻被認爲是法國浪漫主義的宣言，使二十五歲的雨果成爲浪漫主義文學的領袖。1830 年，雨果的劇本《歐那尼》在激烈的爭議下，終於在法蘭西大劇院成功上演，從而確立浪漫主義在法國文壇上的主導地位。

136

↑ 維克多·雨果，拍攝於 1878 年

雨果是十九世紀前期積極浪漫主義文學運動的領袖。貫穿他一生活動和創作的主導思想是人道主義、反對暴力和以愛制「惡」。

法蘭西文學史上的豐碑

少年時期，他受母親影響寫大量擁戴王室的詩作。隨著母親的去世、年歲的增長，雨果開始成熟起來。他回想父親跟隨拿破崙東征西討的戰爭生涯，懂得共和政體的可貴。

從 1827 年起，雨果的作品中開始出現與復辟王朝唱反調、歌頌拿破崙的主題。到 1840 年的十三年間，除引起激烈爭論的浪漫劇《歐那尼》外，他的作品還有詩集《東方雜詠》和《秋葉集》，人道主義小說《死囚的末日》等。其中 1831 年發表的《鐘樓怪人》是雨果最富有浪漫色彩的小說。小說情節曲折離奇、緊張生動、變幻莫測，富有戲劇性和傳奇色彩，鞭撻了中世紀教會的虛偽，宣揚人道主義思想。美麗動人的吉普賽少女愛斯美拉達、外表醜陋內心善良的凱西莫多及道貌岸然、陰險狠毒的巴黎聖母院副主教，至今已成為人人皆知的影視人物。

七月王朝不斷對雨果進行拉攏，1841 年雨果被選入法蘭西學院，1845 年又被授予伯爵頭銜，還當上貴族院議員。雨果為此付出的代價是，沉默十年幾乎沒有寫作，其間雖寫了一部《衛戍官》，上演時卻被觀眾喝倒彩。

1851 年，路易‧波拿巴發動政變，雨果等人發表宣言進行反抗，被迫流亡

人文歷史百科

雨果和巴黎公社

「巴黎公社」成立後，雨果並不理解和贊成。但當公社失敗後，他卻十分同情社員的遭遇，毅然登報聲明，歡迎逃亡的公社社員到他家裡避難，同時標明詳細地址。第二天，就有一夥保皇黨徒前來砸爛他家的玻璃。為救助被判罪的公社社員，他不停地寫文章，作演講，公開為公社社員辯護，反對普魯士入侵。

國外十九年之久。在流亡期間，雨果把全部精力投入創作活動，寫出了《靜觀集》、《懲罰集》、《海上勞工》以及傑出的《悲慘世界》。

當六十八歲的雨果重回法國時，普法戰爭剛剛爆發，他立刻為保衛祖國而戰。1885 年 5 月 22 日，雨果因病去世，法國舉國致哀，表示對這位偉大作家的尊敬。

雨果的作品不僅在法國文學史上占有重要地位，而且在世界文學史上，為浪漫主義小說開闢廣闊的天地。

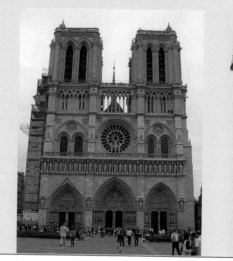

↑ 巴黎聖母院
巴黎聖母院是世界聞名的建築，雨果的《鐘樓怪人》更使它名揚四海。

變革中的歐洲

1837年2月8日，彼得堡郊外的一聲槍響標誌著一顆巨星的隕落。他就是普希金——俄羅斯近代文學的奠基者和俄羅斯文學語言的創建者。

崇尚自由的詩人

1837年2月8日，一聲清脆的槍聲劃破清晨的寧靜。在彼得堡近郊黑溪的軍官別墅附近，一位捲髮的混血種青年捂著腹部應聲倒在雪地上。血色從他的臉上退去，雪地被鮮血染紅，兩天後，他離開人世，他死時年僅三十八歲。

這是一場含有政治背景的情敵決鬥，死亡的青年便是被稱之為「俄國第一位詩人」的普希金。他在多種文學體裁——抒情詩、敘事詩、詩劇、小說、散文、童話等，都取得傑出的成就，所以也被稱為「俄國文學的始祖」。

普希金有一個很長的名字——亞歷山大·謝爾蓋耶維奇·普希金，1799年6月6日出生在莫斯科郊區的一個貴族世家。這個貴族頭銜是彼得大帝賜給的，當時彼得大帝將宮中的一些巨人送給腓特烈一世作為禮物，腓特烈一世便將一批黑奴作為回贈。彼得大帝將這些黑人全部送到法國接受教育，其中就有普希

↑ 普希金肖像
普希金使俄羅斯文學走上現實主義的道路，進入世界文學的先進行列。該作品充分揭示了這位與十二月黨人在思想上有共鳴的知識界的代表，因革命失敗而產生的低沉苦悶的情緒。

金的曾祖父。後來，普希金的曾祖父在彼得大帝的軍隊中屢獲戰功，於是從奴隸到將軍，逐漸成為貴族。這個家族後來一直以法語做為家族語言。通過與白人的幾次婚姻，到普希金這一代時，黑人特徵已經不是很明顯。而自幼生活在法語環境中的普希金，很晚才開始接觸俄語，因為他的父母和家庭教師都以法語進行交談。

普希金十二歲開始上中學，而在兩年前他已經創作並出版一本小詩集。中學老師都是有進步思想的人，經常向學生讚揚法國的啟蒙思想家和法國大革命，普希金深受影響。

十八歲時，普希金中學畢業，到外交部任職。這時期他開始和十二月黨人密切來往。普希金在他們的影響寫出了大量歌頌自由、反對專制暴政的政治抒情詩，如《自由頌》、《致恰達耶夫》等，引起很大反響。

在《自由頌》中，普希金稱沙皇是「世界的暴君」，亞歷山大一世對此異常氣憤，決定把普希金放逐到西伯利亞。

由於有朋友說情，改為流放到南方四年，再流放到他父母的家鄉，接受當地官員的監督。

1820年5月，普希金從彼得堡動身，開始流放生活。然而，俄國南方優美的自然景色，哥薩克地區的風土人情，反而進一步激發他的創作熱情，他在這裡寫出《高加索的俘虜》《強盜兄弟》《茨岡》等優秀作品，表達自己對自由的渴望。

↑ 普希金肖像，油畫
普希金是反對沙皇專制統治的鬥士，該畫描繪的是普希金戎裝像，黑暗的背景更襯托出其偉大。

沙皇的「仁慈」

普希金的天真、幼稚和熱情，與沙皇的深沉、老練和冷酷形成強烈的對比。

尼古拉一世鎮壓十二月黨人的起義後，便派人把普希金接到克里姆林宮。尼古拉笑著問：「假如你在彼得堡，會不會參加這次暴亂？」普希金毫不猶豫地回答道：「肯定會，陛下！我的朋友都參加起義，我是不會袖手旁觀的。」沙皇聽後沒生氣，卻宣布結束普希金的流放生活。

尼古拉又笑著說：「這些日子又寫了些什麼？」

「因為檢查太苛刻，所以什麼也沒寫。」

「那你為什麼要寫檢查通不過的東西呢？」尼古拉那和顏悅色的笑容，簡直就像一個慈父在詢問調皮的孩子一樣。

普希金被沙皇的態度感動，決心「洗心革面，重新做人」，而沙皇則表示願意親自審核普希金的作品，以免在苛刻的檢查官那裡不能通過。

於是，普希金在無限欣喜和強烈的創作衝動下寫出劇本《鮑里新·戈都諾夫》，然後滿懷信心地把劇本呈交給沙皇審查。而得到的批覆卻是：「朕以為，如果普希金先生把他的悲劇加以必要的修改，那麼便可以出版。」

事實上，尼古拉並沒有看普希金的大作，他仍然讓檢查官完成這件事，並且可以用沙皇的口吻進行批復。沙皇見普希金拒絕修改作品，便明白普希金是無法馴服的，於是派員警祕密監視、跟蹤他，拆看他的信件，因為他害怕十二月黨人捲土重來。

↑ 普希金演講
普希金在沙皇宮廷裡進行演講，吸引包括沙皇在內的所有上流人物。

→普希金祖父漢尼拔肖像

俄國文學史上的豐碑

沙皇的監視，密探的騷擾，使熱愛自由的普希金忍無可忍。而一場刻骨銘心的愛情卻悄然而至，使普希金的內心充滿甜蜜。

1828年，在莫斯科上流社會的一次舞會上，普希金與被稱為俄羅斯第一美人——十六歲的娜塔麗亞初次相遇，她的美貌強烈震撼普希金。同樣，詩人的才華和氣質也深深打動她的心，他們很快雙雙墜入情網。不過普希金不是重色輕友、見色忘義之人，他在第二年的春天偷偷來到西伯利亞，看望他的十二月黨朋友。這件事使沙皇大為惱火，對普希金進行嚴厲的斥責。1830年秋，普希金回到自己家族的世襲領地波爾金諾村準備婚事。因瘟疫流行，交通封鎖，他在這裡住了三個月，結果卻驚人地完成大量創作，《葉甫根尼‧奧涅金》、《驛站長》、《吝嗇的騎士》等一批小說和劇本，以及近三十首抒情詩和論文都在這裡完稿。因此，這三個月被稱為「多產的秋季」。

《葉甫根尼‧奧涅金》是普希金的代表作，他用了八年時間才完成這部「俄國生活的百科全書」。作品成功塑造貴族青年奧涅金這樣一位熱衷社交生活，但又感到生活無聊的「多餘的人」。他曾經拒絕了達吉雅娜對他的追求，但後來當他深深愛上她時，她卻早已嫁人。作品告訴人們，造成奧涅金這種性格的，正是專制制度和農奴制。普希金期望能夠喚醒俄國的青年知識分子，以實際行動反對封建制度。

1831年2月18日，詩人與俄羅斯第一美人終於喜結良緣。當他們有了愛情的結晶後，詩人沒有放棄「匕首與投槍」。婚後第三年，他再次回到波爾金諾，在那裡創作了《青銅騎士》《漁夫和金魚的故事》《黑桃皇后》。

1836年詩人出版《上尉的女兒》一書，這本書竟然歌頌普加喬夫的起義，可見文弱的詩人有多麼勇敢。

普希金之死

普希金婚後又重新回到彼得堡的外交部任職，愛慕虛榮的娜塔麗亞很快喜歡上彼得堡的交際生活，她頻繁出入於上流社會的各種舞會，陶醉於動人的旋

→ 普希金在旅途中，油畫
普希金崇尚自由，作品大多數反映當時沙皇專制統治下俄國的黑暗社會現實。該畫面格調清新，寓示普希金追求自由、嚮往幸福的心態。

普希金的葬禮

普希金的死，震動整個俄羅斯，群情激奮。三天之後，有五萬多人去向他的遺體告別和致敬。自從十二月黨人起義後，彼得堡的街道上還從未有過這麼多的人群。極度恐慌的沙皇政府害怕發生騷動，突然下令取消了舉行降重葬禮的承諾。在憲兵的押送下，由著名文學家屠格涅夫等人把普希金的遺體，埋葬在他父母的田莊米哈伊羅夫斯基村的聖山鎮教堂。

普希金雖然去世，他的精神卻激勵著更多的人與沙皇的專制暴政鬥爭。他至今仍受俄羅斯人民的尊敬和愛戴。

律中。她優美的舞姿與絕世的容顏使所有的男子為之傾倒，也使所有的女人醋意頓生。而這，也正是娜塔麗亞的得意之處。她希望丈夫能一起分享自己的魅力所帶來的榮譽，結果卻使這位偉大的浪漫詩人苦不堪言，他常常是抱著孩子，一臉疲憊地躲在舞廳的一角昏昏欲睡。

娜塔麗亞的美貌甚至影響沙皇的睡眠，他破例將年已三十五歲的普希金任命為

↑彼得堡阿爾巴特街上的普希金及夫人塑像

只有十七、八歲的年輕人才擔任的宮廷侍衛，其目的主要是想讓娜塔麗亞可以方便地參加宮廷舞會。當然，也不乏想壓制一下詩人的傲氣，甚至是正在策劃一場謀殺。

自覺被貶低身分的普希金怒髮衝冠，但在朋友的勸解下，也只得忍氣吞聲。沙皇有意培養大詩人的奴性。忍無可忍的詩人在辭職、請長假未獲批准的情況下，只得哀嘆：「給了我靈魂和才能，卻讓我生活在俄國，這是魔鬼的作祟啊！」不過他並未與沙皇妥協，而是在三十七歲這年出版《上尉的女兒》，公然讚美普加喬夫的機智勇敢與自信樂觀。

這自然使惱羞成怒的尼古拉一世頓起殺機，不過他的殺人方式卻是極其巧妙。其實彼得堡上流社會人士的大部分人都有謀殺的嫌疑，他們利用娜塔麗亞愛慕虛榮的弱點，再促成法國流亡分子丹特士去追求娜塔麗亞，然後藉此大造輿論對普希金進行人格侮辱。普希金受不這種刺激，被迫同丹特士進行決鬥。儘管已為普希金生下四個孩子的娜塔麗亞跪著阻止丈夫，但柔弱而易激動的詩人還是毅然地來到了決鬥現場……

1837年2月10日，俄羅斯詩壇上的這顆巨星隕落。普希金去世七年後，娜塔麗亞嫁給了一名將軍，而丹特士則與娜塔麗亞的妹妹結婚。

變革中的歐洲

傑出的猶太詩人

海涅是德國繼歌德之後的第二位大詩人，亨利‧海涅是他出生時的名字，他長大後的名字實在讓人很難記——克利斯蒂安‧約翰‧海因里希‧海涅。

海涅1797年12月13日出生於德國杜塞爾多夫的一個猶太商人家庭。父親終年為商店的生意忙碌，聰明能幹的母親對海涅進行極其謹慎的教育——不能讀詩，不能看小說，甚至不允許女僕給海涅講關於神鬼的故事——她想讓海涅將來成為一名大商人。

年少的海涅對經商不感興趣，他崇拜的人物是拿破崙，嚮往法國的自由精神。在他十四歲的時候，拿破崙率軍來到杜塞爾多夫，帶來拿破崙法典和自由、平等、博愛的口號，並且把猶太人從奴役中解放出來。海涅擠在熱烈歡迎拿破崙的人群中，能夠多看一眼這位無敵英雄便感到是極大的幸福。

中學畢業後，海涅被父母安排到法蘭克福的一家商店當學徒。在富有的伯父贊助下，海涅第二年便成為一家商店的老闆，但這家商店很快便倒閉。當時海涅的全部熱情，都投入到對表妹的愛戀上，不過對方卻始終拒絕他。如果這算是一次失戀的話，那麼可以說海涅在失戀中開始找到詩的感覺。不過他那一直看不起他卻一直資助他的伯父卻有一句名言：「假如他能學點正經東西，他就不用寫詩了。」

也許海涅的伯父已經不再對姪子的經商才能抱以希望，所以他同意資助海涅去上大學。1819年，海涅進入波恩大學學習法律。第二年，他又轉到哥丁根大學，不到半年就因為一場決鬥被學校勒令休學半年。這場決鬥是因為有人侮辱他是猶太人，不過有的傳記上卻記載著他是因為經常去妓院而被開除。

於是，海涅轉學去柏林大學，聽黑格爾的課，參加當時的文學沙龍。像大多數詩人一樣，他不是一個好學生，但他也正如多數詩人一樣，在大學時代就開始展露詩歌方面的才華。他對詩的理

↑ 年輕時的海涅
海涅早期詩歌風格清新柔美，又質樸自然，富有民歌的韻致。1834年結識馬克思後受其影響，創作不少政治時事詩，其中不乏雄渾豪放之作。

142

解是：詩歌就應該像一個真正的德國女孩，精神煥發，純樸自然。不能把詩弄成蒼白的修女或誇耀門第的小姐。1821年，海涅出版第一批詩集，使自己在詩壇小有名氣。

1824年，海涅重返哥丁根大學，又去哈爾茨山進行徒步旅行，寫了出色的遊記《哈爾茨山遊記》。途經威瑪時訪問歌德，可惜不歡而散。第二年他獲得法學博士學位，並放棄猶太教，接受耶穌教的洗禮，但並未能因此而謀到慕尼黑大學的教授職位。

海涅三十歲時，將以前的詩歌彙成《詩歌集》出版，使他一夜成名。他把愛情的各個側面描寫得淋漓盡致，以至於他有三千多首詩被舒伯特、孟德爾頌、李斯特等著名作曲家譜成歌曲。

僑居巴黎

1830年，法國爆發七月革命，海涅聽到消息後，異常興奮。第二年他到達巴黎，結識巴爾扎克、柏遼茲、蕭邦、大仲馬、雨果、李斯特、喬治·桑等人。也接觸到聖西門的理想社會主義。他不斷給德國報紙寫去通訊，報導法國革命的消息。同時也將德國文化介紹給法國。但他激烈的言論引起普魯士當局的仇恨，他的作品被禁止在他的德國故鄉發行。1843年海涅回德國探望病中的母親，他根據這次旅行所得，寫出他一生中的創作之冠——《德國：一個多天的童話》。

結識馬克思是海涅一生中最重要的事。儘管兩人相差二十歲，但很快成為莫逆之交。從此，他把詩歌作為政治鬥爭的武器，寫下一系列政治諷刺詩。《時代的詩》《等著吧》《西里西亞紡織工人》等著名詩篇鼓舞著一大批共產主義戰士去埋葬舊世界。可是他的健康卻每況愈下，1848年5月他已經完全癱瘓，雙目幾乎失明。但是，這個「革命的好鼓手」並沒有因病停止戰鬥。他在「床褥墳墓」中，仍以口述的方式，繼續創作出大量的詩歌和散文，直到1856年2月27日逝世。

↓海涅和茜茜公主

茜茜公主是奧地利哈布斯堡王朝約瑟夫皇帝的妻子，對海涅極端崇拜，特別愛好海涅的詩。該作品採用浪漫主義手法，現實中並沒有這種情景。

變革中的歐洲

143

045.樂聖貝多芬

貝多芬，德國偉大的作曲家，代表當時進步階層在神聖同盟反動統治下的反抗精神和變革願望，給予歐洲音樂藝術的發展以重大影響。

音樂神童

↓約翰・范・貝多芬肖像
約翰・范・貝多芬是貝多芬的父親，一生嗜酒如命，庸庸碌碌，但對小貝多芬督促甚嚴。

嚴格來講，貝多芬不是德國音樂家，他的音樂源泉來自於維也納。他的故鄉是德意志境內的波恩，而波恩則是當時德意志諸多邦國之一的科隆公國首都，位於萊因河中部的西畔。這裡是奧地利與法國互相爭奪的地盤，所以使這裡的人們接受兩國各自的優點：維也納的音樂與法國的自由思想。貝多芬便是在這樣一塊奇特的土地上度過他的少年時代。

1770 年 12 月 16 日，貝多芬出生於一個音樂世家，這個家族是荷蘭後裔，對酒有著特殊的嗜好，貝多芬也多少承襲這種習慣。貝多芬的祖父曾是科隆選侯的唱詩班的低音歌手，父親約翰・范・貝多芬是唱詩班的男中音。母親瑪利亞是一位廚師的女兒，第一次婚後不久便失去丈夫，1766 年與貝多芬的父親結為夫婦。她溫柔慈祥和怡然自得的神態，深深為她那舉世聞名的兒子所喜愛。她生下七個孩子，但只有三個活下來，貝多芬是最年長的一個。

貝多芬的父親奢靡浪蕩，酗酒無度，使全家陷入貧困，居住在波恩的貧民區內。過度的酒精使他很難成為一名著名的歌唱家，於是他把未來的希望寄託在貝多芬身上——他要讓兒子成為神童，以增加家庭收入。家庭的貧困與貧民窟的環境很難使貝多芬成為一名上流社會的紳士，但他的父親卻依然用獨特的教育方式使兒子變成音樂神童。他用威脅、利誘等手段強迫四歲的兒子整天關在屋子裡，永無止境地練習鍵盤琴或小提琴。嚴屬的訓斥常常使貝多芬暗暗啜泣，失去一個孩子應有的童年快樂。但是當美妙的旋律從幼嫩的指間飛出，貝多芬逐漸對音樂產生癡迷。八歲時，他便成功地進行一次公開演出，雖然報酬不多，但卻使貝多芬的父親受到鼓舞，馬上為兒子聘請專業教師，盼望兒子能夠更上一層樓。

↑年輕時的貝多芬，油畫
貝多芬從小愛好音樂，少年早成，八歲時就舉辦過音樂會。

一家之長

1784 年，奧地利泰瑞莎女皇最小的兒子馬克西連‧法蘭茲被選為科隆的選侯，定居波恩。這位「歐洲最肥胖的人」酷愛美食與音樂，他組建一個有三十一件樂器的管弦樂團，而十四歲的貝多芬則在這個樂團中彈奏中提琴，榮幸地成為「宮廷樂團副風琴手」，年薪一百五十古爾登。

↑莫札特，油畫
莫札特是奧地利作曲家，古典樂派的代表之一，與海頓、貝多芬並稱為維也納古典樂派三大作曲家。貝多芬成名前曾受到莫札特指點。

雖有種種跡象顯示貝多芬在性方面有些早熟與放縱，但他良好的品行與漸露的才華，還是贏得法蘭茲選侯的賞識。所以當貝多芬提出要到維也納學習作曲時，法蘭茲選侯不但欣然批准，還慷慨解囊，給予資助。

1787 年 3 月 4 日貝多芬來到維也納，見到極富盛名的莫札特。莫札特聆聽貝多芬的演奏後，給予適度的讚賞。但貝多芬對莫札特禮貌性的讚賞很不滿意。他想，莫札特肯定以為這不過是熟能生巧罷了。於是他要求莫札特在鋼琴上為他彈出變奏的主題，準備與之一爭高低。莫札特不敢再小看貝多芬，他對貝多芬想像力的豐富與彈奏時的穩健與無誤極為驚異，他不禁對友人說：「這個孩子，總有一天會成為全世界矚目的中心。」

雖然莫札特給貝多芬上過幾堂課，但他們在此相處的時間不是很長，因為貝多芬的母親病重，他不得不匆忙趕回波恩。1787 年 7 月 17 日，當他母親過世時，貝多芬正侍疾床側。而此時，貝多芬的父親已經無法再唱歌，因為酒精徹底毀掉他的嗓子。他整日耽於飲酒，後來甚至因酒後鬧事而被捕，使兒子費了很大周折才把他營救出來。

1789 年，雖然貝多芬還未滿十九歲，便已經成為法定的一家之長，承擔起照顧兩個弟弟的責任。法蘭茲選侯免去貝多芬父親的職務，但卻仍然付給他一半的年薪，另一半則付給他的長子貝多芬。此時，貝多芬在管弦樂團中任首席鋼琴手與次席風琴手，收入雖然有限，但還是有所提高。

←莫札特聽貝多芬演奏
貝多芬來到音樂之都維也納以後，結識莫札特，並給莫札特演奏鋼琴曲，受到莫札特的讚賞。

沉浮維也納

爲學習作曲，二十二歲的貝多芬在1792年11月1日離開波恩前往維也納，從此再也沒有回來過。此時波恩已被法國占領，1815年以後，這裡又併入普魯士的版圖，所以後人稱貝多芬爲德國音樂家。

維也納是一個音樂的世界，幾乎到處都是音樂大師，他們爲爭取贊助商、聽眾，與出版商而勾心鬥角，互相排斥。初到維也納的貝多芬完全陷入孤立之中，連一位知己朋友也沒有。不過他的面貌也確實難以獲得人們的好感：身材矮小，膚色深黑，像摩爾人，還長了一臉麻子，上下前齒交互重疊，鼻寬而扁，眼睛深陷卻傲氣十足。貝多芬對自己的面孔極其絕望，所以在維也納最初幾年，往往不注重儀表與舉止。不過這並不影響他得到四位極負盛名的音樂家

貝多芬與歌德

1812年7月，貝多芬與歌德這兩位當代無雙的藝術家在特普里茲不期而遇並很快成爲好朋友。一次，他倆並肩散步時，一些王公顯貴朝他們走來，其中包括皇后和公爵。貝多芬說：「挽住我的手，他們肯定會給咱們讓路的。」歌德不以爲然，放開貝多芬的手，脫帽站在路旁，貝多芬則一直朝前走去。當時，皇后、公爵及其他顯貴都給貝多芬讓路，並愉快地和他打招呼，而貝多芬只是微微側下帽子。事後他對歌德說：「你也未免太有禮貌了。」這件事給貝多芬帶來不少美譽，而事實上，這不過說明文學家與音樂家存在一定的區別罷了。

的教誨。此時莫札特已離開人世，所以他的老師是音樂之父海頓、作曲大師貝格爾，小提琴家舒本柴、指揮大師薩列里四位名師。儘管這四位大師幾乎是免費地傳授貝多芬許多技藝，但他們都不把他當作一個好學生，因爲狂傲不羈、充滿叛逆的貝多芬不想承襲任何傳統的作曲原則。

在貝多芬二十五歲時，已經成爲一名著名的鋼琴家。他出版的《三首三重奏》更是使他擁有著名作曲家的身分。當時人們認爲他是在莫札特之後，「繼續來慰撫我們的人」。然而，命運似乎在捉弄他，第二年他便開始患耳疾，聽力逐漸下降。但是他仍然在三十歲時完成《第一交響曲》。他三十二歲時病情加重，在醫生的勸導下來到維也納郊外的一個避暑勝地療養。但在這裡他逐漸失聰。這對於一個音樂家來說，無疑是最

↑手持《莊嚴彌撒》手稿的貝多芬，施托克豪森畫
《莊嚴彌撒》作於1819年，是爲獻給奧地利的魯道夫大公。這部宏大的彌撒裡體現出的虔敬和澄明，使音樂達到超凡脫俗的境界。

致命的打擊！他在這裡傷感地寫下爲人熟知的《海靈根斯塔特遺書》，準備結束自己的生命。

最後的勝利

雖然貝多芬已寫下遺書，但他很快便不再向命運屈服。他倔強的性格使他寫出世界上最優美與最強烈的音符。

1803 年，貝多芬創作一生中最明朗的作品《第二交響曲》。這部作品生氣蓬勃、熱情洋溢，柏遼茲曾稱之爲「一切都是春天」，洋溢作者的美好回憶與對美好人生的渴望與激情。

情竇初開後，每個人都有對異性的渴望，貝多芬也不例外。然而，儘管他滿懷激情地愛過無數個優雅美麗的女人，但似乎喜歡他的女人實在不多，以至於他的一生都是在暗戀、追求與戀愛中度過，至死也沒有娶妻，只留下三封尚未寄出的濃情蜜意的情書。不知是不是這種愛情之火使貝多芬戰勝了死神，總之，接下來的《第三交響曲》便奏出生命的最強音。據說這是專門獻給拿破崙的曲子，也稱爲《英雄交響曲》，但他更像是貝多芬的自傳與獨白——敲響命運的大門！

此後，貝多芬以嶄新的姿態投入音樂創作，以驚人的毅力寫下大量的千古傳世之作。在這期間，聽力退化、肝病與胃病接踵而至，他的性格也越來越孤僻與暴躁。雖然此時他完全有實力雇幾個傭人，但卻沒有一個傭人願意在他身邊，甚至給他看病的醫生也不想第二次再見到他。貝多芬給自己開的藥方是：飲料裡面加點酒。

貝多芬四十九歲時，兩耳完全失聰，這時他寫下《第九交響曲》等一批他一生中最偉大、最富於思想性的作品。1824 年 5 月 7 日，該曲在維也納進行公演，獲得空前的成功，全場歡聲雷動，歷久不衰。許多聽眾激動得流出熱淚，失聰的貝多芬也因這巨大的成功當場暈倒。

1827 年 3 月 16 日下午，酷寒伴隨著罕見的雷聲將貝多芬的靈魂升入天國。

變革中的歐洲

147

生物學家的環球航行

1831年底，隨著一聲汽笛長鳴，英國巡洋艦「貝格爾號」徐徐離開樸茨茅斯港，開始行程二萬五千海里的環球考察。船上有一位二十二歲的博物學家，五年後他隨船歸來，告訴人們一個驚人的祕密：人的祖先不是上帝，而是一隻猴子。

就是不說，人們也會知道這位青年就是近代英國偉大的生物學家、進化論的奠基人——查理·羅伯特·達爾文。

達爾文出生在英國西部一個世代行醫的家庭，父親是很有名氣的醫生。富裕的經濟，使小達爾文可以隨意發展自己的愛好。他釣魚打獵，摘花養草，臥室裡也總是擺滿了各種昆蟲、貝殼和植物標本，使他自幼對大自然產生濃厚的

興趣。兒子的這些愛好，使父親看在眼裡，喜在眉梢，心想：「這孩子將來肯定是一位大醫學家。」

達爾文十六歲時，與哥哥一起被父親送進愛丁堡大學學醫。可是讓父親頭疼的是，達爾文學了兩年醫學後，仍然「無法忍受外科手術」。看到孩子這一弱點的父親，也只得改變初衷，把「心慈手軟」的達爾文送進劍橋大學改學神學。可是達爾文似乎天生對上帝興趣不大，他只喜歡自然科學方面的知識。在這裡，達爾文最高興的事，莫過於認識了植物學教授漢斯羅。他們很快成為朋友，一起散步，一起到郊外旅行。達爾文因此也被稱為「與漢斯羅一起走的人」。

漢羅斯教授對這個跟自己「一起走的人」很器重，他在達爾文畢業之際提出自己的建議，讓他去參加對北威爾斯的地質考察。達爾文對漢羅斯言聽計從，積極報名，並終於獲得有關部門的批准。這就樣，這個剛剛畢業的年輕牧師，便以博物學家的身分登上「貝格爾號」巡洋艦，開始新奇又刺激的環球考察。

轟動世界的《物種源始》

五年的環球考察，決定達爾文一生的事業。雖然這五年他沒有薪水，船上

少年達爾文，油畫。達爾文是一個出身於富豪之家的並不出眾的學生，但善於思考、勇於探索，最終成為人類歷史上最偉大的學者之一。

《物種源始》

在《物種源始》裡，達爾文以充分的事實和確鑿的證據向人們表明「物種不是不變的」，一切生物都由少數生物進化而來，生物的進化是自然選擇歷史作用的結果。這就從根本上否定「神創論」「物種不變論」的說教，把生物學第一次從神學束縛下解脫出來，將它建立在科學的基礎上。達爾文的進化論，是十九世紀自然科學的最重大發現之一。《物種源始》一書的問世，標誌著達爾文進化論的確立。

只提供食宿，但他仍然沒有偷閒過半個小時。每到一地，他總是認真研究，跋山涉水，不辭勞苦。他採集很多動植物和礦物標本，發現許多新物種隨著生物學知識的迅速增長，一個石破天驚的理論正在逐步形成。

醫學知識、神學知識、自然科學知識與科學考察相結合，使達爾文註定成為用科學的手術刀摘除宗教的虛偽與愚昧的偉人。當1836年達爾文隨「貝格爾號」滿載而歸的時候，他兜裡面裝著的便是這樣一把手術刀──他已不再相信「神創論」。他謝絕擔任待遇豐厚的英國地質學會祕書的邀請，用兩年的時間，埋頭整理他的考察日記和各種標本，出版很有科學價值的《航海日記》等一批著作和論文。不久，他移居倫敦郊區，建立一個動植物試驗園地，集中精力研究生物進化的原因。經過二十二年的研究實驗，達爾文終於寫出轟動世界的《物種源始》。

1859年11月24日，《物種源始》出版發行，很快銷售一空。它像一顆重型砲彈在「神學陣地的心臟上」猛烈爆炸，震動了整個歐美大陸。讀者很快形成兩大陣營，激烈的爭論如同仇敵相見。以赫胥黎為首的進步學者挺身而出，稱自己為「達爾文的追隨者」。赫胥黎寫信給達爾文：「我準備接受火刑，也要支持你的理論。」

1860年6月30日，牛津大主教威柏弗斯與赫胥黎在牛津圖書館展開最激烈的大辯論，結果赫胥黎妙語如珠，大主教無言以對，天主教徒布留斯特夫人氣得暈倒……。

牛津大辯論使進化論迅速傳遍歐美各地。隨著時間的推移，達爾文的進化論已經普遍被學術界接受。到1877年達爾文已成為舉世聞名的大科學家。

1882年4月19日，七十三歲的達爾文離開人世。為感謝他對科學的貢獻，人們把他安葬在西敏寺教堂牛頓的墓旁。

↑海上的星期日，奧古斯塔伯爵作
該畫面描繪的是星期天的「貝格爾號」船艙內情景：艦長率領大家在讀《聖經》，在祈禱，而畫面左下角的達爾文在研究觀察日記。

變革中的歐洲

047.巴黎二月革命

以「錢袋子國王」為首的七月王朝軟弱無能，而掌權的金融資本家殘酷壓榨民眾，終於使熊熊的烈火焚毀法國國王的寶座。

錢袋子危機

七月革命後，統治法國的是七月王朝，國王便是奧爾良公爵路易·菲力浦。所以七月王朝也稱為奧爾良王朝。由於他只維護金融資本家的利益，所以被後人稱作「錢袋子國王」。

然而，「錢袋子國王」並非封建專制君王，只是君主立憲制的一個虛君，實際上掌握政權的只是那些金融資本家。這些資本家掌握國家大權後，廢棄復辟王朝的種種逆行倒施，使產業革命得以迅速發展，十幾年間蒸汽機便增多了幾千臺，鐵路線長度由不足四十公里猛增至近兩千公里，進展神速。

產業革命的迅猛發展，使工業資產階級越來越財大氣粗，而工人階級卻越來越窮困。因為操縱機器並不需要太多的技能，童工都可以勝任，自然報酬也更低。而大機器的生產方式卻效率極高，從而給資本家帶來了更多的利潤。隨著進步思想的傳播，反剝削反壓迫的工人運動也開始活躍起來。

資本主義的繁榮發展，自然使七月王朝養成奢靡之風氣，但有錢的是金融資本家而不是政府，所以龐大的王朝財政開支便不得不靠連年舉債來維持。不

過大資本家是很願意借給政府錢財，因為利息極高，就如同放了一筆高利貸，而還債的卻是所有的納稅者。政府為了償還資本家的高利貸，只得向民眾增加稅賦。於是，備受壓榨的下層百姓更是苦不堪言，甚至一些新興資產階級也感覺有一些吃力。而這些新興資產階級卻沒有選舉權，因為憲法規定只有年納法兩百郎直接稅的人才有這個資格。這個制度使三千五百萬人口的法國只有二十餘萬選民，這些選民基本上都是富甲一方的資本家。所以，十九世紀四○年代，民眾越來越厭惡七月王朝，渴望能夠將國家改為共和制，並且進行選舉改革。

正所謂禍不單行，福不雙至，就在七月王朝危機四伏時，1845 年的馬鈴薯

↑路易·菲力浦和他的五個兒子，賀瑞斯·維爾納畫
該畫描繪的是路易·菲力浦國王和他的五個兒子 1846 年在凡爾賽宮前的情景。路易·菲力浦生活奢侈，激起人們的極大憤恨。

病蟲害和1846年的農業歉收使全國出現嚴重的饑荒。緊接著1847年又出現了經濟危機。為此，工廠紛紛倒閉，大批工人失業，部分地區工人失業率達到60%，在業工人的工資也降低了50%～60%。由於地主和資本家進行糧食投機，糧價開始迅速上漲。於是，飢腸轆轆的群眾自發地組織起來搗毀地主的莊園，搶占糧倉，工人群眾也不斷掀起罷工浪潮，反對廠主降低工資和七月王朝的暴政。

「宴會運動」

隨著此起彼落的工人運動與群眾暴動，反對七月王朝的浪潮高漲起來，人們都渴望擁有共和制的國家和普選權。

工人們希望擁有一個消除失業、救濟貧困、權利平等的共和國；小資產者則希望擁有一個照顧步履維艱的小本經營、澤被眾生的共和國；工業資本家則

←基佐肖像
基佐是法國政治家、歷史學家。七月革命勝利後，歷任內務大臣、國民教育大臣、外交大臣、首相。既反對正統王朝，又反對共和派的中庸保守立場，深受路易‧菲力浦讚賞。

希望能夠參與政事、取代金融資本家的共和國。這三股力量都需要共和制，而工業資本家共和派由於有較強的財力，並且有《國民報》作為喉舌，所以在全國民眾中最有影響。這一派之中的拉馬丁，是社會上廣為人知的人物。

工業資本家往往以宴會的形式舉行聚會，大家以祝酒詞抒發革命胸懷，暢談改革事宜，實際上這是一種政治集會。後來，小資產者及工人也紛紛效法工業資本家，也以宴會的形式進行政治集會，不過已是粗茶淡飯，虛應宴會之名。1847年7月間的一次宴會上，人們大聲宣讀了大革命時期雅各賓派憲法中的人權宣言，眾人紛紛高呼「為人權與公民權乾杯」。這引起了七月王朝的警覺，當時的官方報紙《辯論日報》以驚詫的筆調寫道：「為什麼沒有為國王而乾杯？天哪！這不只是共和主義，這簡直是鬧革命，是宣傳武力暴動……你們不要以為我們看不出你們的身分，五十年前你們不是自稱為雅各賓俱樂部會員麼！」

→路易‧伊麗莎白王后，油畫
伊麗莎白王后是路易‧菲力浦的王后，西班牙王室出身，以生活糜爛而著名。

1848年歐洲革命

151

巴黎的二月

「宴會運動」引起七月王朝的強烈不滿，主理大政的首相基佐更是爲此怒火中燒。他曾經是巴黎大學歷史學教授，在復辟王朝時因宣揚自由主義而聞名遐邇。不過他雖然反對復辟王朝，卻不喜歡建立共和制國家。

1840年，基佐上臺執政。最初他在名義上任外交大臣，但實際上卻掌握內閣實權。1847年9月，正式擔任首相。他不但不支持普選，甚至不能容忍民眾提出的降低選民資格限制的要求。他曾譏諷地對要求擁有選舉權的民眾說：「眾位先生，你們先去發財吧，發財後，你們就會成爲選民了。」當他聞知1848年初人們要在巴黎舉行「宴會」時，立即下令予以禁止。然而，卻因此而引發埋葬七月王朝的二月革命。

本來，宴會預定在1月19日舉行，由於被基佐禁止，又改爲2月22日。臨近宴會日期時，眾人在香榭麗舍大街擺下了座席等物。22日當日早晨，人們按原計劃在協和廣場和馬德蘭廣場集合，然後準備排隊前往香榭麗舍大街開會，可是巴黎員警卻奉命將那裡的會場拆毀了。於是，巴黎民眾舉行了大規模的示威遊行。在近午時分，近七百名大學生高唱《馬賽曲》來到協和廣場，與在場民眾匯合，一起衝向基佐的住宅，

↑二月革命中的法國，油畫
由「宴會運動」發展到暴力革命，是「錢袋子國王」暴政的必然結果。二月革命的烈火熊熊燃燒，法國又進入新的革命時期。

高呼著「打倒基佐！」「改革萬歲！」的口號。

民眾被軍警驅散後，分散到鄰近各條街道，拆毀馬路，推倒公共馬車，築起街壘，積極準備投入戰鬥。23日晨，路易・菲力浦聽說民眾築起許多街壘，不以爲然地訕笑著說：「那不過是幾個頑童翻倒了幾輛輕便馬車，你們卻稱它是街壘，眞是好笑。」，不過他的笑聲未盡，卻又傳來一個使他震驚的消息：巴黎國民自衛軍倒戈投向民眾。路易・菲力浦現在才感到時局的岌岌可危，不得不丟車保帥，把基佐免職，解散議會。

可是民眾並沒有因此而停止武裝革

命，到了 2 月 24 日上午十點，巴黎已築起一千五百多座街壘，將官軍打得星散而逃，只剩下王宮的守衛隊。當大臣勸國王出逃時，王后在一旁竟失去理智地說：「我寧願死去！」國王一時興起，居然逕直跑到宮前的廣場上檢閱衛隊，但他聽到的卻是「改革萬歲」的齊聲吶喊。他只得頹然地宣告退位。

可是民眾卻不要國王、親王與王朝，只想要共和國。由於王宮守衛軍不肯射擊，革命軍很快衝進王宮，王室成員們則匆匆逃往英國。第一個率軍衝入王宮的是迪努瓦埃，他提筆在王座上寫道：「1848 年 2 月 24 日，巴黎人民向歐洲宣告：自由、平等、博愛！」周圍民眾立刻振臂高呼：「共和國萬歲！」

臨時政府

2 月 24 日，在巴黎市政廳建立臨時政府，共和派首腦人物拉馬丁走上市政廳陽臺，向廣場上萬頭攢動的民眾大聲宣布：共和國誕生了！這便是歷史上的法蘭西第二共和國。

臨時政府宣告：以當年攻克巴士底獄時國民自衛軍

帽徽的紅白藍三色旗當作共和國國旗，並召集新的國民議會，制定憲法及其它法規。國民議會將依普選法選出。

雖然二月革命使資產階級共和派掌握國家政權，但由於工人們尚未放下武器，所以共和派不得不接受工人的一些要求。2 月 28 日，巴黎工人在遊行示威中要求成立「勞動部」，以解決工人失業問題。臨時政府被迫成立「工人問題委員會」和國立工廠。這個委員會設置在城郊的盧森堡宮，是既無經費又無實權的機構。國立工廠名義上是為失業工人開辦的工廠，但這只不過是權宜之計。臨時政府帶給工人的利益只是將工作時間縮短到十小時，並默認集會與出版的自由。到了 3 月 9 日，又取消債務囚禁法。

但是得勢的共和派卻太過偏狹，他們不但容不下工人階級，也將金融界及小資產階級排斥在外。由於共和派抵死也要獨家秉政，結果左支右絀，窮於應付，最終引發了巴黎工人的六月起義。

153

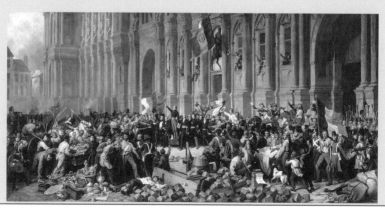

↑ 巴黎起義，保爾·菲力浦畫作
畫面中顯示的是法國二月革命勝利時的情景。象徵自由的三色旗迎風飄揚，拉馬丁在宣告革命的勝利。場面中的大砲、石塊和宴會用具，暗示這場革命的本質。

048.法國六月起義

二月革命後成立的臨時政府代表大資本家的利益，對人民進行殘酷壓榨，終於導致六月起義。

起義的導火線

工業資產階級共和派排除異己的作法引起金融資本家、小資產階級及工人的普遍不滿。金融資本家紛紛從銀行提款，有意製造混亂，工人則接連請願、示威，爭取自己應得的利益。因此，共和派顧此失彼，手忙腳亂。但共和派卻早已定下方針，那便是先向工人開刀，殺一儆百。

共和派一邊誹謗工人，降低工人在人們心目中的地位，一邊建立一個由流氓組成的別動隊，並且調來十萬國民自衛軍。做好這些準備後，共和派組成的臨時政府認為可以有恃無恐了，於是決定在1848年4月9日舉行制憲議會的選舉。但是，由於工人階級的強烈抗議和堅決要求，臨時政府一方面作出讓步，把日期推遲到4月23日，另一方面則繼續向巴黎調集軍隊，準備用武力鎮壓工人。

4月23日選舉開始。雖然選舉是按照普選制進行的，但由於農民和小資產

↑ 共和國的本質，政治漫畫
該漫畫對二月革命後成立的法蘭西共和國進行絕妙的諷刺：打扮成自由女神的臨時政府全副武裝，殺氣騰騰；充當凶手的別動隊醜態可笑，隨時準備接過屠刀。

階級對工人懷有戒備，結果在八百八十個代表中，五百五十人是資產階級共和派，二百一十二人是君主派，一百人是小資產階級民主派，而工人代表只占十八個議席，布朗基等工人領袖落選。5月4日，制憲會議開幕，到5月10日由制憲會議選出執行委員會，以代替臨時政府。執行委員會由阿拉格、巴熱斯、馬利、拉馬丁及洛倫五人組成，其中大多數人是資產階級共和派，只有洛倫一人是小資產階級民主派，而工人代表則完全被排除在外。

共和派為鞏固政權，接著便下令禁止集會，解散「工人問題委員會」及各

六月起義的特點

六月起義的特點是：第一，它是群眾性的起義，除了國立工廠工人外，一般工人也參加戰鬥。第二，它提出無產階級社會主義要求。第三，起義有組織性及綱領，巴黎各區都成立起義的革命司令部，起義有解散制憲會議，起草新憲法，實行一切企業的社會化及實行義務教育等等。

種社團組織。在對外政策上支持俄、奧鎮壓波蘭和奧地利的民族解放運動。5月17日，執行委員會任命前阿爾及利亞總督卡芬雅克為軍政部長，增派軍隊進駐巴黎。同時，又下令逮捕了布朗基、阿爾伯特、拉斯拜爾等著名的工人領袖。6月22日，下令解散國立工廠，把其中二十五歲以下的未婚男子編入軍隊，其餘的全部驅往外地做苦工。

功敗垂成

執行委員會之所以解散國立工廠，主要是由於國立工廠工人與工人革命組織有聯繫，其次也與工業資產階級在擴大生產中想解決勞動力缺乏有關。當然，新政府已調來大批軍隊，也是想藉此挑起工人暴動，從而「名正言順」地消滅工人革命組織。

這樣，工人們在被剝奪政治權力後又被剝奪生計，因此除了反抗已經別無選擇，所以在6月22日當解散國家工廠的命令頒布以後，立即有成千上萬的工人湧上街頭，舉行遊行示威，。工人們高呼：「打倒人對人的剝削！合作的勞動組織萬歲！」等口號，在一夜之間築起六百多座街壘，起義開始。從23日到24日，起義者攻下許多據點，逐步向市政廳進軍。

但是，軍政部長卡芬雅克把兵力部署好之後，便立即集中各種重砲轟擊起義工人。這種拿破崙開創的巷戰法很快使起義軍潰敗下來。又由於裝備精良的政府軍是起義軍的六倍，多達三十萬，所以許多街壘在25、26日兩天便被相繼攻陷。26日黃昏，政府軍攻陷了起義者的最後據點聖安東區，六月起義宣告失敗。

卡芬雅克對參加起義的工人進行野蠻的報復，有一萬一千餘名起義者慘遭屠殺。反動軍隊見到穿工作服的人就開槍，不僅槍殺男人，而且也槍殺婦女甚至兒童。被捕者的總數達二萬五千餘人，其中半數因缺乏證據被釋放，剩下的全部被流放到外地去服苦役。

六月起義雖然失敗，但卻具有重要意義。它表明工人與資產者已經決裂，勢同冰炭。

155

↑巴黎的街壘戰，弗恩特作
該畫面描繪的是六月革命時的情景。1848年6月25日，起義的巴黎人民堅守街壘，臨時政府的軍隊對起義軍進行血腥鎮壓。

競選總統

在鎮壓六月起義的第二天，卡芬雅克被推選為共和國的行政首腦，從而確立資產階級共和派的全面統治。接下來，共和派便開始按自己的意願治理天下了。

從 1848 年 6 月 28 日起，卡芬雅克政府頒布一系列法令，宣布解散所有的國立工廠，封閉一切革命俱樂部與進步刊物，禁止延期償還債務，把工人的工作時間延長至十二小時，正式確立了對原有土地稅增收 45% 的附加稅等等。總之，將人民在二月革命中得到的利益全部取消。

為從法律上鞏固共和派的統治，制憲會議在 1848 年 11 月 4 日通過法蘭西第二共和國憲法，確認普選制。關於國家組織憲法規定：立法會議是最高立法機關，每隔兩年由人民投票選出；總統為最高行政元首，四年選舉一次，也是由人民直接選出，但是總統不得連選連任；總統權力很大，可以任免內閣，內閣向總統負責。總統權力規定得如此之大，目的是為了有效地鎮壓工人運動。

憲法通過後，接下來便開始選舉總統。參加總統競選的共有六個候選人。他們分別是尚在獄中的工人代表拉斯拜爾、小資產階級代表洛倫、資產階級共和派的卡芬雅克和拉馬丁、奧爾良派的代表聖加尼埃，還有就是拿破崙的侄子路易‧拿破崙‧波拿巴。

卡芬雅克為在競選中獲勝，積極利用政府首腦的職權拉選票。他為了博得教權派和君主派的歡心，還想把羅馬教皇接到法國來。11 月羅馬爆發了起義，推翻教皇的統治，成立羅馬共和國。卡芬雅克立即派一支艦隊開赴羅馬，準備將教皇庇護九世接到法國。他這樣做是想讓教權派相信，他本人是仇視羅馬共和國的。但是羅馬教皇卻寧願逃到加埃塔藏身於那不勒斯的刺刀保護下，也不願意來到法國。最終，卡芬雅克不僅沒有得到教權派的好感，而且他對君主派

→法蘭西第二共和國，油畫。第二共和國被描繪成女神的形象：女神左手握三色旗和被包裹住的利劍，右手高舉象徵權力的大印，腳下踩著法蘭西雄獅，生動形象。

的公開親熱也引起部分共和派的憤慨。

1848年12月10日，普選結果揭曉，得到最多選票的竟是路易‧拿破崙‧波拿巴。他借助他的伯父拿破崙一世的聲譽，共得到五百四十多萬張選票，而其他五人共計選票，才不滿一百九十萬。就這樣，路易‧拿破崙‧波拿巴便當選爲共和國的總統。

↑路易‧波拿巴和他的孩子
路易‧波拿巴是拿破崙的弟弟，曾為荷蘭國王。該畫描繪的是他和自己的孩子路易‧拿破崙‧波拿巴在一起。

漂泊異鄉的小拿破崙

路易‧拿破崙‧波拿巴當選爲總統時，剛好進入不惑之年。四十年前他出生在巴黎，他的父親便是拿破崙一世的弟弟、受封爲荷蘭國王的路易‧波拿巴。他的母親便是約瑟芬與前夫博阿爾內子爵的女兒奧坦絲‧博阿爾內。當時拿破崙一世與約瑟芬兩情相悅，拿破崙愛屋及烏，便將繼女許配給自己的弟弟。奧坦絲與路易‧波拿巴成親後雖然兩情不合，卻也生下三子，路易‧拿破崙‧波拿巴便是他們的幼子。因長子早年夭折，所以只有二子在膝前。

小拿破崙（爲敘述簡潔，以後以此稱作路易‧拿破崙‧波拿巴）兩歲時，他的父親路易‧波拿巴因爲不肯嚴格執行大陸封鎖的政策，被拿破崙一世削去

國王尊號，將荷蘭併入法國。路易‧波拿巴鬱悶之下移居義大利的佛羅倫斯，不再過問政事。奧坦絲不願隨行，便留在了巴黎。小拿破崙居住在巴黎皇宮中，耳濡目染，自幼便立志要做個伯父那樣的英雄。

小拿破崙七歲時，他那天神般的伯父被反法同盟戰敗。波旁王朝復辟後驅逐了波拿巴家族，小拿破崙於是隨母親流亡歐洲。此時客居義大利的父親帶走一子，只剩下母子二人四處漂流。兩年後，才在瑞士的阿倫內伯定居下來。

小拿破崙從七歲起便對復辟王朝充滿仇恨，長大後，便以「自由主義者」自居。二十二歲時離開瑞士，開始闖蕩江湖。由於害怕復辟王朝的盤查，他沒有來到法國，而是來到了義大利。這一年剛好巴黎發生了七月革命，小拿破崙聽說後心裡非常欣喜。第二年，他參加

↑拿破崙和孩子們，路易士‧都西斯作品
拿破崙善於發現人才，對孩子們的成長也非常關心。其子侄衆多，但最欣賞的是路易‧拿破崙‧波拿巴。

一路易·拿破崙·波拿巴就任總統 1848年12月，路易·拿破崙·波拿巴當選為法蘭西第二共和國總統，圖為他來到總統府時的情景。

了義大利中部的起義軍，由於遭到奧地利軍隊鎮壓，小拿破崙不得不逃回到瑞士家中。

美夢成真

卻說當年老拿破崙遜位時，曾在詔書中宣布由他那四歲的皇子羅馬王繼承皇位。羅馬王是他與奧地利公主路易絲所生之子。這個孩子雖然沒有得到皇位，卻依然稱作「拿破崙二世」。1832年，年僅二十一歲的拿破崙二世死於非命，於是使小拿破崙做起美夢——他要成為拿破崙三世，做法國的皇帝。

從此，小拿破崙便處處模仿他那已死去的伯父。然而，美夢畢竟是夢，儘管他將伯父模仿得栩栩如生，卻依然成不了法國皇帝。不過，小拿破崙日思夜想，終於在1836年想出一個辦法：效法伯父當年類似神話般離開厄爾巴島登陸法國的事蹟，回國去做一次冒險。於是他悄悄回國，暗中聯絡了幾個拿破崙曾經的老部下，並定做了一件拿破崙平時喜愛穿的灰色大氅和一頂拿破崙式三角帽，一一穿戴起來。10月31日，他帶著那幾名老兵闖進斯特拉斯堡駐軍的兩個砲團，號召兵士們發動兵變，打倒路易·菲力浦，擁戴自己為王。結果卻被認為是大腦有問題給抓起來。七月王朝將他流放到美洲，翌年獲釋回到瑞士，正好與病危中的母親見了最後一面。

雖然受挫，但小拿破崙並沒有沮喪。他為擴大自己的名聲，伏案疾書，很快寫成《拿破崙思想》一書。他將伯父描寫為「平民英雄」、「大革命的真正代表」，以迎合世人追求自由的口味。這本書雖然文筆一般，但由於是拿破崙的後人所寫，所以極其暢銷，1839年竟在法國連印四版，翌年又在倫敦出版。

得到名聲後，小拿破崙便從倫敦雇來幾名僕役，為他們換上法國軍裝，於1840年8月6日在法國布倫港登陸。可是他這「小侄兒」卻沒有「大伯父」的聲望與才幹，再次被擒，並且被判終生監禁。恰在這一年，在英國的允許下，法國將拿破崙的屍骨運回國內，於是在監獄中的小拿破崙聲名大噪，全國盡知。而小拿破崙一邊坐牢一邊寫作，在1844年寫成《論消滅貧窮》一書。他在這本書中將自己打扮成勞動群眾的「代表」，

↑奧坦絲·博阿爾內，荷蘭豪斯登堡藏
奧坦絲·博阿爾內是拿破崙的皇后約瑟芬的女兒，嫁給拿破崙的弟弟路易·波拿巴，為荷蘭王后，即路易·拿破崙·波拿巴的母親。

↓拿破崙三世，法朗茲·溫特哈爾特畫

路易·拿破崙，波拿巴成為總統後，仍不感到滿足，很想像其伯父一樣過一下當皇帝的癮。1852 年 12 月 2 日，終於如願以償，成為法蘭西第二帝國的皇帝。

→貨幣上的拿破崙三世

因而深得窮苦百姓的擁護，可是七月王朝卻把他視為危險分子。1846 年小拿破崙居然越獄成功，逃到倫敦。

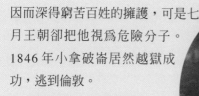

1848 年，巴黎發生二月革命，小拿破崙再次回國，可是臨時政府對他懷有戒心，拒而不納，命令他立即出國。然而在 4 月的制憲議會選舉中，竟有很多省份將他選為代表。這樣，小拿破崙終於堂而皇之地返回巴黎，並開始參與政事。

小拿破崙不屬於任何黨派，但所有懷念老拿破崙的人都是他的支持者，他在競選中對各個階層給予許諾，這樣終於競選獲勝，成為法國總統。

從總統到皇帝

1848 年 12 月 20 日，小拿破崙正式就任法國總統。但小拿破崙對此並不滿意，因為他想要成為拿破崙三世。因此，他就任後，便開始逐步消滅政敵。其步驟是先聯合未來的政敵打擊自己的當前的政敵，然後再消滅自己的同盟者。

為此，小拿破崙重用奧爾良派和擁護波旁王朝的正統派組成的秩序黨，組成秩序黨內閣，在 1849 年 5 月底強行解散制憲議會，重新選出秩序黨占絕對優勢的立法議會。接著，他利用立法議會取消了民的集會、結社和遊行示威等民主權利，加強書報檢查制度。他還建立

起一個名為慈善團體的「12 月 10 日社」，讓這些人到處為他唱讚歌。每當總統出巡，這些人夾在人群中大造聲勢，甚至喊出「皇帝萬歲」的口號。

小拿破崙在上臺十個多月後，將秩序黨內閣免職，組建由親信組成的波拿巴內閣。在完全掌握軍權後，便在 1851 年 12 月 1 日夜裡，調集七萬軍隊強行解散立法議會，逮捕反對派議員，這就是歷史上有名的路易·波拿巴政變。

翌年 12 月 2 日，小拿破崙正式宣布改為帝制，登上皇帝的寶座，成為拿破崙三世。法蘭西第二帝國便由此開始。

隨著國力的增強，拿破崙三世開始擴充軍隊，像他的伯父一樣發動一系列對外戰爭。其中包括對阿爾及利亞、越南、敘利亞及墨西哥的入侵。1857 年，拿破崙三世還夥同英國組成英法聯軍，對中國發動第二次鴉片戰爭。在攻陷廣州、天津和焚燒圓明園等事件中犯下滔天罪行。太平天國時期，法軍曾幫助清政府在浙江一帶鎮壓革命。

【人文歷史百科】

法蘭西第二帝國的經濟與擴張
法蘭西第二帝國時期，經濟發展極其迅速，十幾年間內便完成工業革命。農村已用上脫粒機、收割機、割草機等設備，並且已用化肥為田地施肥。到了十八世紀六○年代，法國已可以用機器製造機器，這便是工業革命完成的標誌。

1848 年歐洲革命

159

布朗基，一個富有傳奇的革命家。在他的七十六歲的人生時光裡，有三十七年是在獄中度過的。但他不屈的革命精神，贏得了人們的尊重。

布朗基首次入獄

布朗基被稱為「革命囚徒」，因為他一生中有三十七年是在監獄中度過的。他先後經歷三次大革命，即1830年革命、1848年革命和1871年巴黎公社，是法國早期工人運動活動家與理想主義代表。

↑巴貝夫在獄中
巴貝夫是法國大革命時期的革命家，理想共產主義者，其思想對布朗基產生過重大影響。

1805年2月1日，布朗基出生在尼斯附近的一個小城鎮。他在中學時代，便祕密加入了燒炭黨，投身於反對復辟王朝的鬥爭中。二十歲時，他考入巴黎大學，一邊學習法律與醫學，一邊繼續從事進步活動。1827年他輟學參加反對國王查理十世的街壘戰，起義失敗後，負傷的布朗基待傷癒後到國外去旅行。

布朗基在1829年8月回到巴黎，開始接受理想主義理論。他閱讀了巴貝夫的好友幫納羅蒂所寫的《為平等而密謀》一書後，對巴貝夫理想共產主義產生濃厚興趣，並因此而結識此書的作者。

巴貝夫及他的門徒認為，歷史便是貴族與平民、富人與窮人之間的鬥爭，只有暴力手段才能夠徹底消滅私有制，建立人人平等的社會。而要想推翻現存政治制度，革命者就應當建立起一個紀律嚴明的密謀組織。布朗基認為這些思想非常正確，所以他把巴貝夫主義作為奮鬥終生的目標。

↑查理十世的加冕，勒德·弗朗克斯畫
阿圖瓦伯爵是路易十八的弟弟。1824年，路易十八去世，阿圖瓦伯爵加冕為法國國王，稱查理十世，統治極端反動。

在 1830 年爆發的七月革命中，布朗基率先投身於街壘戰，為推翻復辟王朝立下了不少功勞。革命成功後，他加入人民之友社，成為該社左翼的領導人之一。他出版反映工人生活狀況的《人民之友社告人民書》等小冊子，在人民群眾中有很大影響。七月王朝因此對該組織懷有戒心，便在 1832 年 1 月以「危害社會治安罪」為藉口，逮捕布朗基等十五人，這就是所謂的「十五人案件」。

推翻七月王朝

布朗基出獄後，便決心推翻七月王朝的反動統治。他在 1835 年參加並領導一個新的祕密組織「家庭社」，準備用武力推翻七月王朝，但由於保密不嚴格，這個組織很快便被七月王朝破壞。

兩年後，他將家庭社改組為更加嚴密的四季社，這個祕密組織以工人及其他勞動者為主，另外還有一些進步青年與下層軍官參加。加入該社的每一位成員都要經過嚴格審查，並且要舉行宣誓授刀儀式。這個組織發展得很快，1839 年春，已擁有四、五千人。布朗基為這個組織的總司令，他親自擬定起義計畫，最後決定在 1839 年 5 月 12 日進行起義。

到了這一天，布朗基帶領五百名四季社成員舉行暴動，攻占巴黎市政廳，進而進攻警察局，想要通過武力奪取政權。但由於孤立無援，這次起義很快被鎮壓下去，大多數領導被捕。布朗基當時雖然逃出來，但四個月後在逃往瑞士的途中被抓，被判處死刑，後改為無期徒刑。布朗基在獄中寫下許多論文，後來他的門徒將這些論文與他出獄後寫的論文合訂在一起，出版了兩卷集的《社會批判》一書。這本書從哲學、經濟和政治等方面提出布朗基的看法，形成布朗基的共產主義理論。

1848 年，法國爆發二月革命，長期監禁的布朗基被解救出來。可是共和派執政的第二共和國卻敵視工人階級，只維護工業資產者的利益。布朗基看出共和派的面目後，便在 2 月 25 日來到巴黎，參加討論如何對待臨時政府的政治集會。大多數發言人主張立即推翻臨時政府，但布朗基認為目前首要任務應是利用民主權利來組織革命隊伍，迫使臨時政府增加工人階級的利益。於是，布朗基組織中央共和社俱樂部，以它為據點，宣傳延期舉行制憲議會選舉的活動。

↑ 香榭麗舍大街上的路障
1848 年，法國二月革命爆發，起義者在香榭麗舍大街上設置路障。此時，布朗塞正在獄中。

永不言敗的布朗基

在布朗基等人的干預下，制憲議會雖然延期舉行選舉，但是在 4 月 23 日的選舉結果卻連一個工人代表都沒有。接下來，新政府頒布禁止集會請願的法令，並否決了工人提出的設立勞動部的要求。

這個法令使各個俱樂部為之憤怒，在 5 月 15 日，工人們衝進制憲議會，要求恢復自己應得的利益，。布朗基認為這次行動因敵眾我寡肯定會失敗，但他多次阻止無效，也無可奈何。這次示威很快便遭到鎮壓，布朗基也在 5 月 26 日被抓起來。

1849 年 4 月，當局對參加「5 月 15 日示威者」進行審判，很多領導者被判刑或流放，布朗基被判為單獨監禁十年。為防止他的手下營救，關押地點先後被轉移過三、四次。直到 1859 年 8 月，才因大赦獲釋。

出獄後，布朗基頻繁奔走於巴黎與倫敦之間，繼續從事密謀活動。拿破崙三世怕他再次組織暴動，在 1861 年 6 月以莫須有的罪名將他逮捕，並判處 4 年徒刑。刑滿後，第二帝國仍然沒有釋放布朗基。布朗基於是利用去監獄醫院看病的機會從醫院逃出來，然後流亡布魯塞爾，繼續從事密謀活動。他通過各種渠道吸收國內的革命力量，到第二帝國末年，布朗基派已擁有二千五百名成員，其中大部分是年輕大學生和知識分子。1870 年 8 月 12 日，布朗基祕密回到巴黎，兩天後發動武裝起義，可惜又失敗。不過一個月後，第二帝國被普魯士打敗而宣告滅亡，取代它的是「國防政府」執政的法蘭西第三共和國。

由於新的共和國不過是「帝國拙劣的翻版」，所以布朗基在自己創辦的《祖國在危難中》報上抨擊新政府的虛偽，並建立同名俱樂部擴大革命隊伍。10 月 31 日，布朗基派發動起義，準備推翻國

近代法國

【人文歷史百科】

1789 年法國爆發大革命，廢除君主制，並於 1792 年 9 月 22 日建立第一共和國。1804 年，拿破崙・波拿巴稱帝，建立法蘭西第一帝國。1848 年 2 月爆發革命，建立第二共和國。1851 年路易・波拿巴總統發動政變，翌年 12 月建立第二帝國。1870 年在普法戰爭中戰敗後，於 1871 年 9 月成立第三共和國，直到 1940 年 6 月法國貝當政府投降德國，第三共和國覆滅。1944 年 6 月法國宣布成立臨時政府，戴高樂擔任首腦，1946 年通過憲法，成立第四共和國。1958 年 9 月通過新憲法，第五共和國成立，同年 12 月戴高樂當選總統。

防政府，建立人民公社，但又以失敗告終。新政府沒有抓到布朗基，但他被缺席判爲死刑。布朗基不得不隱姓埋名，以躲避追捕。1871年2月12日，布朗基悄悄離開巴黎，臨走前發表《最後一言》，控訴政府的叛賣行徑。然而就在巴黎公社革命爆發的前一天，布朗基被梯也爾政府逮捕。

←布朗基雕像，馬約爾作品
布朗基被馬約爾塑造成了一個健康的女子，整個造型充滿巨大的爆發力，扭轉不屈的身體象徵著爲爭取自由而鬥爭的堅毅不屈的精神氣質。

巴黎公社名譽主席

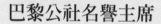

1871年3月18日，巴黎公社革命獲得勝利，建立了世界上第一個共產專政的政權。而此時，布朗基仍被關押在監獄之中。然而，3月26日在選舉公社委員時，巴黎市內竟有二十個區推選他爲侯選人。兩天後，巴黎公社正式成立。布朗基在第十八與第二十兩個工人區同時當選爲公社委員。在巴黎公社第一次委員會上，他又被選爲名譽主席。

巴黎各革命俱樂部紛紛舉行集會，要求梯也爾政府釋放布朗基。巴黎公社也以被公社俘虜的巴黎大主教和其他七十三名重要人質作爲交換條件，要求梯也爾政府釋放布朗基，均遭到梯也爾政府的拒絕。公黎公社又撥出五萬法郎，作爲幫助布朗基越獄的資金，但卻沒有成功。巴黎公社被鎮壓後，梯也爾政府在第二年改判布朗基爲終生監禁。

布朗基一直在監獄裡待到1789年，這時他被選爲法國議會議員，雖然沒有得到承認，但迫於民眾的壓力，政府還是在6月10日釋放他。布朗基出獄時，已經是一位七十四歲的老人了。但他不顧年邁體衰，繼續在巴黎開始革命工作。他在公眾集會上發表演說，呼籲政府釋放被捕的巴黎公社戰士。1881年1月1日，積勞成疾的布朗基與世長辭。對於布朗基，馬克思與恩格斯給予高度評價，認爲他是「法國共產黨的頭腦和心臟」、「革命共產主義的高尚的蒙難者」。但布朗基只依靠少數人搞密謀暴動的理論和行爲是錯誤的，對此，兩位革命導師也給予了中肯的批評。

布朗基，拍攝於1871年
該照片是布朗基成爲巴黎公社名譽主席後，出獄時所拍。

1848年歐洲革命

163

051.德意志革命

1848 年的歐洲大革命，迅速蔓延到包括普魯士之內的德意志各邦國，衝擊著腐朽的封建專制制度。

柏林三月革命

1845 年與 1846 年的農業歉收，以及 1847 年的經濟危機同樣強烈地衝擊德意志各邦國，激化德意志各邦的社會衝突。隨著法國二月革命的成功，德意志各邦也相繼爆發革命運動，與法國相鄰的巴登、巴伐利亞、黑森和符登堡的人民率先舉行大規模的遊行示威，迫使當局以君主立憲制替代封建專制統治。

↑農民戰士，油畫
該幅畫描繪的是 1848 年歐洲革命中，德意志農民手持武器參加鬥爭的情形。

1848 年 3 月中旬，維也納和柏林也發生革命運動。3 月 13 日維也納的學生、工人和市民舉行武裝起義，迫使首相梅特涅辭職並化裝逃往國外，國王斐迪南宣布改組內閣，召開國民議會，制定憲法。就在維也納革命爆發的同一天，柏林也發生革命運動。到了 16 日，普魯士國王威廉四世調來軍隊進行鎮壓，打死打傷一百五十多名群眾。這個流血慘案激起群眾的憤怒，在 18 日，人們抬著烈士屍體、高唱《要報仇》等革命歌曲包圍王宮，要求國王向烈士脫帽致哀，並將軍隊撤出柏林。

威廉四世拒絕人民的要求，並命令部隊向群眾開槍。憤怒的人群便在街頭築起街壘，進行英勇的抵抗。儘管威廉四世調動了一萬四千名常備軍和幾十門大砲，但是群眾並沒有膽怯，而是越戰越勇。經過一晝夜的激戰，終於將政府軍擊退。隨著起義規模的擴大，有些士兵也紛紛倒戈，投向義軍。在這種形勢下，國王威廉四世不得不同意民眾的所有要求，他向死去的烈士脫帽致哀，並將軍隊撤出柏林，釋放被捕的革命者，召集國民議會制定憲法並改組政府等等。

3 月 29 日，國王任命萊因區的大工廠業主康普豪森和大資本家漢塞曼組成內閣。5 月 22 日召開了國民會議，其中資本家代表占優勢。這樣，資本家靠工人起義取得政權。

法蘭克福國會

三月革命後，幾乎所有的德意志邦國都組成自由派內閣。可是自由派掌握政權後，沒有充分利用當前的有利形勢

→德意志起義者塑像

完成德意志的統一，建立全德民主共和國，而是主張走合法的議會道路，想通過一個全德意志議會，推舉一個邦國的國王作全德意志的皇帝，從而實現德國的統一。於是在 1848 年 5 月 18 日，全德國民議會在法蘭克福市正式開幕。這就是歷史上所稱的「法蘭克福國會」。

在五百七十三名議員中，絕大多數是擁護君主立憲制的自由派和貴族代表。議會的代表形成兩派，一派認為應當建立一個以奧地利為首的統一的「大德意志」共和國，稱「大德意志派」；另一派則認為應當建立一個以普魯士為首的而不包括奧地利的「小德意志」共和國，稱「小德意志派」。兩派圍繞這個

問題展開了喋喋不休的爭論，因而在歷史上成為有名的「老太婆議會」。已來到德國的馬克思批評他們的思想「是再糊塗不過的了」，因為「在德國，中央集權制和聯邦制的衝突就是近代文明和封建主義的衝突」。因為當時應當發動各邦人民建立一支強大的武裝力量，用武力推翻各邦封建君主的統治，建立統一的德意志民主共和國。

1849 年 3 月 28 日，法蘭克福議會終於通過一部帝國憲法，憲法中賦予世襲的皇帝以極大的權利。威廉四世以二百九十票贊成，二百四十八票棄權當選為德意志皇帝。議會主席索姆松率領代表團前往柏林向普王送去憲法和皇冠，威廉四世卻斷然拒絕。他鄙夷地說：「這不是皇冠，而是奴隸所戴的鐵項圈，一戴上它，國王就會變成革命的農奴。」

「老太婆議會」給各邦封建勢力創造喘息的機會，他們調來大批軍隊鎮壓人民運動。到 1848 年 7 月，各地的人民革命相繼失敗。法蘭克福議會也被軍隊驅散，1848 年德意志革命至此結束。

德意志革命失敗的原因

【人文歷史百科】

起義之所以不免失敗，主要原因在於領導運動的小資產階級的膽怯、動搖及缺乏堅決性。他們沒有採取積極的、大膽進攻的戰略，而只限於消極防禦。同時，他們也沒有提出消滅農奴制殘餘的綱領，因而使農民脫離這個運動。起義失敗的另一原因是：法蘭克福國會沒有起應有的領導作用，而採取了逃避的態度。結果，它無法避免被「強迫解散」的命運。

↑法蘭克福國會召開

1848 年歐洲革命

165

梅特涅的從政之路

輔佐法蘭茲二世、並使奧地利帝國達到全盛時期的功臣便是梅特涅。然而，他也是一個仇視革命的人。

這位奧地利外交家 1773 年 5 月 15 日出生於萊因河畔的科布倫茨，他的父親從擔任美因茲大主教世襲司儀官開始，經過一番升遷，後任帝國朝廷派住特列爾的使臣。梅特涅家的土地面積達七十五平方英哩，因此他有資格在名字裡加上「von」這個尊貴的貴族符號。生長在這樣的家庭裡，他顯然不會贊成革命或領導革命。

梅特涅從一位家庭教師那裡接受適合他身分的啓蒙教育，這位信仰新教的老師約翰‧西蒙引導他接觸法國啓蒙運動的思想。十六歲時，進入斯特拉斯堡大學，而緊接著法國便爆發攻克巴士底的大革命，並且使斯特拉斯堡也受到衝擊。梅特涅沒有追隨革命，而是來到法蘭克福，以貴族身分參加利奧波特二世皇帝的加冕典禮。典禮結束後，梅特涅便轉到美因茲大學

學習法律，並成爲歷史學家尼古拉‧福格特的得意門生。1792 年 10 月，法軍占領美因茲，梅特涅匆忙逃往英國。1794 年，法國政府認爲科隆是法國逃亡貴族的大本營，從而占領這座城市，梅特涅家中所有的產業幾乎都被「國有化」，全家只好逃難到舒適的維也納。值此家運衰落之際，梅特涅從英國歸來，並被任命爲帝國駐海牙代表。

這時，身材魁梧、文質彬彬的梅特涅開始追求維也納的名門望族之女考尼茨小姐，並贏得了她的芳心，於 1795 年 9 月 27 日結爲伉儷。她就是那位曾經使奧國哈布斯堡王朝與法國波旁王朝通婚的政治家的孫女，據說梅特涅便是從他的新娘子那裡學到了閃爍其辭、假仁假義的外交手腕。不久他就能勝任爾虞我詐的外交工作了。

1801 年，法蘭茲二世任命二十八歲的梅特涅爲薩克森的首相。爲了依隨舊時代的習慣，梅特涅在這裡也找了一位十八歲的俄國將軍的女兒作情婦。1803 年，當局因滿意他的表現，提升他到奧地利駐柏林使館工作。在這裡他

↑考尼茨小姐，安格爾畫
考尼茨小姐出身於名門望族，其祖父是著名政治家和外交家，本人善於交際，梅特涅許多外交技巧就從她的身上學到。

↓凱洛琳和她的孩子們，油畫
凱洛琳是拿破崙的妹妹，繆拉的妻
子，後來成為那不勒斯王后。梅特涅
在巴黎時，與其關係曖昧。

遇見沙皇亞歷山大一世，並建立親密友誼，這段關係維持到他們推翻拿破崙爲止。

1806 年，三十三歲的梅特涅出任駐法國巴黎大使，從此他開始推翻拿破崙的政治任務，眞正走到政治舞臺的前沿。

年輕的首相

梅特涅來到巴黎後，便與拿破崙展開一場九年之久的鬥智遊戲，最後夥同其他反法聯盟的領導人一起打敗不可一世的拿破崙。

也許是梅特涅想在拿破崙咄咄逼人的眼神下稍作喘息，也許他發現在法國美女面前自己那出身名門的髮妻有些索然無味，總之他在這裡找了不少情人。他與拿破崙的妹妹卡洛琳建立了重要的、親密的關係，還勾搭上了巴黎市長的夫人。他曾因給朱諾將軍的妻子寫了不少情書而險些讓將軍把自己的夫人勒死。如果不是拿破崙從中調解，將朱諾夫婦派到了西班牙，梅特涅便會在決鬥中難逃一死。

不過，梅特涅並沒有忘記來此的目的，他洞悉拿破崙的心意，探知他的目標，盡可能使奧地利不受損害。拿破崙與他惺惺相惜，都十分佩服對方。同時，他也仔細研究法國外交大臣塔列朗，從而受益匪淺。當他發現拿破崙想要滅掉奧地利時，便急忙建議他的政府做好備戰的準備。1809 年 4 月 9 日，由奧皇的三個弟弟分別率領三支大軍同時向波蘭大公國、義大利和巴伐利亞三個方向出擊，結果在拿破崙大軍面前，奧軍大敗。

這場戰爭開始時，拿破崙當眾對梅特涅破口大罵，並把他押送回維也納。戰敗後，奧地利的宰相引咎辭去職務，法蘭茲二世於是任命梅特涅擔任這一職務。1809 年 10 月 8 日，他開始三十九年之久的宰相與外交大臣的生涯。當時他年僅三十六歲。

哈布斯堡王朝的維護者

1809 年的敗仗，使奧地利的外交政策發生轉變。在梅特涅的策劃下，將法

←梅特涅伯爵，湯瑪斯·勞倫斯畫作
梅特涅是奧地利傑出的外交家，反對拿破崙的得力幹將，奧地利哈布斯堡封建王朝的堅定擁護者。

蘭茲二世的女兒露易絲嫁給拿破崙。這樁婚事使哈布斯堡王朝可以暫時不受法國的威脅。接下來，他採取隨機應變、左右逢迎的外交手腕，周旋於法、俄及其他列強之間，竭力保護奧地利不受任何損害。

隨著俄國與法國的矛盾激化，梅特涅不禁暗暗欣喜，因爲他正想在俄法鷸蚌相爭中獲得利益。爲此，梅特涅就「像一個走鋼絲的演員」一樣，在法俄之間尋找著一種平衡。1812年3月，他同拿破崙簽訂密約，同意出兵討伐沙俄，以免遭亡國之禍。同時，他又向亞歷山大保證只給法國極少的支持，以防俄方戰勝而攻打奧地利。當拿破崙在1812年侵俄爭戰失利時，梅特涅便爲兩國出面調停，獲取雙方的好感。後來，當第六次反法聯盟連連告捷時，梅特涅不再猶豫，立即使奧地利加入反法戰爭。

在維也納會議中，梅特涅更是出盡風頭。他抓住一切可以利用的有利條件，使他成爲談判中的主持人。他爲奧地利爭得許多利益，並恢復大多數國家的封建統治，成爲「神聖同盟」的主宰，策劃多次國際會議，鎮壓許多國家的人民革命運動。

1821年5月，梅特涅

又榮升爲奧地利首相兼宮廷大臣、國務大臣，真是官運亨通。然而，命運似乎有意要讓他償一償痛苦的滋味。1820年夏天，他接連死了兩個女兒，剩下的三個孩子又染上了嚴重的肺炎。五年後，他的妻子也因病去世。1827年11月他又娶了一房妻室，但沒過兩年，他又成了孤家寡人。後來他又娶了一個年青的妻子，但這個只有二十六歲的女人又先他五年而亡。

這一連串的打擊使梅特涅痛苦不堪。但更令他萬分傷心的是，脆弱的帝國大廈已岌岌可危，搖搖欲墜。隨著法國革命的不斷深入，他更是極度恐懼與不安。他竭力強化員警機構，箝制輿論，鼓勵告密，增設密探。以至於住

↑維也納會議上的梅特涅，漫畫
在維也納會議上，梅特涅憑藉自己的外交才能游走於各國代表之間，爲奧地利爭取到最大利益。

宅裡的私房話，都會傳到政府的耳朵裡。

最後時光

梅特涅的專制政策並沒有使國家變得安穩。工人、農民、大學生、資產階級與被壓迫的匈牙利人、捷克人、羅馬尼亞人，紛紛以各種方式進行反抗。

1830 年的法國七月革命，更是使梅特涅萬分恐慌。他為抵制革命，便可笑地壓制工業的發展，從而使國家經濟落後，漸漸瀕於破產的邊緣，不再擁有足夠的財力來保持軍隊可以「維持歐洲秩序」。為緩解危機，奧國只得向英國與俄國借債，然而對方卻不願意施捨一分。梅特涅深知自己的做法如同飲鴆止渴，但他又不得不做垂死掙扎。正如他的哀歎：「我不得不在支撐這所蟲蛀的大廈中了卻我的殘生。」

一直極其信任梅特涅的法蘭茲二世皇帝在 1835 年因病去世。他在臨死前仍然囑託新皇斐迪南一世，告訴他梅特涅「是新皇離不開的顧問」，新皇決不可不經過他而對人對事作出決定。可是新皇患有癲癇症，常常失去自制能力，從而使腦子智力受到影響，並且不能致力於國政。他讓路易公爵、梅特涅和科羅烏拉代他主持政事。但這三個人卻素來不和，在勾心鬥角中，帝國的這架行政機器開始陷於癱瘓。

當 1847 年的經濟危機席捲奧地利後，帝國徹底失去應有的秩序，飢餓的人們每天都在搗毀麵包房。工廠倒閉，工人失業，自殺和殺人者越來越多，起義的烈火在帝國的各個角落燃燒，而士兵們已不肯向起義的人民開槍。

巴黎二月革命很快波及到維也納。3 月 13 日，維也納也開始法國式的革命。七十五歲的梅特涅不得不宣布辭職，化裝出逃，輾轉一個月後遷居倫敦。

1851 年 9 月，這個飄泊在外的孤老頭子被獲准回國，在孤獨和寂寞中度過了他的晚年，1859 年 6 月 11 日離開人世。

↑梅特涅逃跑了，漫畫
1848 年維也納爆發革命後，梅特涅男扮女裝，倉惶出逃。

1848 年歐洲革命

169

053.匈牙利英雄科蘇特

科蘇特，匈牙利獨立鬥爭不屈的鬥士，其歷史功績和匈牙利偉大的愛國主義詩人交相輝映。

資產階級民主派領袖

在十九世紀四〇年代，匈牙利仍然是奧地利帝國的一個殖民地。

1802 年，科蘇特出生在匈牙利莫諾克市的一個貴族家庭，早年在薩羅什保陶克大學學習，深受法國啟蒙運動與大革命的影響。三十歲時，被推選為匈牙利首府波若尼的階級議會代表，開始涉足政界。此後，創辦《議會通報》和《市政通報》作為議會反對派的喉舌，積極宣傳保衛民族利益和進行社會改革的思想，因此遭到奧地利反動當局的不滿，於 1837 年被捕，並被判處四年徒刑。

↑科蘇特肖像
科蘇特是匈牙利的民族英雄，1848 年匈牙利革命的領導者。1849 年，科蘇特宣布匈牙利獨立，後在奧地利和俄羅斯軍隊鎮壓下失敗。

科蘇特獲釋以後，於 1841 年 1 月創辦《佩斯報》，繼續宣揚民主思想。這份報紙創刊半年後，發行量由六百份增加到四千份，開創了匈牙利新聞史上的發行記錄，但三年後又遭查封。

早在 1842 年，科蘇特便領導組織匈牙利的第一次工業展覽。1843 年，他和反對派一起在議會中提出實行保護性關稅議案，但卻遭到奧皇的否決，於是便在 1844 年創辦匈牙利交通協會、建廠協會。接著還創辦抵制奧貨保護協會，並親任保護協會的主席，在全國範圍內開展抵制奧貨運動。這次運動給匈牙利紡織等輕工業帶來了繁榮，並促使人民群眾提高反抗奧地利統治的熱情。於是，一個純粹經濟性質的運動醞釀成為影響深遠的政治運動。

1847 年秋天，科蘇特被選為佩斯州的代表，參加匈牙利封建時代召開的最後一屆階級議會。科蘇特親自起草《反對派宣言》，從而成為民主派的領袖。

流亡時期的科蘇特

科蘇特領導的義軍被俄奧聯軍打敗後，他與一千多名戰友越過南方國境線逃到被土耳其占領的保加利亞，1852 年全家遷居倫敦。1861 年遷居義大利。科蘇特在流亡中繼續從事爭取祖國獨立和民族解放的鬥爭活動。1867 年春，科蘇特堅決反對奧匈兩國統治者達成的一項妥協性《奧匈協定》。他毫不動搖地堅持 1848 年獨立綱領，宣稱：「同維也納搞祕密交易的帷幕慢慢揭開了……我從這一事實中看到民族將要滅亡。」

【人文歷史百科】

匈牙利革命的 領導者

1848 年，維也納爆發革命的消息傳到匈牙利，引起極大反響。以詩人裴多菲爲首的十人小組在 3 月 15 日發動革命，示威群眾包圍市政廳，迫使市長接受《十二條》。在議會中，以科蘇特爲首的資產階級民主派也與之呼應，他親率高級代表團去維也納談判，迫使奧皇同意成立匈牙利責任內閣。3 月 17 日，奧皇授權主張與哈布斯堡妥協的溫和派波江尼‧勞約什組閣，科蘇特被任命爲財政部長。

在科蘇特的影響和領導下，3 月 18 日匈牙利內閣通過在軍事上和財政上獨立自主、取消勞役制、實行普遍課稅、和外西凡尼亞聯合、出版自由、在法律面前人人平等及其他總共三十五條法令。

但是，哈布斯堡王室是不想失去自己的封建統治的。隨著歐洲革命力量的消退，奧地利開始派兵鎮壓匈牙利革命。面對大軍壓境，匈牙利大部分貴族軍官拒絕抵抗，匈牙利

政府內閣也被迫辭職。在這危急關頭，科蘇特挺身而出，他成立國防委員會，被選爲主席。然後親赴大平原招募新兵。短短十天，便有五萬農民參加了國防軍。在奧軍服役的匈牙利士兵也紛紛撕下黑黃綬帶，換上紅色的標誌參加匈牙利國防軍，準備爲保衛祖國而戰。製造槍砲的工廠也夜以繼日地加緊生產。在科蘇特的帶領下，匈牙利國防軍一舉擊潰十萬奧地利軍隊，把敵人全部趕出了邊境。

然而，在俄國沙皇尼古拉一世的幫助下，三十七萬俄奧聯軍還是最終鎮壓匈牙利的革命。科蘇特流亡國外，1894 年 3 月 20 日在都靈逝世。

↑ 奧地利徵兵
匈牙利革命爆發後，奧地利慌惶徵兵以進行鎮壓。該畫面描繪的就是奧地利人強制徵兵時的場面。

054.1848 年義大利革命

1848 年革命席捲歐洲，亞平寧半島也不平靜。而此時的義大利並不是一個統一的國家，外來者的占領使古羅馬人的後裔飽受苦難，獨立是革命者的首要任務。

分裂的義大利

義大利地處亞平寧半島，就像一隻碩大無比的靴子伸入地中海。這裡，曾經是威震寰宇的古羅馬帝國的心臟，為後世留下了璀璨奪目的古老文化，是歐洲文化藝術的源泉。然而，自西元 476 年西羅馬帝國覆滅後，義大利便被肢解得四分五裂。隨著歐洲列強鐵蹄的肆意蹂躪，義大利人陷入苦難深重的境地。

中世紀的義大利雖然是資本主義萌芽與文藝復興的發祥地，但那只是發生在有限的幾個城市邦國裡的事情，整個半島依舊分裂如故，並且阻礙著經濟的發展。到十八世紀，義大利境內有十多

↑ 義大利地圖
此圖為 1815 年的義大利地圖。根據維也納會議，整個義大利大大小小八個邦國。

個邦國，半島中、北部已被奧地利所統治，南部則落入西班牙之手。十九世紀初全義大利被拿破崙所統一，但兵敗滑鐵盧之後，義大利被維也納會議割裂為八個邦國，又重新淪為奧地利與西班牙的殖民地。在這八個邦國中，倫巴底、威尼斯全部歸屬於奧地利，帕爾馬分給了拿破崙的皇后、奧地利公主露易絲，作為她的終身領地；托斯卡尼及莫德納分別是奧地利兩名大公的世襲領地；夾在這兩者之間的小小盧卡公國，則劃給了西班牙一位公主；中部以羅馬為中心的遼闊土地，被定為教皇國；南半部由那不勒斯及西西里島構成的兩西西里王國，由西班牙王室重建起統治王朝，只有薩丁王國由意大意人薩瓦王朝統治，是一個獨立的邦國，其領土包括倫巴底西邊的皮埃蒙特及海中的薩丁島。

為實現祖國的統一，數百年來義大利各地抗禦外辱之事不絕於史。其中較為出名的便是 1807 年成立的義大利「燒炭黨」，這些由愛國貴族、軍中官佐、資產者、知識分子、農夫及工匠組成的祕密組織，曾在多處發動起義。

在十九世紀三四十年代，北義大利開始進入工業革命時代。而政治上的分裂、外國的封建統治及高額關稅嚴重地

阻礙著資本主義經濟的發展，因此，多災多難的義大利到十九世紀四〇年代，爭取獨立的革命運動已成為不可阻止的歷史必然。

失敗的革命

1845 年至 1846 年的農業歉收，使整個義大利被飢餓威脅著生命。接著 1847 年席捲歐洲的經濟危機，使義大利境內也出現為麵包而戰的暴動及隨之而來的革命運動。

1848 年 1 月 13 日，西西里島首府巴勒摩發生大規模的革命運動，在廣大人民群眾的支援下，與一萬三千政府軍巷戰兩周，終於趕跑政府軍，並在西西里成立自由派的臨時政府。

巴勒摩的勝利消息使那不勒斯人民也振奮起來，他們馬上舉行聲勢浩大的示威，使國王斐迪南二世被迫於 1 月 29 日頒布憲法，並且任命自由派組閣。接著，在教皇國、托斯卡尼及薩丁王國也都爆發革命。

當維也納三月革命的消息傳到米蘭，沸騰的人群立刻在 3 月 18 日進行反奧行動，與奧軍激戰五天後，終於解放米蘭城。同時，威尼斯也爆發起義，一舉推翻奧國的封建統治，成立臨時政府。

隨著革命浪潮的不斷高漲，義大利人民一致要求對奧宣戰，徹底脫離奧國的控制。薩丁王國、那不勒斯國王和托斯卡尼政府都參加反奧戰爭。甚至教皇庇護九世，雖然沒有正式宣戰，也派出了軍隊反對奧地利。

面對奧地利派來的大批軍隊，薩丁王國國王阿爾伯特並沒有把人民群眾發動起來，因為他害怕人民大眾擁有武器後會掀起反對君主的革命。結果在庫斯托薩戰役中遭到慘敗。隨後，米蘭也被奧軍攻克，教皇與那不勒斯也調回了自己的軍隊。1848 年 8 月 9 日，阿爾伯特與奧國簽訂停戰協議，同意奧國在倫巴底與威尼斯的統治。1848 年革命的第一階段宣告結束。

接著，以馬志尼和加里波底為首的民主派繼續揭竿而起，從 1848 年 8 月的一年，經歷無數次血戰。最終在奧、法、西聯軍的強大攻勢下，革命第二階段以失敗告終。

維也納會議後的義大利

維也納會議後，義大利的政治特點是：第一，政治上分裂，大小國家林立；第二，多數國家仍處在外國統治下。倫巴底－威尼斯成為奧地利的一個行省，托斯卡尼大公國、帕爾馬公國及莫德納公國受奧地利哈布斯堡家族的統治，統治兩西西里王國的是西班牙波旁王朝；第三，在拿破崙統治時期被推翻的封建專制君主在維也納會議後又復辟，貴族僧侶的特權又恢復，人民的自由權利被剝奪了。但丁的作品不准閱讀，哥白尼的地球轉動學說不許在學校裡講授。一個樞機主教曾斷言：「民愚則易治。」

義大利和德意志的統一

173

庇護九世肖像↑
1848 年革命中，羅馬成立共和國，庇護九世勾結法國反革命干涉軍奪回政權，後一直在拿破崙三世保護下生存。1870 年，法國軍隊撤離，義大利王國占領教皇國。

055.義大利的統一

美麗的亞平寧半島上，只有薩丁王國是義大利人自己建立的國家，統一的大業當仁不讓，絕對應該由薩丁王國來完成。

薩丁王國的重任

1848 的革命運動以失敗告終，義大利仍然處於分崩離析的境地，並且又增加了一些新的外國勢力。法國由於幫助教皇鎮壓了當地的革命運動，便以恩人自居，向教皇索要各種軍需，並且駐紮在羅馬不肯離去了。奧地利軍隊則駐紮在托斯卡尼等國，干涉這些國家的內政。

外國勢力不想讓義大利實現統一，因爲這種小國林立的局面使義大利沒有反抗的實力，更有利於宰割與奴役。在 1848 年革命失敗後，大多數國家又恢復從前的封建專制統治，廢除革命期間頒

布的憲法。可是薩丁王國卻沒有這樣，因爲它始終是一個獨立的國家。1848 年的革命使薩丁王國成爲一個君主立憲制的國家，由於它不受外國勢力的統治，所以革命成果被保存下來。薩丁王國在 1848 年制定的憲法，是一部自由主義憲法，它限制王權，採取兩院制的國會制度，充分保障資產階級的自由。薩丁王國的首相加富爾是地主資產階級自由派的代表，從而使自由派掌握薩丁王國的政權。

加富爾積極發展薩丁王國的工商業經濟，他採取一系列鼓勵工商業發展的政策，使工商業資本家可以擁有各種貿易自由。五〇年代，薩丁王國在經濟上出現空前的繁榮，成爲義大利半島上最先進的資本主義國家，成爲各邦國的自由主義貴族嚮往的國度。

與薩丁王國相比，其他諸邦的經濟就顯得太落後了。農民沒有土地，只能在苛刻的條件下租種大地主的土地，過著極其貧困的生活。

故此，義大利各邦都將薩丁王國看成樂土，並想成爲這片樂土的一部分。

獨立運動興起

薩丁王國有經濟實力後，便開始積

倫巴底
威尼斯
薩丁王國
托斯卡尼
教皇國
兩西西里王國
薩丁王國

薩丁王國領土
1860年收復的地區
1866年收復的地區
1870年收復的地區

兩西西里王國

174

↑ 義大利的統一

1859年，法國、薩丁王國和奧地利在倫巴第的索爾菲利諾交戰，奧地利失敗。圖為拿破崙三世親臨戰場時的情景。

→加富爾頭部雕像

極為統一義大利而備戰。當然，與其說統一，不如說是想擴大一下自己的國土，因為薩丁王國首相在1858年7月與法國拿破崙三世所簽訂的盟約中便有瓜分義大利的內容。盟約商定：法國以武力援助薩丁王國，但必須將薩伏依及尼斯兩省讓給法國；另外，還要建立一個包括帕爾馬、莫德納、托斯卡尼及教皇國的一部分土地在內的中義大利王國。這個王國實際上便是法國在義大利建立的勢力範圍。

1859年4月，法、薩兩國向奧地利宣戰。在這場戰爭中，民族英雄加里波底率領志願軍投入戰鬥，立下赫赫戰功。6月4日，法、薩聯軍在馬進塔一役大破奧軍，6月22日，把奧軍逐出倫巴底。

反奧戰爭使義大利中部各地也掀起革命熱潮。各邦國的起義人民趕走統治者，成立臨時政府，並且一致要求與薩丁王國合併。面對各邦要求統一的呼聲，加富爾卻懼怕得罪法國，拒絕合併的要求。

義大利中部各邦的強烈要求，徹底摧毀拿破崙三世建立中義大利王國的計畫。他為阻止義大利統一，便退出這場戰爭，並在7月11日單獨與奧國簽訂維拉弗朗卡和約，規定：威尼斯繼續歸奧地利統治，將倫巴底讓給薩丁王國；薩伏依依及尼斯合併於法國；恢復中意各邦的君主統治。

薩丁王國國王被迫同意這個和約。然而，這個喪權辱國的和約卻引起義大利人民的憤怒。各邦人民成立自己的武裝隊伍以保衛革命政權，並且強烈要求與薩丁王國合併。法國雖然極力阻止義大利的統一，但由於英國希望強大的義大利可以對抗法國，便出面干涉這件事，使法國不得不放棄對義大利的干涉。

在這個形勢下，加富爾重新擔任首相。1860年3月，在加富爾的操縱下，中部各邦舉行公民投票，正式合併於薩丁王國。這樣，義大利終於實現局部統一。

↑艾曼紐爾二世紀念碑

艾曼紐爾二世紀念碑位於義大利首都羅馬，以歌頌薩丁王國國王艾曼紐爾二世統一義大利的豐功偉績。

燒炭黨沒有完成的任務由誰來接替？「青年義大利黨！」這個以獨立為己任的革命組織，其創始人就是馬志尼，一個為義大利獨立奮鬥終身的人。

創立「青年義大利黨」

義大利的燒炭黨，可以說無人不知。可是當其漸次銷聲匿跡時，取而代之的便是崛起的「青年義大利黨」，這個黨的創始人便是朱塞佩·馬志尼。

1805 年 6 月 22 日，馬志尼出生在港口都市熱那亞。他的父親是一名精通醫術的大學教授，極具愛國之心。他的母親學識淵博，性情溫和，深明大義。這樣一個家庭，使馬志尼從小受到良好的教育與愛國思想的薰陶。

↑馬志尼肖像，貝利尼作
義大利人把馬志尼、加里波底、加富爾並稱為義大利復興大業的三傑。馬志尼是一個典型的自由主義者，一生致力於義大利統一運動。

馬志尼十五歲時，曾隨母親外出，遇到一位乞丐，看到母親竟含著眼淚將錢放進那乞丐的帽子裡。隨後，母親對感到不解的馬志尼說：「此人是一位愛國志士，為了救國而遭到殘害，我們應當幫助他。」原來，那名乞丐便是燒炭黨人。

馬志尼上大學後，便終日身著黑色喪服，以哀悼國家的淪亡。他先學習醫學，1826 年又改學法律。大學畢業後，他加入燒炭黨。

馬志尼一邊在熱那亞從事律師工作，一邊辦了一家報紙，撰寫大量政治文章，宣傳反奧愛國思想。但這份代表共和主義思想的報紙，很快便被政府查封。

馬志尼在燒炭黨中很快成為重要人物，但由於叛徒告密，被皮埃蒙特政府逮捕，被判為驅逐出境。馬志尼於是來到法國的馬賽，開始痛定思痛，靜思往事。他很快發現，燒炭黨脫離民眾，勢單力孤，人員龐雜，組織渙散，已經不適合當前鬥爭的需要。因此，馬志尼聯絡當地愛國僑民，於1831 年組建了「青年義大利黨」。這個祕密組織只吸收四十歲以下的人，並且要宣誓嚴守機密才可以加入。另外，他還創辦《青年義大利報》。

這個組織的目的，便是從國內外的專制統治下解放義大利，把義大利統一在共和政府之下。因此，青年義大利黨的旗幟上，一面寫著「統一、獨立」，另

【人文歷史百科】

馬志尼的失誤
馬志尼為青年義大利人制定的策略基本上重複燒炭黨的錯誤，他把革命理解為少數人的密謀活動，從不考慮革命條件是否具備、革命形勢是否成熟，隨時採取革命行動。馬志尼在他從事革命活動的幾十年間，總是叫喊：「行動、行動；革命、革命！」

一面寫著「自由、平等、博愛」。他們的座右銘是：「上帝和人民。」

馬志尼的流亡生涯

流亡法國的馬志尼一邊積極組建青年義大利黨，一邊時刻觀察義大利的政治形勢。1831年4月，馬志尼聽說薩丁國王阿爾伯特即位，便懷著欣喜的心情給這位國王寫了一封信，希望阿爾伯特能夠領導義大利人民實現統一。這封信並沒有寄給薩丁國王，而是報刊上公開發表，所以在全義大利引起很大反響。而薩丁國王對此的態度卻是，下令逮捕馬志尼。

↑ 馬志尼和阿爾伯特
該圖描繪的是馬志尼熱情地勸說阿爾伯特國王統一義大利，但阿爾伯特畏縮不前，形象生動。

這位阿爾伯特並非不想擴大自己的領地，只是他害怕獨立運動會威脅到自己的君王統治，所以他極力禁錮各種自由主義思想。可是，意志堅定的馬志尼並沒有因此而放棄對義大利統一的渴望。在1831年底，他讓祕密組織再次將獨立與統一的思想傳播到義大利。對此，薩丁國王惱羞成怒，於是通過外交手段，要求法國將馬志尼驅逐出境。

1832年8月，法國同意了薩丁國王的請求，下達了驅逐馬志尼的命令。馬志尼在馬賽隱匿數月後，不得不遷往瑞士的日內瓦。

馬志尼在日內瓦創辦《歐洲中心》雜誌，繼續宣傳統一義大利的思想。他還在這裡組建了一支由德國人、波蘭人和義大利人組成的志願軍。1834年2月1日，他親自率軍遠征薩丁國的薩瓦地區，但是這支軍隊在途中就流散多人。到薩丁國境內時，已經所剩無幾，沒有放一槍，就煙消雲散了。同年，馬志尼在瑞士還組建了「青年歐羅巴」協會，要實現全人類的自由、平等與博愛。接著，他又建立了「青年瑞士」協會，想將瑞士、提羅爾、薩瓦與阿爾卑斯山其他部分地區結成聯盟。但是瑞士迫於國外勢力的威脅，不得不於1836年驅逐馬志尼。

1837年1月，馬志尼來到英國的倫敦。在這裡，他過著孤獨而窮困的生活，掌握英語後，只能靠寫作維持生活。先後發表《論拉莫納》《喬治·桑德》《拜倫和哥德》《論拉馬丁》等文章。

→思索中的馬志尼

義大利和德意志的統一

177

馬志尼和 1848 年革命

馬志尼的文章不斷見報，使他的名聲與收入逐漸增長。他雖然遠在倫敦，但他的思想卻不斷傳播到義大利境內。就這樣，馬志尼逐漸同義大利境內的革命組織建立了聯繫。

1839 年，巴黎與馬爾他地區成立的革命委員會同馬志尼取得了聯繫，他們在馬志尼的指導下積極為祖國的統一而努力。第二年，馬志尼創辦工人協會和《人民使徒報》，並且重新組建青年義大利黨。除此之外，馬志尼還在倫敦創建了一些慈善機構，使流亡倫敦的義大利人的孩子們能夠上夜校，接受初級教育。

在馬志尼的影響下，威尼斯馬志尼派軍官班第耶拉兄弟在 1844 年成立遠征軍，準備在卡拉布里亞發動起義。他們把自己的計畫寫信告訴馬志尼。可是由於這封信被馬志尼的家庭祕書詹姆斯・克拉阿姆給公布於眾，造成英國當局將

↑ 1848 年的那不勒斯

↓ 加里波底和馬志尼

義大利統一運動中存在著兩個派別：一派是以薩丁王國首相卡富爾為代表的自由派，另一派是以馬志尼和加里波底為代表的民主派。

這一情報通過維也納洩露給那不勒斯國王斐迪南二世，導致起義隊伍遭到鎮壓，班第耶拉兄弟也被處以死刑。

在 1847 年底，馬志尼寫信給羅馬教皇，希望庇護九世能夠擔負統一義大利的重擔，但卻沒有什麼結果。不過，馬志尼統一義大利的思想卻被義大利各邦的愛國者所擁護，所以各邦革命者都願意馬志尼加入自己的組織。1848 年初，米蘭和麥西納的革命者與馬志尼通信，要求他回國指導革命運動。4 月 8 日，馬志尼抵達米蘭，受到米蘭人民的熱烈歡迎。雖然共和派渴望他們的代表馬志尼能夠提出建立共和國的建議，但馬志尼卻認為當前最重要的是義大利的統一，所以他號召人民為「國家統一」而放棄共和國。

當薩丁國王與奧地利在 8 月簽訂停戰協議後，義大利 1848 年革命第一階段宣告結束。接下來的第二階段，便是馬志尼與加里波底領導的近一年之久的民族戰爭。馬志尼對薩丁國王的行為極其氣憤，他說：「國王的戰爭已經結束，現在該是民族與人民為統一而戰了！」

在他的號召下，民族英雄紛紛再舉

義旗，再次掀起反奧熱潮。1849 年，托斯卡尼大公逃走，馬志尼被當選爲該國的三執政之一。同年，羅馬民眾又推翻教皇的封建統治，建立起羅馬共和國。3 月 23 日，馬志尼被選爲羅馬共和國的三執政之首。

可是，隨著拿破崙三世派兵登陸義大利，羅馬共和國也很快夭折。6 月 30 日，法軍攻克羅馬，馬志尼逃往馬賽，又轉往瑞士，最終逃回倫敦。

爲獨立奮鬥終生

馬志尼回到倫敦後，繼續發表言論，鼓動義大利人民爲國家統一而進行武裝起義。他在 1852 年寫給歐洲民主派的備忘錄中說：「現在黨的口號，黨的戰鬥口號應該是什麼？答覆很簡單：只有兩個字──行動。不過，是聯合的、全歐洲的、不斷的、徹底的、大膽的行動。」

馬志尼積極同各國革命者進行聯繫，傳播民族解放運動的思想。五〇年代初，在他的影響與帶動下，義大利發生好幾次起義，但都以失敗告終。從此，馬志尼的威信日益下降。絕望中的馬志尼派於是採取恐怖主義，在 1854 年刺殺了帕爾馬大公，1856 年刺傷那不勒斯國王。但這並沒有給馬志尼帶來榮譽，所以他在 1855 年建立「行動黨」時，參加者寥寥無幾。

1857 年馬志尼回到義大利，準備在熱那亞、那不勒斯發動起義，但這些起義都短命而亡，馬志尼被判處死刑。他再度逃回倫敦，繼續宣揚「行動、行動、再行動」的觀點。

直到 1866 年威尼斯回歸義大利後，宣布大赦，馬志尼的死刑才得以解除。但是在 1869 年義大利政府再次逮捕馬志尼。幸虧此時義大利已基本完成統一，借王子誕生的機會，馬志尼又恢復自由。當時馬志尼已是六十四歲的老人，他在倫敦和魯加諾度過晚年，於 1872 年 3 月 10 日離開人世。

義大利國會一致決議對他表示哀悼。3 月 14 日在皮薩舉行公開葬禮，然後把屍首運回他的故鄉熱那亞。

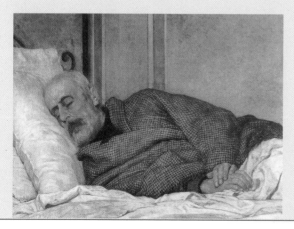

←馬志尼之死，希爾弗斯卓作
馬志尼爲義大利的獨立事業鞠躬盡瘁。1872 年 3 月 10 日，馬志尼在倫敦去世。畫面中的馬志尼神態安詳，因爲此時義大利的統一已基本完成。

義大利和德意志的統一

179

少年宏志

如果說常遭敗績的馬志尼是一位語言上的巨人，加里波底則是一位屢戰屢勝的行動巨人，他為義大利的統一立下赫赫功勳，至今仍是備受世人推崇的英雄人物。

加里波底與馬志尼是老鄉，都是熱那亞人。但嚴格來說，加里波底卻是法國人，因為他在 1807 年 7 月 14 日出生於尼斯，並且他的父親在三十年前便遷居到了這個風景如畫的古老城鎮，而當時這裡正是拿破崙統治下的一個法國城市。加里波底的祖輩們世代以航海為生，他的父親是一位經驗豐富的老船長。也許是吃了很多海鮮的緣故，加里波底的身體從小便異常健壯。當然，他也自幼熟悉水性，愛好海上的生活。

加里波底八歲時，曾經從海中救起過一名落水的婦女，可見小加里波底是多麼的強健與勇敢。十歲時，他已經成為一名小水手了，隨船航行到過敖得薩及羅馬。老加里波底雖然希望兒子將來能成為一名牧師、律師或醫生，但家中的貧困卻無法使兒子接受良好的教育。

加里波底的第一位教師是常住在他家的一位遠親、天主教神父吉阿科涅，但加里波底對他所教授的拉丁文與神學不感興趣。他的第二位教師是一位退伍軍官，這位軍官教加里波底數學、語文和羅馬史。加里波底與這位軍官相處得很融洽，並且很喜歡這些課程。語文與羅馬史培養出他的愛國情感，而他的母親羅薩更是不斷對兒子進行愛國教育。如果說加里波底的母親也算是他的一位教師的話，那麼他的第四位教師可以說便是馬志尼。

1833 年，二十六歲的加里波底航行到亞速海岸的一個俄國小城——塔甘羅格。他在這裡的一家小酒館裡參加馬志尼創建的青年義大利黨。同年，他在馬賽港見到慕名已久的馬志尼。馬志尼統一義大利的思想，徹底征服了加里波底。從此，加里波底開始投身於統一義大利的革命運動中，成為一名堅定的革命者。

↑加里波底肖像
加里波底是一個充滿傳奇的人物，義大利的民族英雄，終生為自由和獨立而戰。

為統一而戰

1833 年 9 月，青年義大利黨計畫遠征薩瓦時，加里波底奉命前往熱那亞，待義軍攻入皮埃蒙特後，便在那裡策動海軍起義。不過由於馬志尼的二百名志願軍途中流散多人，沒放一槍便宣告失敗。加里波底化裝成農民逃到馬賽，改名朱塞普‧巴涅，在一艘商船上當水手。

此後，青年義大利黨又策劃多次起義，但均遭失敗。連遭敗績後，馬志尼隱居日內瓦，又轉往倫敦。加里波底則從馬賽移居南美，在那裡參加各國獨立運動，組建義大利軍團，屢立戰功，深受各國愛國者的欽佩，並且在義大利也名聲遠播。

1848 年歐洲各地遍起革命之時，加里波底在南美挑選六十三名機智勇敢的戰友，用募捐和變賣衣物所得的錢租一條船，帶著烏拉圭政府送給的兩門大砲和數百支步槍，於 6 月 21 日抵達尼斯，開始為祖國統一而戰。

1849 年初，羅馬人民推翻教皇統治，成立共和國。加里波底在立憲議會選舉中當選為馬切臘城的代表。別有用心的拿破崙三世派軍進攻羅馬，幫助教皇收復失地。加里波底率軍保衛羅馬，連連取勝。可是，馬志尼猜忌加里波底，不委以兵權，不經加里波底同意即和法軍談判停戰，中了敵人緩兵之計。6 月初，法、奧聯軍再次圍攻羅馬，加里波底率軍進行了幾十次英勇戰鬥。他身著紅衫，身先士卒，和戰士們一樣，全身遍染鮮血，仍繼續戰鬥。7 月 2 日，共和國議會決定停止防禦戰，3 日，法軍進羅馬城，教皇政權又在法國刺刀保護下復辟。

→加里波底雕像
加里波底是義大利人民心目中的英雄，巴勒摩、那不勒斯、羅馬、米蘭等城中都有其雕像。

GARIBALDI
1807－1882

181

「紅衫軍」縱橫義大利

羅馬共和國夭折後，加里波底沒有逃亡國外或躲藏起來，而是於 7 月 2 日晚，在梵蒂岡廣場召集自己的部下，並對他們說：「誰愛義大利，誰就跟我來！」於是四千多名戰士又跟著他去支援威尼斯共和國。

從此，加里波底率領他的「紅衫軍」縱橫義大利，繼續英勇頑強地為國家統一而戰。當義大利革命的第二階段結束後，加里波底被薩丁國王逮捕，由於社會各階層的營救，最終獲得釋放。1849 年 9 月 16 日，加里波底再次流亡國外。幾經周折，於 1850 年夏到達紐約，在一個熟人的蠟燭廠裡當工人。一年後又到一艘商船上當船長。他駕駛這條船到過許多國家，也到過中國。當他在 1854 年駕船途經熱那亞時，看到新的革命形勢正在形成，又產生留下來為祖國自由解放而戰的思想。於是，他在卡普列拉島上買下一塊土地，開始過種地、打獵、捕魚生活。

1859 年 2 月，加里波底應加富爾之

↑ 穿紅衫的加里波底
加里波底英文為 Garibaldi，意思是「寬大襯衫」。他本人及所率領的自願軍也全都身穿紅衫，成為義大利統一運動中最英勇的軍隊。

請來到都靈。加富爾向加里波底披露聯法反奧的軍事計畫，並授權他組建一支志願軍。加里波底很快召集了一支人馬，加富爾把它命名為「阿爾卑斯山獵兵」。

「阿爾卑斯山獵兵」在加里波底的領導下，把奧軍打得節節敗退，潰不成軍。但法國和奧國單獨簽訂維拉弗朗卡和約。

加里波底聽說把自己的家鄉割讓給法國，極度傷心中憤然辭職，回到卡普列拉島。之前發表了一份告同胞書，他說：「有朝一日，如果渴望解放我們祖國領土的薩丁國王再次號召他的士兵拿

↑ 加里波底進入那不勒斯，油畫
1860 年 9 月 7 日，加里波底身穿紅衫進入那不勒斯城，受到熱烈的歡迎。

起武器，我將會拿起武器和我那些勇敢的戰友們站在一起。」

1860 年 4 月，西西里島再次爆發起義。然而，在那不勒斯五萬政府軍的鎮壓下，起義再次面臨失敗的危險。於是起義軍請求加里波底出任革命領袖，拯救西西里。加里波底立刻再次組建「紅衫軍」，徹底打敗那不勒斯國王的軍隊，在 7 月初解放西西里，建立革命政權。加里波底成為西西里的總執政官。

急流勇退

西西里解放後，加里波底決定渡海北上，解放整個那不勒斯。然而，這卻使薩丁國的領導們感到坐臥不寧、寢食不安。因為他們害怕加里波底的勢力增大後，會削弱自己的權力。於是他們威脅加里波底把政權交出來。但加里波底卻不想讓這些爭權奪利之徒破壞祖國的統一大業，他態度堅決，表明在革命未獲得成功之前決不交出政權。

8 月 27 日，加里波底率軍渡海進軍那不勒斯，一舉將十五萬敵軍擊潰。那不勒斯國王愴惶逃上一艘西班牙戰艦離去。9 月 7 日，加里波底在萬民擁簇中進入那不勒斯城。風塵僕僕的加里波底身穿紅色襯衫、頭戴寬簷軟帽，坐在一輛沒有衛兵護衛的馬車上，對群眾激動地說：「我們不向別人要任何東西，我們希望得到的是我們自己的義大利。」人群中立刻歡聲雷動，群情激奮。整整一個星期，那不勒斯到處張燈結綵，燃放焰火，集會遊行，載歌載舞，人民為解放而歡心鼓舞，完全沉浸在歡樂之中。

接著，薩丁國王率兩萬大軍以「支援」為名入駐那不勒斯，他其實是想阻止加里波底繼續北上，並且逼迫他交出政權。加里波底雖然明白薩丁王的險惡用心，但為顧全大局，以免引起內戰，他同意以公民投票的方式將那不勒斯領土併入薩丁王國。

為答謝加里波底的「配合」，薩丁國王艾曼紐爾二世賜給他將軍頭銜、「天使報喜」勳位的頸飾及一處可以終生居住的王宮，賜給他的長子以軍官頭銜和不菲的賞金，對次子賜給國王侍從武官職位，同時還賜給他的女兒一筆可觀的妝奩。但加里波底一概謝絕，依然兩袖清風地回到卡普列拉島。

在薩丁國與法國的暗探的跟蹤、監視下，卡普列拉島成他的流放地，直到 1882 年去世。

↑加里波底和他的紅衫軍，油畫
加里波底組織了一支由工人、手工業者、漁民、大學生、自由職業者組成的「干人遠征軍」，全都身穿紅衫，被稱為「紅衫軍」。

加富爾是義大利資產階級自由派的代表，薩丁王國的首相，義大利統一的元勳。

貴族出生的自由主義者

加富爾對義大利的統一可以說功不可沒，然而心身憔悴的他五十一歲便離開人世。

他的全名爲卡米洛・本佐・加富爾，其中「加富爾」這個詞則說明他出身於薩丁王國的古老貴族，他的祖上早在 1649 年就已擁有「加富爾」城堡和侯爵稱號。當加富爾 1810 年 8 月 10 日出生在義大利的都靈時，他的父親依然是侯爵的身分，母親亞代爾是日內瓦山龍伯爵的女兒。由於他是次子，不能繼承侯爵的封號，所以他長大後便簡稱自己爲加富爾侯爵。

作爲一個封建貴族家庭，階級制度

↑ 阿爾伯特肖像
查理・阿爾伯特爲薩丁王國的國王，在位時實行開明統治，使薩丁王國成爲義大利最發達的地區，爲義大利的統一奠定基礎。

是極其嚴格的。加富爾一家吃飯時，坐次有著嚴格的規定。後來，加富爾身居高官要職時，在進餐時仍然居次子地位，由其兄長坐首位。根據有教養的義大利貴族時尚，加富爾一家人都以法語互相交談，只對僕人與工匠才說薩丁國語。

加富爾的童年，便是一個典型封建貴族家庭中度過的。然而，令人不解的是，他竟在這種環境裡養成了一種叛逆性格。爲使兒子以後能夠飛黃騰達，老加富爾侯爵給不滿十歲的兒子在未來國王、阿爾伯特親王那裡安置了一個近侍職位。不過小加富爾並不是很願意順從這位未來國王，所以彼此關係很不融洽。十歲時，小加富爾進入都靈軍官學校學習，六年後以第一名的優異成績畢業，成爲一名工兵少尉。但由於他公開宣傳自由主義，引起家庭與官府的不安，成爲員警監視的對象。於是，他不得不辭去部隊職務，去研究教育學。

二十二歲時，他開始到英法兩國去遊學。這期間他結識許多著名政治家，並且認定英國的社會制度是最好的。他回國後，阿爾伯特已經成爲新國王，由於新國王對他沒有好感，致使加富爾失去參政的機會。

不過，加富爾的父親此時已是都靈市長，加爾富雖然無所事事，卻也不愁吃穿。老加富爾明白兒子不是個省油燈，為了使兒子少惹些麻煩，便竭力禁止他參與各種政治活動。

出任首相

加富爾二十五歲時，向父親請求去自家的田莊去從事農業。老加富爾覺得這樣不會帶來政治上的麻煩，便欣然同意了兒子的請求。

加富爾來到田莊後，發現自己家的財產已經衰落許多，於是便開始對田莊進行小小的改革。他根據自己在國外學到的農業科學知識進行實際應用，廣泛採用一些先進的農具及耕作方式。這樣，產量很快得到提高。他把大批糧食運銷歐洲，從而大發了一筆橫財。接著，他在繼續經營資本主義農場的同時，又創建輪船公司和化學工業公司，使自己的財富成倍增長。然後，他便召集同伴，創辦都靈銀行和熱那亞銀行。這就樣，加富爾由一個小地主搖身一變，成為一個大地主兼金融資本家。

1847 年，剛即位一年的羅馬教皇庇護九世推行改革，為資本主義發展創造有利條件。他的改革在義大利全境引起

↑加富爾肖像
加富爾自幼受過良好教育，畢業於都靈陸軍大學。從政後，他制定的政策獲得了廣泛好評，薩丁王國逐漸成為義大利統一運動的中心。

強烈反響。加富爾則認為，促使薩丁王國進行改革，甚至建立憲法的時機已經來到。於是，他與好朋友巴爾胡里爵在都靈創辦了《復興報》，向各邦宣揚社會改革的必要性，讚揚英國憲法，並建議各邦與薩丁王國團結起來，使義大利得到統一。從此，加富爾名聲漸著，威望日高。

1848 年義大利境內的革命運動，點燃義大利人民的革命熱情。在民眾的強烈呼聲下，阿爾伯特國王不得不在 2 月 9 日下令制定憲法，然後在 3 月 27 日向奧地利宣戰。戰敗後，阿爾伯特為逃避罪責，緩和群眾情緒，不得不在 1849 年 3 月將王位讓給兒子艾曼努爾二世。

從此，加富爾開始官運亨通，他成為國會議員，接著在 1850 年又成為農商

加富爾的改革

【人文歷史百科】

加富爾出任首相後，為達到富國強兵、進而統一義大利的目的，他在內政上實行了一系列的改革。首先是興辦近代工業，修建鐵路，疏通航道，建設商船隊；其次是發展自由貿易，先後同英、法、比等國簽訂商約，降低關稅，對外貿易額迅速增長；第三是積極擴充軍備，增加軍隊，裝備新式武器；第四是縮減、限制教會權力，把教會財產收歸國有。這些措施促進了薩丁王國資本主義經濟發展，提高了薩丁王國在義大利諸邦中的地位。

義大利和德意志的統一

185

實業大臣，隨後又任財政大臣。到 1852 年，加富爾榮升爲薩丁王國內閣首相。

加富爾的外交才華

加富爾成爲首相後，便開始爲薩丁國的富強與義大利的統一而日夜忙碌。他明白，如果沒有大國的支持，小小的薩丁王國是無法統一義大利的。經過深思熟慮，他最後決定聯法抗奧。

當時，克里米亞戰爭正在進行，加富爾爲獲取英法的好感，力排眾議，出兵相助英法，向俄宣戰。表面上看，薩丁國在進行一場與己無關、勞民傷財的戰爭。但實際上，加富爾卻爲法、薩同盟做好了鋪墊。戰後，加富爾以戰勝國的身分出席巴黎會議，他在會上痛斥奧地利對義大利的粗暴干涉，博得歐洲輿論的同情。會後，正如加富爾所需要的那樣，法、薩兩國交往日益密切。

1858 年 7 月 21 日，加富爾終於如願與拿破崙在法國的普龍比埃會晤，經過兩天商談，達成「紳士協定」。雖然這個協定不過是對義大利的瓜分，但畢竟也可以使薩丁國擴大不少領土。

爲利用國內的愛國力量，加富爾在 1859 年初把加里波底請到都靈，讓加里波底組建志願軍，在薩丁王國政府領導下對奧作戰。當 4 月 26 日戰爭爆發後，加里波底的「阿爾卑斯山獵兵」所向披靡，戰無不勝，可見加富爾的慧眼識英才。加里波底的勝利，使義大利各邦掀起革命運動，並且強烈要求與薩丁國合併。拿破崙三世對此深感恐懼，於 7 月 11 日和奧國簽約停戰。這一意外打擊使加富爾不得不引咎辭職。

義大利的統一運動並沒有因拿破崙的停戰協議而止步。在馬志尼、加里波底的領導下，各地民族獨立運動此起彼伏。義大利北部和中部的邦國，都被資產階級取得了政權。加富爾爲實現義大利的統一，便以布衣的身分來到各邦國進行遊說，鼓動新政府與薩丁國合併。

到 1860 年，當時義大利中部的托斯卡尼、莫德納、帕爾馬和羅曼那四個邦國與薩丁國正式合併。

加富爾憑三寸不爛之舌竟然給薩丁國帶回了四個邦國，這個功勞確實是不小。就這樣，薩丁國王又恢復他的首相職務。

↑ 加富爾在演講
加富爾是資產階級自由派的代表，具有很高的演講才能，靠此征服無數的聽衆。圖爲加富爾站在椅子上演講時的情景。

義大利統一的元勳

當加里波底率領「千人紅衫軍」解放西西里島，並繼而攻克那不勒斯、實現了南義大利的統一後，加富爾確實是有些寢食難安。因為這樣一來，為統一義大利，薩丁國不得不與戰無不勝的加里波底進行勝敗難料的內戰。

為此，加富爾在 1860 年 6 月派拉法里納到巴勒摩進行陰謀活動，結果被加里波底識破，把他趕走了。加富爾於是派大量說客與間諜到那不勒斯，宣傳將南義大利併入薩丁王國的思想。同時，他還調集兩萬大軍南下，以「支援」為名，阻止加里波底繼續北上。加里波底在內外壓力下，不得不放棄自己的軍權，並同意通過全民投票來決定南義大利的歸屬問題。這樣，加富爾輕易竊取加里波底的革命成果，使義大利境內除威尼斯與教皇領地外，其他七個邦國都統一到薩丁王國中。1861 年 3 月 17 日，正式成立義大利王國。艾曼努爾二世做了皇帝，加富爾為王國首相，兼外交和海軍大臣。

雖然義大利基本上實現了統一，但擺在加富爾前面的卻是太多太多的難題。其中最難辦的便是如何處理加里波底部下的將士。加里波底交出軍權，但卻要求將他的六千將士編入國家軍隊。這些如狼似虎的沙場猛士實在讓加富爾膽怯，因為他們隨時有可能發動兵變。為確保政權的鞏固，加富爾最後決定對每個士兵賞以重金後解散，只將一百五十名軍官充任軍職。

這個決定使加里波底感到非常氣憤。1861 年 4 月 18 日，他以眾議員的身分出席國會，對加富爾進行了強烈的譴責。但加富爾卻一言不發，拒絕回答任何問題。

解散加里波底的士兵後，加富爾還要應付財政赤字問題，另外如何將各邦眞正統一起來也使加富爾身心交瘁，於 1861 年 6 月 6 日不幸病逝，終年五十一歲。

↑艾曼紐爾二世肖像
艾曼紐爾二世為原薩丁國王，也是義大利王國統一後的第一個國王。

059.「鐵血」宰相俾斯麥

天下的大問題，不是議會辯論和表決所能解決的，能解決的唯有鐵和血。

——俾斯麥

放蕩不羈的博學家

俾斯麥是德國歷史上劃時代的人物，他使分裂的德意志實現了統一，可以說功不可沒。

奧托·馮·俾斯麥於 1815 年 4 月 1 日生於柏林以西一百公里的舍恩豪森小鎮，他的父親出身於容克地主階層，母親則出身於世代書香門第的官宦家庭。俾斯麥排行老四，出生不久，便隨父母遷居到柏林北的克尼荷府莊園，過著鄉村地主的生活。父親希望他將來成為一名容克軍官，母親則希望他能成為一名學識淵博的官員。俾斯麥似乎要使父母雙方都滿意，所以既聰明好學，興趣廣泛。

俾斯麥在中學時便熟練掌握英語和法語，並且對俄語、荷蘭語、波蘭語和累斯語也略知一二。俾斯麥十七歲時，來到哥廷根大學。後來，他轉入學風嚴謹的柏林大學學習法律，不過對法律學得不多，卻讀史賓諾莎、黑格爾及莎士比亞的著作。

俾斯麥二十歲時大學畢業，一年後考為法律記錄官。但由於父親的放蕩使家境極度沒落，使他不得不棄官回鄉，與哥哥一起去經營自家的莊園。俾斯麥經常到附近大學裡學習農學知識，然後按照西歐現代化方式經營田莊，使克尼荷府莊園面貌改觀，經濟效益巨增。莊園給俾斯麥帶來財富，使他可以自由支配自己的生活。在二十七歲時開始遊歷歐洲。

從政之路

1845 年，俾斯麥的父親去世，他回到舍恩豪森小鎮繼承產業，並將克尼荷莊園租給別人。而立之年的他，此時成為易北河堤監督官。這個官確實小點，不過他很快又被薩克森州選為議員。

1848 年，柏林爆發三月革命。俾斯麥聽到這個消息後，立刻奔走四方，組織鎮壓革命的反動力量，但連柏林警備司令也不想參與他的行動。孤立無援的他又沒有見到國王，只得在失望中離開柏林，回到舍恩豪森小鎮的住所。

俾斯麥作為議員，出席普魯士國民會議。他在會上讚揚德意志的統一，並主張由普魯士統一德意志，反對

↑俾斯麥肖像
俾斯麥是德意志統一過程中最重要的人物，和威廉一世、毛奇並稱為德意志統一進程中的「三駕馬車」。

用革命的辦法統一德國。

　　1851 年春天，俾斯麥被任命為普魯士駐法蘭克福邦聯議會的參贊，不久又榮升為大使，使他走出農村，看到世界。

　　俾斯麥在法蘭克福不但接觸各國的企業家，還訪問拿破崙三世。他研究當時的國際形勢和各邦政府的關係，認為德國統一不應以自由主義作為後盾，而應依靠普魯士的專制主義。應該與法、俄結盟，把奧地利驅逐出去。

　　俾斯麥在 1857 年又調任駐俄大使。他在彼得堡住了三年，得出一個結論是：絕對不可與俄國為敵。這個思想影響他的一生。

鐵血宰相的功績

　　普魯士國王威廉四世自從經歷革命的驚嚇之後，便一直有些魂不守舍。於是自 1858 年，由禦弟威廉親王攝政，執掌朝綱。1861 年 1 月 2 日，威廉四世晏駕歸西，攝政王繼承王位，稱為威廉一世。

　　俾斯麥對這個新國王寄予了很高的希望，他在巴登溫泉拜見新國王，並提出自己統一德國的方案。而這位威廉一世確實是早有統一德意志的雄心，他攝政期間，先是以自由主義收攏人心，兩年後便擴充常備軍，使原來的十四萬人增至二十二萬人。威廉一世見俾斯麥與自己所見略同，便在 1862 年派他到巴黎

↑ 俾斯麥和庇護九世對弈，漫畫
　　漫畫中的教皇庇護九世用所謂的教諭在歐洲這幅大棋盤上推行自己的權威，而俾斯麥用武力擴大普魯士的領土，棋盒中準備的是砲彈。

擔任駐法大使。可是接著普魯士國內便發生著名的「憲法糾紛」。柏林三月革命時，威廉四世被迫下令制訂憲法，並根據憲法成立上下兩院。現在，下院對國王增加軍費開支表示不滿，要求取消龐大的軍費開支。可是威廉一世卻又不想聽從議會，於是議會與國王之間便出現難分難解的爭執。之所以這樣，主要是由於這部憲法沒有怎樣處置國王與議會衝突的條款。所以雙方各執一詞，互不相讓，一直持續了四年之久。要不是俾斯麥統一了北德意志，恐怕這場爭執還會繼續下去。

這場糾紛使原首相引咎辭職，威廉一世也已經寫好退位詔書。1862 年 9 月

20 日，俾斯麥被召回柏林。兩天後，國王在貝爾斯貝爾宮接見他。通過交談，國王發現俾斯麥完全支持自己的擴軍計畫，便決計不再退位，並在第二天正式任命俾斯麥為首相兼外交大臣。俾斯麥受命後，繼續實行擴軍備戰，對「憲法糾紛」越演越烈卻全然不予理睬。在一次議會預算小組委員會議上，俾斯麥說：「天下的大問題，不是議會辯論和表決所能解決的，能解決的唯有鐵和血。」從此他便被稱為「鐵血宰相」。

1864 年，俾斯麥拉攏奧地利共同攻打丹麥，分別占領什列斯威和好斯敦兩

個公國。接著暗中與法、義等國外交，使這些國家不參與普奧戰事，保持中立。在國內，陸軍大臣羅恩及參謀長毛奇深知俾斯麥的良苦用心，早已制訂好對奧的作戰方案。

俾斯麥的最後時光

到了 1888 年春天，威廉一世的身體一天不如一天。一天重病臨危的皇帝對俾斯麥說：「我的孫子就拜託你了！」已經七十三歲的俾斯麥跪下說：「俾斯麥立誓接受！」

第二天，老皇帝便駕崩。威廉一世去世後，腓特烈親王即位，但他年事已高，，不到一百天便離開人世。於是威廉一世的孫子即位，即威廉二世。

威廉二世對俾斯麥卻沒有好感，對俾斯麥曾經制定的各項政策開始表示強烈不滿。因此，在 1893 年，新國王借議會否決政府軍預算的機會，將俾斯麥免職。七十八歲的俾斯麥只得離開柏林，重新回到克尼荷府莊園，度過他的晚年。由於威廉二世對俾斯麥懷有猜忌，經常派人監視他的行蹤，並且拆看他的信件，致使沒有人敢來拜訪俾斯麥。俾斯麥只能在莊園裡一邊忍受著孤獨，一邊寫他的《回憶錄》。

1894 年，一陣淒涼的秋風吹過，使俾斯麥心中無限悲痛，因為他的妻子去世。極度的悲傷使他身患神經痛而無法

↑威廉二世皇帝，油畫
威廉二世是威廉一世的孫子，威廉一世臨終時將其託付給俾斯麥，而他與俾斯麥不合。

行走，只能坐著車子在房間裡移動。1898 年 7 月 30 日，這位晚境淒慘的老人離開人世。

【人文歷史百科】

俾斯麥碑銘
安息於此
俾斯麥公爵
1815 年 4 月 1 日生
1898 年 7 月 30 日死
皇帝威廉一世的
忠實的德意志臣下

義大利和德意志的統一

191

砲彈親王成國王

威廉親王 1797 年 3 月 22 日出生於柏林，是普魯士國王腓特烈·威廉三世的次子，威廉四世的弟弟。因威廉四世沒有兒子，於是指定弟弟威廉親王作為王儲。

普魯士的皇族一般都能征善戰，威廉親王也不例外。他從小便接受傳統的普魯士式的軍事訓練，十歲時便已經是一名士兵，到了十七歲時才因軍功而得到上尉的軍銜。幸運的是，這一年正是拿破崙戰敗的一年，因為威廉親王在法蘭克福與拿破崙大軍激戰中表現出色，深受上司賞識。到 1825 年，他獲得中將軍銜，擔任普魯士近衛軍團的司令官。

柏林三月革命爆發時，國王與大臣們驚慌失措，只有威廉親王臨危不懼，率軍與起義群眾激戰。不過士兵也不喜歡他的暴政，紛紛倒戈，使他不得不化裝成一名郵差，逃到倫敦避難。

1848 年初，普魯士國王威廉四世向群眾投降，同意頒布憲法和改組內閣。不過，新組成的康普豪森內閣對鎮壓群眾起義的威廉親王卻並不討厭，在 6 月 8 日便將他召回柏林。 1849 年 3 月 28 日，法蘭克福的「老太婆會議」終於通過帝國憲法，並推選威廉四世為德意志皇帝。可是威廉四世卻不想接受這「奴隸的項圈」，更不承認「老太婆」們定出的帝國憲法。於是在 1849 年 5 月爆發「維護帝國憲法運動」的起義，而此時普魯士早已做好平滅叛亂的準備，威廉親王率軍徹底鎮壓這次革命運動。威廉的暴行激起群眾的義憤，於是便有「砲彈親王」的綽號。

三月革命以後，威廉四世受到刺激，從此精神錯亂。到 1857 年已無法料理國事。於是從翌年 10 月 7 日起，威廉親王開始以攝政王的身分執掌政權。1861 年 1 月 2 日，威廉四世病死，威廉親王正式成為普魯士國王，稱威廉一世。

德意志帝國皇帝

威廉一世一直有用武力統一德意志的雄

↑威廉一世肖像，萊因萬德作

1871 年 1 月 18 日，以普魯士王國為中心，通過王朝戰爭建立的君主立憲制的德意志帝國成立，原普魯士國王威廉一世成為德意志帝國皇帝。

憲法糾紛

威廉一世登基時發表一項宣言，要維護君王的永恆權利。在 1861 年議會選舉中，代表自由資產階級利益的進步黨獲得大多數席位，提出要由議會監督政府的正常開支，經費必須嚴格控制在議會批准的範圍之內。圍繞軍事改革問題展開的鬥爭，涉及到憲法權利問題。這場普魯士「憲法糾紛」的實質是究竟實行國王統治，還是議會統治。

心，所以他在攝政期間便擴充軍隊，積極備戰。當他即位後，更是全力增強軍事力量。而龐大的軍費開支，引起議員們的不滿。於是在「憲法糾紛」中，俾斯麥閃亮登場。

如果威廉一世讀過中國史，他一定會認為他遇到俾斯麥就如同文王遇子牙。總之，他一切都聽從俾斯麥這個鐵腕人物的安排，情願自己變作「鐵血宰相」的一塊玉璽。而大權獨攬的俾斯麥也是兢兢業業，恪於職守，為德意志的統一大業而嘔心瀝血。

在俾斯麥的策劃下，1866 年發生普奧戰爭。這場戰爭使普魯士取得輝煌的勝利，1866 年 8 月 23 日普奧正式簽訂《布拉格和約》。北德意志二十四個邦和三個自由市締結同盟條約，成立北德意志同盟，威廉一世任同盟主席，俾斯麥

任首相，從而確立普魯士在德意志的霸主地位。

接下來，俾斯麥便開始著手南德意志的統一大業，策劃普法戰爭，1868 年西班牙發生資產階級革命，驅逐女王伊莎貝拉。俾斯麥設法收買西班牙臨時政府，提議由普魯士國王的堂兄弟利奧波特親王繼承空懸的西班牙王位。但是法國卻不同意利奧波特做西班牙國王，所以派駐柏林大使倍內得提與威廉一世進行商談。威廉一世同意法國的意見，並給俾斯麥發一封電報，表明自己對西班牙王位的看法。可是，這位鐵血宰相竟然將威廉一世的電文刪改，改為帶有侮辱法國政府的內容，並且將其公布於眾。拿破崙三世見到這份電文不禁勃然大怒，在 1870 年 7 月 19 日開始向普魯士宣戰。然而，這個普法戰爭卻使法軍幾乎全軍覆沒，拿破崙三世也成為戰俘。從而使普魯士徹底統一整個德意志。

1871 年 1 月 18 日，威廉一世在凡爾賽宮鏡廳加冕，正式成為德意志帝國皇帝，一直到 1888 年 3 月 9 日死去。

義大利和德意志的統一

193

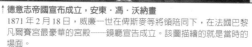
↑德意志帝國宣布成立，安東‧馮‧沃納畫
1871 年 2 月 18 日，威廉一世在俾斯麥等將領陪同下，在法國巴黎凡爾賽宮最豪華的宮殿——鏡廳宣告成立。該圖描繪的就是當時的場面。

061.普魯士戰神毛奇

德意志名將如雲,而毛奇更是一枝獨秀,被稱為「戰神」。

軍事思想

人們都知道毛奇是普魯士的戰神,但他的全名肯定很多人記不住——赫爾莫特‧卡爾‧伯恩哈德‧毛奇。這位普魯士的軍事家及軍國主義鼓吹者,為德意志的統一立下赫赫戰功。

1800年10月26日,毛奇出生在梅克倫堡易北河畔的帕希姆小城,祖上是容克貴族。毛奇出生時,父親在丹麥軍隊中服役,並舉家遷居丹麥屬下的霍爾施坦因。小毛奇便在荷爾斯泰茵鄉村牧師那裡接受了初級教育。十一歲時,他來到哥本哈根皇家軍校學習,十七歲時已成為丹麥皇家近衛軍的一名少尉。1822年3月,毛奇通過考試加入普魯士軍籍,成為駐奧得河畔法蘭克福第八近衛師少尉軍官。一年後進入普魯士軍事學院。

毛奇對軍事方面的著作非常感興趣,他研讀卡尼茨的《戰爭史》,埃爾曼的《物理學》,特別是對里特爾的《地理學》更是極其癡迷。通過他的研究與發揮,後來形成里特爾－毛奇的軍事地理學派。

↑ 毛奇肖像
出生於容克貴族家庭的毛奇具有很高的軍事天分,在德意志王朝戰爭中立下赫赫戰功,奠定現代大規模軍隊作戰的基礎,被稱為「軍神」。

1842年,毛奇成為柏林第四軍參謀部的一名少校。面對當時工業革命與政治革命帶給世界的變化,毛奇潛心於研究軍事力量對當前形勢的重大作用。兩年後發表軍事論文《1828到1829年的俄土戰爭史》。1845至1846年,毛奇作為普魯士亨利親王的副官住在羅馬。他除了繼續寫軍事論文,還繪製了詳細的羅馬地形圖。

毛奇是一個靠腦袋作戰的軍人。到十九世紀五○年代,其政治與軍事思想已經形成。他認為德國要想統一,必須要靠普魯士以武力來完成,並且只有強大的軍事力量才可以維護普魯士的尊嚴與獨立。他還詳細研究拿破崙的戰爭,從中吸取拿破崙指揮藝術的優點,並指出拿破崙的失敗在於缺少完整的戰爭體系。他極其推崇克勞塞維茨的軍事思

【人文歷史百科】

毛奇軍事思想

毛奇軍事思想,大致可歸納為:一、創立大規模的總參謀部體制。二、必須把技術革命引入戰爭。三、對總參謀部軍官進行教育和訓練,以適應新的戰略和執行新的戰爭計畫。四、進攻,但必須「先思而後行」。

可以說,毛奇是普魯士容克一大資產階級軍事理論的最主要代表,他奠定現代戰爭大規模軍隊作戰的基礎。

想，並以克勞塞維茨的學生自居。他認爲戰爭無非是政治通過另一種手段的繼續，戰爭結束之前，政治不得妨礙戰爭的進程。正因爲如此，在毛奇的思想裡，從來不會考慮到要通過談判達到目標。

豐功偉績

毛奇的政治態度及軍事才能，最終博得威廉親王的賞識。在1855年，被這位未來的威廉一世提拔爲自己的副官，授予將軍的軍銜。

威廉親王讓毛奇陪同自己出使歐洲各國，朝夕相處之中，更是深感毛奇是不可多得的人才。所以在1857年提拔他爲方面軍的參謀長，半個月後又委以領導陸軍總參謀部的工作。一年後，又正式任命他爲陸軍總參謀部總參謀長。而此時毛奇已五十八歲，其他軍官在這個年齡都可以要求退役了，可是這位老人卻認爲自己的事業剛剛開始。他不聲不響，埋頭經營，逐步擴大總參謀部的編制和許可權，當威廉一世正式成爲國王時，身爲總參謀長的他已經同首相及軍政大臣平起平坐了。

毛奇不但支持俾斯麥的戰略——藉由王朝戰爭統一德國，而且還是這場戰爭的總指揮。

在1864年初的普丹戰爭中，他作爲總參謀長在統帥部指揮部隊。按照他的作戰計畫，丹麥很快被擊敗。

在1866年初的普奧戰爭中，普魯士國王給予毛奇最高指揮權，無需再通過軍政部發布命令。結果，這場戰爭使普魯士順利地統一北德意志。

在1870年的普法戰爭中，毛奇被任命爲「國王陛下統帥部的全軍總參謀長」，全權指揮，結果使拿破崙三世率軍在9月2日舉手投降。毛奇繼續驅兵直逼巴黎，最終使德意志在1871年實現全境統一。

這幾場輝煌的戰爭，不但使毛奇聲譽鵲起，並且還獲得五十多萬塔勒爾的獎金。在他的出生地，政府還在1876年建起了一座毛奇紀念碑。

毛奇擔任帝國總參謀長一直到1888年。1891年4月24日，病逝於柏林。

義大利和德意志的統一

195

↑威廉一世接受拿破崙三世投降

在毛奇的精心策劃下，普法戰爭以普魯士的勝利而告終。圖爲色當戰役後，拿破崙三世向威廉一世投降時的情景。

062.普丹戰爭

丹麥是諾曼人建立的國家,歷史上曾強大無比。但在「鐵血宰相」俾斯麥和「戰神」毛奇面前,只有失敗。

聯奧攻丹

普丹戰爭,就如同普魯士的一場練兵,可是這場練兵卻包含著俾斯麥一石三鳥的智慧。

自維也納會議以後,奧地利成為德意志眾邦國的盟主,而什列斯威與好斯敦兩個公國卻劃給丹麥。但明確規定,丹麥對什列斯威與好斯敦兩個公國的傳統利益不得侵犯。這兩個公國的傳統利益,便是歷來相親如同兄弟,並且各自保持獨立的版圖。由於這兩個公國中前者居民多為丹麥人,後者多為德意志人,因此貪心的丹麥竟在1863年3月將什列斯威併入丹麥的版圖。到了11月,丹麥派軍隊直接兼併這兩個公國。

↓進攻中的普軍,油畫
自腓特烈大帝以來,普魯士軍隊就以素質高、裝備精良和紀律嚴明馳名歐洲。對丹麥的戰爭完全是一場恃強凌弱的戰爭,其實在開展之前就已經註定最後的結果。

什列斯威與好斯敦兩個公國的官員向德意志聯邦議會求援,俾斯麥則趁機與德意志聯幫盟主奧地利結盟,要求共同擺平這件事。奧地利也想在這場戰爭中獲得利益,於是便欣然與普魯士結為聯盟。然而,奧地利卻沒有看出俾斯麥的險惡用心:其一,共同進攻丹麥,使普魯士可以打著德意志聯盟的旗號而增加自己在諸邦國中的地位;其二,使丹麥與奧地利結仇,破壞今後兩國的結盟;其三,普魯士藉此機會練兵,順便也看看奧軍的實力。

普奧兩國在1864年1月擬訂共同行動的計畫。這個計畫使俾斯麥喜不自禁,他急忙在國內籌備軍需,積極備戰。1864年2月,普奧兩國組建成一支六萬人馬的聯軍,浩浩蕩蕩開赴戰場。

普奧戰爭的隱患

普奧聯軍的最高司令官是普魯士陸軍元帥弗蘭格爾。他率軍越過艾德河邊界,直逼什列斯威。丹麥駐軍見聲勢浩大的普奧聯軍殺來,自知不是對手,慌忙撤出了好斯敦,並集中兵力沿著什列斯威南部邊界的古老防線構築防禦工事。可

是工事還沒有完全建成，普法聯軍便掩殺過來，丹麥軍隊不得不繼續後退。

連連後退的丹麥軍最後退到白德蘭半島東岸一個名叫迪博爾的小村鎮，無法再退了，因為他們被包圍了。在普奧聯軍強大砲火的攻擊下，4月8日迪博爾陷落。丹麥被迫提出和談的要求。。這樣，丹麥不得不按照普奧兩國的要求，於10月30日正式簽訂《維也納和約》。和約規定：什列斯威與好斯敦兩個公國和勞恩堡小公國完全脫離丹麥，交由普魯士和奧地利共管。

普丹戰爭結束後，普奧兩國對執行《維也納和約》問題進行談判，並在1864年8月21日簽訂《加斯泰因專約》。這個專約規定：什列斯威與好斯敦兩公國名義上歸普奧共管，具體來說什列斯威歸普魯士管轄，好斯敦歸奧地利管轄；奧地利得到二百五十萬塔勒作為補償，將勞恩堡讓給普魯士；普魯士獲得在好斯敦開鑿基爾運河、建築鐵路及鋪設電纜的權利；基爾的防務由普軍擔任；奧爾登堡成為普奧聯防要塞。

這個專約使普魯士獲得許多好處，可是由它所造成的政治管轄與行政管理上的混亂，孕育著普奧兩國的決裂。然而，這正是俾斯麥所需要的，他正需要一個藉口來發動統一德意志的王朝戰爭。正如他所說：「只要歐洲的政治形勢許可，我們可以把在這裡所遇到的問題，隨時用來作為發動戰爭的藉口。」

↑俾斯麥和毛奇

↑迪博爾的陷落
迪博爾的陷落標誌著丹麥的徹底失敗。圖為普魯士卡爾·腓特烈親王在迪博爾要塞的一座磨房前留影。

【人文歷史百科】
俾斯麥發動普丹戰爭的原因
俾斯麥之決定發動這一場戰爭是有複雜的動機的：第一，使普魯士在全德人民心中成為德意志權利的保衛者，從而可以提高普魯士的威信，以便為普魯士領導統一掃清障礙；第二，他想在對丹戰爭後製造普、奧之間的領土糾紛，以便使對奧戰爭有所藉口；第三，以對丹戰爭作為未來對奧戰爭的演習。

063.普奧戰爭

普奧戰爭的爆發

為了普奧戰爭能夠穩操勝券，俾斯麥開始積極進行一系列外交活動。他在1863年10月支援俄國鎮壓波蘭起義，從而得到俄國在普奧戰爭中保持中立的保證。又在1865年9月會晤拿破崙三世，表示普魯士不反對將盧森堡劃入法國版圖，以此作為對法國保持中立的報答。接著在1866年4月8日與義大利簽訂了攻守同盟條約，雙方約定：普奧宣戰三個月內，義大利必須對奧宣戰；在奧地利沒有把威尼斯歸還義大利之前，雙方不能同奧地利講和。

↑普奧戰爭的精心策劃者俾斯麥

俾斯麥完成這些外交任務後，可以說是成竹在胸，因為普魯士的軍事計畫早已布署完畢，先進的武器、便捷的鐵路運輸和龐大的軍隊，這些都是奧軍無法抵擋的。接下來，俾斯麥便開始尋找藉口。而這個藉口其實便是在普丹戰爭中早已策劃好的幾個公國問題。

早在1865年底，普魯士便有意挑釁，想要在什列斯威與好斯敦問題上激怒奧地利，讓對方首先宣戰。1866年1月23日，奧地利駐好斯敦總督加布倫茨將軍，批准在好斯敦的中心阿爾托納舉行群眾大會，以支持奧古斯滕堡大公，俾斯麥隨即對此向維也納提出抗議。奧地利首相孟斯多夫針鋒相對地予以回答，說是奧地利擁有全權管轄好斯敦的事務。

由於普奧雙方在兩公國問題上無法達成一致，所以奧地利駐聯邦議會的代表於6月1日宣布：什列斯威與好斯敦兩公國的前途應由聯邦議會討論決定，聯邦的革命也應當通過議會表決才能通過。可是「鐵血宰相」俾斯麥卻讓駐守什列斯威的軍隊直接占領好斯敦，並在6月10日公布《聯邦改革綱要》，公開要求把奧地利開除出德意志聯邦。可是，在6月14日的聯邦議會上，卻以九比六的票數否決普魯士的方案。

對此，俾斯麥勃然大怒，強烈要求解散聯邦議會，並在第二天向薩克森國王、漢諾威國王和黑森－加塞爾選侯發出最後通牒，要求他們接受《聯邦改革綱要》，並允許普軍自由通過他們的國

土。三個君主都予以拒絕。

對於俾斯麥的公然挑釁，奧地利在 6 月 17 日發出宣戰書。第二天普魯士便對奧宣戰，義大利也在 20 日向奧地利發出宣戰。這樣，普奧戰爭終於按照俾斯麥的計畫拉開序幕。

↑普奧戰爭中的毛奇將軍

三個戰場

普奧戰爭的爆發，對雙方來說都屬於意外。雙方宣戰後，德意志各邦立刻分成兩大陣營。站在普魯士方面的有梅倫堡、奧爾登堡和北德意志的其他各邦，以及漢堡、不來梅和盧貝克三個自由市；站在奧地利方面的有薩克森、漢諾威、巴伐利亞、巴登、符騰堡、黑森－加塞爾、黑森－達姆施塔德和德意志聯邦的其他成員國。

從人口與面積來說，奧地利占有絕對優勢，但一場現代化戰爭的勝負卻與此關係不大。當時普魯士已使用後滑膛槍，並且大砲裡面已加入來福線。而奧地利所使用的卻仍然是從槍口前面裝彈藥的老式步槍。這一戰，奧軍便很難撿到便宜了。

普軍的總指揮爲總參謀長毛奇。他根據自己領導制訂的作戰計畫，利用先進的鐵路運輸線實施戰略輸送，使用先進的電報手段進行統一指揮，從而克服遠距離機動和外線作戰所帶來的困難，並且在很短的時間內，就將二十五萬餘人的兵力和八百門火砲集結到薩克森和奧地利的邊境地區，使之在寬度約四百二十公里的正面上完成集結和展開。

這場戰爭共分爲三個主戰場。在南線的義大利戰場上，奧軍很快便擊敗意軍，然後北上支援北方戰場；在西線的德意戰場，普軍將奧地利的盟國打得節節敗退；在北線的波希米亞戰場，普軍三個軍團的兵力與奧軍主力展開激戰，這裡的戰爭決定著戰爭的命運。在毛奇的指揮下，普軍在波希米亞戰場連連取勝，奧軍節節敗退。

毛奇將軍的戰略

在普魯士第一軍團、第二軍團與易北河軍團的強大攻勢下，貝納德克將軍率奧軍主力在 7 月 1 日夜間退到易北河的上游河畔位於凱尼格列茨與薩多瓦之

↑軍事會議
普奧戰爭爆發後，奧軍統帥貝納德克元帥（左三）在召開軍事會議。

199

間的高地上。貝納德克將軍決定在 7 月 3 日向南渡過易北河，經由帕爾杜比策向南方撤退，然後再尋求抵禦之策。可是，毛奇將軍卻早已在薩多瓦（今捷克的赫拉德茨－克拉洛佛）一帶布下伏兵，做好大決戰的準備。

↑奧軍總司令貝納德克元帥肖像

毛奇掌握奧軍的撤退方向和位置後，便命令第二軍團停止前進，在亞羅默希以北、易北河兩岸待命，但令其右翼部隊稍稍西移，直到與第一軍團的左翼部隊連接起來。同時，命令第一軍團繼續向東南方向前進，在薩多瓦的西北方向展開，易北河軍團則以一部在第一軍團以南展開，另一部迂迴到薩多瓦南面，前出到奧軍的左側。這樣，就從北、西、南三面形成對奧軍的包圍態勢。

毛奇將軍為應付奧軍所在位置發生新的變化，防止奧軍向南撤退，進而命令易北河軍團再向東南推進，第一軍團也緊跟易北河軍團之後向南轉移，進至薩多瓦的西南。同時，又命令第二軍團在易北河以東向南推進，如果發現奧軍準備在易北河以南高地交戰，則該軍團應再向南迂迴，切斷奧軍與維也納的聯繫。同時，毛奇還就奧軍可能的行動作出設想：如果奧軍集結強大兵力，在亞羅默希至凱尼格列茨之間組織反擊，那麼，就由第一軍團承擔正面突擊任務，以優勢兵力在兩側實施進攻。毛奇將軍作出這種部署，堪稱大膽、嚴謹而又十分周密。

薩多瓦決戰

1866 年 7 月 3 日，這場歐洲近代史上前所未有的大會戰在柯尼希格萊茨附近的薩多瓦村打響。當時奧軍和薩克森軍兵力共有二十三萬八千人，參戰的普軍兵力為二十九萬一千人。

上午八時，普軍第一軍團自西向東對奧軍發起正面攻擊，可是，卻被奧軍強大的砲火打得險象環生。第一軍團的統帥卡爾親王極為恐慌，急忙要求毛奇給這裡增兵。可是毛奇卻對自己的部署信心十足，不同意改變原來的作戰計畫。因為他只是想要第一軍團牽制敵軍，然後讓易北河軍團和第二軍團攻擊敵

↑薩多瓦戰役，喬治‧波滕特作
薩多瓦戰役又叫柯尼希格萊茨戰役，是普奧戰爭中最關鍵的一戰，最後以普魯士的勝利而告終。圖為戰役結束後俾斯麥視察戰場的場面。

軍的兩側和後方，從而一舉殲滅敵軍。而現在，奧軍越是集中兵力與普軍第一軍團交戰，並且戰鬥時間越長，普軍的兩面夾擊計畫就越容易成功。

↓卡爾親王肖像

中午時分，易北河軍團出現在了預定地段，開始向奧軍南翼發起猛攻，使戰場形勢立即發生了變化。到了下午兩點時，從北方開來的第二軍團也趕到了作戰位置，只用了一個小時便將敵人北面陣地衝垮了。

貝納德克將軍發現局勢嚴峻，有全軍覆沒的危險，急忙調出預備隊進行反擊，然後率大部隊愴惶向凱尼格列茨方向撤去。由於普軍當時各軍團分別進攻，缺少協同配合，致使陣容混亂。他們以為奧軍會向南撤退，經帕爾杜比策回守維也納，根本沒想到奧軍會向東逃去。因此，使貝納德克仍率十五萬餘人的主力部隊安全撤離戰場。

薩多瓦決戰，奧軍死傷及被俘四萬五千餘人，普軍卻死傷人數不足一萬。這一戰徹底摧毀奧國與普魯士抗衡的信心。7月5日，奧國皇帝請拿破崙三世出面調解。雖然普

王與將士們要求繼續戰鬥，但頭腦冷靜的俾斯麥卻同意和談。他不想與奧國結下深仇，因為在下一步計畫的普法戰爭中，他還需要奧國保持中立。

7月22日，普奧雙方代表在尼科爾斯堡進行談判。26日，簽訂《尼科爾斯堡預備和約》。8月23日，雙方正式簽訂《布拉格和約》，戰爭結束。

【人文歷史百科】

《布拉格和約》

《布拉格和約》規定：德意志聯邦議會解散，奧地利完全退出舊的北德意志聯邦，而普魯士則有權建立以它為首的北德意志聯邦。奧地利把它對什列斯威－好斯敦的管理權全部讓給普魯士，並向普魯士償付一筆大的賠款。同時，奧地利還把威尼斯割讓給義大利。

↑薩多瓦戰役後的戰場，油畫

薩多瓦戰役空前慘烈，雙方戰死人數眾多。畫面上雖然沒有屍體，但從被拋棄的輜重、無人管的戰馬和被鮮血染紅的草地來看，可以估計出當時的戰況。

064.普法戰爭

德意志不該統一，應分成兩個部分，南北德國應該對立起來，這樣法國才可以從中漁利。

——拿破崙三世

普法衝突

俾斯麥可以說是縱橫捭闔的高手，他城府極深，老謀深算，出爾反爾，使精於外交的拿破崙三世也成了他的手下敗將。

俾斯麥在1864年聯合奧地利攻打丹麥，而其真實意圖卻是想下一步打敗奧國。1866年讓法國保持中立後進行普奧戰爭，而下一步的計畫卻是要打敗法國。這種機謀，真是古今罕見。普奧戰爭中，俾斯麥隨身攜帶一小瓶毒藥，準備戰敗後自殺。戰勝後，自然這個小瓶子便沒用了。於是，他一邊在國內積極備戰，一邊尋找與法國開戰的藉口。

拿破崙三世阻止普奧戰爭的繼續，因為他不想讓統一的德意志對法國構成威脅。他曾露骨地表示：「德意志不該統一，應分成兩個部分，南北德國應該對立起來，這樣法國才可以從中漁利。」而南德意志的巴伐利亞、符騰堡、巴登、黑森－達姆施塔德四個邦國，卻是普魯士一心想兼併的對象，法國對其也

↑ **拿破崙三世**
拿破崙三世有其伯父的雄心，但沒那樣的能力。普法戰爭的原因之一就是他竭力阻止德意志的統一，但以失敗而告終。

早有吞併之心。所以，為實現德意志全境的統一，與法國開戰在所難免。

普奧戰爭結束後，拿破崙三世派使者找到俾斯麥，要求他兌現曾經許下的承諾：讓法國得到萊因河左岸、盧森堡及比利時。對此，俾斯麥不置可否，閃爍其辭，暗中卻將法國大使的要求通知南德四個邦國，離間他們與法國的關係。俾斯麥還讓法國大使將法國的要求寫成備忘錄，然後把備忘錄上的內容透露給英、俄兩國，讓他們與法國產生矛盾。

拿破崙三世知道俾斯麥的所作所為後氣炸了，發誓要與普魯士決一死戰。

紅布挑逗法蘭西牛

俾斯麥一直想刺激法國以找到挑起戰爭的藉口，想讓法國打響戰爭的第一聲槍，以便完成德意志全境的統一。甚至還想占領法國礦產資源豐富的亞爾薩斯和洛林。雖然法國並沒有因俾斯麥的失信而打響第一槍，但俾斯麥還是在1868年找到另一個激怒法國的辦法。

這一年9月，西班牙女王伊莎貝拉

二世被革命之火趕出西班牙，逃到法國。俾斯麥便派人賄賂西班牙臨時政府，提議讓普魯士國王的堂兄利奧波特去繼承西班牙王位。西班牙與普魯士領土的中間便是法國，這自然可以想像出拿破崙三世對這件事的態度。他立刻抗議說：「西班牙王位應由西班牙人繼承！否則，法國也可派去一個國王！」法國外交部長也表示不惜爲此與普一戰。

威廉一世在法國的挑釁下退讓，表示不贊成霍亨索倫家族的人繼承西班牙王位。拿破崙三世見普魯士皇帝軟弱下來，便提出一個更過分及帶有挑釁性的要求，他讓普魯士做出永遠不讓霍亨索倫家族繼承西班牙王位的保證。當法國大使把這一要求傳達給威廉一世時，威廉一世拒絕這個過分的要求，但只是婉轉地表示：此事還可在柏林從長計議。

1870 年 7 月 13 日下午，普王把與法國大使會談的內容從埃姆斯給柏林首府發一份祕密電報，這便是有名的「埃姆斯急電」。接到電報時，俾斯麥正在舉行家宴。他笑著讀完電文，突然問身邊的參謀總長毛奇和陸軍總長羅恩：「如果與法國開戰，我們能否取勝？」這兩個人是俾斯麥的有力支持者，立即回答：「一定能，我們會全力以赴的。」俾斯麥聽後，喜形於色，拿起筆刪去電文中「還可在柏林從長計議」，改爲「國王陛下以後拒絕接見法國大使，並命令值日副官轉告法國大使，陛下再也沒有什麼好談的了。」

俾斯麥把電文交付柏林報紙，並致電各駐外使館，使之公諸於眾。他得意地對兩位將軍說：「這將是挑逗法蘭西牛的一塊紅布。」

當急電的內容傳到巴黎，輿論一片譁然。拿破崙三世果然被激怒，7 月 19 日，正式向普魯士宣戰。至此，俾斯麥一直期待的普法戰爭終於如願以償地爆發了。

色當會戰

拿破崙三世向普魯士宣戰時信心十足。因爲他的部下向他報告說，「最後一個士兵的最後一雙靴子上的最後一個紐扣也扣好了」。於是，他自任總司令，下令將四十萬的大軍開赴前線，準備先

→普法戰爭前的俾斯麥
普法戰爭是俾斯麥精心策劃的傑作，挑逗拿破崙三世出兵是其策略。

發制人，一舉擊敗普魯士。他聲稱：
「對我們來說，這只不過是去作一次軍事
散步！」

　　可是，宣戰一周之後，法軍才勉強
在法國邊境上集中二十四萬人馬，並且
裝備落後，物資不足，編制混亂。上級
作戰命令下達後，下邊的軍官卻還沒有
找到地圖，士兵找不到自己所屬的部
隊，根本無法投入戰鬥。而普魯士卻迅
捷地在邊境上聚集五十萬裝備精良、訓
練有素的精兵。

　　通過戰爭初期的維桑堡、維爾
特、施皮歇恩三次會戰，法軍開
始處於被動狀態，三路大軍也
被分割成兩部分：麥克馬洪
率領右翼三個軍退至夏龍，
巴贊率領左翼和中路共三個
軍退向戰略要地麥茨。於
是，普軍總參謀長毛奇決
兵分兩路：一路合圍麥茨，
伺機殲滅該敵；一路進擊麥克
馬洪部，向巴黎進發。

　　8月18日，巴贊統率的十七萬大軍
的退路被普軍切斷，麥茨被圍得水洩不
通。與此同時，拿破崙三世將夏龍的部
隊集結在一起，編成以麥克馬洪為司
令、有十二萬兵力的夏龍軍團。麥克馬
洪準備向巴黎撤退，但以皇后為攝政的
巴黎政府懾於繼續退卻會引起革命，便
令夏龍軍團向麥茨前進，以解救被圍的
萊因軍團。

　　於是，麥克馬洪決定躲開普軍主
力，繞道色當接近麥茨。毛奇掌握夏龍
軍團的行蹤後，立即密令正在向巴黎進
軍的第三軍團和新組建的第四軍團改變
前進方向，北上追擊夏龍軍團。

　　8月30日，夏龍軍團與普軍在色當
東南的博蒙地區遭遇，經過激戰，法軍
援軍於次日抵達色當。隨即，毛奇調兵
遣將，將色當的法軍團團圍住，在9月1
日集中火力砲轟法軍。無可奈何的拿破
崙三世不得不下令掛起白旗。第二天，
他親率八萬三千名法軍官兵向普
軍投降。

普魯士入侵法國

　　拿破崙三世被俘的消息
傳到巴黎，引發一片混亂。
資產階級趁機發動政變，推
翻帝制，於9月4日建立了
「國防政府」。可普魯士並沒有
停止對法國的進攻，因為普魯士

1870 年 10 月 27 日，被困麥茨的巴贊元帥率十七萬法軍投
降，標誌著法軍大規模抵抗的結束，普法戰爭接近尾聲。

不單是想統一德意志，還想要掠奪法國
的領土。從此，無所顧及的普軍開始了
具有侵略性的掠奪戰爭。

　　普魯士軍隊占領法國東北部，燒殺
搶掠，矛頭直指巴黎。「國防政府」則一
面策劃投降談判，一面被迫成立國民自
衛軍，組建北方軍團和盧瓦爾軍團，繼
續在法國北部、東部和南部抗擊普軍。

　　9 月 19 日，普軍包圍巴黎。巴黎工
人階級為保衛巴黎，建立一百九十四個
營的國民自衛軍，人數達三十萬人，由
工人選舉產生的國民自衛軍中央委員會
領導。

　　9 月 28 日，正當普軍主力被牽制在
各要塞之際，斯特拉斯堡法國守軍投
降。10 月 27 日，苦於被困的巴贊元帥
徹底絕望，率十七萬法軍在麥茨投降。
這樣，使普軍可以騰出兩個集團軍壓向
盧瓦爾和北方軍團，使這兩個軍團在強
大的普軍攻勢下潰不成軍。巴贊投降的
消息傳到巴黎，憤怒的巴黎人民於 31 日
舉行武裝起義，結果遭到鎮壓。

　　1871 年 1 月 5 日，普軍開始對巴黎

連續砲擊。法國政府多次向普軍求和，
最後於 2 月 26 日在凡爾賽締結初步和
約。和約締結後，法國政府勾結普軍向
巴黎工人發動進攻。3 月 18 日，爆發巴
黎公社起義，梯也爾政府匆忙逃往凡爾
賽宮。

　　為了奪回巴黎，5 月 10 日梯也爾與
普魯士簽訂《法蘭克福和約》。普魯士答
應放回十萬名法國戰俘，並同意凡爾賽
軍通過普軍陣地去進攻巴黎。至此，普
法戰爭宣告結束。巴黎公社也接著遭到
血腥的鎮壓，5 月 28 日，公社失敗。

　　普法戰爭加深德、法兩國的矛盾，
成為引發第一次世界大戰的重要因素之
一。

【人文歷史百科】

《法蘭克福和約》
法國政府曾於 9 月和 10 月兩次向德方求和，最
後於 1871 年 1 月 28 日在凡爾賽德軍大本營簽
訂巴黎投降和停戰三周的協定，接著於 2 月 26
日在凡爾賽締結初步和約。5 月 10 日，法國外
交部長茹爾·法夫爾和德意志帝國首相俾斯麥
在德國緬因河畔的法蘭克福城簽訂正式和約。
和約規定：割讓亞爾薩斯省和洛林省之大部給
德國；法國賠償五十億法郎。在賠款付清之
前，德軍留駐巴黎及法國北部諸省，占領軍費
由法國負擔。

義大利和德意志的統一

205

065.內戰的導火線

當前南部與北部之間的鬥爭不是別的，而是兩種社會制度——奴隸制度與自由勞動制度之間的鬥爭。
——馬克思

不同的發展道路

美國宣布獨立後，通過一系列巧取豪奪的擴張，其領土面積在十九世紀初已達七百七十七萬平方公里。美國還非法占有印第安人的土地，並用武力把印第安人趕到荒僻的「保留地」居住。雖然，美國南北方的白人都為自己的利益驅趕印第安人，但兩個地區的經濟方式卻截然不同。

美國北方是資本主義經濟。從十九世紀二十年代起，北部與中部各州便開始工業革命，到五〇年代已開始用大機器生產了，可以說發展極其迅捷。隨著美國西部的開發，機器化的農業生產極大地提高社會生產力。在十九世紀上半

【人文歷史百科】

不可調和的衝突

南方奴隸主把幾百萬黑人束縛在種植園中，使北方資本家無法獲得大量廉價勞動力。南方把棉花等產品大量輸往歐洲，進口歐洲的工業品，使北方的工業品受到衝擊，市場難於擴大，工業原料的來源也沒有保障。此外，北方資本家要提高關稅以保護自己的工業，南方則極力要降低關稅以進口廉價工業品。由此，南北兩種不同的制度產生尖銳的、不可調和的衝突。

葉，美國工業總增長九倍。1860年產煤一千四百萬噸，鐵九十二萬噸，工業總產值達到十八點八億元，僅次於英、法、德，位居世界第四位。

美國南方則是奴隸制種植園經濟。種植園主買下許多黑奴，強迫他們在種植園裡工作。本來早在十七世紀中葉，

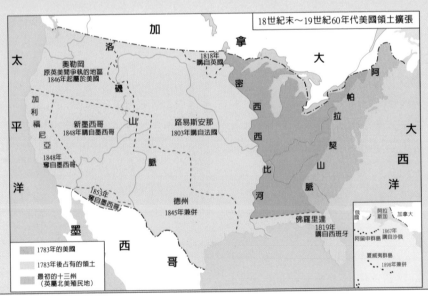

↑美國領土的擴張

英國殖民者便把大批黑人從非洲販運到
北美，以攫取暴利。獨立戰爭時，北部
和中部 8 個州廢除奴隸制，可是南方的
五個州由於是種植園經濟，所以奴隸主
一直不想放棄自己的權利。就連 1787 年
制定的聯邦憲法也對這種奴隸制加以默
認，使之合法化。

美國獨立後，以種植煙草爲主的南
方經濟開始陷入疲軟。可正當種植園主
準備改弦易張時，英、美工業革命的蓬
勃發展使世界市場上對棉花的需求增
大，於是美國南方的種植園主便開始大
量種植棉花。1793 年惠特尼軋棉機的發
明提高了棉花加工的產量，這像一劑強
心針，使瀕臨死亡的種植園經濟重現生
機，日漸繁榮起來。到內戰前夕，美國
南方的黑奴已達四百萬人。

美國的北方資本主義制度與南方的種
植園奴隸制，成爲不可調和的社會矛盾。

南北差異

美國的西部大開發，使南北兩種制
度日益尖銳起來。美國的西部地曠人
稀，可是並非沒有主人，只是由於它的
主人是只會使用長矛與弓箭的印第安
人，所以持有槍砲的美國人自然可以來
這裡堂而皇之地「開發」了。又由於美
國西部的境外仍然是一片荒蠻之地，於
是美國人便一路向西開發，一直開發到
墨西哥境內，而最終引發墨西哥戰爭，
美國又獲得了大片土地。於是在原美國
西部的基礎上，又有新西部，以至新新
西部。

美國北方的資本家與南方的奴隸主
都來開發西部，甚至一些家境貧寒之人
也在這裡建起小農場。北方的開發者在
這裡採用現代化的耕種方式，播種機、
收割機、刈草機、捆禾機、中耕機、打
穀機等等，使西部出現了「小麥王國」。
而南方的開發者則採用莊園奴隸制，通
過慘無人道的壓榨與剝削，在這裡建立
起「棉花王國」。美國奪到墨西哥的德克
薩斯後，還在那裡建立全國聞名的「牧
牛王國」。

然而西部的開發，最緊缺的便是人
力。北方的資本主義制度需要更多的廉價
工人，南方的奴隸主也想要購進更多的廉
價奴隸。可自從 1808 年國際上禁止販運
黑奴後，奴隸的身價與日俱增，於是一
些奴隸主便以出賣奴隸獲取暴利。他們
將健壯的男女奴隸關在一起，加緊「生

美
國
內
戰

207

↑ 惠特尼軋棉機
1793 年，伊萊‧惠特尼發明軋棉機，使美國南部
大面積種植棉花成為可能。

產」，使自己獲得源源不斷的財富。可是
北方的資產者卻需要雇傭自由工人，想
讓這些窮苦的工人在競爭環境中為自己
創造更多的剩餘價值。於是，苦於雇不
到工人的北方資產者不免對南方的奴隸
主產生仇視心理。因此在美國國會中，
南北雙方的代表們常常爭得面紅耳赤。

由於南方的棉花主要用於出口，使
北方的紡織工業不得不從國外進口原
料。而且南方的生活用品也從國外購
進，影響北方工業產品的銷售。這樣就
阻礙美國經濟的發展，所以美國政府不
得不在 1832 年宣布提高關稅。可是在南
方諸州要脫離聯邦的威脅下，美國政府
不得不將關稅降至 1816 年的水平。

反抗奴隸制的鬥爭

雖然古代奴隸制國家已經消亡一千
多年，但美國奴隸主竟然對黑奴進行
慘無人道、滅絕人性的壓迫。顯然，這
種人神共憤的制度是不會長久的。

美國南方各州定有《奴隸法典》，規
定奴隸「與任何其他財物一樣，也是財
產，可以繼承和轉讓」。奴隸須每日勞作

十五乃至十八個小時，稍有懈怠，便有
白人監工或是黑人工頭揚鞭抽來。奴隸
如果膽敢反抗，必死無疑。女奴的生活
更為苦楚，她們不單要做苦役，還經常
是主人獸性發洩的對象，尤其是稍有姿
色的女奴，更是難逃奴隸主的魔掌。

苦難深重的黑奴忍無可忍之際，紛
紛起來反抗。1822 年，南卡羅萊納州有
一個名叫維西的自由黑人，頻繁出入於
黑奴中間，宣揚爭取自由的思想。他聯
絡了近萬名黑奴，準備在 7 月的第二個
星期日起義。可是由於白人在 5 月便探
知了這個消息，便在 5 月底進行鎮壓，
將三十餘名起義領袖處以絞刑。九年
後，弗吉尼亞州的黑奴特納振臂一呼，
率眾起事，一天之內便將方圓數十里的
地方占據，將六十餘白人斃於刀下。各
地官府急忙調兵鎮壓，甚而還驚動總統
傑克遜。

從獨立戰爭到內戰前，較大的黑奴
暴動就有一百六十次。

自十九世紀三〇年代起，北方各階
層也行動起來，掀起聲勢浩大的「廢奴
運動」。1831 年，熱血青年加里森一人
創辦《解放者報》，積極宣傳解放黑奴思

一約翰‧布朗的被捕 美國國家檔案館藏

想，後來，他又成立「美國反奴隸制協會」和解救黑奴的「地下鐵道」。

然而，北方解放黑奴的運動，卻釀成1854年～1859年的「堪薩斯內戰」。奴隸主派出大批武裝擁入堪薩斯，妄圖把該州變成蓄奴州。他們用武力驅趕北方的居民，焚燒勞倫斯城。北方工農群眾也組織武裝進入堪薩斯，同奴隸主武裝發生流血衝突。戰鬥中雙方共死亡二百多人，最後奴隸主的隊伍被擊退。這場內戰表明：南北之間的矛盾已經無法和平解決。

1859年，北方廢奴派激進分子布朗帶領二十二人占領位於維吉尼亞州哈潑斯渡口的聯邦兵工廠，想藉此發動南方黑人起義。結果兵敗被俘，英勇就義。布朗的起義雖然失敗，但卻揭開內戰的帷幕。約翰・布朗後來成為鼓舞北方士兵英勇殺敵的光輝榜樣。

林肯當選總統

在1854年～1856年，形成以北方資本家為首的共和黨，他們團結工人、農民與自由黑人，共同反抗南方的奴隸制度。與共和黨對立的是民主黨，他們代表南方奴隸主的利益。向奴隸主提供貸款的紐約大銀行家、運輸及推銷南方棉花的北方大商人、船主等也加入民主黨。於是，在美國國會中，這兩個黨派為使國家推行維護自己利益的政策，都想在大選中獲勝，使自己一方的代表成為總統。1856年的大選中，共和黨失敗，但他們信心百倍地準備參加1860年的大選活動。

1857年的經濟危機，使大多數工人陷入飢寒交迫中，飢民們四處流浪，渴望能夠得到西部的小塊土地。而南方的奴隸起義也接連不斷，到1860年，整個美國出現革命熱潮。1860年11月的大選，便是在這樣的背景下進行的。

這次選舉，共和黨人推選林肯為總統候選人，並提出了一個反奴隸制的綱領。綱領中要求限制奴隸制的擴展，實行保護關稅和實現《宅地法》。結果，林肯果然得到更多的選票，從而當選為美國總統。

共和黨人的獲勝，使奴隸主感到末日來臨。於是，他們決定做最後的掙扎，舉行叛亂，脫離聯邦。1861年2月4日，南方有七個州的代表在蒙哥馬利集會，宣布成立「美利堅諸州聯盟」，並推選大衛斯為南方總統。兩個月後，開始進行武裝叛亂，於是醞釀多年的美國南北戰爭終於爆發。內戰爆發後，南方又有個四州也參加叛亂。

【人文歷史百科】

美國內戰爆發的原因

關於內戰爆發的原因，馬克思作如下的科學分析：當前南部與北部之間的鬥爭不是別的，而是兩種社會制度——奴隸制度與自由勞動制度之間的鬥爭。這個鬥爭之所以爆發，是因為這兩種制度再也不能在北美大陸上一起和平相處。

美國內戰

雙方力量對比

美國總統林肯曾對《湯姆叔叔的小屋》的作者說：「你這小婦人竟挑起一場戰爭。」這其實只是戲謔之言。雖說斯陀夫人的巨著震撼 1852 年後的整個美國，但南方的奴隸主們卻在兩年前便已開始備戰。

↑大衛斯的就職

早在 1850 年，南方首腦人物就已預見到南北之間的分歧非武力不能解決，所以便開始儲備大量武器彈藥。南方工業儘管落後，但是卻把軍火工業放在優先發展的地位。里奇蒙的兵工廠年產步槍六萬支，特里迪加鋼廠設備優良，可製造鋼甲和重型大砲。南方還生產大量的火砲、火藥和雷管等。林肯的前任布坎南曾支持把許多武器彈藥運往南方儲存起來。

南方宣布叛亂後，首先占領美國政府在當地設立的軍火庫、軍事要塞及海軍基地，僅武器就獲得十九萬件，然後集合起十萬志願軍。由於南方白人經常要同暴動的黑人搏鬥，所以普遍能征貫戰，異常驍勇。而南方的將領也大多數是素質極高的美國高級軍官。又由於南方是英法兩國工業用棉的主要供應者，所以這兩國全力支持南方的叛亂。故此，南方奴隸主更是有恃無恐，信心十足，認為很快便可以打敗北方，使美國南北全部實現奴隸制。

而美國北方，卻也有許多得天獨厚的優勢可以贏得這場戰爭。首先北方二十三個州地大物博，人口眾多，土地面積占全國四分之三，軍隊人數是南方的兩倍以上；其次是全美 97% 的軍火生產都在北方，1862 年斯普林菲爾德兵工廠已能年產二十萬支步槍；第三經濟上也占有明顯的優勢。所以北方也是鬥志昂揚，志在必得。

北方戰略思想的失誤

南方軍官素質極高，名將羅伯特・李、「石牆」湯瑪斯・傑克遜、兩個約

↑麻塞諸塞州的兵工廠
麻塞諸塞州是北方自由州，圖為該州的兵工廠裡生產子彈的情景。

美國內戰戰場

內戰的戰場包括陸地和海洋兩大方面。陸戰場包括美國東南部的廣大地區，東起大西洋沿岸，西至密西西比河流域，分為兩大區域：東戰場主要集中在維吉尼亞境內的里奇蒙和華盛頓周圍地區；西戰場主要集中在田納西－密西西比河流域。海戰主要是北方對南方海岸的封鎖、內河的小規模海戰及海上私掠戰。

翰斯頓、兩個希爾斯、朗斯特里特以及博雷加德等人均是美國將領中的佼佼者。開戰時，九百名美國陸軍軍官的三分之一、海軍軍官的四分之一加入了南軍。

南方盟軍總司令羅伯特・李將軍迅速制定作戰計畫。他根據雙方力量對比懸殊的狀況，制定以攻爲守、掌握戰爭主動權的戰略。因此他不迷戀於奪取華盛頓，而是把主力集結在波托馬克河一線，重點保衛里奇蒙，同時伺機與北軍主力決戰，以便殲滅之，迫北方簽訂城下之盟。

而北方，高級將領多由政客擔任，不乏庸才。因擴軍速度過快，許多人一入伍就成尉級甚至校級軍官。因此，南方剛叛亂時，北方尚未定出什麼作戰計畫。由於自恃兵多將廣，林肯便匆忙委任麥克道爾統帥軍旅，於7月21日向南方攻去，不料卻在布林倫河畔被打得大敗而逃。

至此，北方軍才不敢輕視對方，開始制定作戰計畫。林肯撤去麥克道爾的總司令職務，起用喬治・麥克萊倫。麥克萊倫本屬於民主黨，並且有些志大才疏，常以「美國的拿破崙」自居，上任後便提出一個「大蛇計畫」。這個計畫是：自海上至陸地將整個南部同盟的地域圍困封鎖起來，便似長蛇盤身一般。另外，陸軍兵分兩路，一路攻打南方「首府」里奇蒙，另一路西進攻打密西西比與阿肯色。這便形成在維吉尼亞的東戰場與田納西河及密西西比河一帶的西戰場。

可是南部同盟連在一起，地域之大便是將英、法、德諸國加在一起也還不及，怎麼能包圍得住？海岸線長達三千多英哩，北方戰艦只有二百艘，又如何封鎖得嚴？而這條「長蛇」的任何一段，都會被南方軍輕而易舉地切斷。

↓麥克道爾肖像
歐文・麥克道爾是北方名將。1861年初，林肯任命他為聯邦總司令，後因指揮失當被免職。

067.被動的北方軍

以「美國的拿破崙」自居的麥克萊倫狂妄自大，制定漏洞百出的「大蛇計畫」，在南方名將羅伯特‧李、湯瑪斯‧傑克遜、約翰斯頓等人的進攻下接連敗北。

第一次決戰

南北戰爭初期，林肯決心要一舉攻下敵方「首府」里奇蒙。於是，在 1861 年 7 月 21 日，林肯委任麥克道爾統帥三萬五千北方聯軍從華盛頓開赴里奇蒙。進軍前，北方政府進行大量宣傳，極其自信地宣稱南方軍不堪一擊，此舉必然將里奇蒙一舉拿下。

由於這一天正好是週末，所以許多華盛頓市民、國會議員、記者等身著盛裝，攜妻帶子，提著裝有野餐的籃子，有的坐馬車，有的隨軍隊步行，像過節一樣，前來戰地觀光、看熱鬧。大家都想親自目睹這輝煌的一仗。而南軍早已知道北軍在向里奇蒙開來，便在華盛頓和里奇蒙之間的交通樞紐馬納薩斯列陣相迎。南軍的指揮官是皮埃爾‧博雷加德，他共統率二萬二千人馬。約翰斯頓的謝南多亞軍團九千人的增援部隊躲過了北軍的牽制也正陸續來到這裡。於是，南北兩軍在布倫爾河畔的馬納薩斯開始第一次大規模的交鋒──第一次馬納薩斯會戰。

在觀眾排山倒海的歡呼聲中，北方軍集中砲火猛轟南軍陣地，使對方完全籠罩在煙霧與火海中。砲擊過後，被觀眾的喝彩聲激勵得更加勇猛的北軍跨過布林倫河，向南軍營地發起衝鋒，使南軍左翼立刻陷入混亂。這時，約翰斯頓麾下由傑克遜指揮的一個旅在亨利豪斯山周圍進行頑強的抵抗。傑克遜沉著指揮，一連擊退北軍五次進攻，因此獲得「石牆」的美譽。傑克遜的英勇抵抗為博雷加德重新調整兵力贏得時間，並且也使約翰斯頓的軍旅全部到達戰場，從而扭轉戰局。

麥克道爾見敵軍援軍趕到，急忙下令撤退。南軍趁勢掩殺過來，把北軍打得潰不成軍。這一戰，北軍損失近三千人和大批槍砲，南軍損失近兩千人。餘下的北軍倉惶逃回華盛頓，自此北軍主力長期被牽制在首都附近。

林肯政府不再輕敵，開始作長期戰爭的準備，國會授權徵兵五十萬，並加強海軍建設和軍工生產。

「大蛇計畫」

北軍初次交鋒失敗

↑北方軍出征
1861 年 7 月 21 日，北方軍出征里奇蒙，狂妄地認為這次戰爭不過是到南方旅遊一番，許多人甚至也隨軍「觀光」。

後，又接連吃幾次敗仗。林肯於是任命麥克萊倫擔任聯邦陸軍總司令兼波托馬克軍團司令。

這位麥克萊倫平時喜歡模仿拿破崙，打幾次小勝仗後，說話更是引經據典，咬文嚼字。民主黨們吹捧他是「年輕的拿破崙」，他自己更是以此自居。上任後便開始實施自己的「大蛇計畫」，並且不把總統放在眼裡。一次，林肯與一位要員來拜訪他，而他正好去參加一個婚禮了，林肯便坐在客廳裡等。麥克萊倫回來後，卻徑直上樓睡覺去了，只讓一名僕人下來對林肯說：「將軍累了，已經睡下了。」不過林肯還是極其大度地說：「只要麥克萊倫能為我們贏得勝利，我情願為他牽馬。」

1862 年 2 月 22 日，林肯下達總攻命令。北軍從三個方向攻打南方軍，並封鎖南方的海岸，開始全面實現「大蛇計畫」。麥克萊倫親率主力攻打里奇蒙，海軍協助巴特勒將軍從南面攻打紐奧良，西線由格蘭特指揮攻擊密西西比河沿線，以打通這條戰略通道。

格蘭特指揮的西戰場取得重大勝利。他指揮的田納西軍團在艦砲的配合下，先後攻克田納西河上的戰略重鎮亨利堡和坎伯蘭河上的多

納爾遜堡，俘敵一萬五千人，繳獲武器二萬餘件及大量軍用物資。同時，他所指揮的其他部隊也將南軍打得大敗而逃，南方名將約翰斯頓在戰鬥中陣亡。到 5 月底，密西西比河這條南北大動脈除維克斯堡以南的一段外，絕大部分已為北軍打通。這一年的 4 月，巴特勒將軍的部隊在海軍配合下，也順利地占領紐奧良，為打通密西西比河的南段造成有利的態勢。

至此，南軍開始處於劣勢。如果麥克萊倫的部隊再成功打下里奇蒙的話，那麼這個「大蛇計畫」可以說是圓滿成功。

半島戰役

麥克萊倫也許從來不想打敗南軍，也許是他把五萬五千敵軍估計

↑ 多納爾遜堡戰役

格蘭特將軍指揮的北方軍在多納爾遜堡取得勝利，為北方軍多少挽回點面子。

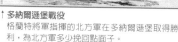

爲十五萬所至，總之他統領十萬大軍遲遲不肯出兵。當然，也許他想讓敵人做好充足的準備，再一舉擊垮它，以顯示自己無愧於「美國的拿破崙」的稱號。

不過林肯並不認同可不想爲按兵不動的將軍「牽馬」，他撤掉麥克萊倫總司令的職務，命他統領波托馬克軍團，並催促他立刻出兵。這樣，麥克萊倫不得不在 3 月 7 日開始行動。他的計畫是，先經水路把軍隊運到詹姆斯河與約克河之間的半島東側，再從半島向西進攻，攻占里奇蒙。因此，這場戰役也被稱爲「半島戰役」。

5 月，林肯還派麥克道爾率另一路人馬進攻里奇蒙。李將軍於是採用圍魏救趙之法，命傑克遜率軍攻打華盛頓，迫使林肯將麥克道爾的軍團調回，以解華盛頓之圍。

6 月 25 日到 7 月 1 日，麥克萊倫率軍與李將軍的九萬人馬進行「七日會

↑ 南方軍將領約瑟夫‧約翰斯頓肖像

戰」。最後麥克萊倫戰敗退出半島，可南軍卻損失二萬人，北軍只死傷一萬六千。可北軍的退卻增長南軍的士氣，李將軍乘勝追擊，在 8 月底又與北軍進行「第二次馬納薩斯會戰」。當時，參戰的南軍五萬四千人，北軍有八萬。李將軍以小部隊把北軍主力吸引在陣地上，主力則迂迴到敵側後方向進行攻擊，一舉擊潰北軍新組建的由波普指揮的維吉尼亞軍團。北軍死傷與被俘二萬一千人，南軍僅損失九千人。這一戰役，使北軍一年來在維吉尼亞取得的成果付之東流。接著，李將軍繼續北上，兵臨華盛頓城下。

林肯無奈，只得起用麥克萊倫率軍迎戰。這個麥克萊倫在「七日會戰」失敗後，因不聽調遣而被林肯撤職，後又重新起用，但他卻坐視波普被擊潰而不予援助，於是再次被林肯撤職。此時林肯找不出大將，也只得重新起用麥克萊倫。

麥克萊倫臨危受命，三次復出，便決心要珍惜這次機會。他一改往日自大遲緩的習慣，平添了幾分活力。可李將軍卻認爲麥克萊倫向來行動遲緩，便分出一路人馬去奪哈普斯渡口。沒想到麥克萊倫此番不僅行軍快捷，還幸運地截獲李將軍的作戰命令，於是搶占有利地

214

↑ 第二次馬納薩斯戰役，油畫
該作品描繪的是南方軍抵抗北方軍進攻的場面。此次戰役以南方軍的勝利而告終。

形。李將軍卻不知軍情已經洩露，發現麥克萊倫忽然精明起來，感覺無比驚奇。9月17日，兩軍會戰於安提塔姆河與波托馬克河之間，李將軍被麥克萊倫殺得大敗而逃。麥克萊倫剛一得勝，馬上表現出傲慢的本性，他竟拒不執行林肯發出的追擊敵軍的命令，讓李將軍率殘兵安然撤退。結果使李將軍在12月重整旗鼓後，重創北軍。林肯見麥克萊倫惡習難改，便再次將他撤職。

激戰海上

　　北方的海軍在這次戰爭中始終處於上風。因為戰爭開始時，南方還沒有海軍，後來也只是造一兩艘新式裝甲艦。

　　北方海軍的主要任務是對南方海岸進行嚴密封鎖，但這場封鎖戰並不是很成功。因為南方有三千五百英哩的海岸線，有一百八十九條河流入海，還有星羅棋布的港灣，使北方防不勝防。南方的小船可以利用風雨的夜晚作偽裝，輕

羅伯特‧李，油畫
羅伯特‧李為南北戰爭時南方軍隊統帥，美國名將。圖為羅伯特‧李及其所率的南方軍。

而易舉地穿過封鎖線，北方海軍只能捕獲到八分之一的船隻。不過卻使南方的棉花無法大量出口，1862年的出口貨物量還不到1861年的十分之一。到1862年底，南方只有威爾明頓、查理斯頓和莫比爾這三個港口可以同外界往來。

↑北方海軍封鎖哈德遜河入海口水域

　　1861年5月8日，南方海軍部長馬婁里提出著名的「裝甲政策」。於是將從北方軍俘獲的「麥里梅克號」護衛艦改裝成「維吉尼亞號」裝甲艦，並且研製水雷、潛水艇等新式武器。但這些措施無法阻止北方海軍的長驅直入。

　　北方海軍不但封鎖南方的大部分海岸，還配合格蘭特取得西部戰場的勝利。不過，從整體上看，南方仍然占有優勢，因為雙方的戰略重點在東戰場。

北方海軍的擴展

【人文歷史百科】

1861年7月24日，北方國會通過了《暫時擴編海軍法》，增加七千五百名志願海軍軍官。海軍部長威爾斯把海軍部原來的五個局擴充為八個局；擇優錄用海軍軍官；徵集各種民用船隻，組建四個艦隊。美國海軍擴充的速度十分驚人：1861年9月海軍艦隻為八十二艘，1861年12月便達二百六十四艘，增加三倍。1862年12月達到四百二十七艘。1862年還組建內河艦隊，後改為密西西比艦隊。北方海軍很快就認識到裝甲艦的重要性，1861年8月7日聯邦批准建造七艘裝甲艦，並專門成立裝甲委員會組織生產裝甲戰艦。

美國內戰

《解放宣言》的發表調動黑人的積極性，葛底斯堡戰役的勝利使北方軍群情激昂。在格蘭特將軍指揮下，北方軍又取得維克斯堡大捷，終於掌握戰爭的主動權。

《解放宣言》的發表

北方軍的接連敗北，使林肯政府危機四起。英國等歐洲國家甚至準備承認南方爲獨立國家，只等李將軍再取得進一步的勝利。北方諸州也人心惶惶，民主黨群情激奮，人民參軍熱情銳減。大部分地區的人民群眾舉行遊行示威，要求解放黑奴，無償分給人民土地，清理軍隊中不積極參戰者和政府中的消極分子。

↑《解放宣言》的宣布，湯瑪斯·納斯特作
《解放宣言》頒布以後，受到廣大黑人的熱烈擁護。

林肯也被當前的形勢壓得喘不過氣來。不過，他開始認識到解放奴隸對這場戰爭是有利的，因爲可以得到國際輿論的同情與幫助，並且可以瓦解南方的經濟基礎。

1863年1月1日，林肯正式發表《解放宣言》，莊嚴宣告：南方諸州的奴隸「從現在起永遠獲得自由。」允許「條件合適的」黑人參加北方的軍隊。

這一宣言敲響近兩百年罪惡奴隸制的喪鐘，震撼整個南方的奴隸統治，四百萬黑奴深受鼓舞，信心百倍地開始爲自由而戰。宣言使世界人民支持美國北方的正義戰爭，甚至使英法兩國在人民的呼聲中也不得不放棄對美國內戰的干涉。

這份宣言使許多黑人參加北方軍，給北方軍增添新的力量。除此之外，林肯政府還頒布《宅地法》《徵兵法》，使廣大人民爲得到土地而踴躍參軍，英勇作戰。對於反革命分子，林肯政府進行堅決的鎮壓，從而穩住國內形勢。林肯政府還實行累進所得稅的辦法，讓富人負擔戰爭費用。

這樣，使北方的戰鬥力得到增強。北方工人、農民及黑人的積極參戰，終於使戰爭出現轉捩點。

葛底斯堡戰役

葛底斯堡是一個不起眼的小鎮，位於美國賓夕法尼亞州西部。但由於南北戰爭的關鍵一戰便是在這裡發生的，所

【人文歷史百科】

《宅地法》

1862年5月20日頒布《宅地法》是林肯採取的一項重大措施。美國獨立以來，領土急劇擴張，勞動者和移民迫切希望無償分配西部土地。但是，政府一直採取高價出售的政策，廣大民眾難以問津。爲此，人民群眾爭取以民主方式分配西部土地的努力一刻也沒有停止過。《宅地法》規定：一個人只要交十元手續費，就可以得到一百六十英畝土地，耕種五年後就可獲得這塊土地的所有權。這一規定實際上是把土地廉價地贈送給人民群眾，從而基本上滿足幾十年來廣大人民群眾的願望。

←波托馬克軍團司令米德肖像

以至今，它的名字依然響亮。因為，葛底斯堡戰役是南北戰爭的轉捩點。

1863年6月，林肯任命米德為波托馬克軍團司令，要他尋找有利的戰機和南軍將領羅伯特·李的主力決戰。米德受命後，便積極尋找破敵的戰機。此時，士氣正旺的南軍在李將軍的統率下，正希望深入北方的心臟地帶，與北軍展開決戰。李將軍之所以迫切想與北軍決戰，主要是由於他的軍隊補給遇到困境，他急於想盡快結束這場戰爭。

李將軍率領的南軍，有很多人只能光著腳走路，即使有些士兵穿著鞋子，但由於磨損嚴重，已與赤腳沒有大的區別。李將軍向後方請求補給時，軍需主任卻表示只能靠他自己在戰爭中解決。李將軍於是只得率軍前往費城，因為那是個大城市，裡面有北方軍的軍需倉庫。李將軍想占領那裡後，再獲得自己需要的食品與裝備。而葛底斯堡，便是南軍通往費城的必經之路。1863年7月

1日，李將軍的部下得到一個消息，說在葛底斯堡鎮的倉庫裡有北方軍的軍鞋。這名將領便率領一支人馬到鎮子裡去搶鞋，結果卻與率軍要與李將軍的主力決戰的米德正面遭遇。於是，葛底斯堡戰役打響了。雙方不斷往這裡增派兵力，傷亡也不斷擴大，最後竟成為美國南北戰爭中雙方傷亡最大的一次戰役。至7月3日晚上十時，光榮的波托馬克軍團取得輝煌的勝利。

這三天的廝殺，使南軍傷亡二萬八人，米德部下傷亡二萬三千人。米德立即把前線勝利的消息報告給林肯總統。葛底斯堡捷報傳來之時，正是1863年7月4日美國國慶日。林肯發表講話說：「葛底斯堡成奴隸主軍隊的墳墓。」

葛底斯堡戰役之後，北方軍開始擁有戰場上的主動權，南軍再未發動過攻勢。

【人文歷史百科】

「葛底斯堡演說」
葛底斯堡戰役後，有關各州決定在葛底斯堡修建一座埋葬死難者的公墓。1863年11月19日，在公墓落成典禮上，美國的第十六任總統林肯應邀發表一個演講，即「葛底斯堡演說」。林肯的這篇演說只有十句話，歷時不到三分鐘，卻成了傳遍世界的經典。葛底斯堡也變成著名的古戰場。

↑葛底斯堡戰役，油畫
畫面以南方軍為主體，描繪葛底斯堡戰役的空前慘烈。

美國內戰

217

格蘭特的冒險

密西西比河被稱為「眾河之父」，是美國最大的河流。南北戰爭中，這裡是南部運輸部隊與軍需的重要航道。1862年秋天，格蘭特指揮的北方軍相繼控制孟斐斯以北密西西比河兩岸的廣大地區，而孟斐斯以南，則仍在南軍控制中。

南軍為鞏固這剩餘的領地，便在密西西比河兩岸修築維克斯堡和哈德遜堡。在這兩座堡壘之間，緊挨著河東岸，是綿延一百多英哩的峭壁。南軍在這兩個據點上沿峭壁設有堅固的工事，並架起大砲，居高臨下控制著整個河面，使北方軍無法從河面上通過。

冬天來臨，格蘭特統率八萬雄兵準備一舉攻下維克斯堡，將南北相連的南軍從中截斷。可是，這維克斯堡卻是地勢險要，易守難攻。它高出水面有二百英呎，裡面駐守著的南軍由約翰‧彭伯頓將軍統率，對四處的警戒極其嚴密，所以，如果從河上正面進攻，只能是自尋死路。可它的右側，是叢林密布、積水極深的亞祖河谷，谷中是無數條錯綜複雜的溪流與沼澤地。格蘭特試圖從此處進軍，可是通過幾個月的試驗，發現大軍在河谷內根本無法運轉。於是，格蘭特不得不再想其他的辦法。

後來，格蘭特發現維克斯堡的左側雖是崇山峻嶺，但在維克斯堡近處卻有一片乾燥地帶，地勢也較為平坦。格蘭特想，如果在維克斯堡以南沿著密西西比河西岸進軍，渡河進入那片乾燥地帶，繞到背後去攻其不備，肯定可以將這個堡壘一舉拿下。

雖然這個計畫有些冒險，但這可以說是唯一的進攻線路，所以格蘭特開始布署這個大膽而又冒險的作戰方案。他派格里爾森上校率一萬人馬行進六百英哩來到密西西比州的心臟地帶，沿途炸橋拆路，破壞所有交通；又派薛爾曼沿田納西州邊界向南進軍，以吸引彭伯頓的注意力；自己則趁機率主力部隊沿密西西比河西岸下行，在格蘭德灣以南找到一個渡口，然後再從維克斯堡的西邊繞至敵後方，進行進攻。

空前輝煌的大捷

當前兩支部隊按計劃出發後，格蘭特便率軍沿密西西比河西岸向前行進，並在格蘭德灣以南找到了一個渡口。1863年4月16日夜，天漆黑一團，格蘭

↑圍攻維克斯堡，油畫
北方軍在格蘭特的指揮下，對地勢險要的維克斯堡進行圍攻，取得了輝煌的勝利，從而扭轉了整個戰局。

特為了不讓堡壘上的敵人發現，命令整個艦隊熄滅燈火，關掉引擎，悄無聲息地沿河順流而下。

當艦隊已過大半時，突然被要塞上的哨兵發現了。頓時，堡壘裡槍砲齊發，彈如雨下，一齊向河面上射來。格蘭特急忙命令艦隊開足馬力，急速向前行駛。在敵人強大的火力下，艦隊終於衝過了敵人的封鎖線，幸運的是，只有一艘運輸船被擊毀，整個艦隊安然無恙。

格蘭特率軍終於踏上維克斯堡西側的那片乾燥地帶，他不等待後援，立刻帶著二萬名士兵就地獲取補給後，迅速繞到堡壘的後面，向敵人展開進攻。彭伯頓匆忙率軍出來迎擊，可是被格蘭特猛烈的火力擊退。接著，格蘭特攻占一個重要的鐵路樞紐，切斷彭伯頓與外部的聯繫。然後他率軍繼續追擊彭伯頓。

格蘭特採用一系列巧妙的運動戰，一路不斷對敵軍進行攻擊與偷襲，在三個星期內便同敵人進行五次激戰，使兵力占優勢的南軍丟掉一個又一個據點，節節敗退，最後全部被圍困在維克斯堡內。

5月22日，海軍也趕來助戰，於是北軍從水陸兩處對維克斯堡進行猛烈的砲擊，轟隆隆的砲聲一直響四十七天，維克斯堡的所有工事在砲火中無一倖存。而堡壘中的守軍卻早已斷糧，只能用捕捉蛇和老鼠充飢。到了7月3日，彭伯頓將軍不得不派人舉著白旗出來，要求和談。第二天，彭伯頓交出他的軍隊和要塞，格蘭特俘虜敵軍近三萬人，這是南北戰爭中俘虜人數最多的一次。

7月9日，哈德遜堡的守軍也被迫投降。一個星期後，密西西比河沿岸全部被北方軍占領。

【人文歷史百科】

維克斯堡戰役的戰術精要

格蘭特指揮的維克斯堡戰役的勝利不僅是美國內戰的一個重要轉捩點，而且作為勇猛果斷的靈活快速的戰術，成為美軍機動進攻的典範寫進1982年版美國陸軍FM100-5號野戰條令《作戰綱要》。在這份《作戰綱要》的「進攻作戰」部分，開宗明義地指出：「維克斯堡戰役是精心制訂和迅猛實施進攻計畫的範例」。格蘭特在周密確定戰役行動方案後，果斷地「把戰略目標轉化為戰術行動」。他的作戰理論是「查明敵軍實力所在，盡快抓住它，狠狠地打，不斷地打，不停地向前進」。

美國內戰

069.維吉尼亞會戰

格蘭特和羅伯特‧李兩位軍事天才在彼得斯堡展開對決，勝利女神似乎更加寵愛北方的格蘭特。

殘酷的塹壕戰

1846年3月，格蘭特被林肯委任為聯邦陸軍總司令。他受命後，立刻布署了新的作戰計畫。那便是奪取各處交通要道，將敵軍分割，逐個擊破、窮追猛打分散的南軍，令其無片刻喘息之機，並且截斷敵軍的補給，使敵人困於缺衣少食。格蘭特向全軍傳達自己的作戰命令後，便將西戰場交給智勇雙全的謝爾曼將軍，委任他為密西西比軍團司令，自己則前往東戰場，督戰米德統率的波托馬克軍團，直接與羅伯特‧李將軍周旋。

在東戰場，格蘭特指示米德，不必急於攻打里奇蒙，要先耗損敵人的兵力，要緊緊纏住羅伯特‧李，不停地打擊他。他對米德說：「李跑到哪裡，你便要打到哪裡。」李將軍察覺波托馬克兵團已有出色的統帥，明白遇到勁敵，於是專在地形複雜的山地與北軍周旋，以保存實力，但仍然無法擺脫北軍的追擊。格蘭特也明白面前的對手與約翰斯頓和彭伯頓迥然不同，所以用兵也極其謹慎。

但為阻止北軍進攻里奇蒙，李將軍不得不與北軍進行決戰。1864年5月4日，雙方在維吉尼亞州的「懷爾德內斯」（又叫「荒野」）發生激戰。參戰的北軍兵力有十二萬人和三百一十六門大砲。南軍有六萬四千人，二百七十四門大砲。這場戰鬥打得極其激烈，北軍最終打退南軍。

5月8日至13日，在斯波特西法尼亞－科特豪斯，雙方展開世界近代史上首次塹壕戰，但對峙五天後，戰事並沒有什麼進展。後來，兩軍又在蓋恩斯磨房相遇，雙方軍隊在這裡挖掘8英哩長的戰壕。6月1日，北軍出擊，卻被南

↑ 羅伯特‧李肖像
羅伯特‧李是西點軍校的高材生，在作戰指揮上強調主動進攻，突然襲擊，曾打過不少勝仗。但由於驕傲輕敵，因而在重要的戰役中多次失敗，後被人們稱為「敗軍名將」。

軍密集的火力擊退。十天後，北軍發動一次最勇猛的出擊，士兵們在背上用針別上紙條，上面寫著自己的名字和籍貫，以供死後認屍，抱著不成功則成仁的決心衝出戰壕。結果，終於將南軍陣線衝開一個缺口，迫使李將軍率軍撤退。

經過幾次會戰，格蘭特把戰線向敵方推進了近一百英哩，但卻損失六萬人馬，致使輿論譁然，對格蘭特多有責難。可是林肯卻知人善任，並沒有撤掉格蘭特。此時，李將軍也損失三萬人馬，由於無法補充兵員，他被迫收縮陣線。

北方軍的勝利

羅伯特‧李雖然足智多謀，玄機蘊胸，卻始終無法擺脫格蘭特的追擊，最後他不得不帶兵退到里奇蒙以南的彼得斯堡。格蘭特則率大軍將堡壘團團圍住，不斷發起總攻。可是每次都被南軍擊退，於是雙方形成對峙局面。

格蘭特由於沒有足夠的大砲攻破堡壘，於是便制定一個「火山口之戰」的計畫。他派人偷偷挖掘地道直通南軍陣地，想在堅固的堡壘下面埋下炸藥炸毀堡壘。然而卻被李將軍識破，派兵將地道口封死，將許多北軍埋葬於地下。格蘭特不得不暫時放棄行動，開始與南軍打持久戰。

雙方軍隊整整對峙九個月，到1865年3月中旬，格蘭特兵力已達到十一萬人，而李將軍卻只有五萬人馬。此時，李將軍如果不率軍突圍，最終會成為甕中之鱉，籠中之獸，而里奇蒙也會被即刻攻陷。李將軍於是率軍攻打北軍左翼，準備衝破北軍對彼得斯堡的圍困，但卻遭到失敗。4月2日，格蘭特率軍突破南軍的中部防線，使李將軍的部隊大敗而退。這天夜裡，李將軍率軍悄悄撤離彼得斯堡，準備向西撤退與約翰斯頓會合。

李將軍的撤退使里奇蒙的門戶大開，於是格蘭特在4月3日順利攻占里奇蒙，接著便派出軍隊馬不停蹄地追擊羅伯特‧李。4月9日，被北軍四處堵截的李將軍已無路可走，被迫命人豎起白旗。4月26日，約翰斯頓軍也宣布投降。5月10日，南方偽總統大衛斯被捕。至6月2日，十七萬叛軍全部放下武器，歷時四年的美國內戰至此宣告結束。

↑ 林肯進入里奇蒙

1865年4月初，當林肯進入里奇蒙時，受到市民們的熱烈歡迎，標誌著美國內戰的結束。

美國內戰

070.林肯之死

林肯，這位伐木工人出身的美國總統打破奴隸身上的枷鎖，但因此而付出自己的生命。

晴天霹靂

1865 年 3 月 4 日，就在北方軍完全控制戰局，連連取勝的時刻，林肯再次正式當選為總統。由於這場內戰馬上就要結束了，所以他在滔滔的就職演說中呼籲「和解」，「對任何人不懷惡意，對一切人抱寬容態度」，顯示出對結束內戰、重建家園的堅定信心。

4 月 14 日這天，正好是耶穌殉難日，林肯預定的日程表是：八點以前辦公，然後進早餐，在十點內閣開會前接見來訪者；午餐後，接見客人；傍晚，偕同夫人乘馬車兜風，同伊利諾州的舊友非正式會晤，去陸軍部，然後和夫人及幾名隨從去福特劇院觀看演出。

白天的事務都很順利，值得一提的是，林肯在中午吃飯時，接見了一個名叫南茜的黑人婦女。當時這名婦女被衛兵攔住了，但正在吃飯的總統卻把她請

↑ 林肯的葬禮
林肯恰恰在取締奴隸制的鬥爭剛剛取得勝利之際猝然受難，與世長辭。其去世和耶穌受難在同一天，這賦予他基督的形象。舉行葬禮時，整個美國為之痛哭流涕。

了進來。南茜告訴林肯說《解放宣言》使她一家人成為自由人，目前她的丈夫在波托馬克軍團當兵，可是軍餉卻沒有按時送來，使家裡三個嬰孩處於飢餓的威脅中。林肯答應給解決這件事，並讓這位婦女明天這個時間來取總統的批條。婦女含淚正要離去，林肯卻又叫住她，說：「我善良的婦人，也許你以後還會遇到更加艱難的日子，甚至家裡全部食物只有一塊麵包。即使這樣，也要分給每個孩子一片，並把他們送去上學。」說完，總統對這個黑人婦女深深鞠了一躬。

乘坐馬車兜風時，林肯還和夫人談笑風生。可是晚上，林肯似乎已有不祥的預感，他突然對身邊的克魯克說：「克魯克，有人想要殺害我，你知道

↑ 福特劇院，1870 年拍攝
位於華盛頓的福特劇院是一個令美國人民傷心的地方，布斯在此刺殺林肯。

嗎？」所有在場的人大吃一驚。克魯克建議他取消看戲的計畫，可是總統卻又輕鬆地說：「既然已經登出廣告說我們要去那裡，我就不能讓人民失望。」

舞臺上演出的是英國十四年前的作品《我們美國的表兄弟》。後來，這齣平庸的劇作也因這一天的事件而聲名大噪。林肯總統坐在包廂中有扶手的搖椅上，與夫人一同觀看著演出。身邊站立著幾個護衛，包廂的前門已鎖，後門也有護衛把守，一切似乎很安全。可實際上，包廂後門上已被人用手鑽鑽了個窺視孔，並且就在後門的衛士為了喝一口威士忌酒剛剛離開時，被南方收買的演員布斯從後門走進了包廂，他右手握著一把銅制的單發大口徑手槍，左手持著一把匕首，輕輕走近林肯，隨著「乒」的一聲，一顆直徑不到半英吋的鉛彈頭射進總統的後腦……

1865 年 4 月 15 日上午七時二十二分，亞伯拉罕‧林肯溘然長逝，終年五十六歲。

伐木工人出身的偉人

林肯是伐木工人的兒子，1809 年 2 月 12 日出生在肯塔基州哈丁縣。由於家庭貧困，他很小便開始了打工生涯，先後從事過店員、村郵務員、測量員和劈柵欄木條等多種工作。

林肯靠勤奮與刻苦，自學了法律，並在 1834 年當選為伊利諾州議員，從此開始了他的政治生涯。

林肯一生為美國的統一與解放黑奴而努力。1860 年他當選為總統後，引起南方奴隸主的不安，並因此而引發美國內戰。內戰初期，聯邦軍隊一再失利。1862 年 9 月 22 日，林肯宣布親自起草的《解放黑奴宣言》草案（即《解放宣言》），從而扭轉戰爭局勢，使北方軍在 1865 年終於獲得徹底的勝利。

可是，正當他要重建南方，徹底廢除奴隸制時，卻不幸遭到了暗殺。殺害林肯的凶手布斯是弗吉尼亞州的一個大農場主的兒子，內戰中他一直作為演員到北方巡迴演出，暗中幫助南方的叛軍。南方戰敗後，徹底的絕望使他舉起了罪惡的手槍。

林肯的遇害，使美國南方的奴隸制又殘喘二十年之久。而林肯「獨特的精神和偉大的人格」，至今仍備受世人推崇。然而在美國的維吉尼亞州，至今仍然沒有一座林肯雕像。

↑林肯總統和兒子在一起，美國國家檔案館藏

美國內戰

223

打仗有道的格蘭特

↓南北戰爭結束時的格蘭特將軍

格蘭特身材矮小，其貌不揚，初次見到他的人會以爲他是洗涮馬圈的農夫。然而他卻被譽爲是繼華盛頓以來美國最偉大的軍事家，林肯讚譽他爲「共和國的保護者」。

格蘭特是一位皮匠的兒子，1822年出生在俄亥俄州。他從小酷愛騎射，並善於馴服烈馬，因此人們認爲他一生中對馬比對人瞭解得多。十七歲時，他成爲著名的美國西點軍校的學員，從此步入軍旅生涯。

畢業後的格蘭特曾參加美國侵略墨西哥的戰爭，並在此期間有了心上人。

1848年，有情人終成眷屬，格蘭特與朱莉亞結爲夫婦，後來他們生有三子一女。墨西哥戰爭後，他在聖路易斯經營農場，由於難以維持生計，便試著做地產買賣，結果又告失敗，最終被迫去皮革店當店員。南北戰爭打響時，格蘭特決定再次從軍。但因個子矮小、衣冠不整及懶懶散散的樣子，多次被拒絕入伍。但已四十二歲的他最終還是當上北方軍的一名上校，他率領一個團在密蘇里州擊潰南軍哈里斯上校的一個團，人們開始對他另眼看待。在短短的四年當中，他從上校升爲中將，擔任聯邦軍總司令。

由於他在戰爭中屢次挫敗敵軍，使北方軍逐漸取得優勢，所以在1864年3月，林肯正式任命他爲陸軍中將，統領全部聯邦軍隊。1865年4月9日，格蘭特率軍四處堵截李將軍的殘兵，迫使李將軍無路可走，最終長歎一聲「除了去會晤格蘭特將軍，我再無他路可走」，下令豎起白旗。從而結束美國內戰。

格蘭特在南北戰爭中的出色表現，使他名聲遠播，聲譽鵲起。因此，在

↑維克斯堡戰役中的格蘭特
格蘭特畢業於美國西點軍校，參加過美墨戰爭，是美國南北戰爭中北方軍隊的統帥。

1868 年的大選中，被推選為總統，並在 1872 年連任總統。

治國無方的總統

格蘭特雖然是一位極其出色的軍事家與將軍，但他的確不是一個稱職的總統。他剛一當上總統，便在組閣問題上出現漏洞。他挑選了兩個老朋友分別擔任國務卿和陸軍部長，結果卻一個辭職不幹，另一個幹了不到一年就死了。他的內弟利用政府內部情報，勾結金融家策劃華爾街風暴，使全國商業處於經濟恐慌之中，而主要罪犯卻逃之夭夭。當時的紐約、費城、芝加哥和華盛頓等地，行賄受賄成風，幫會與政府官員、員警、法院等相互勾結，醜聞不斷。

格蘭特在第二任期內，政府更加腐敗，格蘭特內閣成員中有五人是大貪污犯。被揭發出來的詐騙幾百萬美元貨物

→格蘭特總統

在格蘭特的戰爭生涯中每戰必勝，公眾稱他為「無敵尤利西斯」。但成為美國第十八任總統後，卻缺乏治國之能。

稅的「威士忌酒夥幫」，其成員之一便是格蘭特的祕書。以興辦鐵路為名竊取國會撥款二千二百萬美元的詐騙案中，參與者都是國會議員及政府官員，其中甚至包括副總統科爾法克斯。

總之，他的八年任期被後人稱之為「最腐敗的八年」。

格蘭特雖然被貶損為「最無能的總統」，但他自己卻積蓄不多，每年只有作為「戰爭英雄」獲得的六千美元的進賬。格蘭特卸職後因無家可歸，所以遲遲不肯搬出白宮。致使新總統海斯就職後，還得來白宮參加由格蘭特夫人一手操辦的午宴。更有趣的是，他們離開白宮後開始四海為家，用三年多時間遊遍歐亞許多國家。

回到美國後，格蘭特成為墨西哥南方鐵路公司董事長，公司結果於 1884 年破產。接著他又從兒子巴克的岳父那裡尋求到十萬美元準備經營一家公司，結果卻讓合夥人卷款潛逃。如果不是馬克・吐溫建議他寫回憶錄，並預付二萬五千美元稿費，真不知格蘭特如何度過難關。馬克・吐溫還給他 20% 的版稅，但格蘭特卻無法享受《回憶錄》帶來的豐厚報酬，在完稿後的第四天（1885 年 7 月 24 日），他便因長期吸雪茄而導致的喉癌病逝。

美國內戰

西點軍校的高材生

謝爾曼也許是美國歷史上最有爭議的人物之一。從內戰結束到今天，在南方人們將他的名字與「魔鬼」混為一談，北方則把他看成勝利之神。

謝爾曼與格蘭特是老鄉加同學，都是俄亥俄人，都畢業於西點軍校。謝爾曼出生於 1820 年 2 月 8 日，他剛一出生父親便染病去世，於是被舅舅收養。他在十六歲時，以優異的成績被破格錄取，進入了西點軍校。

在學校裡，謝爾曼的雙重性格使同學們送給他一個「怪物」的綽號。但在老師眼裡，他是極為標準的優等生。

在 1840 年 7 月，謝爾曼畢業。由於他的成績名列全班第六，被破格授予上

↑謝爾曼肖像 油畫
謝爾曼也許是最富有爭議的人物之一，欣賞的人把他看作戰爭的救星和勝利之神，厭惡的人則視其為凶殘的魔鬼。

尉軍銜。然後，他便被派往南卡羅納那州第三騎兵團服役。接著又參加墨西哥戰爭。

戰後謝爾曼繼續服役一段時間，便厭倦部隊生活，開始棄軍從商。他在 1853 年成為舊金山盧卡斯銀行的經理和股東，銀行雖然規模不大但卻被謝爾曼打理的井井有條，業務增長迅速。同時，他還兼任加利福尼亞州民兵師的師長。但 1857 年銀行卻遭到資金周轉危機，謝爾曼不得不賣掉股分辭職離開加利福尼亞。南北戰爭爆發後，謝爾曼作為民兵預備役受到北方軍的徵召，至少要服役三個月。可是，出乎意料的是，謝爾曼竟主動給軍部長寫信，要求將服役期延長到三年。因為他認為要麼不回到軍隊，要麼便要戰鬥到底。

1861 年 6 月 20 日，謝爾曼被授予上校軍銜，成為密蘇里第十三步兵團的指揮官，很快又被提拔為麥克萊倫軍第一師的代理旅長。

經過一次失敗的戰役後，謝爾曼被調離東線，被授予準將軍銜派往肯塔基州負責防務工作。可是，謝爾曼卻給軍部部長卡梅倫寫信說，如果給他六萬人，他就可以把南軍趕出肯塔基；如果

給他二十萬人，他就可以結束這場戰爭。結果，這封信被登在報紙上，使他被輿論指責爲狂妄自大和癡心妄想，甚至有人公開評論他爲「瘋子」。

到了 11 月，格蘭特被任命爲西部戰場的總司令，並組建田納西軍團。慧眼識英才的格蘭特任命爲該軍團第一師師長。從此，謝爾曼開始在戰場上大展身手。

↑謝爾曼將軍
1864 年，謝爾曼將軍指揮北方軍攻擊亞特蘭大。圖為謝爾曼在戰鬥中。

「戰爭就是地獄！」

1846 年春季，格蘭特前往東部戰場指揮作戰，臨行前便把西部方面軍最高司令的大權交給謝爾曼，並明確要求謝爾曼對南方進行毀滅性的不計後果、不惜代價的摧毀。

於是，這個紅髮俄亥俄人在 5 月開始全面入侵喬治亞州，掃蕩亞特蘭大。當時謝爾曼的對手是蔣斯頓將軍，但謝爾曼的側翼打擊戰術總是能夠把本已獲勝的南軍打得連連後退。這使得南方僞總統大衛斯極其不滿，以胡德將軍代替蔣斯頓的職務。可是，胡德將軍竟然連謝爾曼的正面進攻都抵擋不住，撤退得比蔣斯頓還要快。從而使謝爾曼在 9 月 1 日順利占領南方重鎮亞特蘭大。

謝爾曼先通告亞特蘭大公民放下武器，並撤離市區，接著在 11 月縱火燒毀了整個城市。大火燃燒了半個多月，許多不願離開家園的人喪身於火海。曾是南方最繁華的城市最後只剩下一條街道，這便是現在的歷史遺物「地下街」。

接著，謝爾曼的大軍一路推進，一路上焚毀農田，拆除村莊，搗毀鐵路。胡德將軍想切斷敵軍的補給線，可是謝爾曼毫不在意，因爲他的部隊燒殺搶掠，完全可以從當地獲取補給。謝爾曼的名言便是「戰爭就是地獄！」

就這樣，謝爾曼取得西部戰場的徹底勝利。戰後，謝爾曼成爲格蘭特的忠誠衛士，官至陸軍總司令。他 1884 年退役，1891 年去世。

↑ 被北方軍隊燒毀後的亞特蘭大

美國內戰

227

→謝爾曼肖像

072.聲名狼藉「三K黨」

臭名昭著的「三K黨」製造無數血淋淋的慘案，他們其實是南方奴隸制的幽靈，奴隸主的餘孽。不可否認，正是這兩個人徹底擊敗南方的叛亂。

南北戰爭的產物

三K是「Ku-Klux-Klan」的簡稱，屬於希臘語，意思是蘇格蘭民族的集會。該組織的幾個創始人是蘇格蘭後裔，他們的目標主要是攻擊黑人，是美國歷史最久的種族主義恐怖組織。

林肯的《解放宣言》使許多黑奴成為自由人，他們見到白人不再讓路，也不再脫帽致敬。這些行為深深刺痛白人的內心世界。尤其是有一些恢復自由的黑人由於無衣無食，又沒有工作，所以便結成團夥，以搶劫為生，燒殺搶掠，姦淫白人女性的事情也做不少。一直自以為高貴的白人自然無法容忍曾經豬狗一樣的奴隸這樣造反，於是三K黨便應運而生。

1865年12月，三K黨由前「南部

同盟」的六名年輕的退伍軍人在田納西州的普拉斯基城組成。當時的總統詹森同情奴隸主，上臺後便頒布赦免令，大赦南方叛亂分子。於是，奴隸主為鎮壓和維護奴隸制度，還在一些州制定《黑人法典》，強行加給黑人一些不平等的待遇。

隨著三K黨組織的不斷擴大，越來越多的黑人遭到暗殺。在1867年夏，前「南部同盟」軍官南森・福列斯特號召各州的三K黨代表相聚於田納西州的納什維爾，召開大會。這次會議，使三K黨由一個俱樂部演變為一個勢力很大的暴力組織。他們內部有成文法律，入會的黨徒必須起誓：「任何旨在破壞南部的或南部人的權利，或把黑人提升到與三K黨在政治上平等的組織，黨徒必須堅決反對。」

三K黨的黨旗為三角形，黃底紅

↑白人和黑人
被解放的奴隸沒有土地，一旦失去工作，便會挨餓。

邊，上面繪有黑龍。集會和活動時身著白色長袍，臉套白面罩，頭頂尖尖的白帽子。他們發出的恐嚇信上，有交叉的劍、棺材、骷髏和交叉的大腿骨、貓頭鷹以及帶有 K・K・K 標誌的列車等畫面，充滿神祕恐怖。

↑三 K 黨
該畫面描繪的是 1871 年的三 K 黨，其裝束給人以死亡的感覺。

殺戮黑人的屠夫

三 K 黨發展極其迅速，到十九世紀六○年代末，整個南部的三 K 黨徒已發展到五十五萬人，僅田納西州就有四萬多人。他們成為地方上無形的政府，在某種程度上控制地方政局。

起初，他們利用黑人的「無知」和「迷信」假扮成內戰中南部軍隊戰死者的鬼魂，夜闖黑人民宅，告誡黑人注意自己的行為規範，否則會有更多的危險來臨。

三 K 黨主要攻擊目標是黑人領袖。正如三 K 黨的一份報告上所說：「我們必須殺死或驅逐起領導作用的黑人，讓那些卑微的和順從的人生存下來。」在 1868 年 10 月的喬治亞州，民主黨以五千美元利誘黑人議員艾布拉姆・科爾比辭職。科爾比拒絕這個要求後，立刻有數十名三 K 黨襲擊他的家，強行把他帶到森林，用木棒和皮鞭拷打三個小時之久。在 1869 年，密西西比州的門羅縣的

黑人共和黨俱樂部主席傑克・杜普雷遭三 K 黨徒毒打後，被帶到幾英哩外的森林中被切腹致死。

三 K 黨的殘暴行為，逐漸遭到越來越多的人的厭惡。到 1869 年底，三 K 黨已變得聲名狼藉，臭名昭著。美國政府開始加大對三 K 黨的打擊力度，迫使福列斯特不得不宣布將組織解散。

可是在 1915 年，亞特蘭大城又組織新的三 K 黨，成員蔓延及全國。他們的口號除反對黑人，還增加反猶太人和天主教徒，以及一切外來移民。他們在美國白人中到處宣傳，只要交納十美元並贊成其口號，就可以加入組織。到二十世紀中期，三 K 黨成員高達二百萬人。

三 K 黨靠成員的入會費和經營服裝、宗教用具、書籍等獲得可觀收入，加上一些大資本家的資助，使其得以在一些政府機關或議會培植自己的親信。

他們的勢力甚至伸到聯邦調查局、司法機關、國會及政府要員。

美國內戰

↑遊行的三 K 黨
美國內戰結束後，三 K 黨在南部各州擁有很大的勢力，是殘害黑人的凶手。圖為 1915 年的三 K 黨遊行。

229

073.克里米亞戰爭

十八世紀初，一度強盛的鄂圖曼土耳其帝國逐漸衰落下去，龐大的帝國遺產成為西方列強爭奪的獵物。

爭奪「聖地」

在 1853 年～1856 年，俄國與英國、法國、土耳其、薩丁四國聯盟之間為爭奪近東的統治權發生激戰，這場戰爭的主戰場在克里米亞半島，所以史稱克里米亞戰爭，亦稱「東方戰爭」。

十九世紀中葉前夕，隨著鄂圖曼帝國的日益衰落，歐洲英、法等資本主義國家加緊向近東擴張，以奪取新的市場和殖民地。俄國則決定趁著鄂圖曼帝國的式微奪取黑海海峽，向巴爾幹半島擴張勢力，實現俄國南出地中海的宿願。可是，這就與在近東有重大政治經濟利益的英、法兩國發生衝突。大英日不落帝國不能容忍俄國在近東樹立霸權，因為這樣就會影響它與印度陸路交通的安全。而法國自拿破崙三世稱帝以後，也是希望進一步擴大在近東的勢力，並通過對外戰爭來鞏固其國內的統治。於是英、法、俄三個虎視眈眈的爭霸者之間，便形成尖銳的矛盾。

可是，大家都不想以「侵略」或「利益」的名義去發動戰爭，為了名正言順，冠冕堂皇，便開始在宗教信仰上做文章。於是就出現了爭奪「聖地」這條戰爭導火線。所謂「聖地」問題，便是法國支持的天主教僧侶與以俄國為靠山的東正教僧侶爭奪耶路撒冷和伯利恆教堂的管轄權。在 1853 年 2 月，沙皇尼古拉一世反對土耳其將伯利恆教堂交給天主教掌管，要求土耳其蘇丹與沙皇簽署專約，承認沙皇對所有在蘇丹統治下的東正教徒有保護的權力。可是到了 5 月，土耳其在英國大使的慫恿下，拒絕沙皇的要求，惱羞成怒的尼古拉便同土耳其斷交。7 月 3 日，多瑙河集團軍司令米海伊爾·戈爾恰科夫率領八萬俄軍渡過普魯特河，以保護土耳其境內的東正教居民權利為由，強行占領了莫爾達瓦和瓦拉幾亞兩個公國。

在英、法兩國的支持下，土耳其蘇丹阿卜杜勒·馬吉德在 10 月 9 日要求俄國歸還這兩個公國，遭到拒絕後，便於 10 月 16 日對俄國宣戰，俄國則在 11 月 1

↑耶穌到達耶路撒冷

日正式宣布與土耳其處於戰爭狀態。戰爭先後在多瑙河、高加索和克里米亞三個戰區進行。

錫諾普海戰

在多瑙河戰區，土耳其調來十四萬大軍，與多瑙河集團軍司令米海伊爾‧戈爾恰科夫率領的八萬俄軍對戰。俄國政府認為占領兩個公國不會引發一場大戰，所以並沒有制定具體的作戰計畫。而土耳其也在等待著英法參戰，所以最初也沒有主動進軍。所以，歐麥爾帕沙指揮的十四萬土軍與俄軍進行幾次小的戰役後，見沒有取得重大戰果，便不再積極進攻。兩軍相峙於多瑙河兩岸，直到1854年，沒有發生大的戰役。

而在高加索戰場上，阿布迪帕沙統一指揮的土軍在1853年10月27日夜間開始向位於黑海東岸、巴統以北的聖尼古拉發動進攻，他的目的是想打出一條通路，使自己的軍隊能夠與高加索山區的抗俄人民聯合起來。這時，大部俄軍被調去鎮壓山民起義，只剩下有限兵力擔任俄土邊防。因此，為了對阿布迪帕沙總督十萬土軍作戰，俄國倉促組建了一個三萬人的軍隊，由別布托夫將軍指揮。可是經過三次激戰，土軍卻連連受挫，此後幾個月，雙方都無力發動新的攻勢。

在高加索戰場上雙方還動用海軍。從戰爭一開始，俄國黑海艦隊就成功地破襲土軍海上交通線，將土耳其艦隊封鎖於各港口之內。1853年11月30日，在錫諾普灣發生一場海戰，此戰俄軍全殲土軍分艦隊。錫諾普海戰的勝利，是俄國重大戰略勝利，表明土耳其敗局已定。

盟軍參戰

英法兩國為挽回土耳其的敗局，急忙參戰。1854年1月4日，英法聯合艦隊進入黑海，並擔任掩護土耳其海上交通線的任務。英法兩國對俄國的這種敵對行動，表明它們實際上已經參戰，俄國政府遂於1854年2月21日宣布與英法兩國處於戰爭狀態。到了3月，薩丁王國也加入反俄陣營。

從此，戰爭不僅在黑海、巴爾幹和高加索進行，而且擴大到波羅的海、白海和遠東。俄國在外交上陷於完全孤立，軍事上則面臨優勢敵人從各個方向

↑ 錫諾普海戰，柏格柳波夫畫
錫諾普海戰是俄土戰爭中規模最大的海戰。此戰中，土耳其海軍主力被殲滅。

發動的進攻的危險。

英法的參戰，對俄國統帥精神上的壓力很大，迫使其四面應敵，兵力分散。而歐洲另外兩個大國奧地利和普魯士雖未直接參戰，但也對俄國採取敵對態度。1854年4月20日，奧、普在柏林締結反對俄國的同盟條約，奧地利陳兵邊境，迫使俄國撤出莫爾達瓦和瓦拉幾亞。

↑克里米亞戰爭，油畫
該畫面描繪的是塞瓦斯托波爾攻防戰時的場面，俄軍在聯軍的進攻面前苦苦堅守。

在克里米亞戰區，1854年9月14～18日，由英國拉格蘭男爵和法國聖阿爾諾統率的英法聯軍在葉夫帕托里亞登陸。隨後，聯軍與俄軍在阿利馬河、巴拉克拉瓦、因克爾曼、喬爾納亞河等地進行一系列會戰。與此同時，聯軍自1854年10月起，展開對俄國黑海艦隊主要基地塞瓦斯托波爾的長期圍攻，俄國陸海軍在這個地區困守

十一個多月，後來，終為英法攻克，從而使俄國註定以失敗告終。

1856年3月，戰爭雙方簽訂《巴黎和約》。和約規定：交戰雙方交還各自占領的地區；俄國和土耳其均不得在黑海保有艦隊和海軍基地；俄國須拆除黑海沿岸的要塞，放棄它對鄂圖曼帝國境內東正教臣民的「保護權」；承認多瑙河在國際監督下的通航自由，並退出比薩拉比亞南部。

慘敗的教訓

《巴黎和約》的簽訂對俄國打開黑海海峽向南擴張的企圖是一個沉重打擊。使英、法兩國在鄂圖曼帝國境內建立自己的優勢地位。土耳其則淪為任由歐洲列強支配和擺布的境地。

克里米亞戰爭對雙方來說，都是非正義的，雙方為此付出了大量財力與人力。聯軍參戰的兵力累計約一百萬，俄軍投入的兵力累計在七十萬左右。同盟國耗資約六億盧布，俄國耗資約八億盧布。整

↑塞瓦斯托波爾戰役，油畫
該畫面描繪的是在塞瓦斯托波爾戰役中，俄國軍隊堅守要塞時的情景。

個戰爭中，俄軍損失五十餘萬人，土軍損失近四十萬人，法軍損失近十萬人，英軍損失兩萬多人。

克里米亞戰爭暴露俄國沙皇專制制度的腐朽和農奴制俄國的落後。俄國的失敗，使得它自戰勝法國拿破崙以來在歐洲所處的優勢地位完全喪失，加深農奴制的危機，同時也為六○到七○年代進行資產階級改革，準備條件。這次戰爭對軍隊武器裝備的演變和軍事學術的發展，有著重要的影響。從此以後的戰爭，老式滑膛槍砲被線膛槍砲取代，木製風帆艦隊被裝甲蒸汽艦隊取代。由於槍砲性能的改進，拿破崙時期以來歐洲多數國家軍隊採用的縱隊突擊戰術，被這次戰爭的實踐所逐漸淘汰。

這場戰爭使俄國國際地位大大下降，西進之路受阻，於是它只得把侵略矛頭轉向中亞和遠東，從而削弱對普魯士的威脅。同時，克里米亞戰爭也是俄、奧關係的分水嶺，兩國由戰前的相互勾結轉為戰後相互對立。俄、奧交惡一直是第一次世界大戰前歐洲政局、特別是巴爾幹政局動亂的一個重要因素。

【人文歷史百科】

落後的俄羅斯軍隊

俄國軍事上最根本的弱點是全面落後。尼古拉一世本人是普魯士軍事制度的狂熱崇拜者，部隊訓練是為檢閱，不是為實戰，因此大搞形式主義。為確保士兵絕對服從，他實行駭人聽聞的棍棒紀律，使士兵無法忍受，士氣極端低落，80～90%的軍官沒有受過專門的軍事教育。軍事工業遠遠不能適應戰爭需要，部隊裝備的主要兵器是已經過時的滑膛火槍，砲兵裝備也大體上停留在拿破崙戰爭時期的水平上。俄國海軍的絕大部分艦隻仍為木製帆船，甚至連一艘螺旋槳的主力艦也沒有。

↑克里米亞戰爭，油畫
在克里米亞戰爭中，英法以蒸汽為動力的戰艦代替帆船，並廣泛使用大口徑火砲，給俄國軍隊造成巨大傷亡。

俄國1861年改革和巴黎公社

233

074.南丁格爾與「護士節」

戰場上的提燈女神，傷員心中的福音——她就是南丁格爾，白衣天使的先驅。

神聖的選擇

　　5月12日是護士節，這一天全世界的白衣天使都要舉行慶祝活動。其實，這一天是世界上第一名真正的護士的生日。

　　她的名字叫弗勞倫斯·南丁格爾，1820年出生在義大利中部的歷史名城佛羅倫斯。她的家裡很富有，使南丁格爾從小便在充滿愛心的環境中長大。後來全家移居英國，小南丁格爾也加入英國國籍。父親沒有兒子，所以把希望完全寄託在小南丁格爾身上，他親自教她希臘文、拉丁文、法文、德文、義大利文，還教她歷史、哲學、數學等等，使她受到良好的教育。父母希望女兒將來能夠找一個好丈夫，躋身上流社會。可是，小南丁格爾卻不這麼想，她從小便極富愛心，愛護生命。她的願望是想成為一名好護士，儘管當時並沒有這種職業。她在日記中寫道：「擺在我面前的有三條路：一是做文學家，二是結婚，三是成為一名護士。」結果，她選擇第三條路。

　　當二十四歲的她向父母說出自己的

↑南丁格爾肖像
弗勞倫斯·南丁格爾，世界著名護理專家，近代護理教育的創始人，護理學的奠基人。

想法時，富有的雙親竟一時不知所措，因為他們不知「護士」是幹什麼的。通過打聽，他們才明白，護士不是正式職業，只是一些生活沒出路的婦女不得不在醫院侍候病人、處理污穢的東西以換取生活所需。當他們知道女兒竟然選擇這麼一個令人瞧不起的「職業」，非常生氣，勸她放棄這個荒誕的念頭。

　　但在倫敦一家醫院工作的一位女醫生卻非常支援南丁格爾的想法。她是美國第一個獲得行醫資格的女性，名叫伊麗莎白·布萊威爾。最終，父親在女兒的執著面前不得不讓步。於是已三十一歲的南丁格爾開始接受為期四個月的短

護士節的來歷

人文歷史百科

為了紀念南丁格爾對護理事業發展的業績，把她的生日5月12日，作為世界各國的醫院和護士學校紀念南丁格爾舉行各種活動的日子。最初稱「醫院日」，也稱「南丁格爾日」，在中國稱為「國際護士節」。在這天，大力宣傳護理工作，鼓勵護士們學習救死扶傷的人道主義精神，已經成為世界各國護理界的一件盛事。1912年，紅十字國際委員會決定，每兩年頒發一次南丁格爾獎章和獎狀，作為對各國護士的國際最高榮譽獎。

期訓練。1853 年，受聘擔任倫敦患病婦女護理會的監督。

戰場上的提燈女神

↑提燈女神
仁慈的天使——南丁格爾在一個受傷士兵的病床邊。

1854 年至 1856 年，由英、法、土、薩丁組成的四國聯盟與俄國打響克里米亞戰爭。戰爭中英國不像法國那樣有護士護理傷病員，所以士兵死亡率高達 50%，於是在 1854 年 10 月 21 日，南丁格爾應英國政府的邀請，帶著三十八名婦女從倫敦來到克里米亞前線。

在戰地醫院，南丁格爾遇到很多難題：沒有排水系統，污垢遍地，臭氣熏天，床位緊缺，食物稀少，甚至藥劑、繃帶和開水也供應不足。冬天來臨，備受折磨的傷員相繼死去，軍隊領導、甚至醫生也對她的工作疑慮重重，常常把她當成發洩鬱悶的出氣筒。可是她沒有灰心，開始重新整頓護士的紀律，進一步加強對傷員的護理。她親自帶領護士給傷員纏繃帶、換藥，並關心傷員的飲食，安慰重病者，督促他們給家裡寫信並把剩餘的錢給家中寄去，她自己還給死亡士兵的家屬寫信，購置各種必需品，並給醫院修建排水道……。

精心的護理，挽救士兵的生命，傷員們對南丁格爾充滿感激與敬佩。她溫柔的話語，和藹的笑容，輕盈的步履，以及親切的眼神總是給傷員帶來無限溫暖和戰勝死亡的勇氣。每當夜深人靜，南丁格爾總是手持油燈巡視病房，士兵竟躺在床上親吻落在牆壁上的她的影子。在士兵中間，她很快成為傳奇人物，並且就連全英國也知道克里米亞前線有一位手提油燈的「光明天使」。在短短的半年時間，士兵的死亡率由原來的 50% 下降到 22%。

1856 年，南丁格爾擔任陸軍醫院婦女護理部總監。11 月，南丁格爾作為最後的撤離人員返回英國。在榮譽面前，她謙恭禮讓，嚴格自束。為改善英軍的衛生條件，他在第二年促成皇家陸軍衛生委員會的建立，還開辦陸軍軍醫學校。1860 年，她用公眾捐款創辦世界上第一所正規護士學校——南丁格爾護士學校。

1910 年 8 月 13 日，九十歲的南丁格爾溘然長逝。

↑ 南丁格爾與傷員
克里米亞戰爭期間，南丁格爾不顧生命危險奔赴戰場，為無數傷員解除痛苦。

亞歷山大二世在俄國國務會議最後審查改革方案時說：「諸位會深信，凡能夠維護地主利益的措施都已一一做到了。」這就是俄國 1861 年改革的本質。

痛定思痛

尼古拉一世雖然鎮壓了十二月黨人，並且給自由言論加上「鐵口罩」，但仍然無法阻止進步思想的傳播，以赫爾岑、別林斯基、車爾尼雪夫斯基等為代表的民主主義者繼續抨擊沙皇專制與農奴制度。而農民起義也開始接連不斷，並且越演越烈，成倍增長。

↑亞歷山大二世，油畫
亞歷山大二世是尼古拉一世的長子。1861 年 3 月 3 日，他宣布廢除農奴制度，標誌著俄國從封建君主制向資產階級君主制的轉變。

俄國與四國聯盟的克里米亞戰爭，更是暴露農奴制俄羅斯的腐敗與衰弱。本想從多年的手下敗將土耳其身上再咬下一塊肥肉，結果卻由於從槍到砲到船都極端落後而連連敗北，致使尼古拉一世在 1856 年精神崩潰，服毒自殺。亞歷山大一世以來的所有成果也因此歸零，俄國不再是「神聖同盟」的主幹，也無法再充當「國際憲兵」，曾經占領的土地也被迫還給人家。所以，尼古拉的兒子亞歷山大二世即位後，痛定思痛，不得不考慮如何重新振興這個古老的帝國。

亞歷山大二世自幼被立為太子，開始學習治國之策。而他的老師，正是主張實行君主制的茹科夫斯基，所以他也能接受一些民主思想。年輕時，他周遊歐洲各國，深知農奴制是俄國落後的根源。但數百年來農奴制與沙皇俄國的統治基礎緊密結合，以至於歷代多少高瞻遠矚的雄主，包括彼得一世和凱薩琳二世都不敢去打開這個潘朵拉的盒子。但面對岌岌可危的形勢，亞歷山大二世已經別無選擇。

為了不引起地主階級的反對，亞歷山大二世不得不祕密籌備改革方案。1857 年 1 月 28 日，亞歷山大二世在宮廷祕密成立農民事務總委員會，專門調查各地農民的生活和生產情況，草擬改革措施。

1861 年改革的直接因素

直接推動沙皇政府實行改革的因素有以下幾點：第一，俄國在克里米亞戰爭中充分暴露農奴制的落後性和腐朽性。第二，席捲全國的農民運動，在統治階級中間引起很大的震動。第三，在某些地主看來，農奴制不如資本主義剝削有利可圖。

【人文歷史百科】

為改革獻身

改革的方案正在祕密擬定中，可是，為社稷穩定，亞歷山大二世不得不在農奴與地主之間找到一個平衡點。因為如果徹底改革，地主階層會推翻沙皇統治；如果只保護地主的利益，那麼農民會用起義做出回答。

所以他在 1861 年 2 月 1 日的國務會議開幕式上，不得不一邊強調改革的必要性，一邊宣布：「諸位請相信，凡是為保障地主利益能夠做的一切，都已經做到了。」接著，過了十八天，正好是他登基一周年紀念日這天，他簽署《關於農民擺脫農奴制依附地位的總法令》（其中包括《關於贖買法令》《地方法令》等）。它宣布農奴從此獲得人身自由，農民可以以自己的名字擁有動產和不動產，可以自由遷徙、擇業、婚配，可以締結任何合同，可以進行訴訟。地主必須尊重農民的人身自由和人格權利，不得隨意處置、買賣農民。

法令頒布後，亞歷山大二世在陸軍大臣米留金等人的建議下，還進行國家機關改革和軍事改革。1863 年頒布新的大學法令，授予大學廣泛的自治權。1864 年進行省和縣地方自治改革，建立

←赫爾岑肖像 油畫
赫爾岑是俄國革命家、哲學家和文學家，堅決主張廢除農奴制，曾受到沙皇亞歷山大二世的長期迫害。

地方自治局和城市杜馬。同年還進行司法改革，建立資產階級性質的司法制度和訴訟程式。這一年還進行初等教育制度的改革。1870 年頒布城市自治法，軍事改革的準備一直拖到 1874 年，才邁出俄國軍事現代化重要的步子。

1861 年改革促進資本主義的發展，但是這種改革還不徹底，離真正的憲政還很遙遠。被解放的農民由於土地減少、支付贖金，使農民騷動由 1860 年的一百二十六次增至一千一百七十六次。亞歷山大二世本人也成為歐洲歷史上遭到刺殺最多的帝王之一。

←聖彼得堡的亞歷山大二世雕像

1879年，激進組織民意黨判處亞歷山大二世死刑，組織許多專業刺殺人員。1881年3月1日，埋伏多宮拐角的刺客用炸彈炸死這位「解放者沙皇」。

唯物主義革命家

由於車爾尼雪夫斯基是一個關心國家大事的政治文人，不過列寧稱其為「先驅者」還是較為合適的。

車爾尼雪夫斯基誕生於1828年7月24日，伏爾加河畔的薩拉托夫市是他的故鄉。十八歲時，他考入彼得堡大學中文系。據說他的許多「主義」的世界觀便在這裡形成。1848年的歐洲革命使車爾尼雪夫斯基深受感染，急切盼望俄國的這一天能早日來到。他在1850年大學畢業後，便成為故鄉一所中學的語文教師。三年後他同一位醫生的女兒喜結良緣，然後雙雙移居彼得堡。

來到首都後，車爾尼雪夫斯基寫出他的著名學位論文——《藝術與現實的美學關係》。這篇論文富有極強的批判性與戰鬥性，使彼得堡大學一直拖到1855年才舉行公開答辯。這是作者第一篇長篇論文，對當時流行的「為藝術而藝術」的觀點進行大膽挑戰，在美學史上第一次提出「美便是生活」這一著名定義。

↑年輕時的車爾尼雪夫斯基
該照片拍攝於1859年，車爾尼雪夫斯基時年三十一歲。

由於車爾尼雪夫斯基的進步思想與才華，使他很快成為《現代人》雜誌文學批評欄編輯。這份雜誌是在普希金的參與下於1836年創刊的，在俄國社會思想史和文學史上占有一席之地。車爾尼雪夫斯基專門負責哲學、經濟學及政治方面的欄目，在他的革命立場下，這份雜誌在十九世紀中葉成為俄國民主主義陣營的喉舌。

反對農奴制的鬥士

在亞歷山大二世正在籌備改革時，車爾尼雪夫斯基便不對沙皇抱任何幻想，他堅決捍衛農民利益，強調兩個重要觀點：一，解放農民時必須分配給他們足夠的土地；二，農民不交贖金便可獲得自由。

亞歷山大二世在1861年進行改革後，車爾尼雪夫斯基發現農民並沒有獲得他們應得的利益，於是在第二年便撰寫一篇《沒有收信人的信》的長文，深刻揭露農奴制改革的弊端。

相對來說，俄國畢竟沒有法國那樣民主，所以抨擊政府的車爾尼雪夫斯基的下場自然比法國政治文人要悲慘許多。沙俄這個專制而殘忍的北極熊在1862年6月勒令《現代人》停刊八個月，7月7日，又將車爾尼雪夫斯基非法逮捕，並判為囚禁兩年。刑滿釋放後，政府又以偽造的「陰謀顛覆現行制度，策劃暴動」罪名判決他到西伯利亞礦山服苦役七年，然後終身流放在那裡。

從此，這位大學才子便在冰天雪地、荒無人煙的西伯利亞生活二十一年。不過，車爾尼雪夫斯基並沒有被艱苦的生活環境壓倒，他奮筆疾書，埋頭寫作，終於寫出兩部宏篇巨著，這便是《怎麼辦？》和《序幕》兩部長篇小說。其中的《怎麼辦？》是俄國文學史上劃時代的作品，首次刻畫同農奴制度作鬥爭的革命者形象。列寧曾對這兩部小說給予高度評價。

←流放時的車爾尼雪夫斯基
流放時的車爾尼雪夫斯基因反對沙皇的專制統治，曾被多次關押和流放，但始終沒有改變自己的信仰。

1883年車爾尼雪夫斯基才結束流放生涯。但新沙皇亞歷山大三世卻不准他回到彼得堡與莫斯科，只許他在偏遠的阿斯特拉罕市定居，並准許他從事翻譯工作。六十一歲時，車爾尼雪夫斯基才在政府的批准下回到故鄉。他在這裡只活了四個月，1889年10月29日夜，因腦溢血離開人世。

→亞歷山大一世
沙皇亞歷山大一世是俄國歷史上最著名的皇帝之一，曾率領俄軍打敗拿破崙。其結局和中國的順治皇帝一樣充滿謎團。

俄國1861年改革和巴黎公社

239

源自生活的巨匠

按現在的說法，托爾斯泰的出生日期可是一組吉祥數字——1828 年 8 月 28 日，可是他兩歲喪母七歲喪父，這似乎是命運有意給他一些磨難。他雖然被親戚撫養長大，但由於他是圖拉省亞斯納亞 · 波利亞納一個大地主的兒子，所以還是繼承不少家產。

托爾斯泰十六歲時考入喀山大學東方語系，一年後轉到法律系。大學期間，他研讀許多法國啓蒙大師的作品，深受啓發，從而深感俄國制度的種種弊端。不過托爾斯泰的政治味道不是很濃，不像車爾尼雪夫斯基那樣站在革命的最前列。然而，也許正因爲這樣，他的作品得到更多人的喜愛。

托爾斯泰沒等大學畢業，便在 1847 年退學，去經營自己的農莊。他訂購許多機器，並且和農民談心，在自己的莊園裡實行小小的改革。1851 年 5 月，他以志願兵的身分到高加索服役，後來還參加克里米亞戰爭。也許他參軍只是爲了積累寫作素材，總之他參軍後寫出了《童年 · 少年 · 青年》與《塞瓦斯托波爾的故事》而步入文壇。

克里米亞戰爭之後，他去法國、瑞士、德國等地考察，回國後寫日記體小說《琉森》、短篇小說《一個地主的早晨》、中篇小說《哥薩克》。1861 年改革以後，托爾斯泰擔任地主和農民的調解人及陪審員，維護農民的利益。還對哲學、宗教、道德問題進行廣泛研究。

改革的第二年，托爾斯泰與莫斯科一位醫生的女兒結爲伉儷。托爾斯泰婚後享受的甜蜜時光不多，因爲他婚後一年便開始《戰爭與和平》的創作，整整用六年時間，終於完成這部可以和巴爾扎克的《人間喜劇》媲美的宏篇巨著。其人物之多，背景之大，描寫之細，令今天的讀者很難有足夠的勇氣拜讀，儘管文筆是那樣的出色，情節是那樣的感人。

↑ 寫作中的托爾斯泰，油畫

列夫 · 尼古拉耶維奇 · 托爾斯泰，十九世紀末二十世紀初俄國最偉大的文學家，也是世界文學史上最傑出的作家之一，其作品在世界文學中占有重要的地位。

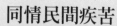

同情民間疾苦

寫完《戰爭與和平》，托翁似乎也要休息三四年喘喘氣，所以在1873年開始創作《安娜·卡列尼娜》。這部長篇小說雖然不是很厚，但卻用四年才得以完稿。托翁用四年才創造出來的安娜夫人確實不同凡響，她震撼全世界讀者的心房，然而托翁卻只略施筆墨地對她進行三次肖像描寫。

↑中文版《安娜·卡列尼娜》封面

小說中的安娜是一個對幸福有著強烈渴望的女人，她年紀輕輕就由姑母作主嫁給一個比她大二十歲而又冷酷、虛榮、利慾薰心的顯要官僚。她經過長期躊躇，決然離開丈夫。但那時候婦女在法律上沒有權利。她最後終於失敗，懷著痛苦和絕望臥軌自殺。書中托爾斯泰揭露吃人的俄國社會制度，表達對婦女痛苦的同情。

1881年，托爾斯泰來到莫斯科居住，只有在夏天和初冬才到故鄉過一陣子。當時由於沙皇的腐敗統治，俄國社會各種矛盾更加激化。托爾斯泰認識到統治階級的本質後，便開始參加救濟災民的活動中。他還訪問監獄、法庭、教會和修道院，幫助受害者，為農民打抱不平。他甚至辭去縣貴族長與法庭陪審員職務，把家中的不動產分給妻子與孩子，一個人去過農民的生活。他自己勞動，自己做鞋，自己打掃房間，並且用木盆吃飯。

在這段時間，他根據自己的體驗與隨之產生的新思想，創作劇本《黑暗的勢力》、中篇小說《伊凡·伊里奇之死》和《哈澤·穆拉特》、長篇小說《復活》等著作。《黑暗的勢力》反映農村破產、悲慘、黑暗的情景，抨擊邪惡的社會制度。《復活》則是托爾斯泰的又一力作。小說描述一個普通姑娘被一個貴族少爺欺騙、淪為娼妓，最後蒙冤被流放西伯利亞的故事，揭露了十九世紀末高級官吏、法官的腐敗和教會的偽善。

抨擊舊制度

托爾斯泰的《復活》出版後，在社會上引起強烈的反響。沙皇政府早就因

→托爾斯泰戎裝像托爾斯泰曾當過兵，這更增加其生活閱歷，為《戰爭與和平》等小說的創作提供材料。

他的《論饑荒》一文而企圖將他監禁或流放，但懾於他的聲望和社會輿論而中止。至此見他又發表揭露社會黑暗的《復活》，便在 1901 年授意教會，以「邪教徒和叛教者」的名義將他開除東正教教籍。這個決定引起舉世的抗議，托爾斯泰卻處之泰然。

這一年，高爾基因撰寫、發表傳播呼籲書「煽動工人」被逮捕。托爾斯泰找到內政部的一個同學和另一位奧登堡斯基公爵，幫助高爾基獲釋出獄。他還因沙皇政府鎮壓學生運動而寫《致沙皇及其助手們》一文，次年致函尼古拉二世要求給人民自由並廢除土地私有制，1904 年撰文反對日俄戰爭。他同情革命者，也曾對革命的到來表示歡迎，但卻不理解 1905 年的革命。

他在報紙上發表答覆美國記者詢問 1905 年革命的文章《論俄國社會運動》，這篇文章認為「暴力的道路」是決不能達到為人類謀福利的，他甚至

↑ 晚年的托爾斯泰，油畫，俄羅斯國家博物館藏

指責說：「我認為這樣的活動是不合時宜的，幼稚無知的，不正確的⋯⋯和有害的。」當為宣揚革命正氣而被捕的高爾基出獄後讀到這篇文章後極其憤怒他立即給托爾斯泰寫了一封鋒利的信：「您名字的魅力是偉大的，全世界所有識字的人都在傾聽您的話⋯⋯但是，您向全世界講到目前在俄國發生的事件的那些話，卻迫使我出來反對您。」

也許是高爾基的信起到作用，也許托翁一直是正義的化身。在革命失敗後，他又反對沙皇政府殘酷殺害革命者，在 1908 年寫出《我不能沉默》一文。

托翁一生的創作，展現俄國社會生活的真實圖畫，創作世界文學中第一流的作品，影響至今仍經久不衰。

偉大的教育家

托爾斯泰還是一位熱心於農民教育的教育家。在 1859 年到 1862 年，他自

己出資在家鄉創辦一所小學，供附近農民子弟上學，並親自授課。

他對教育還很在行，懂得素質教育的重要性，反對刻板的傳統教學方式。他辦的學校上下課沒有一定的時間，沒有體罰，賦予學生充分的自由。他認為發展學生智力的最好條件是：一，在學習的地方，不要有分散學生注意力的新人或事物；二，學生見到教師或同學不會感到害羞；三，學生不擔心因為學習不好（不理解）而受懲罰；四，不要造成智力疲勞；五，功課不要太簡單，也不要太難，應適合學生的接受能力。對此，他還專門發表過一些教育論文，並且還創辦了教育雜誌《亞斯納亞‧波利亞納》。

1872 年，托爾斯泰出版自己編寫的《識字課本》。1875 年，又出版經過他修改的《新識字課本》。這些課本，取材廣泛，涉及道德觀念、歷史、自然科學，形式多樣，有諺語、謎語、寓言、神話、故事，圖文並茂，語言規範、生動。《新識字課本》得到俄國教育部許可，被推薦給各校使用，印行三十多版。

↑托爾斯泰和高爾基
托爾斯泰和高爾基雖然年紀相差很大，但交情很深，對當時俄國的黑暗現實都進行無情的抨擊。

托爾斯泰關心農民的思想，使他擁有大批信徒。可是，身為伯爵的托翁的地主莊園生活方式又與他的信念很不相符。他的妻子本是御醫的女兒，自然不想放棄富貴與奢華，所以對於想過平民生活的丈夫大加責難，最終導致一場悲劇。

1910 年夏，他簽署無償放棄版權的聲明。11 月 10 日他隻身離家出走，途中因患肺炎，於 20 日在阿斯塔波沃車站逝世。遵照他的遺言，遺體安葬在亞斯納亞‧波利亞納的森林中。墳上沒有樹立墓碑和十字架。

其實托爾斯泰夫人是一個不錯的妻子，她幫助丈夫操勞家務，抄寫文稿，生養撫育孩子，但她也曾對女兒們承認：「在你們父親的死上，我是有罪過的。」

「俄國革命的一面鏡子」

【人文歷史百科】

托爾斯泰的文學創作和社會活動受到全世界進步人類敬仰。人們對他的學說雖不盡贊同，但對他作為批判現實主義大師無不折服。生前，俄國、西歐、美國的著名人士都來求拜訪他。報刊上常刊載他的情況，稱他具有人民的良心，是英明的生活導師。列寧寫了七篇論述托爾斯泰的文章，說他是「俄國革命的一面鏡子」。如今，每年都有成千上萬的人到托爾斯泰的故居亞斯納亞‧波利亞納參觀。

077.巴黎公社

巴黎公社是無產階級推翻資產階級統治，建立無產階級專政的第一次嘗試，它的實踐豐富馬克思主義關於無產階級革命和無產階級專政的學說。

國民自衛軍保衛巴黎

普法戰爭使拿破崙三世兵敗被俘，可是普魯士並沒有就此罷兵，而是繼續開始入侵法國的侵略戰爭。1870年9月4日，正是拿破崙三世投降後的第二天，巴黎爆發革命運動，推翻帝制，成立以特羅胥爲首的國防政府。

國防政府雖然口頭上叫嚷堅決抵抗，首腦特羅胥高喊「永不投降」，外交部長法夫爾也發誓「決不讓出一寸土地！」但他們卻暗通俾斯麥，商量投降條件。因爲他們認爲攘外必須安內，把巴黎那些具有愛國熱忱的人民群眾視爲洪水猛獸。

早在1870年9月4日，巴黎工人階級就選出自己的中央委員會，以監督政府抗戰。當一路燒殺搶掠的普魯士軍隊在9月19日包圍了巴黎時，巴黎人民立刻拿起武器爲保衛祖國而戰。他們利用「國防政府」建立國民自衛隊的法令，在三個星期內就組成了一百九十四個工人營隊，由瓦爾蘭、杜瓦爾、布朗基、弗路朗斯等工人運動活動家擔任指揮官，在巴黎形成了一支以工人爲主體的國民自衛軍。

國防政府先後兩次鎮壓人民起義，並想通過普魯士之手絞殺工人成立的武裝組織。1871年1月28日，國防政府同十天前宣告成立的德意志帝國政府簽訂了爲期三周的停戰協定。2月13日，法國新國民議會召開。四天後，梯也爾被選爲政府首腦。梯也爾曾是1848年鎮壓巴黎六月起義的同謀，他上臺後一邊積極與德國簽訂和約，一邊竭力鎮壓工人的革命運動，以圖鞏固自己的統治地位。

3月18日起義

爲了抗擊德國的侵略和梯也爾政府的鎮壓，巴黎人民在1871年2月成立國

↑ 國民自衛軍設立的街壘
當普魯士軍隊圍困巴黎時，國民自衛軍行動起來，設置街壘以保衛巴黎。

民自衛軍臨時中央委員會。3月15日，正式建立國民自衛軍中央委員會，選出了四十名中央委員，第一國際會員瓦爾蘭等當選，義大利民族英雄加里波底被推舉爲總司令，爲武裝起義做好充分的準備。

↑梯也爾就任臨時政府首腦

3月8日至17日，梯也爾政府向巴黎增調2萬名政府軍，準備奪取國民自衛軍的大砲，逮捕中央委員會成員，「結束當前的非常狀態」。當時，巴黎的國民自衛軍有四百一十七門大砲，分別集中在蒙馬特爾高地和棱蒙高地等地。

3月18日凌晨，梯也爾令巴黎衛戍司令維努亞親自帶隊攻占巴黎以北工人居住區的一個戰略要地——蒙馬特爾。他們擊斃了守衛在那裡的幾名自衛軍戰士，然後拉的拉、推的推，把幾門大砲拖出了掩體。

槍聲驚醒了附近居民，大砲被搶的消息迅速傳開。蒙馬特爾地區的警鐘響起，使該區的國民自衛軍立即集合起來，許多婦女、兒童和老人也一起擁上蒙馬特爾高地，包圍了拖運大砲的政府軍。當政府軍的指揮官命令士兵向群眾開槍時，士兵卻不再聽從長官的命令，站到人民群眾的一邊，逮捕反動軍官、員警和憲兵。偷襲棱蒙高地的政府軍也遭到同樣的命運。

梯也爾的行爲激怒巴黎人民，國民自衛軍中央委員會決定以武力還擊反動政府。當天，工人就占領市政廳。梯也爾政府匆忙逃往巴黎城郊的舊王宮凡爾賽宮。

晚上十點鐘左右，國民自衛軍進入市政廳，升起旗幟。至此，中央委員會掌握巴黎全城，贏得歷史上無產階級的第一次勝利。

歷史上第一個共產政權

梯也爾政府被趕出巴黎後，杜瓦爾等少數領導主張立即進軍凡爾賽，徹底消滅敵人。可是，大多數人卻對權力很感興趣，急於想得到它，要求盡快進行公社選舉。

1871年3月19日，中央委員會發布

↑蒙馬特爾高地上的國民自衛軍砲兵陣地
蒙馬特爾高地位於巴黎市北部，由於其海拔相對巴黎市區內其他地區要高，因此國民自衛軍在此設立砲兵陣地。

公告，號召市民返回所在地區進行公社選舉，以便將權力移交給公社。26日，三分之二的巴黎人民參加投票，八十六人當選為公社委員。

3月28日，二十萬巴黎民眾聚集在巴黎市政廳前寬闊的廣場上，歡呼巴黎公社正式成立。國民自衛軍荷槍實彈，刀光閃閃，在雄壯的樂曲聲中高舉紅旗列隊進入會場。下午四時，主席臺上莊嚴宣布公社委員會委員名單，頓時，「公社萬歲」的呼聲響徹雲霄。世界上第一個無產階級專政的新型政權宣告誕生。

巴黎公社採取一系列革命措施：摧毀舊的資產階級國家機器（包括常備軍、員警和法院），建立公社領導的十個委員會以行使政府權力；公社官員實行選舉任命制，取消高薪制；頒布法令，保護工人和勞動群眾利益；宣布政教分離；實行無產階級國際主義原則，吸收外國進步僑民參加戰鬥。

↑拆毀拿破崙凱旋柱
巴黎公社成立之後，4月12日通過法令，將旺多姆廣場上象徵拿破崙軍國主義的凱旋柱拆毀。

梯也爾跑到凡爾賽後，手下僅剩一萬多殘兵敗將。為消滅巴黎公社，他一方面糾集散兵遊勇，另一方面繼續與德國和談，請求俾斯麥釋放戰俘。此時，巴黎仍處在敵人的包圍之中，東面和北面德軍十五萬大軍壓境，西面和南面凡爾賽軍隊伺機反撲，形勢對公社極為不利。

到了4月，梯也爾政府已經集結起六萬五千人馬，開始對巴黎發動進攻。雙方經過幾場激戰，公社方面傷亡慘重。5月10日，梯也爾政府簽訂喪權辱國的和約後，俾斯麥釋放十萬法國戰俘，並允許凡爾賽軍穿過德軍防線進攻巴黎。於是，巴黎公社開始處於岌岌可危中。

「五月流血週」

1871年5月20日，凡爾賽軍隊對巴黎發動總攻。第二天，在奸細的指引下，凡爾賽軍從聖克盧門攻入巴黎，接著又在夜間占領巴黎的另外四座城門，

↑巴黎公社成立，政治漫畫
該漫畫描繪了巴黎公社成立時的場面。

到5月22日，進入市區的敵人已達十萬人。公社戰士同敵人進行艱苦卓絕的巷戰，開始歷史上有名的「五月流血週」。

於是，公社委員會發表《告巴黎人民和國民自衛軍書》，號召人民拿起武器，同敵人進行堅決鬥爭。巴黎人民積極回應，依託街壘工事同敵人展開殊死決戰。他們的誓言是：人在街壘在，只要有一口氣，決不讓敵人越過街壘！

↑拿破崙三世的交權
拿破崙三世投降後，法軍成為俘虜。為了鎮壓巴黎公社，俾斯麥將俘虜交給梯也爾政府。

23日，凡爾賽軍隊通過德軍防線前沿迂迴到公社軍隊側後，攻占蒙馬特爾高地。接著，便迅速向南推進，撲向巴黎市政廳。一路上，到處流淌著公社戰士的鮮血，婦女與兒童也慘遭殺害。在通往市政廳的交通要道——協和廣場，近六十名公社戰士英勇頑強地抗擊敵人的進攻，但在猛烈的砲火下，不得不放棄陣地。24日，敵人以強大的砲火占領市政廳。

26日，巴黎大部分地區已被凡爾賽軍占領，公社戰士大多數已壯烈犧牲，公社指揮部被迫遷到拉雪茲神父墓地，只有二百名戰士守衛著這最後的防線。27日下午，五千名敵人向墓地撲來，大部分公社戰士壯烈犧牲，被俘戰士全部被槍殺在墓地的一堵牆前。這堵牆後來被稱為「公社社員牆」。28日下午四點

時，公社戰士堅守的最後一個街壘被攻克。巴黎公社宣告失敗。

接下來，梯也爾政府開始對公社社員進行了一個多月的大屠殺。二萬人未經審訊就被槍殺，加上在戰鬥中犧牲的，總計死亡三萬多人，逮捕、監禁、流放、驅逐的人達十萬以上。

巴黎公社雖然只存在七十二天，但她的功績不可磨滅。她標誌著無產階級解放運動達到新的高峰，為今後的無產階級革命提供寶貴的歷史經驗。

↑槍殺公社社員
拉雪茲公墓是巴黎著名的墓地。1871年5月27日，許多公社社員在此遭到槍殺。畫中的牆壁就是著名的「公社社員牆」。

「起來，飢寒交迫的奴隸！起來，全世界受苦的人！滿腔的熱血已經沸騰，要為真理而奮鬥！舊世界打個落花流水，奴隸們起來，起來！不要說我們一無所有，我們要做天下的主人！」
　　　　　　　　　　　　　　　　　　　　　　　　——國際歌

革命家瓦爾蘭

　　瓦爾蘭是法國工人領袖，巴黎公社的活動家和第一國際巴黎支部聯合會的組織者和領導者，他為無產階級的革命事業獻出寶貴的生命。

　　路易·歐仁·瓦爾蘭出生於1839年10月5日，他本不是巴黎人，由於家境貧寒，使他不得不在十三歲時由外省來到巴黎謀生。起初他是一名裝訂坊的徒工，他努力工作卻依然貧窮，飽嘗老闆的剝削與凌辱。在他十八歲時，正值1857年世界性經濟危機波及法國。在工資下降、工人失業的情況下，裝訂行業組成「裝訂工人協會」以保護工人的權利，瓦爾蘭也被選為這個組織的成員。從此，他開始投入到工人運動中。

　　瓦爾蘭雖然沒念過幾年書，但是他勤奮好學，利用業餘時間到巴黎圖書館讀書自學，並且還進入夜校學習，以優異的成績畢業。

↑臨時政府實施的鎮壓
梯也爾的臨時政府軍隊對巴黎公社的成員進行屠殺。

　　二十三歲時，瓦爾蘭被巴黎裝訂工人推選為赴倫敦參觀第三屆世界工業博覽會代表。他在倫敦非常注意職工聯合會的活動。結果發現，法國工人無論在工作條件上還是在政治權利上，都遠不如英國工人，這根本原因便在於法國沒有獨立的工人組織。回國後，他和其他工人代表在工人集會上開始介紹英國工聯的具體情況，提出由企業主和工人共同組成的機構來調解勞資糾紛等要求。此時，他比較推崇蒲魯東主義，不過並沒有全盤接受蒲魯東的學說。

　　第一國際工人協會創立後，瓦爾蘭是該協會巴黎支部最早的會員之一。他在1865年4月便被選為國際巴黎支部委員會的委員。在瓦爾蘭的倡議下，巴黎工人協會聯合會於1870年1月1日正式成立，瓦爾蘭被推選為聯合會的主席。

↑瓦爾蘭在巴黎的住所，1871年拍攝

在他的領導下，聯合會與國際國人協會建立了密切的聯繫。

為巴黎公社獻身

由於受到第二帝國的法律限制，第一國際在法國的支部極其分散。為使支部更強大，成為推翻第二帝國的主力軍，瓦爾蘭提議把第一國際的支部聯合起來。經過他與大家的共同努力，第一國際巴黎支部聯合會終於在 1870 年 4 月 18 日成立了。到了帝國末年，瓦爾蘭已經成為全國知名的工人領袖和第一國際在法國各地支部的負責人。

搖搖欲墜的第二帝國為穩固自己的統治，開始對第一國際在法國的組織進行鎮壓，逮捕了幾十名國際會員，瓦爾蘭由於提前得到消息，急忙逃往國外。9 月 4 日推翻帝國的這一天，得到消息的瓦爾蘭立即在當天趕到巴黎，投入到轟轟烈烈的革命運動中。

他參加籌建巴黎的人民革命組織「二十區共和中央委員會」，加入 9 月 4 日以後擴建的國民自衛軍，並當選為一

↑ 設置路障
1871 年 5 月，當臨時政府的軍隊進入巴黎時，瓦爾蘭領導人民設置路障進行抵抗。

九三營營長。

1871 年 3 月 15 日，在國民自衛軍中央委員會選舉委員活動中，瓦爾蘭以較多的選票成為四十名委員之一。三天後爆發巴黎公社起義，瓦爾蘭率先領兵出擊敵人，與蒙馬特爾區的國民自衛軍一起占領旺多姆廣場。當梯也爾政府被趕出巴黎時，瓦爾蘭與其他幾名委員提出立即追擊，痛打落水狗。只可惜，大多數委員沒有聽從他的意見，結果造成梯也爾政府在德軍的配合下反擊，最終造成「五月流血週」和巴黎公社的失敗。

瓦爾蘭在巴黎公社主要負責財政與物資供應工作，被公認為廉潔奉公的典範。他一生過著儉樸的生活，衣服破舊，吃飯隨便，甚至常常餓著肚子辦公。當凡爾賽軍攻入巴黎後，瓦蘭爾親率第六軍團進行巷戰，他一直堅持到最後一個街壘陷落，從未離開過戰場。

5 月 28 日，在最後一場戰鬥後瓦爾蘭被俘，。當時他的頭被砍傷，一隻眼

珍貴的懷錶

1864 年 8 月，瓦爾蘭領導巴黎裝訂工人舉行一次罷工。罷工期間，瓦爾蘭負責募集捐款來維持罷工工人及其家屬的生活。工人們十分稱讚瓦爾蘭埋頭苦幹的作風和廉潔無私的品德，特地在罷工勝利後送給他一隻銀錶，並在表上鐫字留念：「送給瓦爾蘭，以表示裝訂工人的謝意。」瓦爾蘭十分珍愛這只錶，直到 1871 年「五月流血週」他慘遭殺害時，錶還帶在身邊。

球也掉了出來，身上血肉模糊。當劊子手的槍口對準他時，他高呼「公社萬歲！」連中兩彈後，他仍然用手撐起身體，想再次呼喊口號，但被三顆子彈奪去生命，當時年僅三十二歲。

革命詩人鮑狄埃

歐仁・鮑狄埃一生寫不少詩，不過現在已經很少有人讀，然而有一首詩後來被譜成歌曲，那便是《國際歌》。

鮑狄埃於 1816 年 10 月 4 日誕生在巴黎塞納河畔聖安娜街一個工人家庭。他小時候的資料不多，到了十六歲時曾在蒙馬特爾郊區的一所小學當學監，照料學生的課後生活。收入很有限，只有宿舍女工的一半。後來，他到一個朋友的工廠裡從事會計工作，並學習繪圖，最後成為一名出色的印花布繪圖工。

鮑狄埃一生經歷過不少革命運動，每次都是其中的一員。在十四歲時，他正好趕上 1830 年法國革命，他爬到一所正在修建的小教堂的腳手架上，隨著人群高喊：「打倒波旁！」、「自由萬歲！」

鮑狄埃
鮑狄埃是一位詩人，巴黎公社的領導人之一，《國際歌》的詞作者。公社失敗後，他在白色恐怖中寫下震撼世界的《國際歌》，標誌著他在思想上和藝術上都達到了新的層次。

他的處女作《自由萬歲》便是這時寫成。

1840 年以後，他開始創作大量的詩，抨擊舊制度。他的筆名是「工人鮑狄埃」。

1848 年的法國二月革命，鮑狄埃是遊行示威的成員之一。接著的六月革命，他依然參加激烈的巷戰。這次失敗的起義給鮑狄埃打擊不小，使他年紀輕輕就得神經衰弱症和腦溢血等病。在以後的十年，鮑狄埃寫出不少抨擊帝國的詩歌，但詩中理想社會主義色彩較為嚴重。

1870 年 4 月，鮑狄埃參加第一國際，並當選為第一國際巴黎聯合會委員。第三共和國成立後，又紅又專的鮑狄埃擔任國民自衛軍二團一八一營四連副連長，為保衛祖國英勇戰鬥。

《國際歌》千古傳頌

當巴黎公社在戰火中誕生時，鮑狄埃成為國民自衛軍中央委員會委員、二十區中央委員會委員，簽署了 3 月 26 日公社選舉公告。接下來他在公社中擔任過許多職務，其中有一個職務他應當很

→皮埃爾・狄蓋特肖像

↑巴黎拉雪茲公墓中的鮑狄埃墓

喜歡，這便是藝術家協會執委會委員。

鮑狄埃為革命以來不辭辛勞，被群眾稱為「最熱情的公社委員之一」。他因此在4月20日被選舉為公社委員會副主席，這應該是他最大的官職了。

雖然他身體因病留下一些殘疾，但在「五月流血週」中依然是一名英勇頑強的戰士。他一直堅持到最後一個街壘的陷落，才在一個朋友家中隱藏起來。

公社的失敗令鮑狄埃無限感慨，腦海中不禁浮現出一幕幕悲壯的畫面：視死如歸的公社戰士的鮮血染紅了塞納河水；槍林彈雨中兄弟們用生命守衛著街壘的旗幟；鬚髮皆白的老革命家在街壘戰中光榮犧牲；英勇不屈的公社領導人瓦爾蘭被俘後英勇就義……可歌可泣、振奮人心的戰鬥場面使鮑狄埃思潮起伏，熱血沸騰。他不禁失聲吟頌：「起來，飢寒交迫的奴隸！起來，全世界受苦的人！滿腔的熱血已經沸騰，要為真理而奮鬥！」就這樣，慷慨激昂、激勵人心的《國際歌》歌詞誕生了。雖然，此時正是公社失敗的第二天，但鮑狄埃卻堅信「英特納雄耐爾」一定要在全世界實現。

在血腥的大屠殺中，第四軍事法庭

←伏案書寫《國際歌》的鮑狄埃

缺席判處鮑狄埃死刑。在朋友的幫助下，鮑狄埃攜妻帶子於1871年7月離開法國，流亡英國。他在異國仍然不斷創作革命詩篇，寫了《難道你一點不知道？》《白色恐怖》等詩歌，介紹巴黎公社，控訴梯也爾政府對公社的血腥鎮壓。兩年後，鮑狄埃又來到美國，繼續以詩歌讚頌巴黎公社的偉大業績。

1880年，法國政府宣布大赦，六十四的鮑狄埃結束流亡生活，返回祖國，加入了1879年在馬克思、恩格斯支持下建立的法國工人黨。

1887年11月6日，一生窮困的鮑狄埃病逝於巴黎，葬於拉雪茲神父墓地。

【人文歷史百科】

《國際歌》的誕生

1888年6月16日，法國工人作曲家狄蓋特將《國際歌》譜上曲子。不久，作曲家在一次集會上親自指揮合唱團演唱《國際歌》，受到觀眾熱烈歡迎。1889年，國際社會主義工人黨代表大會（第二國際）在恩格斯的倡導下於巴黎召開，法國社會主義工人黨的代表高唱著雄偉壯烈的《國際歌》大步走進會場。

俄國1861年改革和巴黎公社

251

079.槍砲下的覺醒

1853 年 7 月 8 日，美國人培里率領的「黑船」敲開日本的大門，日本也面臨著和同時代的中國相同的命運——成為西方國家的殖民地或半殖民地。

德川幕府統治下的日本

在日本德川家康執政以前的一百五十年，日本諸侯林立，互相爭伐，史稱「戰國時代」。就像中國的戰國時期，日本的諸侯中也有一位「周天子」，即天皇，天皇下面有一位掌握實權的將軍。諸侯稱為「大名」，無論管轄地大小，都屬一「國」之君。

幾經廝殺，最後有一個名叫織田信長的大名統一了六十六個諸侯中的三十個諸侯國。他在 1852 年遇刺身亡後，他手下的大將豐田吉秀撐握大權。豐田吉秀野心很大，他以大阪為基地，經過四年征伐，基本上統一日本。他在 1598 年去世後，由於兒子年幼，便由織田信長的另一大將德川家康進行輔佐。這個德川家康也是一個大名，曾跟隨織田信長征伐諸侯，立下不少戰功。德川家康在 1600 年與四十餘家大名交戰，大獲全勝，於是權勢熏天，炙手可熱。他不再輔佐豐田秀吉的兒子，而是在 1603 年從天皇那裡討得「征夷大將軍」的封號，執掌國政大權，還在江戶建立幕府。那幕府其實便相當於中央政府，而

↑德川慶喜肖像
德川慶喜是德川幕府第十五代將軍，也是最後一代幕府將軍。1869 年，德川慶喜的統治被倒幕派推翻，標誌著日本幕府時代結束。

京都的天皇則成為傀儡，表面上食些煙火，實際與泥菩薩區別不大，只是全日本精神上的最高統治者。

由於日本的文化大部分源於中國，所以一直以儒術治國，行使封建體制，將國民分為士、農、工、商「四民」。不同的是，日本的「士」指的是武士，他們是地主貴族，屬於統治階級。此外，日本還有三四十萬「賤民」，他們包括永世不能改變身分的皮革匠、屠夫等「穢民」和靠賣藝、乞討度日的「非人」。「非人」除世襲外，也有平民因犯罪被貶之人，他們是社會最低階層。

當第三代將軍德川家光秉政時，幕府權勢便在全國漸次穩固起來。此時，西班牙、葡萄牙、英國、荷蘭與中國的商人經常來這裡經商，使日本除釋道外，還出現天主教徒。可是在荷蘭人的挑撥下，幕府在 1639 年頒布《鎖國令》，嚴禁外國人來日經商，也

↑德川家光，日本浮世繪作品

↑黑船事件想像圖
1853年，美國海軍準將培里率黑船艦隊叩關，給予封建鎖國的日本以極大衝擊。

不許本國人出國經商。惟有中國、朝鮮與荷蘭可以在長崎進行商業活動。自此，日本閉關鎖國歷兩百餘年之久。

培里敲開日本國門

到十八世紀初，日本依然是過著自給自足的生活方式，不但糧食，甚至大部分生活用品也是農民自己生產的，各藩的經濟也以自給自足爲原則。雖說這種桃源式的生活別有風趣，但相對於歐洲蓬勃發展的資本主義經濟，日本社會恰似一潭死水。

1853年7月8日，突然有四艘顏色黝黑、形狀怪異的戰艦從遠處向日本江戶灣（今東京灣）駛來。這四個龐大的不速之客便是美國投過來的四塊敲門磚，艦隊司令便是在1852年3月剛剛榮任美國東印度艦隊司令的培里將軍。這支艦隊在離江戶灣不遠的浦賀港停泊下來，船上煙囪裡冒出濃煙，響亮的汽笛聲傳遍海域。令日本人更加恐怖的是，

一字排開的艦隊上，是一排排全副武裝的士兵。

7月14日，培里將軍率三百名持槍荷彈的衛兵乘划艇登陸，與浦賀奉行、戶田氏榮進行面談。原來，美國早已在第一次鴉片戰爭後的1846年和1849年兩次遣使赴日，要與日本通商，結果卻被日方婉言拒絕。這一次，培里將軍向日方遞交美國國書，並且還附上自己的親筆信，威脅日方如果不做出滿意的答覆，明年春天還會再度光臨，並且規模會更大。

俄國聽說這事，便也派海軍來到日本，遞交俄國國書。1854年2月13日，培里將軍再次來到江戶灣，率五百名士兵登陸，以恃暴逞強、恩威並施等手段，迫使日方於3月31日簽訂用英、日、漢及荷蘭語四種語言寫成的《日美修好條約》，即《神奈川條約》，終於打開日本國門。

接著，英、俄、法、荷等國也像美

【人文歷史百科】

大名的階級
大名分為三類：「親藩大名」，是德川將軍的同族；「譜代大名」，是德川家的舊臣，或在德川幕府建立前臣服於德川家的大名，他們可以擔任幕府顯要官職；「外樣大名」，是一千六百年關原之戰後臣服於將軍的大名，他們不能參加幕政，因為他們與將軍的關係最為疏遠。為控制「外樣大名」，幕府要求他們都把家屬安置在江戶，實際上是作為人質，以防備他們「作亂」，大名在藩內是最高統治者，握有行政、立法、司法及軍事大權，居民都處在他的管轄之下。

明治維新

國一樣強迫日本與之訂立類似條約。

「尊王攘夷」

發生在中國的第一次鴉片戰爭，也使日本人感到觸目驚心，一些愛國人士為本國的命運極其擔憂。這些人大多出身於下級武士，他們早已傾心於西方的文化科學，認為日本應該用資本主義制度取代落後的封建制，並且要驅逐外國勢力來挽救民族危機。而要達到這個目的，則必須要借助恢復天皇最高權力的「王政復古」的名義，來改革幕藩體制，於是，他們便打出「尊王攘夷」的口號，積極進行資產階級改良運動。

這次運動的代表人物有緒方洪庵、佐久間象山、橋本左內和吉田松陰等人。他們認識到為打擊西方侵入者，必

↑吉田松陰肖像，日本明治時期畫
維新革命前期，最重要的口號就是「尊王攘夷」，尊王攘夷的思想與吉田松陰的名字是相聯繫的。

須學習西方在科學技術方面的長處。所以他們中間的很多人籌畫祕密越海赴美，以尋求救國的良方。

尊王攘夷派不但提出和宣傳改良主義思想主張，而且也為實現這些主張而積極開展活動。有的人給藩主、將軍上條陳，提出改革建議；有的離開藩國到京都，出入於公卿之家，宣傳「尊王攘夷」的道理；有的設塾講學，向青年灌輸「尊王攘夷」的思想。

被稱為「寅次郎」的吉田松陰精通中國國學，他在從事政治活動的餘暇，設立松下村塾，從事講學。他教出來的八十名學生中，出現以高杉晉作、木戶孝允、山縣有朋、伊藤博文、井上馨等為代表的傑出人物達三十七人之多。

起初，以吉田松陰為代表的尊王攘夷派並不想推翻幕府，只是希望德川幕府能夠無愧於「征夷大將軍」的稱號，上忠天皇，下撫眾民，外馭群夷。可是，在1858年幕府屈於壓力與西方國家訂立不平等條約後，吉田松陰感到，幕府統治已經病入膏肓，不可救藥，只有把它推翻日本才能得救。

倒幕派的活動

對德川幕府已經徹底絕望的吉田松

↑殺死荷蘭人　日本明治時期畫

陰便和西鄉隆盛等人來到京都，與天皇及其近臣一道祕密策劃「倒幕」運動。主持幕府的井伊直弼獲知此事後，於1858年10月突然下令逮捕吉田松陰及西鄉隆盛等人，並將吉田松陰等七名志士處以死刑，流放西鄉隆盛等於大島，史稱「安政大獄」。吉田松陰在1859年7月27日英勇就義，年方二十九歲。

安政大獄並沒有阻止人們的革命運動，反而把溫和的「尊王攘夷」運動轉變為以武力建國的「倒幕」運動。倒幕派紛紛提出各種較為先進的治國之策，但他們共同的目標是要推翻幕府統治。

倒幕派的橫井小楠在1855年便仰慕美國的資產階級民選制度，欣賞美國總統「讓賢不傳子，廢君臣之義」，認為西方資產階級民主符合儒家理想中的「三代治教」之精神。他甚至主張廢除世襲制度。不過，他的思想在倒幕運動中不占主導地位。占主導地位的是大久保利通等人的思想，主張讓天皇做君主立憲制國君。

倒幕派還主張以暴力推翻幕府統治，首先倡導的便是吉田松陰的弟子高杉晉

▶板垣退助肖像
板垣退助出生於土佐藩的藩士家庭，「倒幕運動」領導人之一。他並沒有像西鄉隆盛那樣主張通過武力推翻明治政府，這一點恰恰證明板垣退助比西鄉隆盛對國家更負責任，眼光更長遠。

作。他在1862年在上海看到英法聯軍在中國犯下的種種暴行，怦然動心，發誓要使日本避免蹈中國的覆轍，早日擺脫對外國的從屬地位。1863年他掌管長州藩政之後，便選拔驍勇之士組成名為「奇兵隊」的新式軍隊。繼他之後，藩內其他人士也紛紛組織類似的武裝隊伍。

幕府發現長州藩是倒幕運動的大本營，便在1864年8月對這裡進行征討，由於此時保守派上臺掌握長州藩政，他們向幕府表示恭順，使幕府軍不戰而勝。但隨著革命運動的發展，幕府開始第二次「征討」長州藩，結果在「奇兵隊」與人民暴動的打擊下，大敗而歸。

戰敗的幕府為維持統治，於是開始投靠法國。而長州與安藝、薩摩等藩則結成同盟，並且還以英國人作靠山，與幕府對抗。

明治維新

255

↑十九世紀六○年代日本反幕府鬥爭

討伐德川幕府

幕府與法國的勾結，使倒幕派不禁為祖國的前途擔心。為不至於使日本變成法國的殖民地，1867年10月14日，西鄉隆盛、大久保利通、木戶孝允等倒幕首領從新即位不滿十五歲的天皇睦仁手中得到一份給薩摩、長州二藩的「討幕密敕」，命令二藩舉兵征討幕府。於是，薩、長兩藩的大軍便浩浩蕩蕩開進京都。

在12月9日，倒幕派在軍隊的幫助下發動政變，用天皇的名義發布「王政復古」詔書，宣布廢除幕府將軍制，將政權歸還給天皇，並且發表「一洗舊弊」

↑明治天皇像
明治天皇勇於接受西方風俗，帶頭剪掉髮髻，並穿著西式的服裝。

的改革綱領。與此同時成立新的中央政府，在天皇下面設立由「總裁」「議定」和「參與」組成的三職政府，「總裁」由有棲川宮擔任，「議定」由公卿和五個藩主擔任，大久保利通、西鄉隆盛、木戶孝允等人被任命為「參與」。

三職政府中，反對改革的藩主和公卿的勢力很大。他們默許德川幕府將軍繼續擁有土地和兵權，使「王政復古」變得有名無實。

為了削弱擁兵自重的德川幕府，使天皇得到真正的權力。1867年12月9日，大久保利通在三職會議上不顧藩主、公卿的反對，提議強制德川慶喜放棄土地與兵權。而德川慶喜拒絕這個要求，並表示要為此決一死戰。

到1868年1月2日，大久保利通在三職會議上嚴正宣布：假如德川慶喜繼續拒絕「辭官納地」的命令，將依靠薩、長的兵力，斷然舉兵討伐。與此同時，大久保利通、西鄉隆盛、木戶孝允命令在京都的薩、長、土、藝軍隊作好臨戰準備。

「戊辰戰爭」

德川幕府擁有日本三分之一的土

地，並且兵多將廣，自然不會把大久保利通等人放在眼裡。他於是從江戶來到大阪，在1868年1月2日夜，以「除君側之奸」為名親率幕府大軍，分兵兩路直奔京都。

而在京都西南的伏見、鳥羽處，西鄉隆盛指揮的以薩、長兩藩的軍隊組成的新政府軍早已嚴陣以待。兩軍相遇後，立刻進行一場激戰。雖然幕府軍是新政府軍的三倍，新政府軍只有五千人馬，但士氣激昂的新政府軍卻把敵軍殺得潰不成軍，德川慶喜隻身一人狼狽地逃回江戶。

這次戰鬥的勝利，使天皇政府有信心，於是發出「慶喜追剿令」，並且號召持觀望態度的諸藩派兵參加討伐德川慶喜的戰爭。1868年3月，新政府軍在西鄉隆盛的率領下，兵臨江戶城下。這時幕府內部有人主張依靠法國的援助抵抗到底。但是當時幕府軍幾乎瓦解，江戶

←大久保利通肖像
明治維新時期的政治家。出身於薩摩藩下級武士家庭，十七歲步入政界，任薩摩藩屬下記錄所書役，屬藩政改革派。因而對推翻幕府有特殊的貢獻，被後人譽為「維新三傑」之一。

人民對幕府已經深惡痛絕，關東一帶頻頻爆發人民起義。在這種情況下，德川慶喜知道大勢已去，便在1868年4月獻城投降。新政府允許德川慶喜退居故鄉水戶藩，為水戶藩主。但是，幕府的殘餘勢力在外地繼續頑抗，直到1869年6月27日，新政府軍才攻克反革命的最後據點北海道。

至此，倒幕之戰結束。由於自鳥羽、伏見之戰開始，時屬陰曆戊辰年（1868年），所以倒幕戰爭史稱「戊辰戰爭」。戊辰戰爭將統治日本二百六十五年之久的德川幕府最終摧毀，使日本從此走上資本主義道路。

太政官制

1868年4月6日，正是德川慶喜打開城門投降的這一天，天皇在京都率領公卿眾臣拜天祭地，並且當眾宣讀「五條誓約」，其大意內容是：從今以後，政府要多開會議，廣泛聽取人民的意見；全國人民搞好團結，萬眾一心，共同為祖國的富強而努力；文士、武士與平民都可按自己的特長施展抱負；破除以前

【人文歷史百科】
倒幕運動勝利的外部因素
有利的國際環境對於1868年革命的成功，在客觀上也起很大的作用。那時英法都把注意力集中到中國方面，特別是英國忙於幫助清政府鎮壓太平天國運動，因而騰不出手來干涉日本的革命。法國在1862～1867年的墨西哥冒險中遭到慘敗，接著又在歐洲大陸上遇到像俾斯麥這樣的勁敵，以致無力用兵於東方，更無力出兵鎮壓日本革命運動。美國正埋頭於內戰，也顧不得插手日本問題。

明治維新

的舊習俗；大力提倡發展科學。這個誓約無異於宣告封建制度的滅亡。

到了6月，天皇又頒布《政體書》，將半年前發布「王政復古」詔書所建立的三職政體進行改組，改為「太政官」制。這個「太政官」並非是一個官職，而是官府，也就是中央政府的意思。後來幾經演變，太政官政府中除設立太政大臣總攝政務之外，還增設了左大臣、右大臣、參議等官職，這些官職下面又設立若干省（即相當於現在的「部」），執掌「省」務的官員稱為「省卿」，類似今天的「部長」。在「議政宮」中，設立「上局」與「下局」，主管立法，似是歐洲議會的上、下兩院之雛形。這「太政官」制雖然比不上西方議會制的責任內閣，但對於當時的日本來說，卻是取代幕府封建專制的極大改革，完全是一種新鮮事物。在「太政官」中，當時顯赫要職一般委任親王、公卿、藩主等擔任。過幾年以後，倒幕派下級武士便逐漸增多，將參議、省卿等實權職位握在手中。尤其以薩摩、長州、土佐、肥前四藩的倒幕派把持的要職最多。大久保利通、木戶孝允、西鄉隆盛、大隈重信、阪垣退助、井上馨、伊藤博文、山縣有朋等等，便是其中的佼佼者。原朝廷公卿，只剩下岩倉具視與三條實美。

國富民強的改革

日本建立太政官制之後，於1869年10月將帝國年號改為「明治」，睦仁天皇也便成為明治天皇。明治天皇在11月時巡幸關東一帶，於26日駕臨江戶。天皇見此城濱海而建，通衢筆直，房舍鱗次櫛比，修得甚是齊整，又恰好在全國中央，於是下詔將江戶更名為東京。翌年4月遷都，將太政官移至東京。「太政官」便是明治政府，只因它實施許多改革，使日本走上資本主義道路，所以人們將這一系列改革統稱為「明治維新」。

這些改革涉及到政治、經濟、法制、軍事和文化等各個方面。簡要來說，這些改革可分為以下幾點：

其一是「奉還版籍」與「廢藩置縣」。「版」即是領地，「籍」則指領民。也就是將土地國有化，取消地方自治權，讓天下人都成為天皇的臣民。將全國劃作三府七十二縣，政令歸於一統。

其二是廢棄封建階級制。將原士、農、工、商四民改為皇族、華族、士族、平民四個階級的新「四民」。接著逐漸廢去封建特權，取消武士佩刀的特

↑東京第一大學區開成學校開校典禮，明治時代，二代歌川國照繪
開成學校於明治6年10月在東京神田錦町建成，為了迎接天皇舉行盛大的開校典禮。

→德川幕府時代武士頭盔

↑明治維新時期學校教學情景，日本明治維新時繪製

地稅不收實物，只收貨幣。

其四是興辦企業，進行產業革命。此後，日本因產業革命而漸漸躋身於資本大國之列。

其五是「文明開化」。大力習學西方之教育、文化乃至生活習俗。廢棄以儒學爲本的舊習，建起小學、中學、實業及高等教育的學校體系。官府還提倡「改曆」、「易服」、「剪髮」等，教人革去封建舊習。

明治維新，使日本最終邁入資本主義強國之林。

權。准允華族、士族與平民通婚。從而使表面上有「四民平等」。另外，還給近華族、士族一次性發放相當於五到十四年俸祿的「金祿公債」，然後廢除這兩族的俸祿。得「金祿公債」多的人，便發展成爲資產者；少一些的，成爲地主；最少的，只能去做小商販，或是郎中、教習之類。更有多人坐食山空，淪爲無產階級。總之，除皇族，其他貴族盡失其封建身分。

其三是進行土地改革。分配給農夫土地，並允許買賣土地，按地價收稅。

←火車站，日本明治時期繪製
明治政府大力發展近代資本主義工商業。圖爲日本最早的火車站。

【人文歷史百科】

明治維新成功的原因

明治維新之所以能夠成功，有各方面的原因：首先，明治維新時，西方列強侵略矛頭主要指向中國，加上亞洲民族運動的興起，為日本提供了有利的國際環境；其次，維新派的尊王倒幕號召客觀上符合建立民族國家和統一國內市場的要求，為資本主義發展創造有利條件；第三，日本知識分子易於吸收外國的新思想、新文化，對維新運動起了很大的推動作用；第四，改革派骨幹多為知識分子，具有鬥爭經驗和政治才幹；第五，政權掌握在改革派手中，改革成為基本國策和政府的一致行動，保證改革的順利進行。

明治維新

西鄉隆盛，倒幕派的領導人，明治維新的元勳，日本近代政治家和軍事家，同時也是日本對外擴張政策的積極推動者。

倒幕運動的領導人

西鄉隆盛出生於 1827 年舊曆 12 月 7 日，他的故鄉是鹿兒島加治屋町，他的父親是一個窮武士，沒給他留下多少錢，不過卻讓他練了一身好武藝。

由於他是貴族階級，所以在十七歲便當了官，成為郡書記官的助理，後來升為書記官。這個官不是很大，每天都要接觸下層百姓，所以十年的官吏生涯，使他對下層百姓充滿同情心，並立下改革社會的志向。

西鄉隆盛二十八歲時成為薩摩藩主島津齊彬的親信，他們一起從事幕政改革運動。三年後，齊彬去世，島津忠義繼任藩主，可是實權卻掌握在他保守的父親手中。可是西鄉隆盛並不因此而放棄自己的志向，決心繼承島津齊彬的遺志。1858 年 9 月，他和吉田松陰等人來到京城，祕見天皇進行倒幕活動。遭到幕府鎮壓時，他與月照一起逃出京城，

↑西鄉隆盛畫像
西鄉隆盛雖然出生於下級武士的家庭，但後來得到藩主島津齊彬的賞識及重用，島津齊彬更稱讚他為薩摩藩最貴重的寶物。事實上他不但改變薩摩藩的命運，也令整個日本有翻天的巨變。

回到鹿兒島，結果卻受到當地的驅逐。兩人感到大勢已去，便在船行至錦江灣時，相抱投海自盡。被救起時，月照已停止呼吸，氣息奄奄的西鄉活下來，被島津久光流放到奄美大島。後來又轉至德之島，不久又將其送到關押死刑犯的沖永良部島的牢獄中。

1864 年，由於倒幕派勢力增大和眾多下層武士的要求，島津久光便將西鄉隆盛召回，並委以掌握薩摩藩陸海軍實權的重任。從此，他開始充當鎮壓倒幕派的劊子手。當幕府第二次征討長州藩時，西鄉隆盛拒絕出兵，並派人與長州藩聯絡。1866 年正月，他在京都與長州藩倒幕派領導人木戶孝允祕密締結「薩長倒幕聯盟」。從此，他作為一位倒幕派領導人，在全國進行廣泛的倒幕活動。

功成名就後的反叛

1866 年 7 月，幕府將軍德川家茂去世，德川慶喜繼任。12 月，一貫壓制倒

幕派的孝明天皇被公卿岩倉具視等毒死，由不滿十五歲的睦仁天皇繼位。

在這種有利形勢下，西鄉隆盛等倒幕派開始準備武裝倒幕。12月9日，他與大久保利通等倒幕派發動政變，發布「王政復古」的詔書，宣布廢除將軍制度等，要德川慶喜立即「辭官納地」。他們在當天建立新政府，西鄉隆盛與大久保利通等倒幕派領導人掌握新政府的實權。

↑鹿兒島征討記，日本浮世繪

在「戊辰戰爭」中，西鄉隆盛身為陸海軍總負責人，指揮政府軍英勇作戰，最終迫使德川慶喜開城投降。因此，他被新政府授予正三位官職，賞俸祿為兩千石，成為諸藩中官位最高、受封最厚的人。

西鄉隆盛功成名就後，突然受封建思想的約束，認為自己的功名地位超過薩摩藩主是一件有損榮譽的事情，便在1870年1月辭職回到鹿兒島縣做藩政顧問，後任藩大參事。當時，由於倒幕派組成的政府官員們追名逐利，窮奢極侈，使西鄉隆盛非常氣憤。他常常指責

他們，並因此與大久保利通等人有隔閡。但是為使明治維新的改革能夠徹底成功，西鄉隆盛又與大久保等人聯合起來，接過陸軍元帥與近衛軍都督的職務。由於他在改革中的重要作用與貢獻，他與大久保利通、木戶孝允三人被譽為「維新三傑」。不過此時，軍權在握的他也是侵略臺灣與朝鮮的鼓吹者之一。

自1877年1月開始，日本發生「西南戰爭」。鹿兒島士族藉口政府派偵探企圖暗殺西鄉隆盛，打著「新政厚德」旗號興師問罪，發動反對大久保利通政權的武裝暴動。最後西鄉隆盛也參加這場內戰，經過八個月激戰，最後以失敗告終。西鄉隆盛亦於9月27日因戰敗而死。

1889年明治政府大赦，給西鄉隆盛恢復名譽。此後，人們還在東京上野公園為他樹起了一座青銅塑像，以示崇敬和懷念之情。

【人文歷史百科】

西鄉隆盛的複雜人生

西鄉隆盛一生經歷極其複雜，他的思想也極其矛盾。他發動和領導倒幕維新這場日本歷史上劃時代的大變革，卻又隨著變革維新的深入而落伍；他用其全部智勇和精力拚死建立起明治新政府，卻又成他的對立物；他主張學習西方，進行資產階級改革，以富國強兵，爭取日本民族獨立，可是，他又主張向外侵略擴張，壓迫其他民族。隨著改革深入發展，觸及到眾多士族的利益，因而對政府的一些改革措施不滿，終於參加反政府的暴動，釀成一場城山敗死的悲劇。

↑**西南戰爭場面，日本油畫**
1877年2月，鹿兒島的私立學校學生及下級武士擁立西鄉隆盛為統帥，舉兵反抗政府，史稱「西南戰爭」。西鄉隆盛戰敗，自殺而死。

「開國進取」的先行者

伊藤博文是日本政治家，1841 年 9 月 2 日生於山口縣熊毛郡束荷村。他為日本經濟的振興立下汗馬功勞，然而他的雙手卻沾滿中國與朝鮮人的鮮血。

伊藤博文十六歲時便當兵服役。一年後他來到吉田松陰的門下，開始學習文化與新思想。不過他沒學多長時間，便到德川幕府創辦的砲術學習所去學習軍事了。8 個月後，十八歲的伊藤博文於 1859 年 6 月回到長州，認識當地倒幕派領導人木戶孝允，於是也投入到尊王攘夷的運動中。

為學習西方的科學文化知識，1863 年 5 月，長州藩主派遣伊藤博文同井上馨等五人去英國留學。親眼目睹英國的物質文明後，他認識到僅僅憑著一股保衛民族獨立的熱情去盲目攘夷，決非上

↑伊藤博文
1890 年，日本召開行憲後的第一屆國會，伊藤博文任貴族院議長。1892 年第二次組閣，對內壓制自由民權主義的政黨活動，對外擴軍備戰，積極準備發動侵略朝鮮、中國的戰爭。

策，只有開國，向西方學習，才能成就倒幕大業。一年後，伊藤博文回國。當時，長州的攘夷運動正如火如荼展開，伊藤博文急忙來到長州力勸藩主不可攘夷。可是藩主執意不聽，結果發生四國聯合艦隊砲擊下關事件。

1865 年初，高杉晉作等改革派下級武士起兵，奪得政權，受到伊藤博文的堅決支持。伊藤是從攘夷到「開國進取」轉變的先行者和促進者。

1867 年 12 月 9 日（陰曆），天皇發表「王政復古」大詔令，宣布廢除幕府制，建立新政府。伊藤博文得知討幕消息後，非常激動，立即從長崎來兵庫，想要與長州藩的軍隊一同參戰，後因故回長州。1868 年 1 月初，他再次來到兵庫，在當月的中旬被明治新政府任命為外國事務交涉員。後又任外國事務局判事、大阪府判事兼外國官判事、兵庫縣

這個計畫。伊藤不顧反對，從英國東洋銀行借款一百萬英鎊，在 1870 年 4 月開始動工，到 1872 年 9 月，日本終於擁有第一條鐵路，從東京至橫濱開始正式通車。隨後，其他鐵路線也相繼修建起來，加速日本運輸的近代化。

伊藤博文在 1870 年 10 月向新政府提出貨幣改革的意見，爲建立一套新的統一的貨幣制度，他在 12 月親自赴美考察，回國後親自監督貨幣的鑄造及新貨幣制度的實施，促進了日本資本主義的發展。

就在日本第一條鐵路正式通車的兩個月後，他又隨右大臣岩倉具視率領的使節團訪問歐洲各國。經過歷時兩年的考察訪問，他從十多個先進國家的金融業、商業、重工業、輕工紡織、文化教育及軍事等各方面學到不少經驗。回國後，他被任命爲工部卿，在國內修建鐵路、創辦國營企業、引進西方先進技術和設備，爲日本的產業革命和資本主義工業化的蓬勃發展，作出巨大貢獻。

知事。

維新富國

伊藤博文的留學經歷與外交工作，使他深刻感受到歐美各國的政治制度、教育、生產方面的開明與先進，於是他想把日本也進入「開明諸國之行列」。

新政府剛成立時，他便向木戶孝允提出廢除諸藩，改爲郡縣制的計畫。在 1869 年 2 月，又草擬《國是綱要》，詳細闡述設郡縣、統一兵力、財力及發展教育的好處。5 月，他擔任會計官權判事。接著又成爲大藏少輔。到了 8 月，又兼任民部少輔。他在任職中積極推動改革，尤其是在修建鐵路和改革貨幣上做出極其顯著的成績。9 月，英國公使提出爲日本修建鐵路的要求，伊藤博文欣然表示同意。可是，大部分人卻反對

明治維新

263

↑岩倉使團首腦

1871 年 12 月 23 日，以右大臣岩倉具視為正使，內閣顧問兼參議木戶孝允、參議兼大藏卿大久保利通和參議兼工部大輔伊藤博文、外務少輔山口尚芳為副使的「歐美使節團」出發考察歐美。圖為五人的合影。

制定帝國憲法

隨著日本經濟發展，伊藤博文的卓著貢獻的一路攀升，他的官職也因此而水漲船高。在 1878 年 5 月，他改任內務卿，在政府中的地位與作用進一步提高。隨著人民革命鬥爭和自由民權運動不斷高漲，伊藤博文順應民心，在 1880 年 12 月向政府提出制定憲法的要求。

伊藤博文的要求很快得到批准，明治政府還委派他赴歐洲考察憲政。 1881 年 2 月，他離開日本，到英、法、德三個大國進行考察。他通過對三個國家憲法的比較，認為德國憲法使政府「雖采眾議，卻有獨立權」，「邦國即君主，君主即是邦國」，較為適合日本國情。所以他便準備依照德國憲法制定日本的憲法。 1883 年 8 月伊藤回國後，政府在 1884 年 3 月任命他為制度調查局長，進

↑帝國議會開院典禮，日本油畫
1890 年，帝國議會正式成立，明治天皇授救語與伊藤博文。

行體制改革，為立憲做準備工作。 7 月，政府根據《華族令》授予他伯爵爵位，成為日本第一階級。為能夠按政府的意圖制定憲法，伊藤博文在 12 月制定《保安條例》，以作為鎮壓民眾運動的法令。

這部憲法從 1886 年 6 月開始正式起草，經過反復修改，到 1888 年 4 月才最終確定下來。伊藤博文是擬定憲法的組織者與參與者，定制完成後，他呈奏天皇，並要求設立樞密院，網羅天下人才，在天皇的監督下審議憲法。明治政府很快批准這個要求，並任命伊藤為樞密院的議長。 1889 年 2 月 11 日，樞密院正式頒布《大日本帝國憲法》（也稱《明治憲法》）。這一天，天皇授予伊藤博文一枚旭日大桐花勳章，以表彰他所做的貢獻。

憲法在 1890 開始實施，7 月根據憲法進行議會議員的選舉。 10 月，伊藤博文被任命為貴族院的議長。到了 11 月，選舉結束，帝國議會正式成立。伊藤博

←帝國憲法發布典禮，日本油畫
1889 年 2 月 11 日，明治天皇授憲法與內閣總理黑田清隆、樞密院議長伊藤博文。

權傾一時
1892 年 8 月、1898 年 1 月和 1900 年 10 月，伊藤博文三次任內閣總理大臣；於 1891 年 6 月、1902 年 7 月和 1909 年 6 月，三次任樞密院議長，並於 1907 年 8 月，被授予公爵爵位，地位顯赫，在政府中具有舉足輕重的影響。

文主持制定的明治憲法，保留天皇的統治，規定天皇具有至高無上的地位和權力。

狂熱的擴張者

日本經濟得到迅速發展後，伊藤博文便開始推行對外擴張政策，發動對中國和朝鮮的侵略戰爭。

1892 年 8 月，伊藤再次擔任日本首相。他為防止俄國對日本侵略戰爭的干涉，英國，簽訂新的英日通商條約。此後，美、德、奧等國都依照英日新條約，與日本簽訂新約。

這些友好條約使日本有靠山，於是在 1894 年便以朝鮮「東學黨」起義為藉口，發動中日甲午戰爭。7 月，日本艦隊不宣而戰，在朝鮮半島的海面上突然襲擊中國海軍。8 月 1 日，日本政府正式宣戰。一個月後，伊藤博文隨大本營來到廣島，參與指揮戰事。

清朝在這次海戰中徹底敗北，只好派李鴻章赴日談判。李鴻章剛到日本便被浪人打傷，被迫躺在床上同日本在 1895 年 4 月 10 日簽訂「馬關條約」，規定：一、朝鮮完全脫離中國；二、中國割讓遼東半島、臺灣和澎湖列島給日本；三、賠款白銀二億兩；四、與日本締結中日通商條約。後來，在俄、法、德三國干涉下，日本被迫放棄遼東半

↑誅殺伊藤博文的朝鮮義士安重根

島，作為補償，日本又得到三千萬兩白銀。

戰敗中國後，日本便開始對朝鮮的掠奪。1905 年 11 月 10 日，伊藤博文以特使身分來到朝鮮，逼迫朝鮮國王簽訂將外交大權交給日本的「保護條約」，使朝鮮成為日本的屬國。

1906 年 3 月，伊藤博文成為朝鮮的第一任統監，統管朝鮮外交，指揮在朝鮮的日本官吏活動。於是，伊藤成為朝鮮的「太上皇」。

伊藤博文將朝鮮變為日本的殖民地，使朝鮮人民備受壓迫與欺凌。1909 年又策劃「日韓合併」，想要完全吞併朝鮮。伊藤的所作所為激起朝鮮人民的刻苦仇恨，同年 10 月 26 日，伊藤奉命到中國哈爾濱同俄國大臣談判，可是剛下火車，便被朝鮮愛國志士安重根擊斃。

→伊藤博文的視察
1905 年 11 月，日本特使伊藤博文（車中左）和駐朝鮮日軍司令長谷川好道（車中右）在朝鮮巡視。

明治維新

265

083.日本占領朝鮮

明治維新使日本強盛起來，馬上走上對外擴張的道路。而中國的衰落又給了日本可乘之機，清朝的藩屬——朝鮮被日本占領。

日本入侵朝鮮

朝鮮本來一直是中國的藩屬，它像中國一樣閉關自守，對外隔絕，因此被歐洲人稱為「隱士之國」。從十九世紀三〇年代起，英、法、美殖民主義者的艦砲一再轟擊朝鮮的大門，都因朝鮮軍民的英勇抵抗而未能得逞。

1863年，十二歲的朝鮮國王李熙登基，由其父興宣大院君李正應攝政。兩年後，小國王與閔氏之女結婚。到了國王二十二歲時，大院君便開始交權，讓兒子獨自執政。可是由於李熙的懦弱，使國家大權落入閔妃手中。

閔妃雖然喜愛權力，卻少有治國之才。1875年9月，日本戰艦「雲揚號」駛入朝鮮的江華海峽，一邊測量艦道，一邊向朝鮮駐軍挑釁，砲擊朝鮮駐軍的砲臺，然後登陸永宗島，燒殺搶掠，製造所謂的「雲揚號」事件。

第二年2月，日本又派七艘戰艦運輸一千餘名陸戰隊員，入侵朝鮮海域，登陸江華島，蠻橫無禮地要求朝鮮政府派代表簽訂「友好」條約。這曾是美國「黑船」給日本人所使用的手段，如今日本人開始用這一招來對付落後的朝鮮。

閔氏集團在強大的敵人面前正如同曾經面對美國「黑船」的德川幕府，無法再顧及愛國人士的強烈反對，向日本侵略者屈膝投降，簽訂殖民主義者強加在朝鮮人民身上的第一個不平等條約——《日朝修好條規》，即《江華條約》。接著又簽訂《朝日修好條規附錄》《朝日貿易規則》等。按照這些條約的規定，除釜山外，朝鮮必須再向日本開放仁川、元山兩個港口；朝日「自由」通商，日貨免納關稅，日幣在朝鮮各通商口岸可以自由流通；日本有權在指定的港口派駐領事，日本人享有領事裁判權，等等。

1882年～1892年，美、英、法、俄、德等國也隨之而來，強迫朝鮮簽訂

↑高宗畫像
朝鮮末代國王李熙號高宗，繼位後由其生父興宣大院君攝政，後政權落到皇后閔妃手裡。日本占領朝鮮後被廢除，但仍保持貴族稱號。

↑《江華條約》的簽訂

→十九世紀朝鮮女人長袍

【人文歷史百科】

朝鮮的鎖國政策

十九世紀中葉，由於封建地主階級的殘酷剝削和壓迫，國內階級矛盾極其尖銳，農民起義的浪潮席捲全國。同時，在封建統治階級內部各集團間的朋黨傾軋也十分激烈，政變頻仍。為挽救李氏王朝的統治，1863年掌權的興宣大院君對內標榜四色平等，翦除外戚勢力，禁止新設書院，以加強中央集權；對外強化早已實行的「鎖國攘夷」政策，企圖使朝鮮與外界隔絕，以防外國資本主義勢力的入侵。

類似的不平等條約。從此，朝鮮開始漸漸淪為半殖民地半封建社會。

壬午兵變

《江華條約》使廉價的日貨在朝鮮傾銷，朝鮮的糧食與農業原料則被日本掠奪。國庫雖然瀕於枯竭，但宮廷貴族依然奢侈揮霍，甚至以賣官鬻爵來維持貴族的面子。飢寒交迫的農民紛紛揭竿而起，下級軍官與士兵由於長期得不到薪米而怨聲載道。

為了緩和士兵的不滿情緒，閔妃的哥哥兵曹判書閔謙鎬於1882年7月答應發放拖欠一年多的軍餉。可是，到頭來士兵們只得到一個月的薪米，並且米量不足，還摻有砂石與糠粃。憤怒的士兵們拒絕領米，並且痛打值班軍官和庫吏，舉行示威遊行。閔謙鎬為維護秩序，竟然濫施淫威，將為首的士兵逮捕。

閔謙鎬的行為引燃士兵們積存多日的怒火，1882

↑「壬午兵變」

年7月23日，漢城駐軍幾千人在柳萬春、金長孫的領導下舉行了起義。起義軍隊與漢城貧民起義會合在一處，占領武器庫，奪取武器，衝進監獄，釋放被捕的士兵和無辜群眾，搗毀閔謙鎬、閔臺鎬等幾

↑大院君肖像 朝鮮人畫
興宣大院君名李正應，字對伯，號石坡，是朝鮮高宗李熙的生父，也是李氏朝鮮末年的親清派首領。

個大臣的住宅，燒毀日本公使館，殺死日本教官和官員。日本公使花房義質嚇得渾身打顫，連夜逃往仁川。

第二天，漢城新軍和郊區農民也參加起義。憤怒的軍民衝進王宮，殺死藏在宮裡的閔謙鎬、金輔鉉等幾個賣國大臣。閔妃化裝成宮女才得以逃走，其他大臣也驚恐萬分，棄官而逃。整個漢城為起義軍民所控制。

兵變後，大院君乘機入宮，重掌政權。在閔妃集團的請求下，清政府派遣丁汝昌和袁世凱等在8月下旬率領三千名軍隊進入漢城，殘酷地鎮壓起義，逮捕大院君，並把他押送中國拘留，閔妃集團重新掌權。

這次兵變由於發生在壬午年（1882年），所以史稱

「壬午兵變」。這次兵變使日本在朝鮮增派駐軍，從此中日兩國開始在朝鮮共同駐軍。

甲申政變

在民族危機越來越嚴重的情況下，朝鮮統治階級內部一些貴族青年知識分子要求效仿資本主義國家，走「明治維新」的道路，進行社會改革。其代表人物有洪英植、金玉均、樸永孝等。

壬午兵變之後，以貴族青年知識分子爲首的開化派開始與閔妃集團展開激烈的鬥爭。由於清政府支持閔妃集團，所以日本便開始拉攏和利用開化派，培植親日勢力。

1882 年底，開化派開始實行一些改革措施，如開辦新式農場、研究農學、改革員警制度、設立警巡局、建立郵政局、出版《漢城旬報》，並挑選一些平民學生到日本留學。不過由於守舊派的阻撓，這些改革收效甚微。

爲了徹底實行改革，開化派決定發動政變，解除守舊派的職權。在日美兩國駐朝公使的支持下，1884 年 12 月 4 日晚，開化派在日本駐朝公使竹添進一郎的策劃下，借舉行慶祝郵政局落成的宴會之機，發動政變。他們依靠日本軍隊，殺死守舊

派的主要官員閔臺鎬、閔永穆、趙寧夏等。翌日，又挾持國王，組成新政府，宣布同清政府斷絕外交關係。

在閔妃集團的請求下，清軍於 12 月 6 日下午入宮，同日軍展開激戰。日本公使見勢不利，急忙率軍逃跑。洪英植等爲清軍殺害，金玉均等逃到日本。政變遂遭失敗。

由於這次政變發生在甲申年（1884年），所以史稱「甲申政變」。金玉均逃亡日本之後，繼續從事反對保守派的活動，1894 年在上海被朝鮮封建統治者派人刺殺，他的屍體被運到漢城，斬首示眾。

清兵撤出皇宮後，日本侵略者又派兵入侵漢城，迫使朝鮮政府簽訂「漢城條約」，規定：向日本致書道歉，賠償日本死難者家屬撫恤金和兵營使館建築費十三萬元，懲辦殺害日本人的凶手，等等。

甲午農民戰爭

甲申政變後，俄美兩國也想參與朝鮮內政，積極培

↑ 閔妃肖像
1863 年，高宗即位，大院君的勢道政治開始。為了獲得更大的權力，大院君讓自己的妻族閔氏成為高宗的王妃，是為明成王妃閔氏，即閔妃。

植代理人。英國則在 1885 年 2 月占領巨文島。日本為不失去殖民地，則積極籌備大規模的「征韓」戰爭，並計畫下一步入侵中國。

朝鮮 1893 年的農業歉收使全國餓殍遍野。可是貪官污吏仍然沒有停止對農民的巧取豪奪，盤剝壓榨。全羅道古阜郡守趙秉甲不顧人民的死活，強迫萬名民工修築「萬石」灌溉工程，又向農民非法徵收水稅，以肥私囊。這件事成為農民起義的導火線。

↑伊藤博文與朝鮮王子
1885 年起，伊藤博文四度出任首相，執政期間曾發動中日甲午戰爭，奪取中國領土臺灣，並將朝鮮置於日本統治之下。

原來，在全羅道古阜郡有位出身貧寒的義士，名叫全准。他的父親因領導農民起義被官府殺害，於是全准懷著復仇的決心於 1874 年加入東學黨，後來成為古阜和泰仁地區的東學黨接主。郡守趙秉甲的所為，激起了全准的滿腔怒火，他在 1894 年 1 月 10 日率領古阜、泰仁兩郡的東學黨徒和人民組成幾千人的隊伍，拿起竹槍與鋤頭，發動了聲勢浩大的起義。他們攻克郡衙，占領武器庫，砸開牢門，釋放無辜百姓；打開倉庫，把非法征來的水稅米一千石分給農民；燒毀土地奴婢契約。

起義隊伍占領古阜與泰仁後，便以白山為根據地，成立農民軍司令部，向全國發布檄文，招募農民加入義軍。由於起義軍的綱領反映廣大人民的迫切願望，使城市貧民、逃奴、賤民與儒生紛紛投奔而來。他們頭系白巾，手執竹槍，組成了一支「立則白山，坐則竹山」的威武雄壯的革命隊伍。

封建統治者為鎮壓義軍，又請來清軍。日軍則不請自來，並將清軍趕出朝鮮，在完全控制朝鮮後，開始鎮壓起義軍。可是起義隊伍越來越壯大，最後發展到十萬萬餘人，控制全國五分之三的土地。

然而，就在革命即將勝利之即，由於義軍內部出現分歧，最終在年底遭到鎮壓。起義領袖全准也於 12 月 9 日被俘，於次年 3 月 17 日慘遭殺害。

↑全准，朝鮮畫家朴生光畫

1825 年 7 月，荷蘭統治之下的「千島之國」印尼爆發聲勢浩大的起義，這次起義的領導者就是蒂博尼哥羅——日惹的王子。

砲聲中的反抗

印尼由三千多個大小島嶼組成，在十七世紀中葉處於分裂割據狀態。群島上的伊斯蘭封建王國主要有：東爪哇的馬塔蘭、西爪哇的萬丹、蘇門答臘的亞齊和蘇拉威西的戈阿等。在加里曼丹等島嶼上，還殘存著一些印度教王國。

自從葡萄牙人在 1511 年首次入侵印尼後，歐洲列強便接踵而至，對這裡進行瘋狂掠奪，至 1816 年，這裡淪為荷蘭的殖民地。印尼人民在封建統治者與殖民者的雙重壓迫下，過著悲慘的生活。林林總總的苛捐雜稅與慘無人道的剝削壓迫使印尼人民紛紛揭竿而起，反抗的浪潮接連不斷。一些印尼的封建貴族為了拯救民族危機，也開始挺身而出，為印尼的獨立而英勇作戰。蒂博尼哥羅便是其中的代表。

蒂博尼哥羅本是爪哇島上一個小國日惹的王子，後來，他想繼承馬塔蘭國的王位，把馬塔蘭建成一個強大的伊斯蘭教封建王國。然而他的理想卻正是荷蘭殖民者最不想發生的事。因為馬塔蘭強大起來，將會威脅到他們的殖民統治。所以，他們便不懷好意地處處與蒂博尼哥羅作對。1825 年 7 月，殖民者以修公路為藉口，破壞蒂博尼哥羅的領地，氣憤的蒂博尼哥羅對荷蘭殖民者提出抗議，荷蘭人於是想逮捕他。

蒂博尼哥羅滿腔怒火，決心用武力趕走荷蘭人。他便在日惹附近的德卡爾列地區悄悄組建了一支隊伍，準備在時機成熟時舉行起義。

可是蒂博尼哥羅的計畫很快被荷蘭人知道，他們於是取消蒂博尼哥羅的王位繼承權。蒂博尼哥羅卻沒有因此而屈服，1825 年 7 月 20 日，蒂博尼哥羅收到一封日惹州長的來信，信中要求蒂博尼哥羅搬回到日惹居住。他明白這是荷蘭人在耍花招，決定不予理睬。這時，遠處突然傳來了砲聲，蒂博尼哥羅面對敵人的軟硬兼施極其憤怒，他拍案而起，大聲對周圍的人說：「我怎麼會在大砲面前屈服！」說完，他立即集合隊伍，率軍轉移到卡里梭地區，舉起聖戰的旗幟，號召人民起來推翻荷蘭殖民者。

人們知道這個消息後，從四面八方

↑荷蘭殖民軍，版畫
印尼長期以來一直是荷蘭的殖民地，殖民者對印尼人民進行非常殘酷的統治。

趕來，起義隊伍很快壯大起來。於是，轟轟烈烈的民族起義開始。

爪哇蘇丹

在起義軍中，有七十多名是日惹蘇丹的後裔，他們成為義軍的主幹力量。更重要的是，伊斯蘭教的阿訇阿依·摩佐也參加起義。阿訇在印尼是伊斯蘭教最高教主，而伊斯蘭教徒又是最團結的教徒，所以在他的感召下，連許多華僑也爭相加入起義隊伍。

起初義軍採用靈活機動的戰略戰術，把部隊安置在離日惹荷軍只有十幾公里的斯拉朗，不斷偷襲敵軍。他們不斷殺死荷蘭官吏、燒毀荷蘭人的住宅、倉庫及種植園，並消滅荷軍的幾支小部隊。每當荷蘭大軍趕到，義軍早已消失得無影無蹤。氣急敗壞的荷軍於是開始大舉進軍斯拉朗，想一舉摧毀義軍的根據地。

可是，當荷蘭副總督德·科克帶著幾千名荷軍和幾十門大砲來到斯拉朗時，卻發現這裡空無一人，一怒之下便下令火燒斯拉朗城。當斯拉朗城化為一片火海後，德·科克才掛著滿意的微笑

↑談判，油畫
畫面中的德·科克頤氣指使，蒂博尼哥羅慷慨陳詞。近處有被收繳的武器和求情的印尼人，遠處是全副武裝的殖民軍。

率軍撤離。然而在途中，卻遭到起義軍的猛烈伏擊。當被打得暈頭轉向的荷軍正要進行反擊時，卻早已見不到義軍的人影，甚至搞不清義軍撤離的方向。

這種戰術，使義軍在幾個月的時間內，便控制爪哇島的大部分地區。1825年10月，蒂博尼哥羅建立伊斯蘭教封建王國，自稱為爪哇蘇丹。同時，他賜官封爵，整頓義軍，繼續與荷軍進行激戰。

然而令人遺憾的是，由於義軍內部的分歧與荷蘭人的奸細挑撥，使起義大軍在1828年被荷軍打得星離雨散。1830年荷軍以談判為名逮捕蒂博尼哥羅並將其囚禁到遠離爪哇的蘇拉威西島的望加錫。1855年，這位印尼民族英雄離開人世。

十九世紀中晚期的亞非諸國

271

085.印度的新主人

「富庶的城市在我腳下，強大的國家在我手中，在我一人面前打開充滿金條銀錠、珍珠寶石的寶庫。我總共拿取二十萬英鎊。諸位先生，直到現在，我還奇怪自己為什麼那樣客氣呢！」
——克萊武

歐洲列強爭印度

蒙古貴族帖木兒的後裔巴布林在1525年率軍侵入印度，戰敗德里蘇丹，建立了赫赫有名的蒙兀兒王朝。可是，當西方列強大肆擴張時，蒙兀兒王朝已經日薄西山。

葡萄牙人與西班牙人正如歐洲列強的海上獵犬，他們在開闢航線中成為歐洲列強瘋狂侵略的領路者。而在印度，擔當這一角色的是葡萄牙人。十六世紀初，葡萄牙殖民者在印度馬拉巴爾海岸的果阿、達曼和第烏等地建立據點，獨占印度與西方的海上貿易，稱霸於印度洋。緊隨其後的，便是荷蘭、英國和法國，在十七世紀相繼而來。於是在莫臥爾統治的印度，出現許多歐洲人的大公司。這些公司有1600年

主人和僕人
在印度馬夫或僕人的服侍下，兩名年幼的小孩騎在各自的馬上，這是英國殖民者的生活景象。

創立的英國東印度公司、1602年創立的荷蘭東印度公司、1664年創立的法國東印度公司。不過這些公司老闆可不是本份的生意人，他們恃暴逞強、偷搶摸拿、投機倒把、勾結官府、魚肉百姓。他們從事的生意從小至胡椒、丁香等調料，大到販賣人口與軍火，甚至扮作海盜燒殺搶掠或率大軍奪城奪國，真是無惡不作。

可最掙錢的生意自然是掠奪，最大的掠奪便是戰爭。歐洲列強自然不會過放這種來錢最快的大買賣，所以在十八世紀中期前後，法國採用「以印制印」的辦法，通

英國對印度和緬甸的侵略

1753～1775年英國侵占的地區
1775～1858年英國侵占的地區
1857年英國控制下的地區
重要戰役

↑英國對印度和緬甸的侵略

272

過戰爭把德干各土邦變為自己的附庸。而奧地利王位繼承戰使英法之間也展開激戰，不過他們只是想在印度多爭幾個地盤。最後還是英國占上風，使它的東印度公司在孟加拉設有一百五十個貿易站和十五個大商館。

英國獨占印度

英國東印度公司在孟加拉的加爾各答修築防禦工事，並還收容反對孟加拉當局的陰謀分子，這引起孟加拉那瓦布西拉吉・烏德・朵拉的強烈抗議。他在1756年與英方交涉，結果公司卻置之不理。朵拉一怒之下率軍襲擊並收復凱西姆巴紮爾和加爾各答。英國東印度公司不甘示弱，派克萊武率兵於1757年1月重占加爾各答，並在3月攻占法國在孟加拉的殖民據點昌德那哥。自知不是對手的法國於是與朵拉結盟，共同對付英國。於是在1757年6月23日，雙方在加爾各答以北三十餘里的普拉西村展開著名的普拉西大戰。

結果只有八百英軍和兩千多名印度雇傭軍的克萊武部隊，在孟加拉軍隊將領伽法的內應下，輕易戰勝了約七萬名孟加拉軍和一支前來支援的法軍。戰敗的朵拉被處死，伽法當上孟加拉那瓦布，克萊武則當上東印度公司駐孟加拉

的省督。這一戰役，標誌著印度開始淪為英國殖民地。

接著，英國人又將矛頭轉向法國，並在隨後的第三次卡納蒂克戰爭中將法國的勢力從印度徹底清除。從此，英國東印度公司由一個商業強權變成一個軍事的和擁有領土的強權組織。

英國東印度公司趕走法國勢力後，便開始鎮壓印度境內的人民起義和侵略其他獨立的邦國，到1849年，英國完全侵占印度。

英國完全征服印度以後，便採取「分而治之」的辦法進行統治。他們將印度分為直接統治區和間接統治區。直接統治區約有三分之二的領土、四分之三的居民，間接統治區有大小五百多個土邦，各邦內政由當地王公行使。這兩種統治區之間犬牙交錯，以便於英國殖民者的監視和控制。

【人文歷史百科】

「日不落帝國」

工業革命的完成，使英國的實力劇增。進一步的發展不但要有廣闊的國內市場，還要有更廣闊的國外市場。當時，要取得國外市場，最主要的手段就是建立殖民地。英帝國依仗強大的軍事力量，在世界範圍內進行征服。幾十年間，亞洲、非洲、美洲無處沒有它的殖民地，在全球建立起龐大的大英帝國。它的「版圖」總是有若干部分處在太陽的照耀之下，因而它自誇是「日不落帝國」。鼎盛時期，大英帝國統治的地盤是它現在領土的一百一十一倍，面積達三千三百五十萬平方公里。

十九世紀中晚期的亞非諸國

273

086.印度民族大起義

十九世紀中期，荷花與薄餅在英屬印度的民間悄悄傳送，醞釀著一場令英國殖民者膽戰心驚的風暴。

荷花與薄餅

薄餅是印度的一種傳統食品，也是紅白喜事時互相饋贈的禮物。可是在十九世紀中期，這種薄餅的相互饋贈卻含有另外一層含義——印度人民以此作爲聯絡起義的信號，在農村進行廣泛的傳遞。在短短幾個月內，這些神祕的薄餅便已經傳遍北方廣大農村。

荷花是印度佛教的象徵，可是它與薄餅一樣從1856年起富有新的內涵。不同的是，這些荷花主要傳遞於印度「土兵」之間。這是「土兵」中的祕密組織的聯絡暗號，有點像中國清朝的紅花會。巴拉克普爾的「土兵」在信中讀到：「如果我們暴動，我們就會勝利，從加爾各答一直到白沙瓦，就會成爲一個壁壘森嚴的戰場。」他的信，所有擁有荷花的人都能看到。

就在人民與「土兵」都在發展祕密組織準備起義時，不滿英國殖民統治的土邦王公也開始進行反英宣傳。伊斯蘭教著名學者阿哈默德・沙經常到城鄉各地進行演講，用印度百年來亡國的歷史激發人們的愛國熱情。就連民間藝人也

↑對謀反者的處決，油畫
英國殖民者對反叛的印度土兵進行殘酷的屠殺。畫面上顯示的是把俘獲的起義者綁在砲口上進行轟擊。

用說書、賣唱、木偶戲和戲劇等文藝形式揭露英國殖民者的貪婪殘暴，鼓動人民反抗英國殖民統治。

起義前夕，印度到處有人傳說，要在普拉西戰役一百周年驅逐英國殖民者。可是在1857年，英國殖民當局竟給士兵們發下一種塗有牛脂和豬油的紙包裝的子彈，使用時要用牙咬開。由於印度教視牛爲神聖，伊斯蘭教禁食豬肉，所以信奉這兩教的「土兵」認爲這是對他們宗教信仰的侮辱，於是米魯特的一些「土兵」拒絕使用這種子彈。可是殖民主義卻將拒絕使用子彈的八十五名「土兵」判以七年徒刑。5月9日，英國召集全旅官兵集會，當眾將八十五名「土兵」帶上手銬腳鐐押往監牢。忍無可忍的「土兵」們回營房後立即召開祕密會議，決定發動起義。第二天黃昏，米魯特第三騎兵連的「土兵」在市民和郊區武裝農民的配合下，發動了起義。

起義軍打開牢房，釋放被捕者，燒毀英國殖民者的住宅、教堂、兵營和衙署，一路呼喊著「殺死英國人！」「報普拉西之仇！」連夜攻向德里城。

經過幾天激烈的戰鬥，義軍在5月16日終於占領德里城，趕走英國殖民者。

德里保衛戰

起義軍在德里城組建自己的政府，並積極招募新兵，繼續抗擊英軍。不久，從東海岸加爾各答到西北邊境的白沙瓦地區都擺脫英國統治，重新回到印度人民手中。

德里的義軍使英國殖民者極其恐慌，他們更擔心西北邊境的旁遮普及介於德里和旁遮普之間的土邦回應起義。所以他們迅速調集大批軍隊開赴這些地區，並殘酷地鎮壓當地人民的一切騷動。隨後，便調集兵力，開始圍攻德里。他們還把侵略伊朗的軍隊和派往中國的侵略軍調到印度，並要求錫蘭總督

↑德里保衛戰
印度民主革命發生後，革命軍占領德里，英國殖民軍對德里進行瘋狂的攻擊。1857年9月21日，德里陷落。

向印度增派援軍，還從錫克人、廓爾喀人中招募雇傭軍，以擴大兵力。

到了9月3日，幾路英軍包圍德里城。可是在義軍的頑強抵抗下，英軍一連十天沒有取得任何進展。14日，英軍調來五十門大砲，開始集中火力猛轟德里城。城牆被炸塌，英軍如洪水猛獸一般衝進城裡。義軍與英軍展開驚心動魄的巷戰，德里城中一片槍林彈雨。

↑印度士兵起義
該圖描繪了印度民族革命時，印度士兵跟英國殖民者的軍隊進行血戰時的激烈場面。

英軍在城中見人就殺，進行極其野蠻的血腥鎮壓。義軍同敵人激戰六天後，被迫撤離德里城。這次戰鬥，起義軍共打死英軍官兵五千餘人，其中有兩名將軍，極大地動搖英國在印度的殖民統治。

英軍控制德里城後，英國女王採用分化政策，頒布保護印度封建貴族利益的法令，使一些封建貴族投靠英國殖民者，對義軍進行鎮壓。1859年，起義徹底失敗。

↑詹西女王巴依的就職
1858年11月，詹西女王宣誓就職，粉碎英國殖民者兼併詹西邦的陰謀。

詹西女王巴依

德里和勒克瑙陷落以後，印度民族大起義的中心轉移到詹西。而詹西揭竿而起的領袖，便是英姿颯爽的女英豪詹西女王拉克希米·巴依。她當時年僅二十二歲。

巴依雖然黛眉如畫，星眸似漆，極其俏麗，可是性格卻剛毅不阿。她自幼習武修文，文武兼優。年僅十七歲便嫁給詹西土王，成為詹西王后。那詹西王已是成年之人，他見巴依文武兼修，心中十分喜愛，便命朝中大臣繼續教她習武讀書。幾年以後，巴依已成為睿智而驍勇的治世之才。

1853年巴依的夫君便撒手人寰。由於她與國王沒有子女，便收養一子，然後以監護人的身分攝政，被稱為「詹西女王」。可是英國殖民者卻早已對詹西這塊肥肉虎視眈眈，詹西國王之死，正好給他們提供可乘之機。於是英國總督在1854年3月以土王無嗣為理由，宣布詹西的邦土已「自動喪失」，須由東印度公司收管，並且聲言每月可發給女王五千盧比補貼。詹西女王憤然回絕總督的無禮要求，並在軍民的一致擁護下，決心與英軍抗爭到底。

正當女王與英方抗爭卻又難以阻擋英軍駐軍時，德里起義的消息傳到詹西。於是在1857年，女王率領軍民揭竿而起，手刃英軍駐紮詹西的最高指揮官，率軍占領軍火庫，恢復詹西土邦的獨立，巴依重新登上王位。

女神之死

當德里的起義被鎮壓後，英軍立刻撲向坎普爾與勒克瑙。當這兩處攻陷之

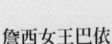

【人文歷史百科】

印巴分治
1947年以前，印度的歷史疆域包括現在的印度共和國、巴基斯坦伊斯蘭共和國和孟加拉人民共和國。1947年，原英屬印度分而治之，印度和巴基斯坦分別成為兩個獨立的國家。1971年，巴基斯坦又分裂為西巴基斯坦（即現在的巴基斯坦）和東巴基斯坦（即現在的孟加拉）。

276

後，便開始進攻詹西。進攻詹西的英軍統帥名叫羅斯，他於1858年1月6日自詹西西南的因陀爾一帶起兵，他認為一到詹西，便可讓女王跪地求饒。

可是詹西女王卻早已做好部署，她命百姓堅壁清野，將糧食運到城中，並在城牆上構築防禦工事，架起大砲，只等痛擊英軍。所以羅斯在3月20日派出一批人馬本想一舉破城，結果卻被打得東逃西竄。

三天後，羅斯開始率大軍發動總攻，集中火力，砲轟詹西城。而詹西城內的守軍，也集中砲火進行英勇的還擊。一時間，城裡城外硝煙彌漫，砲火連天，眾多兵士被熏得淚流滿面，雙目紅腫。詹西城被砲火炸得磚瓦橫飛，城牆也有很多處被炸出缺口。詹西女王忙派工匠在夜間修補，到第二天，英軍發現詹西城依然完好無損，竟然驚得目瞪口呆。

這場激烈的砲戰整整進行了十日之久，英軍依然沒有任何進展。可是在第十天，敵人還是用密集的砲火轟開南門。女王急派人到附近的起義領袖托比求援，可是由於托比途中誤中英軍埋

↑詹西女王肖像
詹西女王的本名叫拉克希米·巴依，幼年進宮，後成為王后，詹西王公死時她才十八歲，成為該國的實際統治者。

伏，只得戰敗而歸。

當英軍已經衝入城中時，詹西女王決定引燃軍火庫與敵軍同歸於盡，與詹西共存亡。但在大家的勸說下，才決定與群眾一同突出重圍。於是這天夜裡，女王把養子捆在自己的背上，騎著一匹白馬，在十幾名隨從的護衛下，衝出城門，向遠處飛奔而去。

女王將軍隊帶出城後，便同托比的部隊匯合在一處，共同抗擊英軍。經過幾次戰役後，攻克投靠英國的瓜廖爾城。女王與托比經過商議，決定由托比率軍駐守城池，女王率兵在城郊前沿拒敵。幾場激戰下來，羅斯所率英軍依然無法攻克女王的陣地。

遺憾的是，6月18日由於敵人偷襲成功，女王在敵人的團團圍攻下壯烈犧牲。隨後，瓜廖爾城也很快失守。

←戰場上的詹西女王，印度繪畫
該畫面中的詹西女王身背王子，在戰馬上揮刀殺敵，生動形象。

十九世紀中晚期的亞非諸國

087.巴布教起義

賽義德‧阿里‧穆罕默德創立巴布教，打開了獨立之門，建立「正義王國」，但最終還是被鎮壓下去了。

救世主的代言人

從十七世紀起，伊朗封建王朝更替頻繁，內憂外患外戰接連不斷，階級矛盾與民族矛盾十分尖銳。一直到 1796 年，伊朗才得以統一，由阿加‧穆罕默德建立了卡紮爾王朝，定都德黑蘭。由於卡紮爾王朝是一個多民族的封建專制國家，所以其落後的經濟使它無法逃脫被歐洲列強凌辱的命運。

十六世紀時，伊朗的霍爾木茲等地便被葡萄牙人占領。到了十八世紀中葉，荷蘭人趁著全球混戰之機，奪取波斯灣的哈爾克島。隨後英國便在 1763 年強迫伊朗簽定奴役性條約，在波斯灣沿岸布希爾等地設立商站，並取得自由貿易、免交進口稅等特權。從此，伊朗開始步入半殖民地。到十九世紀初，英、俄、法三個大國開始對伊朗輪番搶奪，使伊朗淪為殖民之邦。而伊朗的境況，便也同東南亞其他殖民地大同小異。

正是在這種大背景下，在 1844 年，伊朗產生巴布教。其創始人名叫賽義德‧阿里‧穆罕默德，1820 年出生在一個小商人家庭。他曾經加入伊斯蘭

教，可是在二十四歲時卻宣稱自己是「巴布」，「巴布」的意思是門，表示真主的意志要通過此門傳達給人民。他預言：救世主馬赫迪降臨不是在遙遠的未來，而是近在眼前；不是降臨在別的地方，而是恰好降臨在伊朗；當馬赫迪降臨時，「正義的王國」就會跟著建立起來。這個王國是人人平等的，沒有封建專制。在馬赫迪沒降臨之前，巴布的使命就是向人們揭示真理，號召人們作好準備去迎接那即將到來的美好生活。

起初，巴布在社會上層發展自己的門徒，在遭到統治階級的迫害後，便開始向下層百姓宣傳教義，廣收門徒。由於巴布教的思想深入民心，使許多手工業者、農民、小商人等紛紛加入巴布教。

由於巴布教在全國的影響越來越大，深感不安的伊朗國王便在 1847 年把巴布抓起來。可是巴布的弟子們繼續不斷擴大組織，使巴布教在全國蓬勃發展，教徒越來越多。

「正義王國」的覆滅

1848 年 9 月，伊朗國王穆罕默德去世後，各地的人民紛

↑巴布
巴布的真名叫賽義德‧阿里‧穆罕默德，所創立的巴布教屬於伊斯蘭教的一支，其教徒是伊朗反英大行動的主力。

紛起義，使各地統治都膽戰心驚，惶惶不可終日，馬贊得蘭的州長嚇得逃到首都德黑蘭。在這種有利形勢下，巴布教也開始揭竿而起。

1848 年 10 月，在巴爾福魯什的領導下，聚集在馬贊得蘭省巴爾福魯什市的七百名巴布教徒舉行武裝起義。他們趕走當地的駐軍，然後在市區東南二十公里的塞克・塔別爾西陵墓建立根據地，並在這裡開始了巴布教理想的生活方式。周圍的農民和手工業者，也不斷帶著牲畜、糧食等前來加入這個「社會」，起義隊伍迅速增加到兩千人。

對此，德黑蘭宮廷極其震驚，新國王急忙派軍隊前去鎮壓。可是起義軍卻乘他們還未站穩腳跟，一次夜襲便把政府軍打得潰不成軍。

到了 1849 年初，一萬多政府軍帶著槍砲再次向塔別爾西陵墓撲來。什葉派的教長也宣布向巴布教徒進行「聖戰」。經過艱苦卓絕的激戰，最後堡壘裡只剩

↑納賽爾國王
穆罕默德國王去世後，其子納塞爾繼位（1848 年～1896 年在位），乞求英國殖民者出兵鎮壓巴布教起義。

下二百五十人，但他們視死如歸，決心與堡壘共存亡。在 5 月，反動派為了能夠盡快攻下義軍堡壘，便假惺惺地以《古蘭經》發誓，說起義者如果放下武器離開陣地，便可以保全生命和自由。結果卻將停止抵抗的義軍全部殺害，穆罕默德・阿里則被帶上鐐銬帶到巴爾福魯什，被斬首示眾。

可是，這並沒有阻止巴布教徒的革命運動。1850 年 5 月，巴布教徒又分別在贊兼、亞茲德、尼里茲等城市起義。在贊兼起義的一萬五千名教徒還建起了「正義的王國」。在獄中的巴布也與信徒保持聯繫，號召他們為他「正義的王國」而鬥爭。國王為了防止起義擴大，在 7 月將其殺害了。

接著反動政府用強大的武力與誘騙手段，對巴布教進行徹底的鎮壓。到了 1852 年，持續四年之久的巴布教徒起義以失敗告終。

【人文歷史百科】

《默示錄》

1847 年，巴布被捕入獄，在獄中寫成《默示錄》，進一步發展其教義。巴布認為人類社會各個時代依次發展，後來的一定超過以前的時代，每個時代皆有其特殊的制度與法律，舊制度與舊法律應隨舊時代結束而結束，代之以新制度與新法律，新制度與新法律必須由「主」派下來的「先知」制定，先知給人們的指示就是代替舊聖經的新聖經。巴布宣稱他是受主委託而降臨的先知，《默示錄》就是新聖經，一切制度和法律都應按《默示錄》重新制定。

十九世紀中晚期的亞非諸國

279

↑英軍屠殺伊朗人，油畫
為了鎮壓巴布教起義，英國維多利亞女王派遣大批軍隊進入伊朗，對起義的伊朗人民進行血腥屠殺。

歐洲列強眼中的肥肉

非洲是人類的發源地，據說世界上的人都是從非洲走出來的。當時人們追逐著獸群，來到了世界各地，後來便在各地定居下來。可是當歐洲出現了資本主義制度時，文明的歐洲人已經對這個全人類的故鄉進行了兩個多世紀的侵略，甚至還製造了第三次「走出非洲」——販賣黑奴。不過當時歐洲人只是占領了一些島嶼與沿海，大多數非洲國家依然在極度落後而窮困的狀態中保持著獨立。

第一個入侵非洲的依然是葡萄牙這只海上獵犬。它在1415年便霸占休達，接著進行擴張，但1578年葡萄牙國王遠征摩洛哥的慘敗，使他失去東征西伐的力量。於是，荷蘭、英國、法國趁機而至，經過激烈的戰爭與假仁假義的談判後，都在非洲分到一塊肥肉。而葡萄牙在非洲的果實，也被後來者瓜分得所剩無幾。

荷蘭人在摩里、布特里、科曼廷、柯門達、果雷埃建立商站，並在1637年打敗葡萄牙而得到埃爾米納和阿克姆等據點。英法人於1618年從葡萄牙手裡奪取岡比亞河口的聖馬麗村，建立詹姆士堡，並於1631年在黃金海岸建立科爾曼丁。法國人則在1638年建立聖路易堡，1677年從荷蘭人手中奪取果雷埃。

在這一輪殖民掠奪中，葡萄牙失去對西非海岸的控制，但仍占領著馬德拉、佛得角和聖多美普林西比等島嶼。為鞏固自己的果實，葡萄牙集中力量鎮壓安哥拉恩津加女王領導的起義。接著便向安哥拉內地擴張，因為他急於需要把安哥拉的黑人變成鈔票，在那裡建一個新的「大奴隸工廠」。

葡萄牙的所作所為引起東非沿海人民的憎恨，經過幾次激戰，在1689年將其趕出蒙巴薩，翌年又使其從魯伍馬河以北完全撤出，只得龜縮在莫三比克。然而荷蘭卻趁機在1638年占領毛里求斯島，然後在1652年侵入南非，建立好望角殖民地。法國則侵入馬達加斯加島，建立了第一批商站。

發展不平衡的非洲

近代初期，非洲各國社會的發展是極不平衡的。北非的埃及、利比亞、阿爾及利亞、突尼斯和摩洛哥已經是發達程度不同的封建制國家。埃及地中海沿岸和尼羅河流域的一些城市，如亞歷山卓、開羅，工商業繁榮，並同歐亞兩洲進行著頻繁的貿易。衣索比亞等國，封建制度已占主導地位。東非、西非的一些國家，正在向封建制度過渡，另一些國家尚處在奴隸制社會階段。南部非洲的班圖族和科伊桑人則生活在原始社會的不同階段。

葡、荷、英、法等國在非洲沿海建立的這些要塞和商站,既是他們販運黑奴的據點,又是日後向內地擴張的前進基地。

販賣黑奴

人為製造第三次「走出非洲」的先驅的「殊榮」,可以說非葡萄牙莫屬。這個「販賣人類血肉」行業的開山鼻祖,從 1440 年代便開始營業了。他們在西非沿岸獲取到黑人後,便運往歐洲,成為歐洲一種會說話的種田機器。他們還有的在聖多美、馬德拉、佛得角等大西洋島嶼上的種植園中落腳,以極短的壽命一代一代繁衍著,奴隸的身分正如他們的膚色一樣難以洗去。一直到十六世紀以前,有五千名黑人就這樣離開了自己的家園。

十六世紀到十八世紀的三百年,這種生意變得極其火爆與興盛,更多的黑人被運到美洲,為開發那片荒涼的處女地而受盡折磨。聖多明哥島從 1502 年擁有第一批黑奴後,黑人的血汗便成種植園手中的金銀,他們每年要有三萬人離開人世。由此不難猜想其生意火爆的原因。1513 年,西班牙國王給這種生意正式頒發執照,准許商人將黑奴運往西屬美洲殖民地。從此,國王的船隻也開始

↑販奴船上的黑奴,1860 年
奴隸販子將捕獲到的黑奴像牛羊一樣裝到販奴船上運到美洲。因船上環境惡劣,大批黑人在途中死去。為此,非洲喪失近一億精壯人口。

從事這種生意。

由於非洲的西海岸距離美航程較短,並且這裡黑人開化程度較高、人煙稠密,所以從塞內加爾到安哥拉便成為販運黑奴的繁華地段。到 1645 年第一批黑奴從莫三比克運往巴西後,東海岸也成為另一個重要的販賣區。這些黑奴除運往美洲外,還「遠銷」馬斯克林群島、印度和某些東方國家。

這麼賺錢的生意,自然會引起內訌。葡萄牙本想欺行霸市,可結果卻被西班牙戰敗。接著荷蘭、英國、法國、丹麥、瑞典、美國和勃蘭登堡都等國捲入這場械鬥,最終英國後來居上,在 1713 年與法國簽訂烏特勒支條約》後,成為最大的人販子。而大西洋

↑捕獲黑奴
歐洲殖民者在非洲不僅自己捕獲黑人,還挑起部族戰爭,用不值錢的工藝品、武器或生活用品從獲勝方換取黑人後賣作奴隸。

航線，則被稱爲「黑人的死亡線」。

內陸探險

隨著歐洲資本主義的蓬勃發展，企業資本家需要更多的自由工人與龐大的市場，於是歐洲出現廢除奴隸制的呼聲，接著大批傳教士開始進入非洲，開始對非洲進行精神侵略。表面上看是教士給非洲帶去文明與和平，而實際上卻是資本家們已不再需要奴隸。

↑詹姆斯·布魯斯肖像，油畫
詹姆斯·布魯斯是英國探險家。1770年11月14日來到塔納湖，他來到藍尼羅河的源頭塔納湖，由此揭開非洲大陸內陸探險的序幕。

精神侵略之後，歐洲人便開始進行「內陸探險」，深入瞭解非洲的地貌與物產等，做好對非洲資源掠奪的準備工作。非洲內陸地形極其複雜，沙漠、沼澤、密林和瀑布縱橫交錯，道路崎嶇，氣候惡劣，疫病流行。但爲了把非洲內陸變成西方的商品市場和原料產地，他們還是願意以生命作爲代價前去探險。

1769年，英國人詹姆斯·布魯斯對尼羅河上游的青尼祿進行探險考察，揭開內陸探險的序幕。內陸探險起於布魯斯的尼羅河之行，止於1876年布魯塞爾會議，歷時百餘年。在內陸探險中，數以百計的探險家和探險隊深入非洲內陸。

1788年，十二名英國學者組成「非洲內陸探險促進協會」（簡稱非洲協會），在1795年首先解開尼羅河之謎。尼羅河的發源地也在1864年被撒母耳·懷特·貝克發現。利文斯頓則在南部非洲揭開「非洲心臟」的祕密，找到剛果河的幾個主要河源。

在整個十九世紀，考察的次數急劇增加。這些探險家中，有各式各樣的人物，如廢奴主義者、傳教士、記者、科學工作者、政府官員和軍官，不少人在探險中獻出生命。他們的探險爲地理學、語言學、歷史學、植物學、人類學的發展提供資料，爲外界瞭解非洲內陸作出貢獻。

探險家們的活動得到各自政府或各種協會或公司的贊助，他們搜集的材料成爲列強把非洲變成殖民地的重要依據。繼探險隊之後，非洲內陸的道路上便出現商人和士兵的隊伍。

殖民化的非洲大陸

非洲探險如果只是發現幾條河流的

【人文歷史百科】

販賣黑人給非洲帶來的災難

估計有一千萬或者一千五百萬黑人輸出到美洲，非洲損失一億多人。大量強勞動力的喪失，必然使社會生產力遭到不可估量的破壞。連綿不斷的「獵奴戰爭」。那些死裡逃生的人們，不得不遷居到人跡罕到的深山老林，重過刀耕火種的原始生活。

從西非到美洲，黑奴要忍受六周到十周的苦難，從東非到美洲，要遭受四個多月的煎熬。據估計，從非洲到美洲，一般只有三分之二或二分之一的黑人能活著到達目的地。

發源地，便不會引起歐洲列強的胃口，但是在 1867 到 1870 年，卻在南非發現比黃金貴重許多的鑽石。於是，整個非洲的土地便在列強的心目中顯得貴重起來，以至於他們晝思夜想，寢食難安，盼望著能夠得到更多的非洲土地，無論是多麼荒涼，無論採用什麼手段。

實力強大的英國，夢想著南北並進，吞併東北部非洲、東部非洲和南部非洲的大片土地，並設計一個北起開羅、南至開普敦縱貫非洲大陸的英屬殖民帝國的「2C」計畫。

法國則企圖征服馬格里布各國及

↑帝國主義瓜分非洲（1914 年非洲地區）
從地圖上看，整個非洲只有衣索比亞和賴比瑞亞兩個國家獨立，其餘全部是歐洲列強的殖民地。殖民地面積占非洲總面積的 96％。

→謝西爾・羅德斯，漫畫
羅德斯是英國一個狂熱的殖民主義者，他主張將英屬南非殖民地和英屬埃及連接起來，這道出英國殖民者的目標。

東、西蘇丹和剛果河流域，建立一個從瀕臨大西洋的塞內加爾河口起，經乍得湖至索馬里的法蘭西非洲殖民地，即所謂「2S」計畫。

德國從八〇年代才插足非洲的分贓事業。它妄圖沿赤道非洲兩側，建立一個從大西洋到印度洋的德屬赤道非洲殖民帝國。

至於那些較小的帝國主義國家，諸如義大利、比利時、西班牙和葡萄牙則利用大國之間的利益對立、摩擦和衝突，想達到分得一些殖民地，或者保持自己原有殖民地的目的。

英、法、德、意、西、葡等國都捲進了瓜分北非的鬥爭。在南非，英德兩國進行激烈的爭奪戰。

到第一次世界大戰時，非洲只剩下衣索比亞和賴比瑞亞兩個獨立國家。瓜分後的非洲概貌，可參看 1914 年的非洲政區表。

十九世紀中晚期的亞非諸國

283

089.阿里改革

穆罕默德·阿里，一個來自巴爾幹半島上的阿爾巴尼亞人，鄂圖曼土耳其的軍官，後來成為埃及的統治者，進行的一系列改革使埃及重新煥發生機。

埃及總督

埃及地處歐亞非三洲的接合部，是通往印度的交通要道，是列強爭霸歐洲和世界的必爭之地。十六世紀初，這裡被土耳其占領，成為鄂圖曼帝國的一個行省。1798年拿破崙打起反封建的旗幟率軍遠征埃及。他雖然給埃及人民帶來難以形容的苦難，但卻也給這裡帶來了麵包房、土啤酒場、製硝廠、彈藥廠、軍服廠、鑄造廠、機械製造廠和造船廠等先進的文明，因此他被稱為穆罕默德·阿里改革的先聲。

拿破崙撤離埃及後，土耳其蘇丹在英國的支持下，把軍隊重新開進埃及，恢復了鄂圖曼帝國的統治。而此時的埃及，卻出現了一大批提倡資本主義改革的新興地主商人，他們希望埃及能夠成為一個獨立自主的國家。穆罕默德·阿里，便成為這個集團的政治代表。

阿里是阿爾巴尼亞人，1769年出生於馬其頓沿海城市卡瓦拉。他早年曾是一個煙草販子，後來應徵入伍，成為鄂圖曼土耳其軍隊的下級軍官。開赴埃及與入侵的法國軍隊作戰。由於能征善戰，迅速晉升為土耳其駐埃及總督的主力部隊——阿爾巴尼亞軍團的主要將領。他依靠這支軍團，在埃及人民支持下，於1805年奪取埃及政權，登上埃及總督的寶座。從此，穆罕默德·阿里家族統治埃及達一個半世紀之久。

改革與擴張

阿里上臺後，首先於1807年統軍擊敗英國勾結馬木魯克對埃及的入侵。接著便實行一系列政治、經濟、軍事和文化改革，對埃及歷史產生重大影響。

他廢除「長老領地」，向教會田地徵稅；沒收封建主的土地，分給自己的親屬、部下與農民，實行統一的田賦，稅額按土質好壞和灌溉條件而定。

阿里還大力興修水利，

↑拿破崙在埃及，吉恩·熱羅姆畫
拿破崙遠征埃及，帶來的自由貿易思想和大量學者對埃及人的意識形態產生了重大影響。

疏通舊渠，開挖二十條新渠，修築近三十座水壩，推廣改良水車，試用蒸汽排灌機，引種新作物、新品種，著名的埃及長絨棉就是這個時期推廣的。

↑穆罕默德・阿里
穆罕默德・阿里出生於阿爾巴尼亞，後來成為埃及的統治者。所建立的阿里王朝，統治埃及一百多年。

阿里還建立各種工廠：硝石場、火藥廠、造船廠、紡織廠、呢絨廠、染料廠、鑄造廠等等。為改變技術落後狀況，他購買西方機器設備，聘請技師，引進先進技術。他主張一邊進口，一邊仿製，一旦仿製成功就減少進口。工廠工人在強制下工作，過著軍營式生活，經常遭到毒打、體罰和監禁，不能自由地離開工廠。

阿里還按歐洲的模式，建立世俗教育制度，開辦幾十所初級學校、中級學校和專科學校。

阿里視軍隊為維護民族獨立、保衛國家政權的重要支柱。自掌權後，他便開始組建一支新的陸軍，舉辦各類軍事學校，並從西歐聘請教官，培養各種軍事人材。他還建立了地中海和紅海艦隊，積極興辦造船廠，自製

新式戰艦。至 1839 年，阿里王朝已擁有陸軍二十三萬餘人，海軍一萬五千人，戰艦三十二艘，成為地中海東部強國。

阿里組建強大軍隊的目的，主要是為了對外擴張，建立一個幅員遼闊、國勢強盛的阿拉伯帝國。自 1811 年起，他相繼參與鎮壓阿拉伯半島瓦哈比派的起義，武力征服蘇丹，鎮壓摩里亞半島希臘人民起義。1831～1833 年，發動第一次埃土戰爭，逐步占領巴勒斯坦、黎巴嫩、敘利亞和土耳其部分領土。1839 年發動第二次埃土戰爭，在努賽賓之戰中取得決定性勝利，導致土海軍向其投誠。經過多次征戰，建立一個地跨非、亞兩洲的大國。

1840 年，英國拉攏俄、奧、普、土四國召開倫敦會議，以武力脅迫埃及簽訂了一系列不平等條約，使阿里的帝國夢化為泡影。1848 年，阿里遜位，次年卒於亞歷山大，終年八十歲。而他所開創的埃及阿里王朝仍然延續將近一個世紀。

285

↑阿里清真寺
埃及首都開羅市內的穆罕默德・阿里清真寺是伊斯蘭教的聖地，也是穆罕默德・阿里的安息之地。

伊斯蘭世界的救世主

清澈美麗的白尼羅河水,不但滋潤了兩岸鬱鬱蔥蔥的樹木,而且使整個蘇丹國充滿了詩情畫意。這個位於非洲東北部的蘇丹雖然是一個地域遼闊的伊斯蘭國家,但是自1819年以來,它卻被英國殖民扶助的傀儡的埃及所統治著。

1844年,穆罕默德·艾哈邁德出生在蘇丹棟古拉尼祿島。艾哈邁德是家中第三個孩子,他的父親是個造船廠的木匠,屬於平民家庭,他的祖先據說可上溯到伊斯蘭教創始人穆罕默德。艾哈邁德二十歲時,移居到距離喀土穆約一百五十英哩的尼羅河上游的阿巴島。他在這裡參加一個通過禁食產生幻覺而與先知「對話」的組織。這種組織,往往令人想起今天的恐怖組織,因為恐怖主義組織便是源於伊斯蘭教的激進分子,甚至可以說是艾哈邁德的老祖宗的傑作。故此,艾哈邁德加入這個教派,並不屬於離經叛道。更何況,這個組織對那些卑微、貧窮的蘇丹人許諾天堂,將

↑馬赫迪肖像
馬赫迪原名叫穆罕默德·艾哈邁德－伊本－埃爾－賽義德,後來被蘇丹、摩洛哥、索馬里和其他一些地方的原教旨主義者譽為伊斯蘭教的「淨化者」和「獨立之父」。

矛頭直接指向殘暴的殖民統治者。而艾哈邁德則以自己的出身與才華逐漸成為這個組織的領袖。他自封為伊斯蘭教中的救世主——馬赫迪,立志要將受苦受難的蘇丹人民從殖民統治下解救出來。

自此,他的真名不再被人們稱呼,以至於今天我們也稱呼他為馬赫迪。

大敗殖民軍

馬赫迪的信徒越來越多,他的名聲也越來越大。於是,埃及統治者便惴惴不安起來。埃及統治者明白馬赫迪想顛覆自己的統治,所以他很講究先禮後兵,立即派一個由士兵和宗教領袖組成的代表團去和馬赫迪會面。可是馬赫迪的答覆顯然很難讓埃及統治者滿意——他要求在喀土穆的埃及領導人皈依他的伊斯蘭教。如若不然,就要發動討伐異教的聖戰。

馬赫迪的答覆使埃及統治者惱羞成怒,立刻派兩隻滿載士兵的汽船沿著尼羅河逆流而上,決心要把馬赫迪抓回喀土穆監禁起來。可是,他沒想到的是,

【人文歷史百科】

救世主馬赫迪的傳說

伊斯蘭教曾有一種傳說：若一旦穆斯林遇到苦難時，就會出現一個偉大的馬赫迪——先知，這個先知會恢復真正的教義，把群眾救出苦海。穆罕默德・艾哈邁德利用這個傳說，自稱是真主派來拯救人類的救世主，表示要在世上建立真正的信仰和正義。他主張「廢除不堪負擔的苛捐雜稅，在真主面前人人平等」。馬赫迪教義反映蘇丹貧苦農民的原始平等思想。

馬赫迪的宗教組織從成立那天起，便時刻準備著聖戰。他對教徒管理極其嚴格，所有人都要穿上用粗布縫製的罩袍，必須嚴格遵守教規，凡是因詛咒或喝酒等不守教規的人都要被處以極刑，因此他們被英國人稱為「苦修僧」。而馬赫迪則稱這支「軍隊」為「安薩爾」，意思是伊斯蘭教的支持者。

當埃軍登上阿巴島後，本想首戰告捷，結果卻在 1881 年 8 月 12 日晚遭到三百名手執長劍的苦修僧突然襲擊，無一生還。一年後，埃及由於國內動亂，只派了六千名三流士兵去鎮壓一萬五千名苦修僧，結果依然全軍覆沒。

馬赫迪的勝利使他的信徒進一步擴大，很快便有五萬人馬。於是開始大舉進軍科爾多凡省府歐拜伊德，最終用飢餓及消耗戰術於 1883 年 1 月 17 日攻克該城，並實

施殘酷的屠城政策，滿城婦孺全部死於刀下。

對此，埃及殖民統治者英國不得不親自出馬，於是在同年 9 月，派身經百戰的希克斯上校率萬人大軍前去鎮壓。希克斯的軍隊配有十四門大砲、六挺機槍、五百匹戰馬和五千五百頭駱駝，規模龐大，氣勢洶洶。然而，英軍在馬赫迪的堅壁清野及游擊戰術面前，卻屢屢受挫，最終於 11 月 5 日在烏拜伊德城外被打得星離雨散，一敗塗地慘敗，連希克斯本人也一命嗚呼。

戈登之死

打敗英國人後，馬赫迪又在 1884 年打敗英國人貝克率領的埃及憲兵隊。接著他便將科爾多凡變為自己的私人封地——建立馬赫迪亞國，然後繼續為解放蘇丹全境而戰。此時，英國當局不想再干涉埃及的內戰。可是

↑希克斯肖像

由於要從蘇丹境內撤走全部僑民，所以必須派一支英軍前去維持秩序。於是，在媒體與公眾的強烈要求下，職業軍人戈登再次得到起用，並被英國政府委任爲蘇丹總督。

原來，戈登曾鎮壓過太平天國的義軍。當年洪秀全讓上億中國人信了上帝，使大清國的社稷搖搖欲墜。兵荒馬亂十多年後，能文能武的曾國藩便採用借刀殺人的辦法，請來了「洋槍隊」。洋槍隊的隊長華爾是個典刑的美國流氓，以殺人、搶劫爲一生追求，可惜命不太好，不久即被太平軍擊斃。於是戈登便榮任隊長之職。他管理的洋槍隊軍紀嚴明，戰鬥力強，深爲曾國藩、李鴻章所器

↑戈登之死，油畫
1885 年 1 月 26 日，馬赫迪軍攻入喀土穆，在總督府裡，一把鋒利的長矛穿透了戈登的心臟，結束他傳奇的一生。

重。他更在蘇州城破之後，不惜以絕交相威脅力阻曾國藩殺死戰俘。

戈登在中國戎馬十餘載，清廷頒賞無數，但他卻家財散盡，去國之前卻如同來時一樣，兩手空空。可是在英國，他卻因此贏得了空前的讚譽。所以這次，民眾紛紛要求他去解救蘇丹之難。英國人稱戈登「是最熟悉蘇丹事務的英國人」，「光憑他的名字就會發生奇蹟」。

1884 年 2 月 18 日，戈登率軍到達喀土穆，接著立即致意馬赫迪，並送去一件紅色禮儀長袍和一頂高帽。他許諾，只要不再發生戰爭，他可讓馬赫迪做科爾多凡的君主。結果馬赫迪卻不買這個賬，將禮物原樣退回，並提出要求：戈登必須立即改信伊斯蘭教。

戈登一旦加入這個宗教，無異於成爲馬赫迪的一個信徒，於是一場戰爭，便在所難免。不想成爲馬赫迪弟子的戈登急忙加固喀土穆城的防禦工事，因爲他的七千五百名士兵儘管配備精良的武器，但還是無法與馬赫迪的苦修僧抗衡。他唯一的希望是英國派來救兵。而馬赫迪則率軍開始圍攻喀土穆城，切斷該城的電報線，然後以三萬人馬將這裡圍得水洩不通。

由於英國政府的拖延，英軍在 9 月

288

↑戈登肖像
喬治·戈登（1833～1885），英國著名將領，曾參加過鎮壓中國太平天國運動，足智多謀，被英國國內認爲是大英帝國的棟梁。1885 年，在蘇丹被馬赫迪軍殺死。

27 日才從開羅開拔。不幸的是，英國的援軍卻在途中被馬赫迪的苦修僧殲滅。1885 年 1 月 26 日，五萬名苦修僧湧入喀土穆城，再次開始殘酷的屠城總督戈登也被苦修僧的長矛刺中胸口而亡。

蘇丹重新淪爲殖民地

馬赫迪大起義的勝利，爲建立獨立的國家打下基礎。1885 年 6 月他去世後，他的弟子阿卜杜拉成爲馬赫迪亞國國王——哈里發。他統一蘇丹全境後，便開始進行一系列的革命。他廢除埃統治時期的稅收制度，並沒收外國人侵占的土，鼓勵農業種植，發展手工業和開辦學校。另外，他還成立兵工廠並組建了一支幾萬人的正規軍。

不過，他不過是把英埃統治者的位子分給自己和自己的親信，所以他的改革成效不大。而英國爲實現建立從開羅到開普敦的殖民帝國計畫，是決不會容許蘇丹獨立的。於是英國採用「非洲人打非洲人」的陰毒手段，唆使衣索比亞進攻蘇丹。1896 年 3 月，英國國會通過侵占蘇丹北部的議案，由赫伯特·基奇納率領一萬五千大軍侵入蘇丹。幾經激戰，最後攻入蘇丹首都，拆毀馬赫迪的墳墓，並將他的屍體砍頭後拋入尼羅河。至 1900 年，英軍徹底消滅每一個苦修僧，完全占領蘇丹，使這裡在「英埃共管」的名義下，重新淪爲英國殖民地。

→蘇丹戰爭，油畫
該幅畫描繪的是 1885 年的蘇丹戰場。英軍雖然裝備精良，但在馬赫迪的智謀下屢屢失敗，宛如驚弓之鳥。

↑開往蘇丹的英國軍隊
爲了鎮壓馬赫迪起義，英國從國內調來最精銳的部隊。1896 年，在歐姆德曼打敗蘇丹軍隊主力後攻入喀土穆。

091.英布戰爭

為了爭過金剛石和黃金，荷蘭人的後裔布林人和英國人進行激烈的戰爭，無煙火藥、彈倉式步槍、機槍、速射火砲的運用，對後世影響很大。

小石子引發的狂潮

真是無奇不有，一粒小石子，竟然引起了整個歐洲的震動！要想知道這不可思議的戰爭經過，還要從南非說起。

1488 年，葡萄牙航海家迪亞士率領船隊沿著非洲西海岸南下，尋找非洲大陸的盡頭。當他們不期然地發現位於非洲西南端的岬角後，遂將其名為「風暴角」。近十年後，葡萄牙航海家達迦馬繞過「風暴角」直抵印度，然後滿載而歸。這一幸運之旅使人們看到希望，於是將「風暴角」改為「好望角」。

一百多年後，1651 年 12 月 24 日，荷蘭海軍軍官范里貝克率領三艘船隻向非洲大陸西南端遠航。次年 4 月 6 日，范里貝克帶領的約九十名歐洲白人終於在南非的桌灣登陸，隨後在桌山腳下建起了第一個永久定居點，成為有史以來第一批定居南非的白人。隨後，荷蘭人率先在開普敦建立殖民地。大批荷蘭農民隨之而來，他們被稱為布林（農民）人。

布林人打跑當地土著，逐步擴大勢力。可是好景不長，英國人在 1814 年占領開普殖民地。隨著英國移民蜂擁而至，布林人只得向北遷移，並在 1835 年建立奧蘭治和德蘭士瓦兩個共和國。

到了 1867 年，一個小孩在奧蘭治河畔撿到了一粒晶瑩的石子。這個美麗的石子後來到布林農場主的手中，他將這粒石子帶到歐洲一鑑定，結果證實它竟是一枚純正的金剛石！這個消息傳出後，整個世界震驚。到了 1869 年又發現一顆當時價值六十二萬五千法郎的大鑽石，冒險家們與財迷們無法再安靜下來，他們以最快的速度趕往南非，並在奧蘭治河和哈爾茨河交界處發現鑽石礦。人們拿出一不怕苦二不怕死的精神，以最快的速度對這裡進行挖掘，最後竟使其成為世界上最大的人工挖掘的洞穴。大洞的旁邊，金伯利城拔地而

↑布林人家庭
布林人是早期荷蘭殖民者的後裔，英國人到來之前已經在南非生活很長時間，是當地的統治階層。

↓布林人游擊隊
布林人雖然裝備和人數遠不如英軍，但戰術靈活，
以游擊戰為主，給英軍造成了很大的傷亡。

→范里貝克肖像

起，到 1872 年已有五萬居民。那個大洞，據後來統計，共出產三噸鑽石。

英國人和布林人的矛盾

到了 1884 年和 1886 年，在德蘭士瓦境內又發現當時世界上最大的黃金礦，於是整個歐洲又掀起「淘金潮」，當時只要有能力來這裡的歐洲人，幾乎都沒有放棄這個發財的機會。一份資料上說：「水手們離開了軍隊、商人們關了店鋪、職員們走出辦公室、農場主拋棄土地和牲畜，他們全都如饑似渴地奔向奧蘭治河和瓦爾河兩岸」。

黃金與鑽石使貪婪的歐洲列強無法保持理智，開始公然鼓吹帝國主義，英國的謝西爾·羅德斯竟不知廉恥地說：「擴張就是一切」，「我們應當永遠記住，南非問題的實質在於把開普殖民地擴大到贊比西河。」

就這樣，英國準備吞併奧蘭治與德蘭士瓦兩個共和國。不過，其實每個來到非洲的殖民者都已經無法理智地文明開礦。英國為獨占南非，便提出建立「白人」南非聯邦的方案，想用這個辦法來兼併兩個共和國。可是這兩個共和國境內有鑽石與黃金，自然不想聽從別人的擺布，所以 1876 年的倫敦談判以失敗告終。

和談不成，自然只能以戰爭解決。於是在 1877 年 4 月 12 日，英軍利用南非共和國鎮壓巴佩第人失敗的有利時機，突然占領比勒陀利亞，宣布兼併南非共和國。可是布林人不肯善罷甘休，率兵反抗，終於在 1880 年 8 月 9 日又重建南非共和國。

1895 年，英國採金業資本家在約翰尼斯堡成立一個祕密委員會，密謀推翻

←謝西爾·羅德斯雕像
羅德斯是一個狂熱的殖民主義者，為英國兼併南非做出很大貢獻。

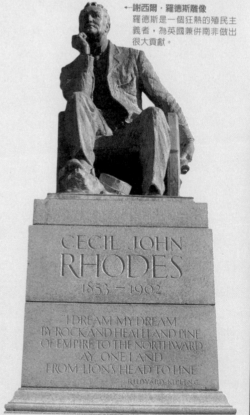

CECIL JOHN
RHODES
1853 - 1902

I DREAM MY DREAM
BY ROCK AND HEATH AND PINE
OF EMPIRE TO THE NORTHWARD
AY, ONE LAND
FROM LION'S HEAD TO LINE
RUDYARD KIPLING

南非共和國，並且計畫在羅得斯的軍隊
侵入德蘭士瓦後，大家便一起行動。同
年12月，羅得斯派詹姆森帶領八百名士
兵越過國界，可是卻被布林人解除武
裝。

↑英軍安裝大砲——戰前的準備

英國人的勝利

英國是不會就此放過這兩個共和國
的，1899年秋，英國便調來大批軍隊，
駐紮在兩個共和國的邊境，等待有利的
時機出兵。

布林人看出英國人的險惡用心，為
了避免境內成為戰場，便開始先發制
人，並於1899年10月11日對英宣戰，
並展開進攻。兩個共和國的徵兵方式
是，凡是十六至六十歲的男子都得攜帶
馬匹、步槍、備用子彈和糧食參加入
伍。經濟困難的，由政府給配備武器裝
備。所以，很快便組建一支四萬多的聯
軍。他們使用的武器很先進，都是德國
製造的毛瑟槍、機槍和速射砲。這支聯
軍由諾貝爾將軍指揮，紀律嚴明，士氣

高昂。而英軍則只有三萬人，並且紀律
鬆弛，武器也陳舊落後。雙方交戰後，
英軍節節敗退，而布林軍卻越戰越勇，
屢戰屢勝，很快攻克紐卡斯爾和葛蘭科
兩個城市，接著又包圍萊迪史密斯、馬
弗京和金伯利。從12日至15日，布林
軍殲敵二千五百人，繳獲大砲十二門，
因此，這段日子被英國人稱為「不祥的
一周」。

初戰的慘敗，令英國朝野極其震
驚。英國政府撤掉英軍司令布勒的職
務，任命羅伯茨為司令，並任命以鎮壓
馬赫迪運動而聞名的基欽納為參謀長，
增兵四萬，開赴南非戰場。英國為徹底
摧毀布林人共和國，又不斷招募新兵，
到了1900年1月底，英軍已有二十餘萬
人。到了2月，英軍已獲得戰場的主動
權。羅伯茨率軍解放一些城市，並在3
月戰領奧蘭治共和國的首都布隆方丹，
到了5月31日，又占領德蘭士瓦共和國
首都比勒陀利亞。從此，這兩個共和國
成為英國的殖民地。

然而，布林人並沒有因此而停止戰

↑開普敦港口
該照片描繪的是1900年的開普敦港，英軍的大量戰略物資
源不斷從英國運來。

【人文歷史百科】

南非聯邦的成立

戰爭結束後，英國著手「重建」南非。1908年召開開普、納塔爾、德蘭士瓦和奧蘭治四個地區代表的國民會議，就「聯邦」問題達成協定。會議決定，聯邦議會設在開普敦，行政首都設在比勒陀利亞，司法首都設在布隆方丹。非歐洲人，除開普地區外都被剝奪選舉權。1909年英國國會公布南非法案，1910年5月31日南非聯邦正式宣告成立。

鬥，他們分爲小股「突擊隊」，同敵人展開游擊戰。英國爲徹底消滅布林人的武裝力量，將軍隊擴充到二十五萬，並採取「焦土」戰術，對布林人進行血腥鎮壓。

1902年5月31日，無力再與英軍交戰的布林人不得不放下武器，被迫與英國簽訂《弗里尼欣和約》，承認德蘭士瓦、奧蘭治兩個共和國併入英國。

給後世的啓示

英國雖然達到目的，但布林人仍然不斷揭竿而起，奮起反抗。狡猾的英國爲了穩定自己在南非的統治，不得不允許布林人自治。1910年，德蘭士瓦、奧蘭治和開普、納塔爾合併爲南非聯邦，成爲不列顛的自治領地。

英布戰爭，卻帶來一場軍事變革。當時戰場上有新式武器，如無煙火藥、彈倉

式步槍、機槍、速射火砲等。這種新式武器使戰術也有新的發展。爲防止密集火力的射殺，密集形的戰鬥隊形被淘汰出局，並且出現構築野戰工事。

在戰爭初期，由於英軍都穿著紅色的軍服，在南非熱帶草原和森林的綠色背景下顯得極其明顯，所以容易暴露目標。布林人因此受到啓發，將自己的軍服和槍砲塗成草綠色，與叢林的顏色渾然一體。這也是布林人在初戰時處於優勢的原因之一。從此，僞裝開始普遍在軍事中應用。

另外，英軍自恃人多，並且看不起「鄉巴佬」，結果驕兵必敗，被布林人在戰鬥時打得暈頭轉向，大敗而逃。還有布林人晚期的游擊戰由於靈活機動，對敵人的殺傷力也很強大。

以上這些，都引起西歐國家的廣泛注意，也使英國意識到對武器裝備進行改革的必要。

↑行進中的英國軍隊
英布戰爭雖然是局部戰爭，但其持續的時間之長，英軍傷亡人數之多，所使用武器之先進，令全世界爲之震驚。此後，英國逐漸走向衰落。

092.劃時代的法拉第

在十九世紀最後三十年，科學技術和生產力飛速發展的突出標誌是電力代替蒸汽成為重要的能源，人類從此進入「電氣時代」。

自學成才的科學家

1791年9月22日，法拉第出生於倫敦南面薩利郡一個貧窮的鐵匠家裡。家境的艱難使他少年早成，十一歲時就成為一個沿街叫賣的報童，掙些許小錢以補貼家用。更重要的是，趁此機會可以閱讀大量報紙，以增加自己的學識和閱歷。1794年，十三歲的法拉第在一家書店裡開始長達七年的學徒生活。這7七年裡，生活雖依然清貧，但書店裡大量的書籍使他眼界大開，尤其對電學產生濃厚的興趣。工作之餘，還從有限的收入中拿出一部分來購買化學藥品，做一些實驗，並記下大量的筆記。

1812年，法拉第有幸在倫敦皇家學院，聽著名化學家大衛的四次講課，題目是《發熱發光物質》。深奧、嚴謹而又

↑法拉第
法拉第是英國物理學家、化學家，也是著名的自學成才的科學家，主要從事電學、磁學、磁光學、電化學方面的研究，並在這些領域取得一系列重大發現。

枯燥的化學知識在這位大師嘴裡變得那樣透徹、輕鬆和生動，在法拉第耳中是那樣迷人和美妙，法拉第馬上被深深地吸引住了。他渴望走進那神奇的科學殿堂，像大衛那樣從事崇高的科學研究事業。也就是在那時，法拉第決定把自己的終生獻給科學。

為了實現自己的夢想，法拉第寫信給當時的英國皇家學會會長班克斯爵士，希望能在倫敦皇家學院找個工作，哪怕在實驗室裡洗瓶子也行。

在煎熬中苦苦等待了一周之後，依然沒有回音。法拉第心急火燎，馬上跑到皇家學院去打聽，被冷冷地告知：「班克斯爵士說，你的信不必回覆！」如此侮辱的答覆，令法拉第傷心之極。畢竟在那個年代，命運對一個貧窮的青年絕對不會公平。但受到打擊的法拉第並不氣餒，對科學事業的執著追求促使他鼓起勇氣，又給大衛寫了一封信，並附上經過認真整理並裝訂成冊的聽課筆記。大衛看到自己的講座被記錄得如此一絲不苟，插圖也如此準確精美，非常感動。

294

↑大衛展示弧光燈
1809年，大衛在英國皇家學會倫敦研究所展示自己發明的弧光燈，地下室裡裝有巨大的電池。弧光燈的發明，是科學史上的一大突破。

1813年3月，在大衛的推薦下，年輕的法拉第成為倫敦皇家學院實驗室的助理實驗員，從此走上科學研究的道路。

電磁感應定律的提出

生活在電氣時代的人們，千萬不要忘記「法拉第」這個名字，因為是他給我們帶來了電。

人類很早便對磁有認識，但一直沒有把它和電聯繫起來。直到1820年，丹麥物理學家奧斯特才發現磁與電有著一定關係，因為他發現通電的導線能夠擾亂羅盤中的磁鍼。後來，法國物理學家阿喇果發現電能生磁。在這個基礎上，法拉第想：既然電能生磁，那麼磁也定能生電。

為了讓磁生電，法拉第經過十年不懈的努力。他在一張紙上撒上一層極細的鐵屑，在紙下面放一塊磁鐵，然後輕敲紙張。這時，受到震動的鐵屑從磁極的兩端排成了整齊的縷縷線線，法拉第斷定這便是人眼看不到的「磁力線」。通過進一步實驗，法拉第驚喜地發現磁生電的瞬間電流。他於是又做了一個非常著名的實驗。他用一個永久磁體與線圈做一出一進的連續運動，電流錶上就顯示線圈中有電流通過。這一實驗導致法拉第在1831年發明了第一臺發電機。這個發明再次引發工業革命，把人類帶到了光明的電氣時代。

多少與他沒上過學有關，法拉第對數學幾乎是一竅不通。因此他無法用數學公式把自己的理論表達出來，只能運用自己的直觀能力，以圖示來說明。正因為如此，他寫了三大卷千萬餘字的《電學的實驗研究》，才把他一生的電磁學理論說明白。最終還是麥克斯韋把這一堆「素材」建立成完整的理論：法拉第一麥克斯韋的理論體系。

除此之外，法拉第還發現電解定律。為了紀念他為此做出的貢獻，人們將析出某元素的一克當量的用電量稱為一個法拉第，一個法拉第等於九萬六千五百個庫倫。另外，電容的單位叫做法拉。

法拉第於1867年8月25日去世，享年七十六歲。當時有人提議停電三天向法拉第致哀，但這是不可能的。這足以證明法拉第的發現是多麼重要！

【人文歷史百科】

法拉第的講演才華

除了科學實驗之外，法拉第的講演技巧也非常出眾。對於這方面的才能，就連頗擅講演的小說家狄更斯都欽佩他。法拉第常為年輕人專門安排耶誕節演講會，其中一次題為「蠟燭的化學歷史」的報告成為傳世的不朽傑作。

曾有一個政治家問法拉第，他的發明有什麼用處。他當時幽默地回答說：「我現在還不知道，但有一天你將從它們身上去抽稅。」

電燈的發明給人類帶來光明，留聲機竟然把聲音保存了下來……這些都出自「發明大王」愛迪生之手。但這位科學巨匠，少年時期竟然被老師斥責為「低能兒」。

少年愛迪生

1847 年 2 月 11 日，湯瑪斯·阿爾瓦·愛迪生出生於美國俄亥俄州的邁蘭鎮。

從小，愛迪生就顯示出非凡的想像力和探究事物祕密的強烈興趣。五歲的時候，為了使雞蛋孵出小雞來，他竟然學母雞的樣子，把蛋放在自己的身體下面，親自去孵。

愛迪生八歲上學，但僅僅讀三個月的書，就被老師斥為「低能兒」而攆出校門。從此，他的母親就成為他的「家庭教師」。由於母親的良好的教育方法，使得他對讀書發生濃厚的興趣。八歲時，他讀完英國文藝復興時期最重要的劇作家莎士比亞、狄更斯的著作和許多重要的歷史書籍，如《羅馬帝國衰亡史》和《英國歷史課程》。到九歲時，他能迅速讀懂難度較大的書，如派克的《自然與實驗哲學》和《百科全書》。十歲時他開始對化學產生濃厚興趣。

在好奇心的驅使下，愛迪生經常照著書本的描述，做一些簡單實驗，藉以證明書中的定理。這種強烈的求知欲和做實驗的渴望，常給他帶來麻煩。有一次，他從書上看到氣球升空的原理後，以為只要有了氣什麼都能飛到空中，於是配製了一包藥，讓僕人喝下去，想讓他飛起來，結果卻險些讓這個僕人昏厥過去。

十二歲時，在父母的允許下，愛迪生在休倫到底特律的鐵路線上當報童。1862 年 2 月，他自己辦起一張小報——《先驅報》，傳遞鐵路沿線有關美國南北戰爭的消息、市場動態、物價行情等。從採訪到排版、印刷直至出售，都是他一個人。沒想到，每期竟有三百份的銷售量，這樣一來，實驗經費便有了保障。

愛迪生用所掙得的錢在火車行李車

↑ 愛迪生和他發明的白熾燈
· 湯瑪斯·愛迪生是舉世聞名的「發明大王」，一生有兩千多項發明。尤其是白熾燈的發明，人們稱他是「照亮世界的人」。

上建立一個化學實驗室。不幸有一次化學藥品著火，他連同他的設備全被扔出車外。另外有一次，當愛迪生正力圖登上一列貨運列車時，一個列車員抓住他的兩隻耳朵助他上車。這一行動導致愛迪生成為終身聾子。

門羅公園的魔術師

1862 年 8 月，愛迪生救出一個在火車軌道上即將遇難的男孩。孩子的父親對此非常感謝，但由於無錢可以酬報，便教給愛迪生電報技術。從此，愛迪生便和這個神祕的電的新世界發生了關係，踏科學的征途。

1869 年 6 月初，愛迪生來到紐約。10 月，和好友鮑普成立鮑普愛迪生公司，專門經營電氣工程的科學儀器。不久，他發明金價印刷機。之後，他靠發明得來的一萬五千美元，在新澤西州的紐華克開辦一個小工廠，專心致志地研製電器。從 1872 至 1875 年，愛迪生先後發明二重、四重、六重電報機，還協助別人造出世界上第一架英文打字機。

二十九歲的時候，他在新澤西州的門羅公園，建造一座兩層樓的工廠。它不僅是座工廠，而且是世界首創的工業研究實驗室。在此，他潛心發明與人們

的生產和生活直接相關的電器用品，陸續取得許多重大發明成果。其中，白熾電燈，就是在經歷無數次失敗後才研製成功的。後來，他又發明留聲機和碳精電話送話器。在這段時間裡，愛迪生所具有的美國人的活躍氣質也表現出來。他為了給自己作宣傳，替自己起一個別號「門羅公園的魔術師」。

1881 年，愛迪生在紐約城裡建立電站；1882 年試製成功電車；1885 年製造當時世界上最大的發電機；1895 年發明電影機；1904 年發明鎳鐵蓄電池。此外，還有印刷電機、長途電話、調速器、電氣儀錶、熔斷器等等。在基礎科學方面，他發現熱電效應，即「愛迪生效應」，最後導致電子工業的創立。愛迪生的發明不勝枚舉，僅僅 1882 年他就提出一百四十一項專利申請。

留聲機和白熾燈

1877 年的一天，看見奔湧的海浪，

↑愛迪生的家
該照片拍攝於 1882 年，位於門羅公園，愛迪生曾在此長期生活和工作。

愛迪生產生一種奇異的想法：人發出的聲音和海浪聲基本是一樣的，既然海浪能在沙灘上留下弧線，那麼人所發出的聲音，也就是聲波，也應該在某種情況下留下痕跡。假如將聲音密集起來，在一定的條件下取出來聽，人類的聲音不就可以保存了嗎？

於是，他試著把很薄的錫箔片貼在圓筒上，一邊轉動圓筒，一邊就在上面刻聲波。然後在錫箔刻痕上換上一根針，再把圓筒向回轉，這種機器就會發出聲音來。按照這種方法，經過反覆研究，愛迪生發明了留聲機。

然而，令人不可思議的是，當時這種機器竟找不到買主。因為許多人不相信，認為這是「胡鬧」。愛迪生研究所的幾個人便利用門羅公園「秋季集市」的機會，每天在集市上賣留聲機。集市上的演示和叫賣很見效。有很多人開始購買這種東西。愛迪生發明的留聲機很快傳遍美國，不久就跨過大洋傳到德國、俄國、法國等國家。愛迪生的名聲也隨

↓留聲機的發明
留聲機的發明對人類的進步產生重大的影響。愛迪生說過：「天才是百分之二的靈感加百分之九十八的汗水」，每一項發明都凝聚他的心血。

之大振，被稱為「世紀魔術師」。

對於愛迪生而言，最著名的一項發明，是在1879年發明的白熾電燈。當時為了找到一種既耐高溫而又持續時間長的燈絲材料，他不分四季晝夜，幾乎每天都泡在實驗室裡鑽研。1878年的一年時間裡，他共實驗一千六百多種材料，平均每天實驗五種之多。有一天，他把一隻扇子炭化之後當成燈芯使用，結果發現比過去所用的任何材料都好，燃燒的時間又延長了。他查閱各種生物資料，希望找到一種類似結構組織的物質。為此，他還派得力助手前往日本、中國和緬甸等地尋找最好的竹子。皇天不負苦心人，碳化纖維終於問世，這使得長期困擾愛迪生的燈絲問題得以徹底解決。白熾電燈很快走進千家萬戶。

科學界的拿破崙

愛迪生一生在實驗室或工廠裡度過六十多年，他的發明平均每十五天一項，他通過自己的創造性勞動，對人類的生活產生深刻的影響。電車改變城市

↑愛迪生發明的留聲機內部

慧進行科學研究，1876年，愛迪生建立世界上第一個工業研究實驗所，並命名爲「發明工廠」。「發明工廠」把許多不同專業的人組織起來，裡面有科學家、工程師、技術人員、工人共一百多人，愛迪生的許多重大發明就是靠這個集體的力量才獲得成功的。

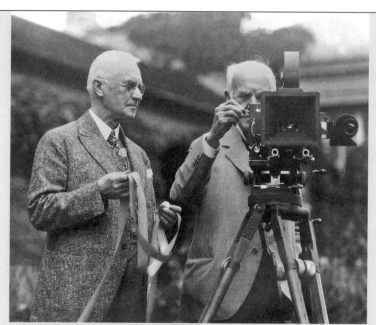

↑喬治‧伊斯門（左）和愛迪生（右）在一起
該照片拍攝於 1928 年。喬治‧伊斯門是攝影領域的發明家，柯達公司的創始人，他和愛迪生合作改進電影拍攝技術。

的交通，電燈、電影機、電話、留聲機等大大豐富和方便人們的生活。而愛迪生，也被大家親切地稱爲「科學界的拿破崙」。

愛迪生對如何開展科學研究也做出偉大貢獻。十九世紀以來，雖然生產方式的社會化有了進展，但科學研究的方式還比較落後。科學家還是個人獨立地在進行研究，爲了更好地集中大家的智

【人文歷史百科】
「打開電氣時代的領袖」
愛迪生和他的創造發明不僅對美國，而且對整個世界都產生巨大的影響。美國人民以愛迪生為榮，世界各國人民因為愛迪生而生活改善很多。大家都親切地稱愛迪生為「打開電氣時代的領袖」。

愛迪生對人類的貢獻這麼大，「祕訣」是什麼呢？除了有一顆好奇的心和親自試驗的本能外，就是他那具有超乎常人的艱苦工作的精神了。當有人稱愛迪生是個「天才」時，他卻解釋說：「天才就是百分之二的靈感加上百分之九十八的汗水。」

1929 年 10 月 21 日，在電燈發明五十周年的時候，人們爲愛迪生舉行盛大的慶祝會，德國的愛因斯坦和法國的居禮夫人等著名科學家紛紛向他祝賀。

1931 年 10 月 18 日凌晨，這位爲人類做出偉大貢獻的科學家因病逝世，終年八十四歲。

人類進入電器時代

094.無線電之父馬可尼

人類無線電通信的創始人──義大利的馬可尼與俄國的波波夫成功地進行了世界上最早的無線電通訊活動，開創人類通訊的新紀元。

少年天才

馬可尼出生在義大利北部的波倫亞城。父親是個農莊主，母親是一個愛爾蘭貴族的後代。

馬可尼天資聰穎，勤奮好學，尤其喜歡閱讀物理學方面的書籍。小時候他常常隨母親坐船飄洋過海去英國甚至是北美探親訪友。旅途中，當船隻航行在一望無際的大海上時，常常遇到一些意想不到的麻煩，可是又無法和陸地及其他正在航行的船隻取得聯繫。於是，他常常想，能不能找到一種通信工具，當船在海上航行時，也能和陸地取得聯繫呢？這種想法一直記在他心裡。

1894年，二十歲的馬可尼偶然在一本電磁雜誌上讀到一篇介紹赫茲研究電磁波的文章。這篇文章喚醒馬可尼少年時代的幻想。如果使用電磁波傳遞摩斯電碼，不就可以不再被電纜束縛嗎？他說服父親，並從他那裡得到一切財政支持。於是他開始在義大利波倫亞他父親的莊園裡進行無線電報的實驗。

↑ 馬可尼肖像
馬可尼生於義大利的波倫亞城，1899年他發射的無線電信號穿過英吉利海峽，1901年發射的無線電資訊成功地穿越大西洋，開闢人類通信技術的新紀元。

1895年夏天，二十一歲的馬可尼在父親的花園裡進行一次非常成功的電磁波傳遞信號實驗。

同年秋天，馬可尼把電磁波的傳送距離擴大到二點七公里。他把火花式發射機放在村邊的小山頂，天線高掛在一棵大樹上，接收機卻安放在家裡的三樓。一個同伴給他當助手，在小山頂發報，他在樓上接收。對方發送信號的時候，接收機的電鈴能夠清晰地發出響聲。實驗取得成功。

為了使無線電能夠有實用價值，能夠為人類服務，二十二歲的馬可尼告別親人，登上了去英國的征途。

【人文歷史百科】

波波夫的成就

俄國物理學家波波夫是一位與馬可尼同時代的無線電通訊發明者。1889年初，他開始重複赫茲的實驗。並取得重大突破，使無線電通訊技術逐步付諸實用。1896年3月24日，二百五十公尺無線電報通訊實驗成功。1897年春天，六百四十公尺無線電通訊實驗成功，同年夏天，波波夫的無線電通訊距離達到五公里。

1901 年 12 月 12 日下午兩點三十分，對於馬可尼和全世界人民而言，都是一個值得記住的日子。這一天，馬可尼和他的助手們進行橫跨大西洋的通訊實驗。

英格蘭西南海岸的康沃爾郡的波爾渡，一個大功率的無線電發射機，一遍又一遍地發出「滴答」的信號聲。在距此二千二百公里遠的加拿大紐芬蘭海岸附近的錫格納爾山一座峭壁上，馬可尼和助手坎普在等待接收無線電信號。

13 日的十二時三十分，馬可尼聽到了三聲「滴答」的信號聲。隨著這三聲「滴答」聲，在以後的歲月裡，人類的通訊方式發生翻天覆地的變化，而馬可尼也因此被稱為「無線電之父」。

由於馬可尼在無線電通信方面所做出的貢獻，在 1909 年他被授予諾貝爾物理學獎。

↑馬可尼在實驗
馬可尼和波波夫究竟是誰先發明無線電發報機，至今人們仍爭論不休。但馬可尼的功績，永遠記錄在人類科學史上。

信號跨越大西洋

離開家鄉後，二十二歲的馬可尼來到英國，在一些商人和大臣的贊助下，繼續進行無線電通訊實驗。為了引起大家的關注，馬可尼作了一次十到二十公里的無線電報通訊表演，結果頓時引起大家的尖叫。第二年，馬可尼開始試著將無線電進行商業應用，並成立無線電報通信公司。1899 年，馬可尼把無線電通信的距離增大到一百零六公里，無線電信號第一次突破一百公里大關。

↓馬可尼發明的無線電發報機

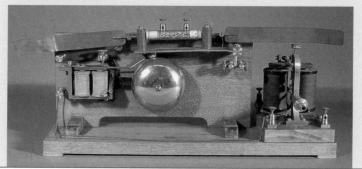

國家圖書館出版品預行編目資料

圖解世界史－近代卷（下）／郭豫斌主編.
——三版 .——臺中市　：好讀，2022.09
面：　　公分，——（圖說歷史；5）

ISBN 978-986-178-623-0（下冊；平裝）

1. 世界史　2. 近代史

712.4　　　　　　　　　　　　　111013581

好讀出版

圖說歷史05

圖解世界史：近代卷（下）　【彩圖解說版】

主編／郭豫斌
總編輯／鄧茵茵
文字編輯／郭純靜、林碧瑩、莊銘桓
美術編輯／賴怡君
行銷企劃／劉恩綺
發行所／好讀出版有限公司
　　　　台中市 407 西屯區工業 30 路 1 號
　　　　台中市 407 西屯區大有街 13 號（編輯部）
TEL:04-23157795 FAX:04-23144188 http://howdo.morningstar.com.tw
（如對本書編輯或內容有意見，請來電或上網告訴我們）
法律顧問　陳思成律師

線上讀者回函
獲得好讀資訊

讀者服務專線／ TEL：02-23672044 / 04-23595819#230
讀者傳真專線／ FAX：02-23635741 / 04-23595493
讀者專用信箱／ E-mail：service@morningstar.com.tw
網路書店／ http：//www.morningstar.com.tw
郵政劃撥／ 15060393（知己圖書股份有限公司）
印刷／上好印刷股份有限公司
如有破損或裝訂錯誤，請寄回知己圖書更換

三版／西元 2022 年 9 月 15 日
定價：399 元

Published by How-Do Publishing Co., Ltd.
2022 Printed in Taiwan
All rights reserved.
ISBN　978-986-178-623-0